Good better best,
Never let it rest,
Till good is better,
And better best!

好上加好，
精益求精；
不到绝顶，
永远不停。

许渊冲

西南联大日记

许渊冲

著

云南人民出版社

果麦文化 出品

目 录

第一卷

童年

家里来了一个客人，

一听到我的哭声，就说这个孩子命大。

"做个人口，不算什么；做个人手，就算不错；做个人才，再好不过。"这是托尔斯泰引用过的法国名言，说得很有道理。一个人生下来开口就哭张口就吃，这就是个人口。

1921 年 4 月 18 日，百花欲开，新月渐圆的时候，下午三点，钟声当当当三响，不早不晚，我呱呱坠地了。据说我的口张得特别大，哭声也特别响。恰巧家里来了一个客人，他说江西全省看相算命，要数他的表叔最灵，但他表叔如有疑难，还得向他请教。他一听到我的哭声，就说这个孩子命大。到底是说我命里注定了要受九九八十一难，然后苦尽甘来，还是像雪莱在《哀歌》中所说的"洞深海冷处处愁，要为天下鸣不平"呢？那就要等到月亮圆了才能知道了。

我的父亲不能算个人才，他只读过几年私塾，认得几个字，会记几笔账，社会地位不高。记得他曾说过：南昌乡下蔡家坊有个学堂，有人推荐他做校董，有人却反对说他的资格不够，是泥菩萨过河——自身难保。哪里能保学堂？他为这事非常生气，常说："我这辈子算是完了，只有叫下一代好好读书，有了资格，才好为家庭争这口气吧！"这是他给我们兄弟三人最深的印象。

他的三姐夫从日本留学回国，当了江西省农业专科学校的校长，这在当时是全省的最高学府。他姐夫要他去农专做个小职员，管管钱财账目，每月也可拿到五六十元。可惜好景不长，1927年蒋介石清党，大杀国民党内的共产党员，他的姐夫思想"左倾"，逃到上海租界里去了。从此郁郁不再得志，甚至一病不起。因此，父亲时常对我们说："党派这个东西是加入不得的，因为党尚黑 [1] 嘛。你们三姑爹就成也是党，败也是党。"这是父亲给我们第二个深刻的印象。

三姑爹有一个最小的堂弟，排行十一，所以名字就叫"式一"，我们称呼他为式一叔。他曾在清华大学学习，参加了清华文学社，社长是顾毓琇。社员有闻一多、梁实秋等人。他从事戏剧和电影工作，记得我小时候第一次看无声电影，就是他请我们去看的《自由魂》和《桃花泣血记》。他说《自由魂》中有孙中山，使我们非常向往，结果看到的却只是个人影，又使我们大失所望。但《桃花泣血记》却是阮玲玉主演的，桃花还着上了粉红色，总算第一次看到了无声有色电影。式一叔后来用英文写了一个剧本《王宝钏》，就是《武家坡》的故事，在欧美各国上演，在伦敦和纽约都闪耀着霓虹灯的广告，赚了不少英镑美金。父亲谈起他来就眉飞色舞，口沫四溅，羡慕得不得了，说什么："式一真了不起！连英国的萧伯纳都喜欢他的戏。他一回国，就送了他丈人一千英镑，要合一万六千银圆。他丈人一辈子都用不完，真

1　"党"字的繁体写法，是上面一个"尚"字，下面一个"黑"字。

要快活死了！"这是父亲给我们第三个深刻的印象。

我的母亲曾在南昌女子职业学校学习，女职在当时是全省唯一的女子学校。母亲不但读过几年书，还会画几笔画。她从小就教我认字，我模模糊糊有个印象，仿佛记得她穿一身白褂白裤，我曾拉住她的裤腿，硬要她教我认字。我出生一年后，母亲又生了弟弟，没有奶喂我，我是靠吃牛奶长大的，因此从小有股牛脾气。弟弟出生一年后，母亲又怀了孕。父亲同母亲带我到抚州（临川）第七中学（老师中有游国恩，学生中有饶漱石）去工作，到抚州时天色已黑。我们住在一间点煤油灯的昏暗房子里。夜里母亲做了一个噩梦，梦见一个披头散发的女人向她讨债，说是欠了她一条命，有一个白发老人来劝解，要母亲多给她一点钱，那个女人却不答应。吓得母亲从梦中惊醒，当夜就哭哭啼啼地告诉了父亲。第二天早上天一亮，母亲走出房门，看见堂屋里挂了一个女人的遗像，仔细一看，正是她昨夜梦见的那个女人。于是她更加吓得要命，催父亲赶快多买一些纸钱烧来祭奠女鬼。那时我不懂事，还缠着要母亲教我认字，她没有心思教我，我就发牛脾气了，用头撞她的肚子。父亲见了赶快把我拉开，母亲却说让他撞下来也好。仿佛预见到妹妹的出生就要带来她自己的死亡。

妹妹是我们回南昌后出生的。那时，我家住在南昌市石头街五十九号，是一座门朝东开的平房。进门之后有个院子，五岁的孩子需要七步才能跨过。院子南边是一个没有花的花坛，北边就是二伯父住的花厅。二伯父喜欢喝酒，二伯娘喜欢打牌，他们没读过书。记得我要二伯讲故事，他只说了一句："话说一百钱一碗茶……"就讲不下去了。他们没有文化，也没有子女，我的弟弟从小就过继给他们。院子尽头有一张屏风，挡住了后面的天井和堂屋，堂屋南北各有一套正房、前厅和后房，北房三间住的是大伯父、大伯娘和我的三个堂兄弟，南房就住我们一家。哥哥和我住前厅，后房由堂姐住。记得堂屋正中摆着一张方桌，八个方凳，左右各有三把太师椅，两个茶几。在没有客人的时候，哥哥带我们用画片做打仗的游戏，桌椅都变成了战场。左右墙壁上各挂了四幅字画，画的都是山水茅舍，写的长幅有李白的词《菩萨蛮》和《忆秦娥》。

母亲生了妹妹之后，果然噩梦成真，离开了人世。我只模糊记得她躺在正房靠门的一张竹床上，父亲泪流满面，泣不成声，抱着我在她床前拜了三拜。院子里正在烧纸钱，我就跑到屏风前的火盆边上，一个人号啕大哭起来。这是不是应了算命先生的预言呢？还有一件怪事，直到现在我还没有忘记，就是一天夜晚，我一个人坐在床上玩，忽然发现床头帐子上出现了一个半身人影。我摇了摇头，影子却一动也不动。我赶快跳下床来，一看影子还在原处。等到父亲进房来时，影子却不见了。父亲听我讲了之后就说："这是你娘回来教你认字了。"那时父亲还是迷信，认为新生的妹妹是母亲梦见的那个女人转世投胎，看见女儿就会想起母亲，感情上受不了，加上没人喂奶，就把妹妹送给人家做童养媳了。在弟弟过继给二伯之后，比我大四岁的哥哥也过继给没有子女的二姑妈，家里就只剩下我一个孩子。

那时我的祖母还在，她过六十大寿的时候，三个女儿，三个儿子，都带着第三代来照了一张全家福。不料福兮祸所伏，有一天，我看见祖母坐在北边前厅里的藤交椅上痛哭，惋惜我的母亲死得太早。忽然哭声听不见了，走近一看，只见祖母仰着头，闭着眼睛，张着嘴唇，却不说话。不记得谁在她的脸上蒙了一块红布，原来祸不单行，祖母也随着母亲去世了。这也许是我出生时哭声特别大的原因吧。

祖母有一个弟媳妇，我们叫她作舅奶子，她家中无亲无故，也没有子女，来投靠祖母。祖母死后，她就留下来照顾我。我记得她的脸形很瘦，五官有点像个"少"字，虽然年老体弱，头发倒没有白，梳成一个髻子，穿一身黑褂黑裤，裤腿扎得很紧，还缠了脚。舅奶子对我非常好，说我方脸大耳，五官端正，其实我看到自己小时候的照片，脑袋瓜子突出，两眼圆睁，倒有点像画片上的豹子头林冲。舅奶子说我有福相，大了一定有出息，对我百依百顺。我那时最爱收集买香烟时附赠的画片，画的多是古代英雄人物。舅奶子就牵着我的手到处走，向抽烟的人讨香烟画片。即使我做了错事，她也总护着我。家里人打麻将的时候，我对"金鸡吃饼"感到好奇，就把画着金鸡的"一索"和画着一个圆圈的"一饼"藏了起来。打麻将的人少了两张牌，到处都找不到，二伯娘说是我拿了，我却不肯承认。舅奶子也帮我的腔，说"你们不要冤枉好人，我的乖崽不会做这种事"。不料好心没得好报，反倒从小养成了我不认错的习惯。舅奶子带我住在祖母去世的那间前厅里，她时常咳嗽。一天夜晚，她咳个不停，可能是一口痰哽住了喉咙，第二天清早，她就浑身冰凉，永远离开了她宠爱的外孙。

祖母死的时候，家里请了木匠来院子里做寿材。我看见两个工人把木材锯成木板，一个工人再把木板刨平，刨花一卷一卷，非常好看，我要收集起来，舅奶子却说那是烧火用的，只给我捡了些小木棍来玩。更有趣的是，祖母出殡之前，家里找人在院子里用纸扎起了开路神，身穿五彩纸甲，比真人还要高得多，我非常喜欢，但是出殡之后，纸扎的开路神却用火烧掉了，使我非常惋惜，不明白开路神原来是为祖母的阴魂开路，烧掉才能到阴曹地府去的。舅奶子死后，既没有定做棺木，更没有纸扎的开路神，只买了一口薄薄的棺材，雇了两个穿白衣的吹鼓手，由我披麻戴孝，送到城南五里路外的风雨亭旁下葬。而祖母和母亲入土时，却雇了两条木船，全家白衣送到青云谱外的坟山上。那时我还不理解什么是死，什么是悲哀。等到舅奶子下葬后，吃饭时不再有人把菜和饭捏成我喜欢吃的饭团子，我才真的流下了眼泪。

舅奶子去世后，没有人照顾我，父亲就续了弦，继母比他年轻十二岁。当时认为后母总对前妻的子女不好，使我从小对继母有了偏见。加上她不像舅奶子那样喜欢我，从来没有说过我一句好话，也不会像舅奶子那样给我捏饭团子，却硬要我学用筷子，从来没有给过我一文钱，也没有带我去向人讨过一张香烟画片，根本就不关心我喜欢什么，使我从小对她没有亲切感。她只对我讲子女要孝敬父母的故事。我小时候喜欢吃苋菜，她就说苋菜叶子本来是绿的，有一天李老君（就是老子）的母亲在苋菜地里劳动，忽然肚子痛得要命，血流不止，把苋菜染得通红，原来是她要分娩了。分娩非常痛苦，还要流血。所以子女如不孝敬父母，就会被天打雷劈。但当我问起继母如何分娩时，她却说儿子是从母亲胳肢窝里生下来的，使我小时候有了错误的观念。

　　父亲续弦之后，我从舅奶子住的北厅搬到南厅。一进门可以看到四个长方形的书箱，第三个书箱上刻了"左图右史"四个大字，里面装满了父亲的图书。记得有《绣像全图三国演义》，我最爱看关云长过五关斩六将的插图；还有《绣像全本西厢记》，纸张更好，印刷更精，但我只喜欢看惠明杀出重围求救兵的插图；至于《绣像全图金玉缘》（就是《红楼梦》），因为插图没有打仗的故事，我并不感兴趣。第四口书箱里面装的多是母亲读过的书，写的作文，画的花鸟。我只记得一篇作文题目是《项羽与拿破仑论》。20世纪20年代女子学校的学生，居然可以写比较中外历史英雄的作文，可见当时文化水平之高。母亲的同代人当中，出了个胡先骕，他是母亲的同乡，又是胡适的同学，后来做了江西省第一所大学的校长。

　　那时江西省还没有大学，最高学府只是农业专科学校，是我印象中最神气的房子。农专处在城乡交界的地方，离我们家有五里路，远远就可看到一片农田之中，巍然耸立着一所红色砖墙的洋房，前门有一个圆锥形碉堡，尖尖的屋顶上树立了一面风信旗，还有一根长长的避雷针，俯视着附近的平房，就像京剧舞台上的将军头盔上插的野鸡毛和背上插的旗子一样，真是威风凛凛。农专的第一任校长是三姑父，他家住在东檀巷一所带花园的房子里，上下班都坐绿呢大轿。大伯和父亲都先后在农专做过职员。

大伯后来去银行做一个职位不高、职权不小的事务员，很受信任，也很有信用。奶奶说他"好是一条龙，不好是一条虫"。他对子侄非常严厉，谁犯了错误，就要罚跪在祖宗神龛前。有一次他罚我跪在洗衣板上，我仗有舅奶子偏护我，却把洗衣板扔到一边去了，这是我小时候的第一次反抗。大伯对我们虽然严，却比父亲大方。我小时候喜欢写字，写了请大伯批改，他总说写得好，并且用红笔在字旁边画三个圈。而父亲却只肯画一个，而且圈画得小。每逢过年过节，大伯总给堂兄弟每人一吊钱（一百个铜板），记得二堂兄买过一个万花筒，堂弟买了一支玩具枪，使我羡慕得不得了。而我过年只得到两百钱（二十个铜板）的压岁钱，只够吃两碗米粉。我第一次用钱是跟着二堂兄去街上买了一个铜板的青皮豆，看到一个铜板能买到这么多的豆子，觉得有钱真好。

大伯娘是个典型的贤妻良母，从来不发脾气，也没有骂过人，一天到晚坐在房里，真是足不出户。她对孩子总是和颜悦色，常给我们一点零钱花。有一次弟弟告诉我有个小朋友欺负他，我要逞能，就抢了那个小朋友的绒线帽，藏在理发店的门板后面。不料那个小朋友的家长来讨回帽子，我再去理发店却找不到了。大伯娘怕我父亲知道这件事会打我，就要二堂兄花五毛钱（一百五十个铜板）去买了一顶新绒线帽赔人家。所以提起大伯娘来，没有一个人不说好的。

大伯娘生了一女三男：堂姐淑英比我大八岁，她在女子职业学校读书，教过我们唱《木兰辞》和《苏武牧羊歌》。我虽然还不懂得歌词，但是跟着唱却也把歌词背熟了，并且从小就培养了喜欢音韵节奏的习惯。如"苏武，留胡节不辱，雪地又冰天，万愁十九年。渴饮雪，饥吞毡，牧羊北海边"。"武"和"辱"，"天"和"年"，"毡"和"边"都押了韵，唱起来顺口，听起来悦耳，这就为我后来对诗词的爱好打下了基础。堂姐还教会了我用针线装订本子，我从小就喜欢在本子上画画，记得画过褚战马超。堂姐后来嫁到海棠庙张家，姐夫是江西工业专科学校毕业生，在做测绘工作，家里有三座房屋。我过生日时，她送了我一张小桌子，那是我一生中收到的第一件礼物。

大堂兄渊泽是全家公认的人才。他比我大六岁，也比我高六班，我读小学一年级的时候，他已经是六年级的学生了。我参加实验小学入学典礼时，由他担任司仪。记得他身穿竹布长衫，双手挥舞两面旗子，站在礼堂的高台上，在孔子和孟子的画像旁边，指挥全校学生唱歌，非常神气。在家里，他住我对面的前厅。孙中山先生逝世的时候，他在前厅的墙壁上挂了一张自己画的孙总理遗像，上面有一条横幅，写了"天下为公"四个大字，左右是一副对联，写着"革命尚未成功，同志仍须努力"。他还带我们向遗像行三鞠躬礼。这是我对孙中山先生的初步认识。

中山先生死后，北伐战争开始了。那时我们把国民革命军叫作南军，把北洋军阀叫作北军。南军从广州出发，打败了北军，占领了南昌，司令部在离我们家不远的都司前，就在二姑妈家斜对面。一天下午，我站在家门口，看见南军的队伍走过。一个军官带队，穿着和士兵一样朴素的灰色军装，我觉得还不如军乐队神气呢。忽然听到一声口令，全队人马都向后转，原来是北军要反攻了。我们吓得赶快跑进屋里，关紧大门。北军果然打了回来，并且放枪三天，我还看见北方佬老抢劫我家隔壁的药铺。于是继母连忙带我逃到教会在松柏巷办的妇孺救济所去。在救济所避难的还有式一婶，记得她带了大女儿德兰，睡在大房间进门左手边的地板上，而继母和我却在她们斜对面打了地铺。最使我羡慕的，是德兰带了一本《儿童画报》，但继母却不好意思去为我借来看。一天黎明时分，我睡在地板上模糊听见枪炮声、军号声，还有冲锋喊杀声，原来是北伐军又胜利了，我们才都各自搬回家去。北伐战争胜利，晚上提灯游行，堂兄教我们唱革命歌曲："打倒列强，除军阀，国民革命成功，齐欢唱。"我虽然一点也不懂，却跟着唱会了。后来看北伐战争的电影，看到蒋介石骑着高头大马，全副武装，外加黑色斗篷，真是八面威风。兵士高呼："蒋总司令来了！"这是我对蒋介石的最初印象。

堂兄房里有一个小书架，架上有四本新式标点的《水浒》，一本《夜行飞侠传》，两本《天方夜谭》，还有一些《少年》杂志。记得他给我们讲过阿拉丁神灯的故事，引起了我对《天方夜谭》的兴趣，先读简写本，觉得很好玩；再读全本，反而觉得不如简易读物。这对我未来的翻译也有影响，使我尽量选择简易好懂，明白如话的译文。

堂兄升的中学是江西全省最著名的南昌第二中学，他那一班又是全省会考团体第一，个人第一是万发贯，毕业后考取清华大学电机系。堂兄的理化成绩很好，和丁浩被选拔参加全省理化竞赛，同学开玩笑说"选择顶好"，就是把"许渊泽"读成"选择"，把"丁浩"读成"顶好"。后来他们果然被全国顶好的上海交通大学和清华大学选上了，这对我后来升学也有影响。

堂兄的书架上还有英文书，如《鲁宾逊漂流记》《威克菲牧师传》《欧文见闻录》，还有一本外国出版的《莎乐美》，一本歌德的《少年维特之烦恼》。这些书对我的成长都有影响。第一本使我喜欢孤独，第二本使我知道了怎样才是一个好人，第三本使我喜欢大自然，第四本培养了我的唯美主义思想，第五本告诉我什么是爱情。

我的哥哥渊洵小时候对我的影响不比大堂兄小。他比我大四岁，在小学时比我高了三级，读三年级甲组。他是一个巧手，手工做得很好，会用竹子做手枪，用硬纸板做军舰，教我们玩打仗的游戏，玩香烟画片。那时每包香烟中有一张人物画，画的都是《三国》《水浒》《封神》《说唐》等小说中的英雄。玩游戏时，看谁的英雄本领大，谁就取得胜利。至于谁的武艺高强，那小说中有排名的顺序，如《说唐》中第一条好汉李元霸，第二条宇文成都，第三条裴元庆……这从小培养了我的名次观念。

哥哥不但带我玩游戏，还教我唱歌。他去参加全市运动会时，学了支新歌，回家就教我唱。我虽然不懂歌的内容，却把歌词背了下来。前几句是："大道之行也，天下为公。选贤与能，讲信修睦……"这是孔子删定《礼记》中的名言，孙中山把它当作革命要达到的目标，全市运动会又把它当成会歌，由此可以看出孙中山和孔子的传承关系，以及孔子对革命的影响。国民革命就是要实行礼乐之治，"大道"就是礼乐。目的是要达到世界大同。

哥哥教我的第二首歌是抗议"五卅惨案"的，歌词更加好唱好听：

帝国主义勾结军阀害我中华，
几阵枪声满街热血一场惨杀。
此仇不报，还成什么国家？
……
热泪的抛，抛抛抛；大凡的恼，恼恼恼；
心头的火，烧烧烧；此仇必报，报报报！

有几句记得不太清楚，虽然今天看来，有的句子不太通顺，但最后四句的叠字却给了我深刻的印象，使我后来非常欣赏诗词中的叠字，如陆游词中的"错错错"。

哥哥还很工于心计。有几个同学到家里来找他，他要我倒茶招待，如果有他不喜欢的同学，他却要我送上一杯白开水。哪里想得到他不欢迎的同学却成了他崇拜的朱光潜教授的得意门生！但是在学习上，哥哥对我的帮助还是很大的。例如我最初对英文不感兴趣，但听见他背英文儿歌《小小星星眨眼睛》，觉得很顺口，就记住了。他教我做高年级数学教科书中的四则习题，使我提前达到了学习的要求。他在学校表演《孔雀东南飞》，说仲卿与兰芝的故事多么有意思，使我非常想读这个剧本。后来看到顾一樵（就是清华大学工学院长顾毓琇）的小说《芝兰与茉莉》，我以为是《孔雀东南飞》的故事，买了一本，使我从小就和顾先生结下了缘分。

二堂兄渊澂比我大两岁，在小学上比我高一班。他的学习成绩不太好，常常留级。但是办事却很能干，家里要买东西，总是叫他上街去买。他的数学不错，教会了我背九九表，如何求得最大公约数和最小公倍数。邻居有个孩子要我把刀口对准鼻子，然后说这样做就要死了，吓得我大哭起来。二堂兄却来安慰我说："不会死的。"并且把刀口对准自己的鼻子，叫我放心。他还关心时事，实验小学举行时事测验的时候，他的成绩最好，得了全校第一。

堂弟渊涵比我只小半岁，是大伯最小的儿子，从小娇生惯养，不太喜欢上学，常说："上学走来走去累死人，又没有红的（日历上星期天是印成红色的）。"但他后来却对文学产生兴趣，喜欢读巴金的作品。抗战时期考上了大学，却舍不得离开家庭，结果在山清水秀的宜春度过了几十年平凡却幸福的生活。

我的弟弟渊深从小被过继给二伯父和二伯娘，很受他们宠爱，管教却不很严。我放了学就回家，他却在外面玩，学会了游泳、骑自行车。而我骑车游泳，都是跟他学会的。打乒乓球，却和堂弟玩得最多。有一年农历新春，我和弟弟租了两辆自行车，和渊洵、渊澂、渊涵一同下乡拜年。先到离城十里路的蔡家坊乡下大伯家，后去离城三十里的熊家坊大姑妈家。大伯见了这么多从城里来的侄子，招待非常热情，给我们下鸡蛋面，面里还加上一个鸡腿。我不知道乡下的规矩，鸡腿是摆样子的，居然吃个一干二净。兄弟们都笑我不懂事，大伯却夸我人老实，想什么做什么，直来直去，不拐弯子。到了大姑妈家，又吃年糕汤圆，晚上在门前广场上放烟火"冲天子"（就是雏形的火箭），看着一道红光划破夜空，仿佛心也跟着飞上了天，不禁手舞足蹈，欢呼起来。夜里五兄弟同睡一张大床，你一言我一语，谈天说地无拘无束，是我幼年时代最难忘的一夜。那时我根本就没有什么城乡观念，甚至认为乡下比城里好呢。

乡下大伯是个农民，却会讲故事。每次他进城来，就住在北边的前厅里，我总要爬到他的床上，听他讲《三国》和《说唐》，他讲得比书上还好。如说唐王李世民被敌人围困，马陷泥中，高声大叫："有人救得李世民，你做君来我做臣。有人救得唐天子，万里江山平半分。"薛仁贵闻声赶快骑着白马，挥动方天画戟，跑来救驾。后来我读《说唐》，发现书中写得还不如堂伯讲得生动有趣。

乡下大伯有四个儿子，他们称呼我的大伯是"五叔"，二伯是"六叔"，父亲是"八叔"。堂伯的小儿子叫渊明，小名是庆春，和我哥哥同岁，也和堂伯一样会讲故事。庆春讲徐文长聪明过人，邻居有个女儿，非常漂亮，喜欢望街。有人问徐文长，能不能说一个字使邻女发笑。徐就对着一只狗下跪，并且叫一声"爸"。邻女看见果然哈哈大笑。那人又问徐文长能不能说一个字使邻女大哭。徐就对着邻女下跪，并且叫一声"妈"，气得邻女大哭起来，从此以后，再也不望街了。庆春不但会讲故事，而且在抗日战争时参了军，作战有功，升为少将，是我们家军阶最高的兄弟。

就是这样一个普通的家庭，培养了幼年时代的我。

小学

"Twinkle, twinkle, little star, how I wonder what you are!"

这是我第一次学到的两句英文诗，

却是我后来翻译几千首英文诗的第一步。

1926 年夏天，我开始上小学。那时的物价多便宜！只要花三个铜板就可以到隔壁豆腐店买一块又白又嫩的水豆腐，再买一把菠菜，就可以做碗色香味俱全的"红嘴鹦哥抱玉石"。豆腐店的对角有一个卖糯米饭的小贩，一口平底圆锅里摆了几个珠圆玉润的糯米团子，上面滴了几滴红糖水，下面烤得焦黄，看起来有红有黄有白有黑，吃起来糯米又甜又软，黄色的锅巴又香又脆。即使是红枣、黄连、绿豆、白果、花生、玉米合成的八宝饭，在我看来，也比不上这五个铜板一个的糯米团子。

我上学时，出门往北走到豆腐店，走过卖糯米饭的，往东就是都司前了。都司前有一个卖花生糖和鹅郎酥的小贩，他摇着小鼓沿街叫卖，鹅郎酥是用面粉、荞麦粉、芝麻加猪油拌好，再用小火加热，使芝麻粉等浑然一体，再用印盒子印出图案，看起来一块酥是一张小画，闻起来香味扑鼻，吃起来落口消融，叫人吃了一块还想再吃。这是我小时候最爱吃的点心了。都司前的东口是一条和石头街平行的南北向大街，街上有全城最大的"大兴"糕饼店，玻璃罐里陈列着五香牛肉干，上面有星星点点的红辣椒，黄澄澄的萨其玛像流动的金条。但是大铺子的门槛高，点心起码要一毛钱（三十个铜板）才卖，而我每天的早点费只有五个铜板，只好望洋兴叹了。从"大兴"往东走是小校场，那里是个菜市，卖的东西更大众化。我爱吃猪血汤，绯红的猪血滴上黄色的麻油，加上绿色的葱花，觉得比"红嘴鹦哥抱玉石"还要可口得多。过了猪血摊子再往东，就到了模范小学，后来改名实验小学。

实验小学在樟树下，门前有一个小花园，园中有几棵樟树，街道因此得名。小学的八字大门朝东开，进门后有一个门廊，南边是传达室。跨过二门门槛，是个大厅。大厅南边是一年级甲乙组的教室，北边是大礼堂。楼上是办公室，还有六年级甲乙组的教室。走过大厅，有一个小天井，南边是楼梯，北边是礼堂的出入口。走过天井上坡，南边是中操场，北边楼下是音乐教室，楼上是六年级的特殊班（分高能组和低能组的试验班）。再往前走是两间平房，南边是二年级甲组，北边是二年级乙组，乙组墙壁上贴了许多五彩历史图画，我记得最清楚的是周瑜火烧赤壁那一张。教室外面摆了两张乒乓球台，那是我第一次打乒乓球的地方（1950 年我在英国舟山号轮船上得了国际乒乓球赛的冠军，比庄则栋还早十年）。二甲教室南边是三年级甲乙组（记得我在三甲教室门外看见哥哥蹲在桌子底下演《乌盆计》中的阴魂，回家后我问他演什么戏，他不肯说，是不是预感到了不祥之兆？）三甲对面，楼下是四年级甲乙组，楼上是五年级甲乙组。教室楼后是篮球场，南边有滑梯和跷跷板，北边有跳高和跳远的沙坑。就是在这个小学里，我度过了我的童年时代。

回忆我第一次去学校时，是1926年夏天。我正跪在凳子上伏案学习写字，描红模纸，就是在一张印了红色大字的模纸上，用毛笔把红字一笔一画地涂成黑色，记得头六个字是"上大人孔夫子"。忽然二堂兄来叫我和堂弟去实验小学参加入学考试。考场在四年级教室，有一个老师拿一些字角来考我和堂弟，我几乎所有的字都认得。老师又拿出一把算盘，问我会不会打。我从来没有打过算盘，急得哭了起来，以为考不取了。不料二堂兄问老师，却说我不但考取了，而且跳了一班，编入一年级甲组，堂弟却编在乙组。甲组比乙组高一个学期，乙组学生从头开始学习认字，我因为母亲教过我认字，所以免了头半年的学习。

跳班是件好事，也是坏事。因为我在甲组年龄最小，个儿最矮，大同学就欺负我了。一天放学的时候，我正走到一年级院子门前，忽然一个大学生拦住我，问我为什么骂人。我根本不认识他，更没有骂过人，他却不由分说，伸手就打，他的指甲很长，把我的脸抓破了，我就放声大哭起来。回到家里，父亲见我抓破了脸，说一定是我调皮，和同学打了架，又不由我分说，再打了我一顿。我一年级印象最深的，就是莫名其妙挨了两顿打，这使我小时候胆小怕事，并且不知道什么是对错。一年级最后一课讲：过年要杀鸡，鸡会啼明；要杀狗，狗会看门；要杀牛，牛会耕田；要杀马，马会驾车。都不能杀，猪什么都不会，只有杀猪了。于是猪哭着说："今天大家都快活，为何要杀我？"可见有用的就对，无用的就错，于是我想做个有用的人。

1927年春天，我升入二年级乙组，教我们的是夏宗秀老师。夏老师名副其实，人很秀气，穿一件花布旗袍，讲话和和气气，大家都喜欢她。二年级上的课,只记得司马光幼年的故事。有一个小朋友掉到水缸里,快要淹死了,司马光赶快用石头把缸打破,把水放掉,救了小孩的命。当时我觉得司马光真是聪明,假如是我,就想不到,也舍不得打破水缸,只会喊救命了。二年级印象最深的事,是下课后要学生自己打扫卫生,教室没有地板,只是泥土,土中还有垃圾,怎么也打扫不干净,值日的高年级学生却说扫不干净不许回家。这使我小时候既讨厌又害怕体力劳动。

暑假过后,我升入二年级甲组,教我们的是李祖岑老师。李老师比夏老师瘦,穿一身黑褂黑裙,说话比较快。她说她有一个弟弟,和她一样瘦小。有些人觉得他好欺负,不料他却考取了全省最好的中学。李老师还给我们讲才女谢道蕴的故事。说一天下雪,谢安写了一句诗:"白雪纷纷何所似?"要他的儿子谢朗回答,儿子用诗答道:"撒盐空中差可拟。"我觉得把下雪比作撒盐很像。但是李老师说:"谢安的侄女道蕴回答得更好,她说:'未若柳絮因风起。'"我住在城里,从来没有见过柳絮,所以反而觉得不如撒盐比喻恰当。一天,李老师考问学生:"伴侣的'侣'字如何写?"全班没有人知道,我却举起小手,在黑板上端端正正写了一个"侣"字。李老师当堂称赞我是好学生,这是我第一次在学校里受到表扬。

1928年过年后,我应该升入三年级乙组。那时父亲在庐山脚下,鄱阳湖畔的星子县(今庐山市)工作,要继母带我到星子县去。星子县初小没有三年级,我只好在二年级再读一学期。我是从省城南昌来的学生,比同班同学都高一级,县长的儿子也是从南昌来的,但学习成绩不如我。我又会讲故事,画人物,连县长夫人都开玩笑,要我叫她作丈母娘。那时我最喜欢的书,是在县长家里看到的绣像本《薛仁贵征东》;最喜欢的香烟画片,是裸衣战马超的许褚。县里有人要去南昌，父亲问我想买什么东西，我说想要军装皮带，可见我小时候是崇拜英雄人物的，而我所谓的英雄只不过是武艺高强的人而已。因为我在南昌的小学老受欺负，所以就羡慕力气大的人。从省城到了外地，自己成了高人一等的学生，反过来却欺负不如自己的同学，结果挨了父亲一顿痛打。不料这事给县长的女儿知道了，她却哭了一场。可惜这个幼年的小伙伴没有长大就去世了，后来我为她写了几句小诗：

那年我才八岁，挨了一顿痛打。
痛在我身上，泪却从她眼里流下。
夜里我们回家，萤火出没草丛。
今夜萤光四洒，她已长眠墓中。

我在星子县的时间不长，只有半年，就随家回南昌了。因为耽误了一学期，回实验小学应该念三年级乙组，但是经过插班考试，我考了第九名，编入三年级甲组，等于没有耽误学业，还跟原班上课。但三年级乙组的算术学了最大公约数和最小公倍数，我没学过，二堂兄教我做了几道练习题我就跟班没有困难了。三甲给我印象最深的是，国语课开始由李正开老师教，他的普通话讲得好，纠正了我不少南昌口音。教历史的是韩祖德老师，他在全校年纪最大，教学态度最好，受到历届学生好评。记得他问我们："战国七雄是哪七国？"我们都不知道，只有插班考第三名的涂莃生说："秦楚齐燕韩赵魏。"他的国学知识丰富，会背《枫桥夜泊》。他的父亲是农专学生，我们两家认识，我把读过的小说卖给他，一般要扣折旧费，他却不打折扣。我们就成了好朋友。

1929年春，我升入四年级。这一年最重要的事，是我们开始学英文了。教英文的是涂宜钧老师，他年轻漂亮，头发梳成西式，戴一副玳瑁眼镜，穿一身紫红色的西装。他教我们二十六个英文字母，说"a"看起来像个牛头，这很容易记住。但讲到"wxyz"时没有相应的中文字，我就觉得难记了。幸亏二堂兄把这四个字母编成口诀："打泼了油，吓得要死，歪嘴！"这才勉强记住。字母每学时教五个，学完后教拼音。那时还不会国际音标，涂老师告诉我们母音可读长音或短音，并带我们念 ba be bi bo bu by，既好听，又好记。但是 a 和 e 的短音却很难分，我就有畏难情绪了。尤其是学词汇时，读到 boy（男孩),girl（女孩），pupil（小学生），觉得读音规则根本应用不上，于是认为英文没有道理，就对学习失去兴趣了。

四年级的国语课还是李正开老师教。课文中有一篇莎士比亚的《威尼斯商人》。讲商人向犹太人借了一大笔钱，借条说明：到期不还就要割商人一磅肉。正在紧急关头，来了一个年轻的律师，说是割肉不许出血，否则就是谋财害命，结果救了商人。我觉得这个律师的聪明不在司马光之下。课文中还有一篇《中山陵游记》，我模仿写了一篇《青云谱旅行记》，李老师说我模仿得好，这使我知道了作文先要善于模仿。李老师还要我们开始写日记，我有两篇日记得到好评。一篇说我晚上到百花洲图书馆去看小说，回家时经过东湖，忽然天下大雨，淋得我浑身湿透，回家还挨了骂。怪我为什么出去不带雨伞。另一篇说我第二天晚上又去图书馆，这次带了雨伞穿了胶鞋。回来时却没有下雨，哥哥反而笑我多此一举。李老师在日记最后加了双圈，表示写得不错，这使我知道了作文要有对比，才能引起兴趣。但是在默写时，我因为坐在靠墙没有窗户的位子上，光线不好看不清楚，把"贺"字底下一撇写得和"目"非常接近。老师也看不清，算我错了还扣了分数。我却一分不舍，据理力争，说是李老师看错了，他一听大怒，打了我两记耳光，打得我头上起了包，于是我就大哭起来。以后不管自己是对是错，受到批评也不敢争辩了。

四年级还有音乐课，是刘忠谋老师教，唱过《可怜的秋香》《教我如何不想他》等。还有一首《慈母颂》，歌词很美："好时候像水一般不断地流。春来不久要归去也谁也不能留。别恨离愁，付与落花流水共悠悠。想起那年高的慈母，白发萧萧已满头。暮暮朝朝总是眉儿皱，心儿忧，泪儿流。年华不可留。谁得千年寿？我的老母！"这首歌词有韵有调，有重复有重叠，唱起来很好听。但是我的母亲早已去世，也没有满头白发，所以我唱时有韵无情，这就是形式脱离内容了。

那时我看到一本连环画《杨戬出世》，讲的是《封神传》和《西游记》中打败了孙悟空的少年英雄杨戬。哥哥有一张金边牌香烟附送的杨戬画片，画他头戴束发金冠，手执三尖两刃刀，脚下跟着一只哮天犬，威风凛凛，英姿飒爽。我非常喜欢，就模仿画片，画起二郎神杨戬大战齐天大圣孙悟空来。同学们看见我会画英雄人物，都像追星族围着明星要求签名样，要我为他们画唐僧取经的故事，还有同学要我画当代的兵士。我家里订了一份《东方杂志》，里面有新闻照片。那时英国有一艘飞船失事，护送失事人员的兵士穿着呢子大衣，倒挂步枪，看起来比中国兵士神气多了我就模仿画了下来。那个同学一看，问我兵士为什么枪口朝下，我不知道这是送殡，却说书上的照片就是这样的。可见我只知其然而不知其所以然，没有注意到异常现象，别人指出也不去追问理由，却又不肯承认无知，反而强以不知为知，为了面子而敷衍了事。不知道孔子早就说过："知之为知之，不知为不知，是知也。"

四年级教室后面是篮球场。一天中午，我看见我们班和别班赛篮球。我们班队长是毛麟魁，结果大获全胜，我在场外做啦啦队，拼命拍手叫好。不料失败的队恼羞成怒，怪啦啦队叫得太响，有个队员一把将我抓住，正要动手打我。说时迟，那时快，毛麟魁一个箭步赶到我面前，把那个人推开，使我觉得他正像小说中路见不平，拔刀相助的英雄。他家住在小教场，一天晚上，我们在小教场玩老鹰捉小鸡的游戏。哥哥做老鹰，我做母鸡保护做小鸡的弟弟和堂弟，哥哥比我大四岁，自然很容易突破我的防线。忽然毛麟魁从家里出来，他做母鸡保护我们这几只小鸡，哥哥追到哪里他就挡到哪里，我们跟着他转，哥哥总也不能得手。老鹰接近时我们吓得大叫，母鸡挡住老鹰时我们又放声大笑，这是我童年时代玩得最开心的一次。

四年级开始公布考试成绩，八十分以上为甲等，七十分以上为乙等，六十分以上为丙等，六十分以下就不及格了。全班只有一个同学列入甲等，他就是吴笃思，五年级时他提前考入全省最著名的中学，后来又考取云南大学经济系，成绩并不突出，可见考试分数并不等于真正的成就，但是我却很长一段时间，根据分数看同学的高下。毛麟魁是乙等第一名，吴笃思升学后他成了第一，但也在实小毕业前一学期考取南昌第二职业学校（江西财经大学前身），成了江西省的网球选手。他们两人都提前升学，可以看出实小的教学质量。但是我的成绩平平，都是六十几分，这就养成了我甘居中游的思想。

1929 年夏天，我家从石头街 59 号搬到状元府 22 号。在那里我只记得读了一部《秦汉演义》，知道了项羽和刘邦的故事，但我只喜欢大破秦兵的楚霸王、鸿门宴上的樊哙，对做了皇帝的汉高祖反而不感兴趣。有兴趣的是张九如老师讲的一副对联：他说刘李二人互报姓名，李说："骑青牛，过函关，老子姓李。"（说的是老子李耳的故事）刘对答道："斩白蛇，兴汉室，高祖姓刘。"（说的是汉高祖刘邦的故事）

我家在状元府只住了两个月，暑假后又搬到海棠庙 36 号。那是大堂姐家的房子，大门朝西，大伯一家住北边的前厅，正房和后房；二伯一家住南边的前厅；我家住南边的正房和后房：我们三兄弟睡后房西边的一张大床。1930年春天，我升入五年级。有一天李老师宣布，要我在大礼堂全校六百师生面前练习讲演，讲题是"求己说"。那时我年纪小，个子低，走上讲台，站在讲桌后面，只露出一个大头，一张通红的脸，讲话声音却又特大，和身体很不成比例。台下的同学一看就笑了，一听笑得更加厉害。我却毫不怯场，从头到尾，把自己写好的稿子背了出来，然后再向台下鞠躬，满不在乎地下了台，这是我后来六十多年教学生涯的第一炮。回教室上楼梯时，碰到两个女同学正在楼梯口踢毽子，一个尖脸薄舌的女生冲着我叫："傻大头！"我并没有招惹她们，口才文才都在她们之上，却受到她们欺负。好在我已习以为常，只有心中暗想：看看到底谁傻？也就忍气吞声算了。

1931年春天，我升入六年级。邻家有人从赣南来，说朱毛红军真厉害，十几岁的"红小鬼"拿着红缨枪，却打败了有飞机大炮的国民党军。这是我第一次听到朱德和毛泽东的名字。

六年级的国语课本中有一篇朱自清的《背影》，是写父子感情的。还有篇法国都德的《塞干先生的山羊》，写山羊坚决和狼斗争，斗了三个夜晚，最后还是给狼咬死了。一天晚上我要睡觉，父亲忽然来检查我的学习成绩，要我背诵山羊这一课。我只念了三遍，就背出来了，但错了两个字；父亲要我再念再背，又错了另外两个字；父亲还要我背，我困得眼睛都睁不开，他却一定要我完全背对才罢，就像山羊一直要斗争到死一样。这倒开始培养了我做事认真、一丝不苟的习惯。但我觉得父亲严格有余，慈爱不足，使我体会不到《背影》中的父子之情。

回想起来，父亲有一天回家时，忽然伏在书桌上大哭，说是月薪四十元要打七折，只有二十八块，扣掉房租十二元，还剩十六块钱，一家五口连吃饭都不够（那时学生伙食费每月四元八角），哪能供得起三个儿子读书？于是他只好到南丰、丰城、星子等外地去工作，好多挣几个钱养家。当我和弟弟不听话时，他就说要把我们赶出家门，让我们去做学徒，吓得我们只有好好读书。父亲对于读书买书，倒是舍得花钱的。小学时他给我订了一份《儿童世界》，买了一部《三国演义》。甚至大表姐去美国留学时，虽然他自己没有钱，却去向三姑父的学生们筹款，尽到了舅父的责任。表姐船到日本的时候，还特意给我寄来了日本画片，说我将来留学，费用由她负担。她的信是我第一次收到的国外邮件。

六年级上英语，换了李正开老师教。第一课讲"我的家庭"，家庭中有父母子女，我觉得都不如中文好记。尤其是"女儿"（daughter），字形、字音、字义之间都没有关系，远不如中文"女子"合成"好"字好懂，就像骂我作"傻大头"的那个女同学一样没有道理。但当我听见哥哥背英文儿歌"星星眨眼睛"时，却又觉得好听：

Twinkle, twinkle, little star,

（小小星星眨眨眼睛，）

How I wonder what you are!

（请问你是何方精灵？）

这是我第一次学到的两句英文诗，却是我后来翻译几千首英文诗的第一步。1931年9月18日发生了震惊世界的大事，就是日本侵略者武装占领了我国的东北三省。那时李正开老师生了病，由韩祖德老师教我们国语课。他教我们写反对日本帝国主义的作文，加深了我们的爱国主义思想。《东方杂志》上登载了日军占领东北的照片，激起了我们对敌人的仇恨。我们最喜欢听东北义勇军抗日的故事，最钦佩抗日英雄，"马占山，冯占海，山海关外，占山占海。"从中可以看出人民群众的情绪。而我们小学生只有好好读书，准备将来为国雪耻。

最后一个学期我的学习成绩有了进步，作文经常得"甲"，就是90分以上。我还被选去参加全校演说比赛和图画比赛。演说的题目是"阅报的利益"，结果得了第二名。第一名是特殊班的薛蕃荣。图画比赛我画了一个神话故事中的"桔中二叟"，得了第六名。毕业考试我是甲等第五，是我在小学六年取得的最好成绩。

那时中学要到秋季才招新生，我是冬季毕业的，要在家中等一个学期。父亲就要我去特殊班旁听。特殊班班主任是彭声民老师，他提前用中学国语读本，第一课是鲁迅的《秋夜》，第一句说："在我的后园，可以看见墙外有两株树，一株是枣树，还有一株也是枣树。"彭老师问："鲁迅为什么不简单说墙外有两株枣树呢？那就不能引起读者注意。先说一株枣树，读者以为另外一株一定不是枣树了，结果出人意料，还是枣树，读者就重视了。这是一种可以引起兴趣的修辞手法。"后来我听中学老师讲《秋夜》，讲得并不比彭老师更精彩、更深刻，可见实小语文教学水平之高。

在特殊班我和薛蕃荣同坐第三排右边，共用一张书桌，他人长得清秀，考试成绩全班第一。1932年1月28日，日本侵略军攻打上海，19路军奋起抵抗，拍了一部电影片叫《上海之战》。在南昌上映时票价很贵，要一吊钱（一百个铜板）一张，他却买了两张票请我同去看。小学毕业后他被保送升入南昌二中，又和我同学六年，高二时他还参加演出洪深的抗日戏剧《回春之曲》，他反串女主角。二中毕业后他又被保送升入浙江大学电机系，后来成了中国制造第一台电视机的总工程师，可能是我小学同学中成就最大的一个。

我在特殊班的同学还有涂莱生，他的古文很好，我们同看武侠小说，希望学好武艺，去杀日本鬼子。他取了一个外号叫"凌霄子"，我也取个外号"冲霄子"，还有一个同学吴琼取名"琼霄子"。我们几个小学生放学后去野外寻师学艺，但是踏遍青山无觅处，只好游山玩水之后，又回到学校去。毕业之前，学校排演了一幕抗日战争的话剧，我演日本侵华军的司令官本庄凡，被抗日军打得大败，逃下舞台，这是我第一次登台表演，总算过了一次打日本鬼子的瘾。

1932年夏天，南昌市举行了第一次全市小学毕业会考，考生总平均分数在八十分以上的为甲等，全市共二十人，几乎有一半是实验小学的毕业生。在这二十个精英中，我记得的有第一名李纪和，第二名万兆凤，第三名王树椒，第四名谌守福，第五名蔡安渊，第七名薛蕃荣，第十二名李祝三，第十七名欧阳觉元，第十八名涂莱生。还有不记得是第几名的万绍祖。他们就是和我共同学习、共同生活、共同奋斗过的一代人。了解他们，也就更了解我。

我在读小说时发现的都是欢乐少于悲伤：如《水浒》中的英雄林冲受到奸臣陷害。不得不"雪夜上梁山"。《说唐》中的英雄罗成被乱箭射死，托梦回家。这些都是容易使小读者"泪沾巾"的。小学时代的娱乐，除了看小说以外，就是听京剧。家里买了一架留声机，一些京剧唱片，记得有梅兰芳的《太真外传》，余叔岩的《空城计》等，但我最喜欢的是高庆奎的《斩马谡》《斩黄袍》和《逍遥津》。这些唱片增加了我的历史知识和对音乐唱腔的爱好。但到剧院去听京剧，却只去过两次：第一次是看小王玉蓉反串宋太祖赵匡胤的《大宋飞龙传》，第二次是看三国故事《战宛城》。但是我喜欢的角色并不是宋太祖，也不是曹操，而是拔起大树作武器来救宋太祖的郑子明，举起两个敌人作武器来救曹操的大将典韦。至于电影，我最爱看徐琴芳主演的《荒江女侠》，并且认为她是集英雄与美人于一身的明星。

在现实生活中，我见到的第一个美人可能是我的二表姐。圆圆的脸庞，聪明伶俐的眼睛，娇小玲珑的身材，她比我大十岁，是南昌女中的学生，已经在谈自由恋爱了。那时她的父母都已去世，姐姐哥哥都在国外，只好来求舅父做主。大舅（我的大伯）不赞成，她就来农专找细舅（我的父亲）。我们从农专走进城，她牵着我的手，一边和我父亲谈结婚的事，路上的男人几乎都要看她几眼。细舅比大舅开明，答应为她说服大舅，不料大舅坚决不同意，兄弟两人甚至大吵了一架。二表姐结婚的时候，大舅拒不参加，只有细舅道贺。兄弟失和之后，两家再住一起不便，我家便从海棠庙搬到了宫保第。不过父亲赞成自由恋爱的思想，却影响了我的一生。

中学

林语堂主张自学，认为知识都是自己学来的，

还说人生的目的是享受生活。这些话对我起了很大的作用。

1932 年夏天，我考入南昌第二中学。二中是江西省最著名的中学，礼堂的讲台两旁挂了一副对联："名称永居第二位，成绩须达最高峰。"结果全省会考，二中总是名列第一。因此考入二中也是一种光荣。我戴了二中的校徽，在街上走，有的人一见就说："这么小就考取了二中，真了不起！"这使我小时候对自己有了信心。

小学时代我是一个弱者，总想依靠一个强者来保护自己，或者依靠什么东西来显示自己并不弱于别人。小学同学互相评比时，有的同学说他的父亲是大官，有的说他家里有钱，我却说不出家里有什么值得夸耀的，因此也有自己不如人的心理。在我的大家庭中，大堂兄是唯一可以夸耀的人，但他看见我买了一把玩具手枪，不等我耀武扬威，就缴了我的械，免得我和小同学打架，这使我觉得他可敬而不可亲。我的哥哥说不上是一个强者，他小学毕业后没有考取二中，进了私立鸿声中学，学

费要交几十块钱，若不是父亲那时在农业试验场兼差，薪水加到每月八十元（当时小学老师月薪六十元，初中老师一百二十元），他要升学都很困难。二堂兄更不是强者，他在小学本来比我高一班，但毕业时反而比我低一级，只考取了第二职业学校，所以我都不能依靠。

1932年9月5日，我第一次去二中上学，在校门口碰到实小同学薛蕃荣，他是特殊班的特殊生，我觉得他是一个可以依靠的同学，就和他同去操场上参加开学典礼，一同参加全校照相，照相时我紧靠着他，仿佛靠着他可以提高我似的。我考取二中后，农业试验场的刘场长（三姑父的学生）给了我两块钱作为奖励，我就同薛蕃荣一起到书店去，买了一部武侠小说，一起阅读。我还自己做了一副象棋，棋子上的将帅画成披戴盔甲的英雄，士和相画成穿红戴绿的文官，车马炮都照画，兵卒画成手拿长矛大刀的兵士。我和薛蕃荣一同下棋。这可能是全世界有史以来第一副有字有画，用纸片剪成的棋子，薛蕃荣很喜欢，我就送给他玩。二中初中一年级有四个组，薛蕃荣分在乙组，我在丁组，后来同玩的时候就慢慢少了。

丁组同学中最出名的是李纪和，他是江西省第一届小学会考的状元，但是保送进入二中之后，成绩并不突出。例如国文课第一次默写，我交头卷，比他熟练得多。有一次作文，题目是"礼义廉耻，国之四维论"。我写了一篇短文，说礼就是循规蹈矩，义是助人为乐，廉要求文官不贪财，耻要求武官不怕死，一个国家如果人人做到了这四点，就不会灭亡。我的作文得了九十五分，受到老师称赞，他却没有得到表扬。这又增加了我小时候的自信。

初一时，我在课外读了鲁迅的《呐喊》，但是不能欣赏小说的好处。不知道《狂人日记》是批评吃人的社会，《孔乙己》是描写落后的知识分子，《药》是讽刺用烈士的鲜血来治病的愚昧群众，《风波》是讥笑一代不如一代的旧思想。只有《阿Q正传》读来还有趣味，但也不知道这是在揭露民族的劣根性，反倒模仿阿Q和小D打架的故事，把李纪和因为同欧阳谧打架的小事而记了大过，也写进我的小说中去了。

我在初一时还读了外国文学作品，其中有荷马史诗《伊利亚特》和《奥德赛》，读后觉得有点像中国的《封神传》，都是描写神和人的战争故事。不过中国把人写成神，西方却把神写成人。例如希腊的天后、爱神和美神为了比美，居然引起了天神之间的战争，这样神就和人一样平凡了。而中国的神仙却是因为纣王贪恋女色，荒淫无道，才帮助武王伐纣，打起仗来的。因此我觉得中国的神仙比西方的天神更懂得礼义廉耻。不料中国把人写得和神一样高明，却引发了后来的造神运动，看来中西方写神还是各有长短。简单说来，西方重美，中国重善。这是我对中西文化的初步了解。

1933年4月6日，二中开运动会，百米和二百米的冠军都是涂日谦，他就成了我心目中的英雄。甚至他穿的有"二中"字样的运动背心，有黄色方格的短裤，也成了我心向往之的运动装。但四百米决赛时，他开始只跑第二，使我大失所望，最后五十米冲刺，他一加油，却又得了冠军。这使我懂得了后发制胜的道理。于是我总紧跟第一，发现他的弱点，再超过他。就是这样，我慢慢克服自己不如人的心理，慢慢建立了自信心。同时还和同班的小同学欧阳谧（后来成了美国籍工程师）、廖延雄（后来成了江西科学院院长）等赛跑，得到胜利，更巩固了自信心。

1933年夏天，我家从宫保第搬到土地庙三号。二中同班涂莘生住在二号，他的父亲曾在农专毕业，是我三姑父的学生。住在一号的是三姑父的九妹，我们称她为九姑妈。九姑父是江西公路处的总工程师，他的大儿子张燮是个天才，在二中比我高一班，是全省数学比赛的冠军，后来和我联大同学，是工学院的状元。有一门功课全班一半人考试不及格，他却只用半小时就交头卷，并且得了满分。后来考取公费留美。

升入初中二年级时，我被编入丙组，和涂茀生再度同班。同班中最出名的同学是王树椒，他是全市小学毕业会考第三名，其实他的平均总分和第二名万兆凤一样高。因为他的作文用了文言文，而万兆凤写的却是白话，那时提倡写语体文，他就被改成第三名了。在初二时他和我的作文都被送到江西省教育厅（在都司前）去展览。一般说来，他的作文比我的好。但在写《欢送毕业同学文》时，他用文言，我用白话，我赞美了毕业同学中的天才和英雄（如涂日谦），周老师批我的作文"情至而辞亦切"，给了八十五分，就高于他的文言文了。

二年级的英文课换了新老师，也换了新课本。一年级的课本是商务印书馆出版的，每一课先讲生词，每个生词都有中文注解，老师带读之后再讲课文，讲课一般并不分析语法关系，我们也不多问，只是死记硬背。老师带读几遍课文，再做练习，练习中有翻译，这是我第一次做翻译了。每天上一小时英文，按部就班，循序渐进，虽然没有太大的兴趣，但也没有什么反感。二年级的新课本是中华书局出版的直接法教科书，和一年级的课本不衔接，课文很长，生词又没有中文注解，老师也不教我们如何查英文字典，讲课时既不分析文法，也不带读，并不要求背诵，只背过一课《四川》，讲的是四川地理，枯燥无味。讲到绿林豪杰罗宾汉的故事，我也觉得不如《水浒》中的绿林好汉有本领。所以二年级时，我对学习英文失去了兴趣。

如果我觉得英文还有用的话，那得归功于集邮了。那时大表姐在美国留学，来信贴的邮票上有自由女神像、尼亚加拉大瀑布的风景，华盛顿、林肯等人的头像，芝加哥开奥林匹克运动会赛跑和掷铁饼的图形。一见邮票，就像到了美国，了解美国的历史人物，甚至看到了奥运会的特写镜头。除了收集到的邮票，我还不吃早餐，省下钱来寄去苏州五洲邮票社和北京环球邮票社买外国邮票，每星期等着寄邮票来，如萨尔河畔的风景，利比里亚的老虎，北婆罗洲（现为印尼）的大象，尼亚萨兰的斑马和长颈鹿，简直像情人等待情书一样。这时我对美的爱好已经从连环图画转向集邮了。

我和涂苿生、王树椒、刘金兹等都喜欢集邮，下五子棋（五个棋子成一直线就算胜利），还合编了一个手写的刊物，叫作《战号》。那时林语堂编的《论语半月刊》风行全国，我虽然不懂什么是幽默，因为喜欢听笑话，也就跟着林语堂写起半文言半白话的语录体文章来，登在《战号》上面。哥哥说："林语堂的文章没有战斗气息，不应该登载在《战号》上。"但是我从林语堂的专栏《我的话》中，却学到了文中要有我，要有个性，要敢于表现自己。这对我有很大的影响。

林语堂主张自学，认为知识都是自己学来的，还说人生的目的是享受生活。这些话对我起了很大的作用。后来读了朱光潜的《谈兴趣》，他说老师只要能够引起学生的兴趣，就是最大的成功。我想有了兴趣，就会自动去学，就像集邮一样，自然可以学好。我和涂苿生谈到人生的目的，他说享受生活，先要做好工作。我想工作若有兴趣，那就有了内在的动力，如果动力成了热情，那就可以取得出色的成绩。如果热情到了入迷的地步，那时做出的成绩就可以出人头地了。这从小养成了我的好胜心。

初中三年级时，我家从土地庙搬到了状元府14号。后来又搬到都司前57号。那时哥哥从工专搬回家住，我就去二中寄宿，同盛思和、王树椒住一个房间。盛思和讲究吃和穿，有一条毛料的裤子，喜欢吃零食，又会抽烟，还会骑自行车。二中门口有个摊贩，兼出租自行车，每小时租金一角钱。他就租了自行车来教我骑。我们还一起集邮，我喜欢土耳其博斯普鲁斯海峡的风景票，美国林白上校横渡大西洋的飞机和地图，他却喜欢西班牙戈雅的裸体名画，花一元钱买了三张，后来却送给我了。那时芜湖有家邮票社出了一个刊物《邮话》，征求读者写集邮的经过。我就用盛思和作原型，说他原来抽烟喝酒，后来喜欢集邮，看风景票犹如卧游，就把烟都戒了。这是我在刊物上发表的第一篇文章，其实是把现实的人物拔高了。

高中一年级时，我家搬到石头街28号。高一国文由汪国镇老师教，他的知识丰富，教学认真，一丝不苟。他讲课很急，恨不得一小时讲两小时的内容；走路也快，舍不得浪费一分钟的时间。他要求我们每两个星期堂上作文两小时，堂下交读书报告一篇。有一次我忘了写报告，就在两小时内写了两篇，这是严师督促下逼出来的效率。

高一英文是余立诚老师教，他当过教务主任，看见我在教师休息室旁边又跑又闹，把我狠狠地训斥了一通，对我印象不好。上课时讲美国富兰克林的《光阴说》，他第一个问题就问我，要我分析第一句的语法结构，我不会分析，又受了一次责备。后来背诵课文，同学们背得不流利，都要挨批；我背得滚瓜烂熟，却没有受到表扬。有一次他要求同学们用英文说一句真理，大家多说：太阳东边出，西边落。他说这不是真理。只有我说二加二等于四，他才点了点头。课文中有些故事，如法国都德的《最后一课》，莫泊桑的《太贵了》，丹麦安徒生的《皇帝的新衣》等。托尔斯泰非常喜欢《太贵了》，自己把它译成俄文。故事是讲欧洲一个小国摩纳哥判处一个杀人犯死刑，但是没有断头台，到外国去租又太贵，只好改判终身监禁，但又没有监狱，要请专人看守也太花钱，结果只好画地为牢，让杀人犯自由活动算了。后来我把莫泊桑的《水上》日记译成中文，包括这篇在内。这三个故事都是世界名著，但上课时听讲紧张，对名著也不感兴趣，学年考试成绩只得65分。

1936年4月10日到7月10日，江西全省高一学生六百多人，集中到南昌西山受军事训练。军训意味着失去自由，我们七个同班同学，有涂葆生、刘金兹、李祥麟等，在4月1日租了七辆自行车，到青云谱和莲塘去作一日逍遥游。这是我第一次集体骑车旅行。

4月10日，我们戴着斗笠，冒雨过了赣江，坐公共汽车到60里外的西山万寿宫去。第二天天不亮就听见哒哒嘀嘀的军号声，催我们起床，只好睁开没有睡醒的惺忪眼跑去参加早操，迟到就要挨骂罚站。早操回来早餐，餐后不是上操，就是上课。立正稍息，向左右转，毫无兴趣。上课就是吹捧蒋介石，但是没有内容，只记得歌词说："太阳、空气、水，蒋委员长称它是三宝。"我想这有什么稀奇？怎么可以当伟大领袖呢？后来填表时问我最崇拜什么人？大家多填"蒋委员长"，我却想起听小学老师讲过孙中山的建国大纲，觉得东方大港的计划真能振兴中华，就填上孙先生了。后来才知道：学习成绩优秀又崇拜蒋介石的同学，多被吸收参加复兴社了。我两个条件都不符合，糊里糊涂地躲过了这一劫。但对艰苦的军训生活非常反感，常和睡邻床的同学李纪和大发牢骚，眼巴巴地盼望7月10日早点来到。

受集中军训时，蒋介石还亲自到西山来训话，由集训总队长黄维少将陪同。他们并肩走下山坡时，蒋比黄个子高，但不如黄有军人风度。对我们训话时，他不要求我们立正，反叫我们"稍息"听着。本来提到"蒋委员长"就要立正，这时见到本人反倒稍息，大大出我意外。他还脱了军帽露出光头，频频向我们行九十度的鞠躬礼，使我觉得他不像一个最高领袖。几十年后，看到电视片《延安颂》，才知道蒋介石这时还在读毛泽东的《论持久战》，并且向何应钦、白崇禧推荐，说他们都不如毛泽东懂军事呢！可见他是个两面派。除了蒋介石外，江西省政府主席、教育厅厅长等都来西山讲过话。还有人讲过日本不可能灭亡中国，因为中国地大物博，人口众多。当时不大相信，因为那时印度地大物博，人口众多，不是给英国征服了吗？读了《论持久战》后，才增强了取得最后胜利的信心。总队长黄维和二中校长车驹是同学，他给我们讲过课，使我觉得他有儒将风度。副总队长郭礼伯少将的小夫人章亚若后来成了蒋经国的婚外恋人，他也给我们讲过战史。这些就是集训给我留下的印象。

关于个人，我只记得两件事：一是被指定参加演说比赛，得了第六中队第二名，总队第一名是薛蕃荣。但当我们奉派去对农民做宣传时，我却不知道说什么好。第二件是打乒乓球时，我一小时内打败了所有的对手，但举行比赛时，我却没有报名，结果被我打败过的符达同学却赢得了亚军，于是我又后悔没有参赛。这说明我有兴趣的事可以做好，但并没有自信，却又患得患失。

回想西山万寿宫古木参天，绿柳垂地，是当时南昌附近风景最幽美的名胜。但西山的景色和自己的青春一样，似乎在记忆中比现实中显得更美。

高一暑假，江西裕民银行赣州分行的熊行长（是我母亲的干爹，我们称他为雨农公），推荐我父亲到虔南（江西最南边，靠近广东的一个小县）钨业十二所去工作，月薪有一百元。于是我家搬去乡下，住在蔡家坊庆春家斜对面，和庆春来往比较多。暑假过后，我们兄弟三人都去学校寄宿：哥哥住在工专，我住二中，弟弟住在二职（就是第二职业学校，现在已经发展成为江西财经大学），弟弟在那里教学，度过了一生。

高二分文理组，我的理科成绩不好，分在文组。国文还是汪老师教，高一时他还教我们文字学，高二却开始教文学史，讲义是他自己编的，内容非常丰富。大约我的记忆力好，小考交了头卷，成绩也是最高。学年总分全组第一，得了88分。不过这并不算奇怪，因为五年来我的国文成绩一直不错，进步最大的是英文，这年余老师用苏州中学编选的《英文短篇背诵选》做教材，其中有英国莎士比亚《恺撒大帝》中的演说词，美国欧文《见闻录》中的游记，考试时要求大家默写，还要模仿课文写篇作文。同学们都说太难，我却轻而易举就背下了三十篇短文，考试时还当堂写了一封英文短信，结果成绩跃居全组第二，虽然只得 79 分，但却开始引起了我对英文的兴趣。那年余老师分析语法也更细致，如讲 The more we get together, the happier we'll be（团聚时间越多，我们就越快活）的句型，that、those 作为代词的用法，讲后还要我们模仿造句，结果使我觉得掌握并不困难。现在回想起来，如果初二开始就这样讲解，这样背诵，高中毕业就可以达到大学毕业的英文水平了。高二时我还参加了全校英语演说比赛，讲题是 The Road to Success Is Always Rugged（成功的道路常是崎岖不平的），结果得了第二名。

1936 年 10 月，鲁迅去世，我在课外读了《鲁迅杂感选集》，非常喜欢。鲁迅批评当时的弊病，文人的恶习，真是目光犀利，一针见血，痛快淋漓，令人叫绝。这对我后来写论战的文章很有影响，使我学到了鲁迅打落水狗的精神和笔法。此外，我还读了林语堂的《我的话》，加强了我以自我为中心的意识，文章中总要有我，不肯人云亦云。我又读了朱光潜《给青年的十二封信》，其中《谈兴趣》给我的影响最大，使我读书教学都重兴趣：没有兴趣的书不读，没有兴趣的课不听；有了兴趣的事可以做得尽可能好，教书教得有趣时，学生反映令人神往；译诗译得神来时，读者反映令人入迷。这些都是高二时打下的基础。

至于戏剧电影，高二时我参加了洪深《回春之曲》的演出，只演了一个慰劳伤兵的学生，没有什么兴趣。刘金兹请涂莱生和我去看过曹禺的《日出》，我当时对社会的了解太少太浅，所以体会不深。还看了两部电影：一部是金焰和黎莉莉主演的《到自然去》，讲一个将军全家坐船到海上去旅游。轮船失事，流落到一个荒岛上，将军无能，什么事也不会做；倒是仆人（金焰饰）能干，会找食物，会盖房子。结果主仆换了位置，将军的女儿（黎莉莉饰）爱上了仆人，两人同在海上游泳，过着回到自然的生活。不料海军派来军舰，把全家救回原地，于是岛上生活成为一梦。这部电影是和同学刘匡南一起去看的。匡南的父亲是江西省财政厅的科长,西山集训开恳亲会时来过万寿宫,把匡南叫到贵宾席去陪他,引起了大家的注意。他父亲穿一身呢子中山装,是江西农专毕业生,称我的三姑父为熙圃老师,所以我们两家也算世交。他家的经济条件好,我们多穿棉布衣服,他却有一件人字呢大衣。我哥哥得了肺病吃鱼肝油有腥味,他没病吃麦精鱼肝油却是甜的。我们了解世事要靠报纸,他却有一副耳机,在那时是很少的,不但可以听新闻,还可以听音乐。他的大哥留美,二哥留日,是个大家羡慕的家庭。更巧的是,我们同看了《到自然去》之后,第二年日本侵略中国,占领了上海南京,二中奉命搬到赣江之滨的永泰小镇,我和匡南常常同去江中游泳,就像金焰和黎莉莉那样享受自然之美,也可以算是苦中之乐了。

第二部电影是美国歌星珍妮·麦唐纳主演的《凤凰于飞》,内容是讲女歌星和警察恋爱的故事,当时听见他们两人唱来唱去,觉得没有什么意思。后来同班同学阳含和从浙江大学的哥哥那里学到了英文歌词,并且教我们唱,却对我起了很大的影响。阳含和的父亲是江西省公路处副处长,曾在农专教书,和我的三姑父是同事,所以我们家庭也有来往。含和教我们唱的主题歌词如下:

O Rose Marie I love you,

(罗丝玛丽啊!我爱你)

I'm always dreaming of you.

(我日日夜夜梦见你)

No matter what I do, I can't forget you.

(无论做什么,我都不能忘记你)

Sometimes I wish that I had never met you.

(有时我想:还不如没有见过你)

And yet if I should lose you,

（但万一我真的失去了你）

It would mean my very life to me.

（那简直是要了我的命哩）

Of all the queens that have ever lived I choose you

（在所有的皇后中我选了你）

To rule my Rose Marie.

（来统治我啊，我的罗丝玛丽）

这首情歌很简单，既容易懂，又容易唱。学会了唱歌，也就学到了英诗的节奏和韵律，还学到了歌中的感情，也想寻找自己的罗丝玛丽了。但在城市中没有唱情歌的环境。高三下学期，我们到了赣江之滨的永泰，看见滚滚北流的江水，情感也像江水一样翻腾，在大自然之中，我们可以放声歌唱，这就更能体会《到自然去》的感情了。

余老师没有到永泰来，高三英文由车校长代课。校长自选课文，并不讲解，只是朗读，而要我们听写下来，这就培养了我们的听力。记得他只讲过：英文散文有欧文文体和罗斯福文体，其实，前者是散体，后者是骈体。这使我知道了中外文体有相通之处。校长因为公事忙，常常缺课，于是我就到图书室去看英文报纸，看到了击落敌机的消息就来告诉大家，高兴一阵。有时接连两堂课校长不来，我就带了英文本的《少年维特之烦恼》到河边去读，觉得比郭沫若的中译本更有兴趣。这样没有老师，反倒提高了自学的能力。除了《维特》之外，我还读了鲁迅译的《死魂灵》，硬着头皮也能读出滋味；还读了巴金的《家》，觉得瑞珏之死写得令人感动。

永泰校舍不够，高三学生可以在校外租房子住，这是我第一次离开家庭，离开学校的管束，和同学们在一起过自由自在的生活。我们几个人在邮政代办所隔壁租了三间房子：我和刘匡南住楼上一间，涂茀生和符达住楼上另一间，楼下房间更大，住了阳含和、戴燮昌、贺其治三人。大家吃饭打牌，也都在楼下。戴燮昌是二中出名的运动员，得过一百米、二百米、四百米、八百米的冠军，而我只得过跳高第三名。贺其治那时就立志要做外交官，以少年得志的英国外交大臣艾登和中国的顾维钧为榜样，结果他毕业后考取了中央政治学校外交系，在英国利物浦当过副领事，业余攻读了利物浦大学的法学博士学位，成了国际宇航学会院士，是中国唯一的宇航法专家。

我们那时住在一起，在邮政代办所隔壁的民生酒楼包饭，每月六元，荤菜有猪肉、鱼、蛋、猪肝、腰花、仔鸡等。早晨吃面，吃了就去上课，老师没来则去河边自学英文。河边的风景很美，有一天雪后放晴，看到了江上的落日残霞烧红了半边天；日落后又看到一轮寒月高挂在远山积雪之上，这是冬和春交织的绚丽景色，是我们在南昌城里从来没见过的人间仙境。到了夏天，课后更去河里游泳，让斜阳的余晖吻红我们的脸颊，让江上的清风抚摸我们的肌肤，让清凉的碧波溶化夏日的炎热。游泳回来，我们"脚步合着脚步，臂膀靠着臂膀"，有时唱着抗战歌曲，有时唱阳含和教我们的英文歌，回家用晚餐。餐后或是温习功课，或是由含和教我们打桥牌。这又是他从浙江大学的哥哥那里学来的，我们真是中学还没毕业，就提前过大学生活了。桥牌和高等代数里讲的排列组合很有关系，我们打桥牌等于是寓学习于娱乐，既锻炼了思维，又得到了乐趣，真是"学而时习之，不亦说乎"！这是我一生中最难忘的青春时期。

如果说桥牌提高了我们的逻辑思维能力，那唱歌就增强了我们运用外语的能力。更巧的是，含和教的英文歌多和河流有关，如《江上彩虹》引起了我们的幻想：

When there's a rainbow on the river,

（彩虹高挂江上）

You and I go sailing along the rippling stream,

（你我扬帆沿着流水远航）

Holding hands together, together we'll dream.

（手握着手，一同沉入睡乡）

又如：

Go away, let us be just the river, you and me!

（走吧，让你我成为河水一滴）

Everything is still, all along the Mississippi.

（享受密西西比河上的一片静寂）

再如：

Moonlight on the River Colorado,

（卡罗拉多河上的月光）

How I wish that I were there with you!

（我多么希望和你在一起欣赏）

一边唱歌一边学习了美国地理。就这样，伴随着学习娱乐生活的三结合，我们从二中毕业了。

大学前夕

清江天水笺，白雁云烟字。

——乔吉《雁儿落》

1938年7月7日，我离开了清江之滨的永泰镇，但怎么也忘不了清江上的青天白云，清江中的波涛滚滚。那青天碧波，就是我青春的留言簿；那白云烟霞，却是我生命书写的字迹。我怎能忘记那江上彩虹的歌声，江中欢笑的身影，堤上的清风明月，堤下的古庙塔影？那里无处没有留下我十七岁的青春。

但是天下没有不散的筵席，青年们在中学毕业之后，也总要各奔前程。那时中学毕业生的向往，理科成绩好的要考上海交通大学，文科要考清华或者北京大学，一般只要能上国立大学，无论浙江、武汉都行。想"学而优则仕"的则考中央大学或政治学校。恰好抗日战争时期浙江大学迁来赣江之滨的泰和，我就决定在浙大参加统一考试了。

我的理科成绩不好，只能报考文科。但是一看全国大学统一招生简章却找不到清华大学，于是大失所望，不知所从。后来一问，才知道清华、北大、南开联合组成昆明西南联合大学了，于是第一志愿报考联大外文系，第二志愿报联大师范学院英语系，第三报武大，第四报浙大。这是我一生的重要决策。

我报名时还是考虑了一番的。当时师范学院不收学费，还管食宿，我家经济条件不好，我对教书也有兴趣，本想第一志愿报师院英语系，但是后来一想，只知道清华外文系出人才，如钱钟书、曹禺，没听说师院有大师，还有觉得外文系有可能去四川会见中学的老友，就决定第一志愿不报师院了。这一糊糊涂涂的决定结果对我一生起了重要的作用。

考英文时，记得要写一篇英文作文，题目是《团结就是力量》。我开始说：一支箭容易折断，一束箭就不容易了。接着说一个中国人好比一支箭，如果全中国的人都团结起来，像一束箭一样，那就不怕敌人来侵略我们，不会被他们鲸吞蚕食了。这次英文考了85分，是我在中学英文考试中从来没有得过的高分数。其实"鲸吞蚕食"是我在英文《进步周刊》上读到的，记住了并应用于大学考试，就取得了好成绩，这使我慢慢改变了小学时代形成的分数观点，以为高分数就是聪明的标志。

师范学院考生还要参加口试。口试地点在浙大泰和校园中的树荫下，主考是三位浙大教授。他们问我为什么要考外文系，我引用鲁迅的话回答：读中文书死气沉沉，读外文书生气勃勃。他们要我举例说明，我举了富兰克林和托尔斯泰的作品为例，但并不能说明外国作家的生气是中国作家所没有的。于是主考就说：还是应该中外作家兼容并蓄，取长补短。这使我明白了我中学时代读书并不深入，往往是知其然而不知其所以然。这次口试给我敲响了一次警钟。

其他考试成绩平平。只有文科数学，五个考题我做对了四个，大出意外。因为我在高中时，只有对代数排列组合还算感兴趣，初中时感兴趣的几何高中考试竟不及格，三角也只勉强过关，因此成绩最多只能说是中等。不料考大学时，国、英、数三门主科都成绩优秀。更意外的是，中学时代考试成绩全面比我高的同学，到了大学反而不如我出成果多。但在泰和，我并不知道考得如何，所以回到父亲的工作地点虔南钨业十二所去等消息。当时写了一些日记，现在看来是难得的真实记录，于是摘要抄在下面。

1938 年 10 月 31 日

经过了一日五百里的颠簸，我终于在晚上到达虔南了。首先使我发现到了虔南的，是去年民族复兴节我和涵、深、平弟曾在上面刻过字的竹丛。虔南还是从前的虔南，不过从前正在兴建的公路，现在已经通车了。从前我们常在上面奔驰的网球场扩大了。钨业十二所中新来了许多陌生的面孔，流来了大量的紧张空气。我独立在桥上，看着云中的一钩新月，听着桥下的潺潺水声，月渐渐地被密集的灰色云吞噬；水仿佛也是受了紧张空气的压迫，发出了更急促的响声。啊！人仍前人，景仍前景，可是我这时的心情啊！谁有那江淹的仙笔？

虔南是江西最南的小县，那里钨矿丰富，南迳墟有一个钨业十二所收购钨矿石，我父亲在那里工作。民族复兴节是 12 月 25 日，西安事变结束的日子。1937 年 12 月 13 日，日本侵略军占领南京，我和堂弟渊涵、弟弟渊深，表弟平保曾来虔南避难。

1938 年 11 月 1 日

久别后的虔南的第一个早晨，密云遮着晨曦，和风拂着头发。在所里的木栏外面，我读完了鲁迅译的《死魂灵》。啊！还有什么比自由阅读更有兴味的呢？愿读就读，不愿读就玩，读既读了，玩也玩了，人也快乐了。记得从前读书，只是贪多求快，结果在过去的十多年中，真正领受了兴味的书有几本呢？说起来真是浪费了过去的光阴，特别是六年中学的。

这一天正是西南联大成立的纪念日，其实是它的前身长沙临时大学开学的第一天，恰好又是我读书醒悟的日子，所以可说我和联大共始终了。

1938 年 11 月 2 日

读《福尔摩斯侦探案》，竟觉得不如读《死魂灵》有味了，这也许是我的欣赏能力提高了吧。那么，我应该很高兴了。《福尔摩斯》长于结构，初读时吸引力非常大，但一读之后，奥妙全得，便不愿再读了。《死魂灵》却更长于写实。书中所描写的主角底（即"的"，民国时普遍用"底"，发音 di，轻声）性格都是活的，我们随时可以在我们自己或我们认识的人当中发现些"乞乞可夫"气。它暴露了俄国民族性的弱点之后，又运用了艺术之笔，加以巧妙的讽刺，《死魂灵》真可以不朽了。

这些意见说明了我受当时书刊评论的影响，也说明一个人的欣赏力是与时俱进的。乞乞可夫是《死魂灵》的主角，他收购死了的农奴，增加自己的农奴数目，显示自己是个农奴很多的庄园主。这是一种打肿了脸充胖子的风气。

1938 年 11 月 3 日

　　我喜欢一个有雾的清晨，一个有人伴着谈心的黄昏，和一个照得见影子的月夜；但我不喜欢午后，除了六月永泰的河滨。我不要太阳，除了严寒的冬晨；我也不要雨，除了一两阵小的，并且最好下在夏季的半夜里。

　　有雾的清晨说明对现实的不理解，对梦想的追求；谈心的黄昏说明对孤独的害怕，对友情的需要；光影迷离的月夜则可以胡思乱想，甚至想入非非。永泰的河滨说明对往事的留恋；冬晨的太阳仿佛是教室外温暖的记忆，夏夜的小雨似乎是兄弟们同床夜话的乐趣。现在看来，这反映了我十七岁时的心理。

1938 年 11 月 4 日

　　今夜月很亮，喝了两杯酒，带着三分醉，走到草场上，看着半圆月忆起往事，更是心醉神迷。

　　记得也是一个虔南的月夜，我拿着一根司的克（此处"司的克"是英文 Stick，音译，中文意为"手杖"），在月下和影子徘徊。想起了各自一方的同学们，恨不得举起司的克来。把地球打碎，变成许多月亮，每一个都是水晶般的透明，以至能够看得清同学们的影子。但这之后的一个月，果然得到了学校迁移永泰的消息，于是我又同燮昌、含和扬起北上的航帆，踏上重来的旅程。

　　在永泰的第一个月夜，恰是久雪之后，我同含和、其治、匡南等在河滨看了落日。归来时发现一轮寒月，高照在远山积雪之上，相映而成一种说不出的奇趣。"我们走堤上回去，好不好？"匡南第一个提议。"好的。"我第一个响应。"路太远了。"是含和的反应。其治、燮昌也说不愿意走远路。"既然大家都不愿走堤上，那就不走好了。"匡南也改变了初衷。但我看到这样好的景色，真有点舍不得走了。但又不好勉强大家，只好质问匡南："他们不愿走堤上，那没有办法。你第一个说愿的，为什么又不愿呢？""为了服从大家的意见。""大家的意见难道就是对的吗？你底意志为什么如此不坚定呢？"

"我底意志不坚定，所以我服从大家。你底意志坚定，你一个人走堤上去好了！"说完，他生气似的催着大家走了，只剩下我一个人站在堤上。

但他走了几步之后，又回过头来叫我："渊冲！"

"什么？"

"来！"

"不！"

"不来算了。"说完，他真的走了。

我这时也生气了，回转头来就往前走。但在堤上走时，忽然给冷风吹，气又熄了。抬头一看，前面一个人也没有。觉得这样一个人走，实在有点害怕，哪里还有心情赏月？终于不再走了，于是站在堤上，望着他们的去路。

"匡南！"

没有回答。

"匡南！"

"什么？"很低，很远。

"来！"说完，我就站在堤上等着。渐渐地我听到一个脚步声自远而近，慢慢地我看见一个人影出现在转角的树影下。啊！匡南到底来了！我胜利了！

这是我七十年前生活的一篇实录。现在看来，似乎也是我一生孤军奋战的一个缩影。堤上雪月交辉的日子是1938年3月14日，同在清江之滨赏雪玩月的同学现在都已离开了人世。最早离世的是汉高祖刘邦九十一世孙刘匡南，他新婚不到一年，孩子出生前一个月，正在科学院气象研究所出成果的时候，却为了一个不会危及生命的手术而结束了生命。他是1957年12月13日离世的，恰恰是二十年前的同一天，我们同坐汽车离开了南昌，开始了我们独立自由的生活。

1938年11月5日

读10月30日《江西民国日报》，知道我考取了西南联大外文系，同校同系的有吴琼，其他歌雪（李祥麟）取浙大师院英语系，树椒取史地系。取是取了，去不去呢？如去，交通不便，不知要走多久，不知要用多少钱，万一在中途遇到战事或轰炸，又如何办？或到后交通断绝，经济不能接济，又怎么好？如不去，也不愿老在这儿，也不愿找事，也不好休学，又怎么办？去呢？不去呢？

1938年11月6日

虽然考取了西南联大外文系，但自己读过的外国文学不多。英文本的只有《茵梦湖》《莎乐美》《温德美夫人的扇子》和一本还在读的《少年维特之烦恼》。如不去，预备写信给匡南，要他在四川买几本书寄来。现在选择于后：果戈理的《钦差大臣》、易卜生的《娜拉》、屠格涅夫的《父与子》、福楼拜的《包法利夫人》。

这个书单说明了当时中学生了解的外国文学情况，英美文学并没有占压倒优势。我读了英国唯美主义作家王尔德的两个剧本，是因为大堂兄的书架上有一本原版的《莎乐美》，而《温夫人的扇子》却是因为拍成了电影才知道的，两个剧本都读得似懂非懂。《茵梦湖》和《维特》却是德国作品，因为世界书局出版了英文本才读到的。前者记得的一句是：

Behind yonder blue hills lies our youth. What has beome of it?
青山外埋葬了我们的青春。现在怎么样？

因为他写出了我对逝水年华的留恋。在书中读到了自己，所以就记住了。《维特》本来是写爱情的故事，我却把它当作友情来读，而歌德对自然的热爱，却使我想起了"清河天水笺，白雁云烟字"。由此可见我和作者之间，并非"心有灵犀一点通"。

1938 年 11 月 7 日

钨业处汽车自赣州开往吉安，莲花，衡阳，而到桂林。公路处汽车自桂林经柳州，南宁，百色而到昆明。交通既便，或可揩油。决定入滇，不日搭所中车回赣州。

这篇日记说明我思想不周到，很容易相信对自己有利的消息，却不做细致的调查。结果是既没有坐上揩油（免费）的汽车，也没有找到去昆明的路线。话又说回来，战时交通混乱，其实也只能走一步算一步。

1938 年 11 月 8 日

月高气寒，大地如洗。披着睡衣，站在场上，看到这儿的世界，如此光明，如此美丽，真不会想到，也不愿想到，几百里外的日本刽子手，正在进行罪恶的屠杀。但如果现在不愿想，又怕人家说："等到刽子手的屠刀架到你的脖子上，你再想就来不及了。"如果常常想呢，自己又会说："常常想有什么用？想坏了身体也于事无补。"那只有想到的时候就想，做事的时候就不想了。至于别人说些什么，只好根据情况考虑。因为世上没有一件事可以不受批评的，我们只能以不危害人类，不危害国家为原则，尽力去做自己愿做的事。

这篇日记说明我当时的思想，既不先进，又怕落后，其实还是甘居中流，只愿做自己喜欢做的事。当时堂兄渊明响应二中军事教官的号召参军，抗日作战有功，胜利时任中校团长。我因为在西山受的三个月军训太苦，不可能主动参军。父亲要我中学毕业后学国际贸易，我对做生意攒钱不感兴趣，比较喜欢听故事看小说，就决定考大学外文系了。现在看来，我走的路还算没有走错。

1938 年 11 月 9 日

昨夜还说这儿的世界光明美丽，今晨就来了两架敌机，在离所三十米的地方扔了两个炸弹，炸死了一个卫士。没有集体的安全，哪有个人生命的保障！

这篇日记说明我从小以自我为中心，不太关心集体。要等祸事临头，才会有所觉醒。

1938 年 11 月 12 日

读《鲁迅杂感选集》。记得从前老是在午饭后至上课前，或是在晚点名至熄灯号前的半个钟头，躺在床上看个一两篇，然后模模糊糊地睡去，觉得分外有味。现在时间有了，书也有了，反而觉得不如从前忙里偷闲有味。读其中《文学与革命》诸篇，鲁迅底意见以为文学是没有多大力量的，它并不能改革时代，只有改革时代才能改革文学，所谓超时代的文学不过是和"自己提起自己底耳朵就能离开世界"一样地自欺欺人。但我学文学，目的本也不是想改革时代，不过想多读几本书而已。科学的确是造福人类，最有力量的，但我不能，奈何奈何！虽然也有人说飞机毒弹等是科学的杀人利器，但如果我们有科学抵抗，谁又能侵害我们呢！

对于鲁迅，我中学时代几乎是无话不听的。浙大口试之后，才觉得鲁迅也有片面性。关于文学改造时代的问题，鲁迅未免说得太绝对了。我学文学只想自得其乐，提高自己；但如果每个人都得到提高，那不就是改革时代了吗？！我这样自得其乐的读书法有利有弊：弊在不乐不读，如果兴趣不大，阅读就不会多；利在有兴趣才能深入，才有所得，如能乐而忘忧，还可能有所创，并且还能保持身体健康。

1938 年 11 月 13 日

这是一个梦：仿佛自己已经到了昆明，并且参加乒乓球比赛而被选为校队，代表联大出征四川了。多有意思啊！当我又和匡南、含和、其治再见的时候。可惜这不过是一个美丽的梦。

匡南考取了成都金陵大学，后来转来联大气象系，和我在昆明再相聚八年。含和考取乐山武汉大学，后转重庆中央大学航空系。直到我出国前，才和我在南京、上海重逢，他把他的八妹介绍给我，但不久我却坐上法国邮船去巴黎了。其治考取重庆中央政治大学外交系，后在英国利物浦任副领事，曾同夫人来巴黎和我小聚。新中国成立后他当选国际宇航学院院士，曾和我同回南昌一中参加百年校庆，同游了庐山和龙虎山。现实似乎可以和梦想媲美。可惜他们三人都已离世了。

1938 年 11 月 14 日

二上大吉山钨矿区，和父亲商量去昆明的事。父亲答应借支三个月的薪水，让我去上大学。刚好钨业所后天有车去赣州，于是决定后天离开虔南。

大吉山离南迳墟钨业十二所有三十里。第一次是年初和涵、深、平弟四人同去的，这次却是一人独行。上次的结果是回了永泰，这次却是去了昆明。

1938 年 11 月 15 日

昨夜临睡前忽然想到：这次一走，也许要四年才能回来。四年之后，父亲也老了，自己也大学毕业了。毕业之后，不论留学或就业，再想这样和父亲在一块，恐怕时间少了。想到这儿，心中不由有点酸酸的。直到这时，我才体会出了游子的心情。但反面一想，如果这次不走，总不能永远不走；即使能够，我愿意永远过这样单调的生活吗？这样一想，还是决定走好。于是又想到鲁迅的话："革命之后的文学，一种是旧的怀恋，一种是新的讴歌。"我前一种心情是怀恋，后一种是讴歌，那么，我底生活中也有了革命了。

亲情犹如健康，只有失去时才觉得可贵。家人天天团聚已经习以为常，只有分别后才会怀恋。如果没有父亲借支的三个月薪水，我恐怕也要过大学之门而不得入了。冯友兰先生说得不错，在人生成功的过程中，需具有三种因素：1. 天才，2. 努力，3. 机会。父亲这三个月的薪水，给我提供了决定性的机会。这样才能充分发挥个人的积极性，披星戴月，跋山涉水，一点一滴地见先进就学，积少成多，才能唱出响彻云霄，响遍万水千山的联大之歌。

1938 年 11 月 16 日

我来虔南时莱生的信等着我，我离开时他的信又来送行了。这封信很长很好，他谈到他的交友观，认为周瑜和诸葛亮是知心的朋友。他又谈到他爱读的书：《茵梦湖》和《时代的跳动》。他说："《茵梦湖》我有的是一本很差的译本，句子译得不很好，但原来故事是妙的，每一句的意味都很深长，怀着不同的心情去看，每一句便表现其不同的含义。有些句子确实美得流丽，竟不为不纯熟的译法所掩。"他还谈到同班同学符达的情况："符达他呀！在新淦有了爱人，打得火热，每天通信一封（因不便晤谈，故代以信），对方样样都和符达差不多：程度、资格、家庭、经济、漂亮。"莱生没有参加我们在永泰的别宴，这封信就等于送我去昆明的饯行酒了。

离开虔南之前，父亲再三嘱咐，要我和司机同吃同住，我自然答应了。不料到龙南后，司机反而设法避免和我同住。我就一个人在东南大旅社开了一个小房间，一个人在外面吃了一顿饭。这是我独立生活的第一天，从赣江的清水走向昆明的白云。

我独立生活的第一天，在物质生活上是一个人吃饭、睡觉、旅行；在精神生活上却是翻译人生的序曲。《茵梦湖》莘生读的是很差的中译本，他居然认为瑕不掩瑜：我读的是不错的英译本，所以就萌生了要使中译本和英译本可以比美的念头。想不到的是：直到今天，还有不少人认为译得很差的译本是忠实于原文的，而创造性的译者反而被批评为"提倡乱译的千古罪人"。

几十年来，我几乎不再有和青春时代一样推心置腹的朋友，所以就要忆旧了。莘生认为周瑜和诸葛亮是知交，而在"文革"期间，几乎不同的意见都要打成反革命言论，结果浪费了国家三十年的生命。莘生这种敢提意见的人被打成了右派，我这种难得糊涂的人反得苟全性命于乱世。符达是幸运的，他后来成了江西电厂的总工程师，全家安然度过了九九八十一难。后来我同他和涂莘生、万兆凤还去永泰旧地重游了一天。

十二月，考取联大之后，我辞别了江西，经过湖南，到了山水甲天下的桂林，看见奇峰林立，漫江流翠，如入仙境。但是日本飞机立刻就来轰炸，高楼大厦立刻成了断壁残垣，青山绿水笼罩在愁云惨雾之中，天堂一转眼化为地狱。我正恨不得立刻回永泰去。正是：

客居永泰经风霜，客心日夜忆南昌。
无端更渡漓江水，却望永泰是故乡。

我正在动摇中，恰巧王树椒、胡品清等也到了桂林，要去宜山上浙江大学。听见胡品清唱《圣露西之歌》，看见这个多情善感的才女都没有流露出离愁别恨，我也就打消了回乡的念头。后来她把我英译的

《唐诗三百首》译成了法文自由诗。

　　在桂林我还认识了联大数学系的同学廖山涛，他穿一件土布大褂，说一口湖南土话，谁也看不出他是数学系考第一名的新生，后来会得到第三世界科学院的数学奖。我们同到火车站买去柳州的车票。走这条路的人太多，拥挤不堪，花了十二个小时才挤到票，所以我再也不喜欢走大家走的路了。

　　到柳州后，经贺其治的姐夫介绍的朋友给我买了经贵阳去昆明的汽车票，开始了崇山峻岭间的万里长征。远看是白云缭绕的重峦叠嶂，身入其境，却成了灰雾迷蒙的绿树青山，回顾所来径，又是"苍苍横翠微"了。

　　人生的道路不也是一样的吗？在想象的望远镜之前，在回忆的显微镜之下，生活就会发出肉眼看不见的奇光异彩了。到昆明后，我写了一首《西江月》：

　　　　山下白云缭绕，山头马达轰鸣。

　　　　飞越关山万千重，青天开眼相迎。

　　　　早有凌霄雄心，今日壮志竟成。

　　　　魁星楼外树连天，报道已是昆明。

时事摘要

1931 年

9 月 18 日，日本关东军制造"柳条湖事件"，"九·一八事变"爆发，抗日战争正式开始。

1936 年

12 月 1 日，毛泽东、朱德致书蒋介石，要求停止内战，"化敌为友，共同抗日"。

12 月 12 日，西安事变爆发，张学良、杨虎城扣留蒋介石，要求停止内战，实行抗日。

12 月 24 日，蒋介石被迫接受抗日条件。西安事变得以和平解决，成为由国内革命战争走向抗日民族战争的转折点。

1937 年

7 月，日本全面侵华战争爆发，卢沟桥事变后，平津相继沦陷。

8 月 15 日，南昌遭遇日军空袭，由此拉开了日本军机轰炸南昌的序幕。此后南昌中心城区多次遭遇日军空袭，市区人口从 30 多万锐减至 8 万。

8 月 28 日，北大、清华、南开三校接到教育部公函，要求三校南迁，在长沙合组临时大学，由三校原校长梅贻琦、蒋梦麟、张伯苓任常务委员，主持校务。

11 月 1 日，国立长沙临时大学开始上课。

12 月 13 日，南京沦陷。日本侵略者在南京城展开了长达 40 多天惨绝人寰的大规模屠杀。至少 30 万普通市民和中国士兵遇难。

1938 年

1 月，日军进攻山东。

1 月 19 日，长沙临时大学商承教育当局，决定迁往昆明。

1 月 27 日，常委会决议：本校迁移昆明时规定学生步行沿途作调查、采集等工作，且借以多习各地风土民情，务使迁移之举本身即是教育。惟女生及体弱经医生证明不能步行者得乘车舟。步行时概适用于行军组织。步行学生到昆明后，所缴报告成绩特佳者，学校予以奖励。

3 月 14 日，台儿庄战役。

4 月 2 日，教育部电令，国防最高会议通过：国立长沙临时大学改称"国立西南联合大学"。

5月2日，本学年度第二学期开学。

5月4日，在昆明的西南联大理工学院学生开始上课，分理、工、文、法、师范五学院，共26个系，两个专修科，1个先修班；学生总数3000人。

5月13日，厦门沦陷。

5月20日，中国空军向日本空投传单。

6月7日，《国立西南联合大学校刊》第一期出版。

6月12日，安庆沦陷，武汉会战开始。

7月29日，常委会决议：联大下学年添设航空工程学系。

8月4日，常委会决议：联大自下学期起增设师范学院。

8月，本年联大毕业生328名。

9月，本年联大招收本科生1353名，专科生50名。

10月21日，广州沦陷。

10月27日，武汉沦陷。

10月31日，南昌遭遇日军18架重型轰炸机的地毯式轰炸。日机在中山路、胜利路、肖家巷等地密集投弹300余枚，炸死市民206人，伤183人，房屋损毁532栋。

第二巻

· 一九三九年一月 ·

　　20世纪30年代有个歌谣，说贵州"天无三日晴，地无三尺平，人无三分银"。可见贵州贫穷。但是一入云南境内，立刻云开见天，使人心情舒畅。汽车走进昆明，我第一个印象就是古幢公园参天蔽日的绿荫，魁星阁的飞檐黄瓦，金碧路的外国餐馆，护国门的洋房别墅。长途汽车站在护国门，到站后我叫了一辆黄包车，先到才盛巷联大办事处打听消息，再去大西门外联大租用的昆华农业专科学校的校舍。

　　一到农校，看见三栋两层大楼，中间那栋还有三层，入口处直立着四根顶天立地的希腊式石柱，气派非凡，我觉得不下于我想象中的清华大学。进去一看，教室里摆着许多扶手椅，我不知道这是战时桌椅合一的简便设备，还以为是大学培养独立自由的作风呢。靠左的大教室里有一张绿色的乒乓球台，大楼对面是一个大足球场，场上正在比赛足球，周围的看台上坐满了观众，啦啦队打着拍子，齐声鼓掌叫好，我觉得秩序井然，胜过了在南昌看到的比赛。东楼东边有几块布告板，上面贴着红红绿绿的通知，一眼看到茅盾1月2日在三楼大教室讲演，觉得联大文化生活真是丰富，南昌哪有这种机会！又看到江西同学会迎新的消息，则有他乡遇故知的感慨。

在农校打听到一年级新生的宿舍，在昆华中学南院和北院，于是走龙翔街穿过大西门，走上文林街，快到府甬道时，就是昆中南北院了。南院是八字头门，一进门左手有一个传达室，然后走下十级石阶，走过一个操场，就看到了许多蜿蜒曲折的小庭院。我到宿舍办公室去登记，因为明天元旦放假，下午不办手续，只问到了吴琼的宿舍，是北院一号房间，于是就离开了南院到北院去。南院大门斜对面是北院的小侧门，一进门右手有一间有名无实的传达室，正对面是昆北大食堂，土墙黑瓦，里面摆了几十张四方的饭桌，饭桌周围是四条长凳，钉在一起成了一个大正方形，每桌可坐八人。大食堂后面是另一个新粉刷了黄色外墙的食堂，那是师范学院学生专用的，因为师院是联大和云南省合办的新学院，房子比大一食堂好，里面看来也更清洁。师院食堂之后是一个大操场，右边有一排参天大树，掩映着一个乱石砌成的小花园。闻一多先生蓄着长胡须，穿着蓝布长衫，下课后常经过这一排大树下，走回家去。回忆起来，也成了难得的联大一景了。

再往前走就是北院宿舍。外面有陈旧的黄色围墙，墙内有一栋木结构的楼房。上下两层，每层十二间，每间住八个同学，左右靠墙各摆四张木床，中间摆八张小书桌，晚上八人共用一盏电灯，光线不好，还不如二中时代的新宿舍呢。但是一代人才却是在这样的环境里培育出来的。吴琼住的一号寝室在楼上右手第一间，他睡右手靠窗的第一张床。因为我的行李没到（说来真险！汽车离开贵阳后，下山时掉了左前轮，没有翻下山去掉入深谷，已经算是万幸，旅客只好换车往前走，行李却要迟一天到了）。吴琼见我旅途劳累，就让床给我睡，自己却和同室的王庆文挤了一夜，可见吴琼还是很体贴人的。比起他来，我真是个以自我为中心，不会为别人着想的大学生。

这是我到昆明，在联大住的第一夜。

1月1日　　　　　　　　　　　　　　　·　　　　　　　　　　　　星期日

元旦放假，我就向吴琼了解一年级的情况。他和我是难得的小学、中学、大学同学，而且同是外文系，不过他对语言的兴趣，比对文学更高。他告诉我，外文系一年级有三门必修课：大一国文、大一英文和逻辑；有两门选修课：中国或西洋通史，一门社会科学（政治学、经济学或社会学），一门自然科学（物理学、化学或生物学）。已经上了一个月的课，英文已经讲了一课忍辱负重的苦力工人，一课选自赛珍珠《大地》中写中国农民的《荒凉的春天》。英文课排在每天的第一堂，星期一、三、五讲读本，由教授讲；星期二、四写作文，每周一篇，由助教批改。国文、英文都分组讲，至于我分到哪个组，要注册时才能知道。

吴琼对口语感兴趣，常去教堂听美国牧师讲《圣经》，他问我去不去。我问他教堂离长途汽车站远不远，他说三一圣堂在金碧路（实际在武成路），汽车站在附近的护国路。我对"三位一体"的基督教既不了解，也没兴趣，但是为了去车站取行李，就决定和他同去了。我们出了昆中北院，从府甬道下西仓坡然后沿着翠湖西路往南，经过大众电影院。跨过武成路再往南走，就到了教堂。美国牧师英语说得清楚，每个字都听得懂，但是连成句子，要理解意思就需要多听了。宗教是要信仰的，我用理智去分析，未免不得其门而入。例如《圣经》中讲：上帝禁止人吃智慧之果，吃了就要赶出乐园。那不是上帝要人类愚昧吗？这样的上帝怎么值得信仰？值得礼拜？崇拜上帝不是希望人类永远不进步，永远落后嘛？我想不通，问吴琼，他也说不出道理，但他却不深入追究，使我觉得他搞语言还可以，要研究学术就不够了。吴琼个子很小，小学同班时他坐第二排，我和薛蓍荣坐第三排，我一直以为吴琼比我年纪小，后来才知道他其实比我大一岁。高中一年级我们又同班，并且同坐第三排，我坐靠墙的第五个位子，他坐我左边第四位。学习成绩都不出色，大约他理科比我好，所以高二他分到理组，我却在文组。

听完牧师传教之后，我就去护国门取行李：一个铺盖，一个小皮箱，里面除了衣服之外，还有一本《鲁迅杂感选集》，一本英译果戈理的《巡按使》，还有一个网球拍。

（补记）可见我对战时大学生活全不了解，还梦想过战前清华大学的贵族知识分子生活呢！

1月2日   星期一

上午到农校注册组去注册，才知道我的学号是"联203[1]"。

在注册组看到大一英文分十几组：A组教授是陈福田，原是清华外文系主任，吴琼就在他那一组，说他英语非常流利，因为他是在美国

---

1   学号是学生的号码，按照学生的英文姓名编音顺序。例如"联1"是个姓安的同
    学，因为安字的英文拼音An。许字当时的拼法是Hsu，排在203号，吴琼的吴
    字拼成Wu，学号是"联561"。联字代表联大，因为当时还有清华、北大、南开
    的学生，学号不用联字，而用T、P、N分别代表清华（Tsinghua）、北大（Peking
    University）、南开（Nan kai），学号编法基本采用清华系统。后来联大的英文名字
    正式定为Associated University，学号也就用A代替联字了。

檀香山生长的华裔美国公民。B组教授是钱钟书，是清华出名的才子，他入学考试国文英文全优，但数学不及格，是破格录取的。他上课时不太用功，考试却是全班第一，因为老师讲的他全知道，甚至老师只提到书名，他却已经读过全书了。C组教授是北大的潘家洵，我来联大前就读过他翻译的易卜生戏剧，他讲课用翻译法，上课时教室里外都挤满了学生，是联大最受学生欢迎的英文教授。我本来想选他这一组，不料注册组说：大一学生不能自由选择，由大一指导委员会统一分配，于是我就等注册组通知了。

后来注册组出通知，说我英文分在N组，上课时间是每星期五上午第一课时，早八点到九点，地点是西楼二层，教授是南开大学的柳无忌；作文时间是星期二、四第一课时，助教是叶棨。英文分组之后，再选其他课程：大一国文由中文系教授每人授课二周，时间是每星期二、四第四课时，上午十一至十二点，地点在中楼三层大教室，国文作文由浦江清教授批改，时间是每星期六第四课时。逻辑由哲学系王宪钧教授讲，时间是星期一晚七至九时、星期三晚七至八时，地点在昆华工校二层教室。西洋通史由南开大学皮名举教授讲，时间是每星期二、四、六第二课时，上午九点到十点。社会学科我本来选法学院长陈序经教授的社会学，时间是星期五第三学时，上午十点到十一点，但他的广东话不好懂，又改选浦薛凤教授的政治学[1]。自然科学全无兴趣，勉强选了彭光钦教授的生物学，时间是星期一、三、五第二学时，从九点到十点。生物还要做实验，助教是吴征镒，后来成了植物研究所所长。

选课之后，下午去三楼大教室听茅盾讲演。茅盾是我久闻大名的

1　后改由张佛泉教授担任，时间改成每星期晚九点到十点，星期三晚八点到十点。

作家，他脸很瘦，戴了一副眼镜，穿了件长衫，在朱自清教授的陪同下，来到大教室。朱先生个子低，穿一件咖啡色的长袍，我在小学时就读过他的《背影》，中学时又读到他的《匆匆》，很喜欢"桃花谢了，有再开的时候；燕子去了，有再来的时候"，这些有对仗的句子，并且模仿写过作文，得到老师的好评。这天一下见到两位作家，觉得联大真是名不虚传的大学，在江西很难得到这样的机会。无怪乎三楼教室虽然大，还是挤得座无虚席。茅盾讲的题目是《一个问题的面面观》。当时汪精卫正从重庆经过昆明飞去越南，向日本人投降。茅盾就结合当时的形势，举磨刀石为例。他说：从磨刀石的观点看来，石头是磨损了，但从刀的观点来看，刀却更锋利了。汪精卫就是只从磨刀石的观点来看，只见抗战消耗国力，所以他认为抗战不能取得胜利，结果他就投降日本了。如果从刀的观点来看，国力却是越打越强，结果一定会取得最后的胜利。

（补记）茅盾讲得深入浅出、明白易懂，但是我却期望他讲些别人讲不出来的新东西，讲些只有大文学家才讲得出来的名言妙语，所以反倒觉得不够满足了。这反映了我入联大时的心理状态，也反映了我当时对人对事的看法和期待。

如果要用这个标准来衡量，那茅盾的代表作《子夜》中所写的资本家和工人，也只是一般的典型，并没有多少写得引人入胜的人物或事件。倒是他的文学理论《夜读偶记》中有些见解颇能给人启发。他的翻译理论总结了前人的经验，提出了文学翻译要有文采，要使读者得到和原著读者相似的美感享受，几乎一直得到读者没有异议的认同。

朱自清讲大一国文也没有多少惊人之言，但他讲《诗经》"比兴赋"时，说"比"可分以古比今，以仙比俗，以物比人，以艳情比政治，倒是颇有新意。可见对人不能求全责备，因为人无完人，不过对于名人，总得要他与众不同，有超越别人的地方，否则，就是名不副实了。

1月4日　　　　　　　　　　　　　　　　　　　星期三（补记）

　　早上八点之前，我在农校西楼二层对着楼梯口的一个小教室第一排靠窗的扶手椅上坐下，在我旁边坐着一个一看就是绝顶聪明的同学，他就是十八年后第一个得到诺贝尔物理学奖的中国人——杨振宁。我当时虽然觉得他与众不同，但也没有料到他后来会取得震惊全国、压倒西方大科学家的成就。其实现在回想起来，他当时已经流露出超越常人的才华。他喜欢提问，这表示他的好奇心强，而好奇是创造发明的前奏；他能注意到异常现象，如英文过去分词前用 be 一般表示被动，他却能发现别人没发现的例外；他效率高，考试时别人花两小时做不完的题目，他只用一小时就交头卷，并且得最高分。我在回忆录《追忆逝水年华》中有关于他的描写：

　　右边坐的一个同学眉清目秀，脸颊白里透红，眉宇之间流露出一股英气，眼睛里时时闪烁出锋芒。他穿的学生装显得太紧，因为他的身体正在发育，他的智力又太发达，仿佛要冲破衣服的束缚。他穿的大头皮鞋显得太松，似乎预示着他的前程远大，脚下要走的路还很长。一问之下，才知道他叫杨振宁，刚十六岁，比我还小一岁呢。

　　关于我们的老师，我也有一段描写：

老师来了，他穿一件灰色大衣，里面是一套灰色西装，再里面是一件灰色夹克，脖子上还围了一条灰色围巾，仿佛是把灰蒙蒙的北国风光带到四季如春的昆明来了。他一进来，就问我们上什么课？我要在杨振宁面前露一手，抢先用英语回答。老师也用英语说，他是代柳无忌教授来上课的。后来才知道他是联大外文系主任叶公超教授。早在美国求学时代，他已经出版了一本英文诗集，得到美国桂冠诗人弗洛斯特赏识；后来他去英国剑桥大学深造，又和英国桂冠诗人艾略特（又译爱利恶德）时相过从，是第一个把艾略特介绍到中国来的学者。《叶公超散文集》220页还引用了艾略特的话说："一个人写诗，一定要表现文化的素质，如果只是表现个人才气，结果一定很有限！"

叶先生二十三岁回国，就在清华北大任教，也许是我国最年轻的教授。他在清华教过钱钟书大一英文课，用的教材是奥斯汀的《傲慢与偏见》。他曾挖苦才华过人的钱钟书说："你不该来清华，应该去牛津。"

叶先生讲课时说中文多，说英文少；问得多，讲得少；从不表扬，时常批评。他讲《荒凉的春天》时，杨振宁问他："有的过去分词前用be，为什么不表示被动？"这个问题说明杨振宁能注意异常现象，已经是打破宇称守恒定律，获得诺贝尔奖的先声，但叶先生却没有慧眼识英才，缺少先见之明，不但没有回答，反而问他 Gone are the days 为什么用 are 不用 have？这个回答有两种可能：从好的方面想，是叶先生在用启发式；从不好的方面想，是叶先生只有感性知识，不能上升为理性知识：说明及物动词的过去分词表示被动，不及物动词的却只表示完成。我当时的心情恐怕是好坏两方面兼而有之的。杨振宁以后有问题都不直接问他，而要我转达了。

叶先生常要学生朗读课文，学生才念一句，他能说出学生是哪省人。学生念得太慢，他就冷嘲热讽，叫人哭笑不得。有一次叫我念《人生的目的》，我念得非常流利，满以为不会挨骂了。不料他却问我："你读得这么快干什么？你说生活的目的到底是什么？"生活的目的在下一段。我答不出，他就批评我只重形式，不重内容。这对我是一个很好的教训。注重形式，甚至以形害意，是我学习上的一个缺点。叶先生一听我念，就能发现问题，可见他有知人之明。但我当时却怪他太挑剔，念得不流利不行，念得太流利也不行。

叶先生对别人很严，考试要求很高，分数给得很紧。一小时考五十个词汇，造五个句子，答五个问题，还要写一篇英文短文。杨振宁考第一，才得 80 分；我考第二，只得 79 分。而杨振宁物理考 100，微积分 99，是全校成绩最好的学生。

对叶先生的评价有高有低：高的如赵罗蕤，低的如季羡林。现在看来，他教文学理论得到好评较多；教普通英语，可能他认为是大材小用，就不认真卖力了。不过说到底，学习是学生自己的事，会学习的人，有成就的人总是善于学习别人长处的。如果一个人能把别人的长处集中到自己身上，一定会从人中人成为人上人。

一周小结（补记）

离开江西之前，我在吉安买了一本《新生日记》，准备记载到昆明后的新生活。入联大后，上了一个星期的课，只记了一天的日记，那就是茅盾演讲的那天。可见我当时认为那一天重要，其他的时间都不值得记下来。现在回想，却发现 1 月 4 日不但是 1939 年重要的一天，甚至是一生中难忘的日子，所以又补记了一下。几十年后回忆往事，居然历历在目。可见印象深刻，没有磨灭。

第一周虽然没有写日记，但是留下了一张选课表。

根据课表，还可以想起第一次上课的情景。印象最深的是皮名举教授的《西洋通史》。他上课前几分钟就进教室。在黑板上用英文写下讲课的大纲，有时还要画出地图。上课铃声一响，他就开讲，讲得非常有趣，能把枯燥的史实讲得生动好记。比如他把埃及女王克利奥佩特拉的名字简化为骷髅疤，并且说：她的鼻子如果长了一寸，世界历史就要改写，因为罗马大将安东尼就不会"不爱江山爱美人"而放弃罗马帝国了。这对我影响很大，我后来把这个故事翻译成了中文，是我出版的第一个剧本。《西洋通史》考试成绩最好的同学是外文系的张苏生，她和我同从江西考入联大，她考第一，我考第二，吴琼考第三。来联大后，她几乎所有课程考试都是最高分，使人觉得可望而不可即。大一英文甚至比杨振宁还高 10 分。

政治学教授张佛泉先生给我印象最深的一句话，是"部分的总和并不等于全体"。这句话使习惯于"2+2=4"的我大吃一惊。后来做文学翻译的时候，发现句子并不等于字的总和，这才对翻译的认识进了一步，全句多于部分总和的就是言外之意，所以翻译不但要翻译字内之意，还要翻译字外之意，这就是创造了。这句话为创造性翻译打下了理论基础。其实《老子》中的"道可道，非常道"早就说出了这个意思。如果用第一个"道"来表示句子的话，第二个"道"（知道）就可以理解为翻译，第三个"道"指的却是字的总和。全句意思是说：句子是可以翻译的，但并不是翻译字的总和。这就可以解决直译和意译的矛盾。由此可见政治学和哲学对翻译学可以起到的作用。

自然科学规定要选一门，我对数学比对理化更感兴趣，但是数学不算自然科学，而物理化学，我在中学时考试都不及格，于是不得已只好选最没兴趣的生物学了。很多人都说清华大学的通才教育好，对我而言，至少这一年生物学等于浪费了时间和生命。甚至社会科学，我觉得无论政治经济，也不必读三个学分，只要指定书读，提出重点要求，再做几次辅导报告，可能花的时间更少，得的好处更多。学习主要是靠自己，老师如能引起学生兴趣，就很不错。我的理化考试虽不及格，但是后来报上看到"超导"的消息，却能把"超导"和翻译理论联系起来。可见学习有了兴趣，就条条大路都通罗马了。

大一课程除了三门必修，三门选修之外，还有全校共同的必修科，那就是体育和军训。大一体育在农校大足球场上，第一次来上课的是久闻大名的马约翰教授，他满头银发，无论冬夏，都只穿一件衬衫，一条灯笼裤。满口英语，不称呼我们为"同学"，而叫我们做young men（年轻人）。他说话有劲，有一股魅力，能使平淡无奇的事也显得自有意义。每次上课，先要大家绕场跑八百米，他第一次还不顾高龄，陪着我们同跑。在他亲身做榜样的鼓舞下，哪个同学能不尽力跑八百米呢！在大家争夺冠军的情况下，我记起了在中学时代学到的，先跑第二，紧跟第一，到了最后冲刺时，再拿出全力超越。果然，在联大第一次上体育课，我居然第一次跑了八百米的第一。

至于军训，我小时候是崇拜少年英雄的，如《三国》中的孙策、《说唐》中的罗成。甚至父亲问我想买什么东西时，我说想要军装皮带。但到了高中一年级在西山受集中军事训练时，天不亮，人未醒时就得起床，在烈日下上操，晚上睡得正好却被叫来站岗放哨，真是苦不堪言，所以对军训恨之入骨。不料到了大学还要军训，而我已从初中时代的排尾，高中时代的排中，进到大学时代的排头了。好在军训就在昆中北院大操场上，得便就溜到宿舍去休息，只有一次爬到院后城墙上去学习筑城，其实是看风景，倒还有点意思。就这样混过了一年。

"直纯的友谊好像健康，失去时才觉得它的可贵。"但常常留恋着逝去了的美丽的梦，朋友，告诉我，你可能得着些什么呢？我劝你还是努力去利用那过去之石，来磨砺这现在之刀吧。因为生活本身就有许多失败，你多得着一次，不就是减少了一次吗？

昨夜吴琼叫我别去升旗。今晨号声一响，教官的点名声一起，大家都去，他也去了。但升旗之后，他又对我说："教官不对，要好好来教训一番。"我看吴琼要学政治不行。

谈起学政治，其治倒还不错。记得在永泰时，我不顾失败和副官室硬斗，他称赞我；我乱批评朋友底短处，他不高兴我。但当时我并不觉得他对，因为我的眼睛只看见别人，不看见自己啊！

（补记）以上是到联大后写的第二篇日记。可见我虽然在联大上了一个星期的课，但对联大的军事生活并不习惯，反而留恋高中毕业前在永泰河滨的自由生活，留恋那些一同学习，一同娱乐的伴侣。

其实高三也要升旗，不过毕业班同学都是队长或副官，可以对低年级的同学发号施令，自己迟到甚至不到也不会挨批评，所以我很留恋这点特权。到了大学，自己又成了普通一兵，教官要求什么都得照办，没有讨价还价的余地，同学也没有站出来反对的。吴琼虽然心里不愿，当着教官的面什么也不敢说，只是事后发发牢骚而已。我和吴琼一样不满，不过我不放马后空炮罢了。

我居然因此说吴琼搞政治不行。其实联大谁搞政治行呢？叶公超当过国民党的外交部部长，应该算是官场得意的了，但在联合国投了支持蒙古独立的赞成票，立刻被召回软禁起来。新中国成立后吴晗当了北京市副市长，和毛泽东谈明史时，毛说革命的和尚不会背叛革命，他立刻去找史料翻案，说叛变了的和尚还将革命进行到底，不料毛泽东却认为他的《海瑞罢官》也是翻案文章，结果被打成右派永世不得翻身。

我说其治搞政治行，因为他称赞我和副官室斗。其实我斗争的目的不过是要副官室向值星官报告出席升旗的人数，副官室认为都是有特权的高三同学，不肯向有特权的值星官低头而已。幸亏这股争夺特权的傻劲没有坚持下去，否则，以后要吃的苦头可要大得多呢！其治考上了中央政治大学外交系，去英国利物浦当上了副领事，同时业余读了个法学博士，学"宇航法"，后来当选国际宇航学院院士。不过这并不能说明他会搞政治。可见我当时的看法糊涂，只见表面，不见实质。对于其治和吴琼的看法都不深刻。只有自我评价是个自我中心者，倒还有点自知之明。至于磨刀石的说法，完全是学茅盾的。

1 月 10 日   星期二

早晨，经过洒满阳光的旷野去上个三四堂课；晚间，在黑夜包围下的课堂里谈谈逻辑。大学生活，真是别有风味。我发现我自己变了，现在的我，已不再是中学时代的我。中学时我希望老师不来上课，现在却恐怕老师不来。中学时有几门课听不太懂，现在，有几科竟懂得有余了。我不应该自满，但我很喜欢自己的变。

（补记）这是第三篇日记的实录。因为来到仰慕已久的大学，看到的，听到的，感到的，都是新的好的，现在回想起来，这还是一篇报喜不报忧的日记。我说"唯恐老师不来上课"，其实只指文史哲而言；至于社会科学和自然科学，情况并不都是如此。如第一次上社会学概论，不但老师说话难懂，他的"全盘西化"理论对我也没有说服力，好在联大选课自由，我就退选社会学了，这点自由倒真是大学远远胜过中学的地方。我说"有几科懂得有余"，大约是指大一国文选了《论语》中的《言志篇》和李清照的《金石录后序》。这两篇是我初中三年级时就读过的，老师讲时也没有什么新意，于是我就沾沾自喜了。倒是有的同学从"冠者五六人，童子六七人"中推算出来：孔子七十二贤人中三十个成了家，四十二个未婚，因为五六得三十，六七四十二。我倒觉得歪打正着。至于逻辑，我在高中二年级文组就学过三段论，而理组却没有学过，又觉得文组近水楼台先得月了。不知道战时英才多来联大，就在逻辑班上有一个身材瘦小，外貌不扬，喜欢在昆华工校操场上陪着逻辑老师散步的同学殷福生，早在中学时代就自学逻辑，已经出版了一本逻辑书。后来他去台湾，改名殷海光，成了台湾自由主义的旗手，认为胡适是五四时代的大师，可给80分；抗战后在北大平凡，勉强给60；到台湾后无所作为，只能给40分了。比起殷福生来，我能得60分么？

1月14日　　　　　　　　　　　　　　　　星期六（补记）

到宿舍登记时，要我住22室。但我看见23室靠窗的床位还没有人睡，就先占了那个位子，但没有去登记，可见我喜欢僻静的角落。

不料后来的人登记了那个床位。我先占了地方也没有用，只好还是让位搬到 22 室去。当时不太愿意，现在看来，22 室出的人才多于 23 室，对我的好处也更多，正是塞翁失马，安知祸福了。

左边靠窗占第一个床位的是数学系的廖山涛，我们是在桂林认识的，还一同买汽车票到柳州，然后我走贵阳，他走海防，先后到了昆明。他穿一件蓝布长衫，说一口不好懂的湖南话，真看不出是数学系考第一名的新生。我有意要考考他，有一次我用六根直线画成了二十个三角形，问他能不能做到？不料他回答：只要六根线中没有平行线，总是可以画出二十个三角形。我只有感性经验，没有理性知识，口里说不过他，心里却不服气。直到他后来当选第三世界科学院院士，才不得不服输了。输的是名气，并不是道理，因为我并不懂为什么六根线能画成二十个三角形，但又说不出反面的理由，这就说明了我重名轻实的心理。

22 室进门左手占第一个床位的是数学系的邓汉英，他是我在桂林青年会认识的第一个联大同学，那时他住在附近一个中学，并且介绍我去中学包饭，既省钱，又省事，并且吃得热闹。他和廖山涛同走海防到了昆明，人比廖山涛更灵活，更喜欢说话。他告诉我数学系主任是杨武之教授，是杨振宁的父亲，数学系最漂亮的女同学是张景昭，但却不知道她是杨振宁的第一个恋人，后来和住昆北 17 室经济系的王传纶结了婚，是同学中的一对佳偶。王传纶用英文写过一篇论文，得到经济系主任陈岱孙教授和政治系主任张奚若教授的好评，后来成了中国人民大学财政经济系主任，但不知他夫人为什么在"文革"中去世了，真是不幸！邓汉英的知识面广，当时翻译了一篇稿子，寄去报上发表，这使我第一次知道了学生时代就可以既赚钱又出名的方法。他还喜欢打桥牌，并且和同寝室的张迪懋合作，商量了一种别人不懂的叫牌暗号。可见他的多才多艺。后来他成了南开大学数学系教授，还兼了领导职务。

左手第二个床位住的是经济系的周庸规，是广东人，常去其他寝室找广东同学，说广东话，在寝室的时间不多。我只记得他爱唱的歌是唐代岑参的《饮马川行》："白日登山望烽火，黄昏饮马旁交河。"听得如此多，我都会背会唱，并且把诗译成英文了，这是意想不到的收获。第三个床位是靠窗第二个位子，就是留给我住的地方。但是靠窗第一位的廖山涛睡时头靠窗户，周庸规睡时却要头靠门，结果两个人都把脚对着我的床铺。我无论睡哪头，闻到的都是脚味。我和廖山涛说，他不肯换头睡，因为怕头受凉；我和周庸规说，他也不肯换头，因为广东人不怕凉，要呼吸新鲜空气。于是我只好两头受气。回想在永泰高三时和匡南两个人睡一房，简直是天上人间。如以生活而论，大一时代似乎还不如高三时期自由快活呢！

22 室右手靠窗第一个床位住的是哲学系的周基坤，是湖北人。他去年报考清华外文系，没有录取，因此对考取外文系的学生，往往另眼看待，这有点以考试成败论英雄了。其实他的英文不错，知识面也很广，知道许多清华外文系的故事，他的观察也很细致，和我同班上钱钟书教授的大一英文，是他发现艾伦坡的故事中有一句没有动词，提出问题，钱先生说是 my mind 后面省略了一个动词 be。他又半信半疑去查原书，发现是在 my mind 前面漏了动词 make up，由此可见他的彻底精神。他看了我的译文，把我的普通白话文改成文言的四字成语，结果考试时正好要翻译这一段，他的成绩反而比我更好。于是我心里生了闷气，但哑巴吃黄连，有苦说不出，可见我的小气。不过我也吃一堑，长一智，后来把前人的译文改得更有文采，结果我的译文也就胜过前人了。从某个观点看来，这也是把挫折变成了动力。周基坤后来是南开大学外语系的教授，几十年后我们见面时，他还问我："你大一时自学俄文，又学世界语，为什么没有加入进步组织呢？"可见他的观察细致。但是判断有误，不知道我学俄文是为了读俄国的文学名著，完全是单纯业务观点，没有一点政治意图。不但是他，联大有的进步组织看见我俄文考了100分，希望我加入组织，不料我却吸取周基坤的经验教训，怕别人吸取我的知识，取得比我更好的考试成绩，就婉转地谢绝了。现在看来，很多参加组织的人都被打成了右派，反不如我自由派出成绩了。

右手靠窗第二个床位住的是中文系的项琦，也是从桂林和我、邓汉英、廖山涛同坐汽车到柳州的。他是杭州人，是个典型的白面书生，秀秀气气、斯斯文文，写的一手毛笔字很娟秀，白话文也一样清丽，所以一到联大他就当选中文系学生会的秘书。他的女朋友也从杭州来到昆明，所以他们出出进进，都是对对双双，难舍难分。可惜他得了伤寒病，住进医院，女朋友来探视，他说想吃鲜梨，女朋友就给他买了来。不料鲜梨却带来了生离死别，他就因此一病不起，成了联大第一个离世的学生。

第三个床位也是进门第二个，住的是政治系的张迪懋，就是和邓汉英打桥牌的搭档。他人也很斯文，不太说话，显得比较随和。后来去江西同学会办的天祥中学任初中部主任，我在天祥兼教英文，和他再度同住一室。抗战胜利后他回江西省政府工作，还领我去参观过省政府。做梦也想不到和他同在一起八年，却不知道他是40年代的中国共产党地下党员，可见我的糊涂，也可以看出他的高度机警。新中国成立后他任广州中山大学政治系教授，但是没兼什么领导职务，反倒自费买了一些我的著作分赠老友。

右手进门第一个床位住的是机械系的刘伟，和张迪懋都是江西人，他的哥哥是贵州的专员（蒋经国当时是江西赣州的专员），家庭经济比较宽裕，请我们去北院门口小店吃过米线，他的文章写得不错，作文分在朱自清教授那一组。我买了一本朱先生的《踪迹》，是他同我去找朱先生签名的。后来江西同学会办天祥中学时，他是总务主任，我没有钱用的时候，总是去找他透支下个月的薪水，他也从来没有拒绝过，使我可以苦中作乐。他后来成了云南公路局总工程师。

这些就是我22室的室友。

不是我的室友，往来并不比室友少的同学是土木系的张燮，他是江西著名的天才，是全省数学竞赛的冠军，在二中比我高一班。他的父亲是江西省公路处的总工程师，母亲是我三姑父的九妹，我称呼他们做九姑父、九姑妈，所以他也算是我的表兄。我家住南昌土地庙3号时，他家住在1号，我只去过他家一次。到联大后，我去昆中南院大一宿舍找他，他立刻认出了我，还说得出我们的家庭关系，并且带我到他家去吃饭。他的学习成绩特优，工学院的功课特难，考试分数特紧。外文系的王佐良、许国璋等人原来都是工学院学生，但是大一时数理考试成绩不合格，进不了工学院才转学外文系的。工学院有一门功课考试特严，全班有一半人不及格，张燮却只花了一半时间就交头卷，并且得了满分，于是名声大振，成了工学院的状元，和理学院的状元杨振宁齐名。我在天祥中学教高三英文时他教高三数学。教高二数学的是王浩（后来成了国际著名的数理逻辑学家，得了国际数学里程碑奖，等于数学的诺贝尔奖），但教学不如张燮受欢迎。后来张燮参加公费留美考试，成绩高于很多学历比他更高的助教，和杨振宁同榜出国了。他的考试成绩特优，但是并不特别用功，学习对他毫不费力，随随便便就出人头地了。他喜欢天祥中学高三的女同学黄庆龄，说她是他的"兴趣"，但是不好意思找她。刚好我在改高三的英文作文，忙不过来就请他代改黄庆龄的作文。作文中有一句说到太阳晒黑了的脸，庆龄用了 sun-shone face，张燮当面给她改成 sun-burned face，并告诉她 shine 是不及物动词，当及物动词用是"使发光"的意思，不能用在这里。这样一讲，他的形象真在她心中发光了，后来她成了他的夫人。

在联大江西同学会迎新会上，我还见到了几个高班次的同学。一个是历史系的程应镠，笔名流金，是我二中同班程应铨的哥哥。流金在二中比我高三班，是江西著名的长跑运动员、二中篮球队的中锋、排球队的主力。我当时还不知道他的文才，如他说过：李白是站在人之上的诗人，杜甫是站在人之中的诗人；《诗经》是言语的艺术，《楚辞》是文字的艺术。两个字简单明白地说明了李杜风骚的不同，是我闻所未闻的新见解。他在联大常写文章，和沈从文先生关系很好，沈先生介绍他担任云南《中央日报》副刊的主编，因此和联大的青年作家多有来往。他和闻一多先生的关系也很好，是闻先生介绍他加入民盟的。后来他和我的联大同班李宗蕖结了婚，我在天祥中学兼教务主任时，他兼训导主任，思想进步，请闻一多先生来天祥中学讲过话。但在闻先生遇害时，他的名字也上了黑名单，于是全家离开昆明到了上海，经孙大雨先生介绍，他在上海师范学院任教，兼工会主席，还是上海民盟委员。但是在1957年被打成右派，平反后又在"文化大革命"中受到残酷迫害致死。应镠一生进步，是"一二·九"学生运动的积极分子，结果落得个这样的下场。真是中国知识分子的不幸。

上星期四第一小时，叶桎老师走上讲台，一声不吭，在黑板上写了作文题目：What I Like。我学林语堂《有不为斋》写法，但学得不好，大有画虎不成之慨。但我想还是画虎好些，因为画虎不成虽然类犬，但慢慢地总会画得像虎的；而刻鹄就是成了，也不过是鹄而已。昨晚计划今天有什么功课的时候，忽然想到今天也许又得作文了。果然，今天第一小时，老师走上讲台，一声不吭，又在黑板上写下了作文题目：Why I came to college。我想到今天要作文，但并没有预备，不是懒，却是想认真地练习自己一小时内写一篇短文的能力。

军训科目班战斗教练，使我记起西山三个月的丘八生活。奇怪！那时以为最苦的生活，现在却也觉得别有风味。主观的痛苦客观也许是美丽的，犹如一幅美丽的图画，如果你置身于美丽的最高点，下来再看四周的风景，自然不如居高临下看更美了。

（补记）1 月 12 日的日记，当天为什么没有写下来？大约是第一次作文写得不够满意，认为值不得记的缘故。为什么一星期后又补记了呢？大约是第二次作文表现了自己的独立性和好胜心，所以就两天日记一天写了。这也可以看出我受林语堂的影响。文中总要有我，如果我不突出，和别人差不多，就写不如不写。换句话说，我把自己看作人中之虎，把别人看成鸟中之鹄，自认为高人一等。其实，虎能翻山越岭，鸟能上天下地，各有千秋，只要各尽所能，就可自得其乐，无所谓高下问题。

第二次作文前我想到了有可能要作文，这说明我有一点推理的能力，或者说有一点预见性，但我并不能推测到作文的题目，所以也无从准备起。而我却找了一个借口，不说我无法准备，只说我要锻炼一小时写一篇短文的真实本领，可见我的日记还是报喜不报忧的。

上军训课没有兴趣，甚至认为不如高中时在西山受又苦又累的集中军训有意思。这说明我不会充分利用时机，对现实多看到缺点，对过去却多看优点，对比之下，甚至从过去的缺点中也看出优点来了。例如西山军训虽累，但受训的环境很美，参天松柏，垂地杨柳，钟鼓惊梦，号角破晓……当时深以为苦，但回忆像美丽的云雾，遮住了阴暗的山谷，却露出了蔚蓝的天空。想到当时和自己一同受苦受累的同学，多是江西一代人的精英，当时被阳光晒黑了的脸孔，后来却为国家发出了灿烂的光辉。如为中国大炼钢铁赶英超美的徐采栋，制造第一台电视机的薛蕃荣，江西科学院院长廖延雄，江西电厂总工程师符达，都是曾在西山跌打滚爬的中学生，露出的都是光辉的笑脸了。

1 月 20 日　　　　　　　　　　　　　　　　星期五

校门口有两条路：一条是公路，一条本来不是路，因为走的人多了慢慢地也成了路。现在走那路的人更多了，但是谁也不知道谁是磨穿鞋底，走酸大腿的开路者。我不喜欢走那条路，因为大家都走那条路。我喜欢一个人走我自己底路，在虔南，在赣州，在吉安，在永泰，我都有我喜欢走的路。——特别是永泰，在黄昏，在雨晨，在有月的夜，无月的夜，如果有人能把我的影子，我的足迹，在河堤畔的，在公路上的，在石道中的，描绘下来，那对于我是些如何美丽的梦啊！我过去喜欢一个人走我底路，我现在也喜欢一个人走我底路，我将来还喜欢一个人走我底路。

（补记）这篇日记几乎成了我的独立宣言，因为我在回忆录《追忆逝水年华》中一开始就摘录了这天的日记，其实那时我还不满十八岁，在人生的道路上才刚刚起步。哪里懂得什么人生人世！

1月22日 星期日

在朝阳洒下的树影里，在古木参天的大道上，我独个儿走到大观楼去。

在路上，我信步走着，信眼看着，啊！多妙的风景！尤其是路旁的那条小河，简直太像永泰去大观桥的那条了，而它也是到大观楼去的。多巧啊！名既相同，实也相仿，真使我怀疑是造化有意要把我推到回忆之谷里去了。

到大观楼，五百里滇池奔来眼底，一湖春水，两岸帆影，真想登高望远，但再一看楼门高锁，只好望洋兴叹了。

于是坐上一叶扁舟，放乎中流，任其东西。想起南昌夏天的东湖，倒也有点意思。但再想起峡江之险，乘长风怎敢破万里浪？想到过去的苦，才更会感觉到现在的乐。

（补记）这是我到昆明三个星期之后，第一次一个人在星期天去游览昆明的名胜。一个人去，说明我喜欢一个人走自己的路，也说明我脱离群众，三个星期没有交上一个可以谈心的朋友，同去欣赏四季如春的美景。留恋过去，更说明对现实的不满意。

其实回忆起来，永泰去大观桥的蜿蜒小路是江南常见的景色：路两旁一片青翠碧绿，沿路还有一条大观河，里面流着一清见底的潺潺流水，小河旁一行婀娜多姿的垂柳，仿佛在钓着水中的倒影，很像杭州西湖去北高峰道中的一景。记得我同符达、含和、其治、燮昌、匡南曾去小河中游泳，颇有《论语》中的"暮春者。春服既成，冠者五六人，童子六七人，浴乎沂，风乎舞雩，咏而归"的趣味。

至于峡江之险，那是 1938 年 2 月 17 日，我同燮昌、含和坐船从吉安到永泰去的途中，经过峡江，听说路上有匪抢劫，燮昌就丢下我们坐轮船先走，到永泰去邀匡南到河边来接我们的往事。当时只觉得惊险的恐惧，回忆起来，却只记得久别重逢的乐趣了。

1 月 27 日   星期五（英文日记，后译中文）

晚饭后在翠湖散步，沿着一条蜿蜒的小径往前走，眼里没有看见一个人，心里没有想一件事，只望见碧空中的一弯新月，碧水中也有一弯新月。我想，翠湖有点像我心中的茵梦湖，不过湖中找不到水莲而已。回到北院的时候，我眼里还是没有看见一个人，心里还是没有一件事。

（补记）这篇日记继续说明了我喜欢一个人走自己的路。不喜欢走热闹的大道，却要走蜿蜒的小径。其实，路上不一定没人，只是我眼里看不见；心里不一定没有事，只是心里没有想而已。我看到的只是天上的一弯新月，想到的只是茵梦湖中的水莲，而水莲是意中人的象征。这说明我到联大的第一个月，学习上觉得有收获，生活上却感到孤寂，往往沉醉在朦胧的月色中。

　　我有两个希望：一个是暑假期间，想去西山住上十天半个月，半夜可以起来欣赏美丽的月色，白天却睡到太阳晒热了湖水，再去湖中游泳，或湖上荡舟，我希望中学时代的好友能来昆明，和我同享这水天一色的湖光山影；第二个希望是到了年底，抗日战争可以胜利结束，联大可以迁回北京，我们可以取道香港南昌北上，重享北国故都的古香古色。

　　（补记）这两个希望说明了我不满现状，留恋过去，幻想未来。我来联大还不到一个月，有什么不满的呢？联大大一学生自办食堂，我被22室选为伙食委员，要夜里四点钟起来监厨，买菜。我看到昆明的厨子天天起早摸黑，穿着围裙，光着双脚，把一张张沾满污迹，没有油漆的四方木桌擦得干干净净，挣不到几个钱，而他们无论春夏秋冬，天天都得如此啊！我才干了一天，就觉得受不了，想起了西山受军训半夜起来站岗的苦事，怎么升了大学还是如此呢！可见我心向往之的是北京、清华大学战前的精神贵族生活，不是抗战时期的流亡生涯。更糟的是，到市场去买菜时，看到金光灿烂的玉米，那是在南昌使我垂涎三尺的食品，在家里是用来炒肉的素菜，于是我要一厨子买来如法炮制，以为我的一片好心会得到同学们的好报。哪里知道结果怨声载道，我还莫名其妙，去问南院的伙食委员袁永熙（当时不知道他是外文系主任叶公超的内弟，还是联大共产党的党委书记），他告诉我北方同学把玉米当作粗粮，不当菜吃。我这才恍然大悟，不能怪别人，只能怪自己，于是就辞职不干。怎能不满现状呢？

下午去游圆通公园，环绕小池种了许多美丽的花，很像我同莆生、燮昌在永泰萧公庙摘到的奇花异葩。正要伸手去摘，忽然记起萧公庙的鲜花，插到瓶子里却枯萎了，于是手又缩了回来。

（补记）这是一月份最后一个星期日，我去游了圆通公园，而上个星期日又游了大观楼，可见我到昆明第一个月的计划是：学习六天，星期天休息游乐。但到大观楼想起的却是永泰的大观河，到圆通公园想起的却又是永泰的萧公庙，可见我对永泰的自由生活如何念念不忘，也反映了昆明的生活虽然自由，但比较孤独，可见天时（昆明四季如春），地利（昆明风景如画）还不如人和重要。

我在萧公庙可以自由摘花，无拘无束；到了圆通公园能否随意摘花，我已记不得了；但我没有摘花，不是因为不敢违反公园规则，而是不愿看到鲜花枯萎，可见我什么事都是自我中心，不大为人考虑。一月份的日记基本上说明了这点。

上午在图书馆读英文本艾伦坡的故事，因为那是林语堂爱读的书，现在见了原本，自然不能放过，于是一边查林语堂推荐的《简明牛津辞典》，一边阅读。

下午读英文本《圣经旧约》，想了解西方人为什么信基督教，为什么我却不能相信。

晚饭后读巴金的《春》。我发现要读的书太多，吾生也有涯，而知也无涯，以有涯之生，求无涯之知。即使一天到晚求知，时间也不够用，何况还要劳逸结合？在我看来，求知是要求乐。如果知而不乐，那应该何去何从呢？

（补记）这一天记下了我的读书生活，说明我在中学时代受林语堂的影响比较大，他爱读的书我要读，他推荐的辞典我要用。但是读后觉得对艾伦坡的小说兴趣并不高，《简明牛津辞典》也不如《牛津学生辞典》好用，因为后者条理分明，学生用来方便。可见读书还是要以我为主，别人的意见只能作参考，这事只能自我中心，要主次分明。

至于宗教，它对西方文化影响太深了，我却不能理解为什么那么多文学家，科学家都信上帝？而我却认为"子不语：怪，力，乱，神"合情合理，高于西方宗教文化。不仅是我，西方的哲学家罗素不也认为中国孔子的无神论胜过西方的神权论吗？所以我不赞成全盘西化，一听社会学教授提倡全盘西化说，立刻就退选社会学了。

至于巴金的《家》《春》《秋》，那是开明书店《中学生》杂志推荐的很多人爱读的书，但我读了《家》后，觉得还不如赛珍珠的《大地》，只有大哥觉新写得还好，大嫂瑞珏的死还感动人。至于《春》，几乎等于《家》的翻版，梅表姐的死就不如瑞珏的死有感染力。

吾生也有涯，就要节约利用有涯的生命了。所以我想求知和求乐是一致的。如果求知不乐，那就不如舍知求乐，因为每个人总有自得其乐的求知部分的，何必勉为其难呢？

在武成路三一圣堂三层的小阁楼里，十几个联大同学坐在椅子或凳子上，和美国牧师贝克用英语谈话。我们并不想听他讲什么，而是想看他是如何讲的。因为听得越多，讲的能力也会提高。因此我每天下午一点到两点都去参加会话。

（补记）我说求知和求乐是一致的，其实一致的时候并不一定多于矛盾的时候。如我去学英语会话，如果我对美国牧师讲什么不感兴趣，那对他如何讲又有什么乐趣呢？他信上帝，我不相信，我问他如何能证明上帝存在。他问我相信不相信电的存在，电也是看不见的，但一触电人就会死；上帝也是看不见的，但不信上帝就得不到永生。我对他的说法半信半疑，怀疑的是：电虽然看不见，但电能发光是看得见的，触电会死人虽然不必自己体验就能证明，但信上帝能得永生有什么可以证明呢？但我对自己的怀疑也有怀疑，难道爱因斯坦不比我懂科学？为什么他不怀疑，我却不相信呢？

和我同去参加会话的同学有吴琼和周基坤。吴琼去学会话不管牧师讲什么，也不问为什么，只是学说英语，后来他成了清华大学的英语教授，但是学术成就不高。周基坤只带耳朵去听，不带嘴巴去说，后来成了南开大学的英语教授，不知是说话太谨慎还是不谨慎，却被冤枉打成右派。我们三个人学英语态度不同，结果也大不相同了。

来联大一个月，觉得收获不小。

首先，谈谈上课读书。叶公超先生说我朗诵英语流利，但不能扼要说出朗诵的内容，这是形式主义的结果。一语中的，说出了我的弱点。给我敲响了警钟。他在文章中说：个人的才气有限，文化的力量无穷。削弱了我对个人英雄主义的向往，使我注意克服自我中心的思想。

朱自清先生对"比兴赋"的解释，说中国诗词重"比兴"，西方文学直赋胸臆，使我注意到中西文学的异同，并且明白了为什么我喜欢他的《匆匆》而不喜欢《背影》，因为《匆匆》一开始用了排比：桃花谢了，有再开的时候；燕子去了，有再来的时候。而《背影》却只是直述其事。

陈梦家先生讲《论语言志篇》，"吾与点也"，使我看到的孔子不只是一本正经的圣人，而且还是通情达理，既爱山水，又爱自由的凡夫俗子。

皮名举先生讲到"不爱江山爱美人"的罗马大将安东尼，引发了我对情理矛盾的思考。后来再读到陈寅恪先生"玉颜自古关兴废"的诗句，联系到商纣王，周幽王，楚霸王，唐明皇，直到平西王吴三桂，更加深了我对英雄造时势的了解。

张佛泉先生讲《政治学》时说：总体并不等于部分的总和，这对我的翻译思想很有启发。并且联系到老子说的"道可道，非常道；名可名，非常名"，体会到"名"就是部分的总和，"实"才是总体。名不可能完全等于实，所以译文不可能完全等于原文。其实，原文也不太可能完全等于所写的现实，译文倒不是没有可能比原文更接近现实，因此，译文有可能胜过原文，这是翻译的哲学。

钱钟书先生文章中往往妙语惊人，令人应接不暇，也就提高了学生的眼界，要求作家语不惊人誓不休。因此，茅盾的演讲《一个问题的两面看法》，虽然深入浅出，但只是以理服人，不能以情动人。听来如喝开水，只能止渴，不能如兰陵美酒，令人口角生香，心醉神迷。

这是一个月来上课读书的主要收获。

其次，谈谈联大同学对我的启发。第一个是理学院的状元杨振宁，他引起我的注意，是他能发现异常现象，例如及物动词的过去分词一般表示被动，在课文中为什么只表示完成？这说明他观察细致认真，已经是后来荣获诺贝尔物理学奖的先声，因为物理学家都相信宇宙守恒，他发现弱作用时不守恒，这不就是异常现象吗？他不但在微观上细致入微，在宏观上概括力也很强，如他认为中国文化是综合性的，西方文化是分析性的；中国文字宜于作诗。英法文字宜于立法。学术研究，在主观上要有兴趣，在客观上却要从现象入手，不能从理论到理论。这就说出了流行的空头理论的大问题。有些看法我本来有同感，听他一说，就更增强了信心。

工学院的状元张燮和杨振宁齐名，工学院最难的课程有一半的人不及格，他却只花一半时间交了头卷，而且得了满分。他读书考试都不费力，别人很难学到他那种程度。我对有些不感兴趣的课程想不费力，结果就只勉强及格而已。学上焉者，就只能得乎其中了。他虽然是工学院的学生，但外语学得又多又好，大一英文比我要高三分，法文、德文、俄文、世界语都学过。我要学他，觉得他是以博见长（know something about everything），如要发现他的弱点，就要反其道而行之，就要以专对博（know everything about something），看看能否赶上他，甚至超越他。后来我搞两种外文的中外互译，就是因为前人没有达到过这么高的水平，如能达到，就是超越前人了。

同房廖山涛后来成了第三世界科学院院士，我用六条直线画成了二十个三角形，问他能否做到？不料他却从理论上讲，六条直线只要不平行，都可以画成二十个三角形，这就使我知道了感性知识要上升为理性知识的重要性。

同房邓汉英是数学系的，却在课余翻译文章投稿，这使我理会到充分利用业余时间的好处（The best of all ways all ways/to lengthen our days/is to steal some hours from the night.）

哲学系周基坤参考了我的课文译文，考试成绩居然比我更高，当时我非常不高兴。后来想到如果不是抄袭，只要能够用得比前人好，那岂不是超越吗？

政治系张迪懋是共产党员，当时毫不外露，直到新中国成立后我们才知道，机械系刘伟的父亲是赣州专员，是蒋经国的前任，但是也不外露，并且对人慷慨大方。

吴琼天天见面，不容易看出与众不同的优点。其实我到昆明那一夜他让床给我睡，就比我更会体贴人。

回想起来老师同学给我的影响还是不小的，这就是后来补写的小结。

· 一九三九年二月 ·

2月1日　　　　　　　　　　　　星期三（英文日记，后译中文）

　　读鲁迅翻译的《死魂灵》第二部。果戈理努力要创造个正面人物，结果却失败了。巴金的《家》也是一样，他想把觉慧写成一个理想的人物，但是写得太完美了，反而不像一个青年人。因此我想到：写反面人物容易，写正面人物却很难。为什么呢？

　　（补记）写反面人物容易而写正面人物难，这并不是我的心得，不过是把当时比较普遍的意见写下来而已。写作总要根据现实，而在现实生活中理想人物是没有的，正面人物总嫌生活平淡，英雄人物却很容易写得做作，只有反面人物引人注目，而且性格特点容易抓住，写出来容易使人觉得逼真。所以果戈理的讽刺小说就写得生动，给人印象深刻。虽然鲁迅的译笔比较生硬，但硬着头皮读下去，却能咀嚼出味道来。因为鲁迅的杂文也是批评反面人物的多，笔锋犀利，读来令人感到痛快淋漓，拍案叫绝，我就爱屋及乌，喜欢杂文也就喜欢译文。所以我最初连翻译也是模仿鲁迅的。但后来到处碰壁，才发现自己这样盲目追随名人，不知道名人也不一定是事事正确的，这才改弦更张，改变自己的翻译路线，译文一定要使自己喜欢，感到愉快，才算满意。这说明我的文学翻译思想，是经过了180度的转折的。所以现在对于那些死抱住形似硬译不放的人，给以当头棒喝。至于那些空谈理论，毫无实践的学识泡沫制造者，则更是运用鲁迅的犀利笔法迎头痛击，以尽量减少对翻译界造成的危害。最可怕的是：翻译界是非不分，尤其是一些空头理论家，从外国贩来一些中国人不懂的名词（其实内容毫无新意），却挂上了高级翻译研究人员的招牌，欺世盗名。这些正是鲁迅杂文和果戈理小说中的反面人物，必须予以揭穿，以免造成学术垃圾，危害译界。

2月2日　　　　　　　　　　　　　　星期四（英文日记，后译中文）

今天的英文作文题目是《一个有趣的人》，中文作文题也是《人物描写》。我描写人物素材就是我自己，不过写得比真正的我更有趣味。要完全真实描写一个真实的人物是很难的，要完全凭空捏造一个有趣的人也不容易。所以我描写的只能是一个半真半假的人物。

（补记）这篇日记说明我的观察力弱，我不但写不出一个有趣的人物，而且不会把一些有趣的事集中到一个人身上，把他写成一个有趣的人；只会把自己当素材，但也挤不出多少油水，因为自己生活经验太不丰富，想象空间非常有限。我现在完全不记得写了些什么有趣的事，可见人物不会怎么有趣。古代诗人之中，杜甫观察深刻，所以梁启超说他的《石壕吏》写得细致感人。李煜感情丰富，从国君沦为阶下囚，生活经验天下无双，所以王国维说他后期的词是用血泪写成的。我的观察力不强，想象力也不丰富，所以只好像大鹏背上的小鸟，等大鹏飞到九霄云外，再往上飞一尺就可以飞得更高，看得更远了。古今中外的诗人文人都是我的大鹏鸟，我把他们的诗文翻译出来，使他们的景语成为情语，就可以高飞远航了。

2月3日　　　　　　　　星期五（英文日记，后译中文）

读完《死魂灵》第二部，这是果戈理没有写完，鲁迅又没有译完的名著，如果我再不读完，那真是"三不美"了。晚上，我去翠湖公园的时候，明月照着我的脸孔，我从翠湖回到宿舍。又看见我在堤上的影子。月亮越圆，翠湖的游人也越多。没有明月，也就没有游人。我还宁愿看到"月落乌啼霜满天"，这也是"三不美"了。

（补记）我在中学时代读完了《死魂灵》第一部，当时就知道鲁迅是译第二部时去世的，非常想读，但在江西买不到书。到联大后，星期一、三、五上午只有两堂课，课后立刻到图书馆去，那时图书馆右边的书架上就放了一套《鲁迅全集》，但是不能外借，只能坐在书架旁边阅读。就是这样我弥补了"三不美"的一个小缺陷。月夜游翠湖时三美齐备，但是我怕人不作美，所以宁愿在无月之夜游湖，由此可见我的孤独。

收到桂林汇来一百元整。

（补记）这天日记比较简单，但是回忆起来的事情却很多。第一，桂林汇来的钱是我离家时父亲给我的三百元，叫我身上不要带钱太多，于是从吉安到桂林时，我把二百元从银行电汇到桂林，凭图章自取。不料战时银行电汇太慢，一个星期还没影子。我在桂林写信给重庆中央政治大学的贺其治，他告诉我他姐夫在桂林公路处工程科做科长，但没告我他姐夫的姓名。幸亏我灵机一动，到公路处去打听有没有一位科长夫人姓贺的，结果才知道他姐夫是周延俊，于是把电汇单和图章都交给他，请他等款到后再汇昆明，并问他能否借点路费给我。他借了我五十元，刚好南昌二中同学丁成章（后为浙江大学电机系教授，和二中同班郭以连结婚，我游杭州西湖时住在他们家里，他后来不幸在加拿大遇车祸去世）、邹建中（后为武汉华中科技大学教授）、熊大慰（后为山西大学电机系教授）等五人考取浙江大学，和我同住在桂林青年会，我就向他们每人借了十元，等电汇到后，请周延俊代还他们，这样才凑足了路费，动身去昆明。如果不是大家帮忙，我就不会和杨振宁同班，也听不上钱钟书先生的大一英文课，真是运气！

桂林汇来一百元整，是周延俊收到电汇二百元后，扣除借他的五十元，代还浙大的五十元后的余款。我取款后，按照家里吩咐，把钱放到九姑妈家，刚好张燮也在，他就同我到附近的青年会去打乒乓球。他太聪明，读书做事都不费力，就能超群出众；他打乒乓也好，同吃同玩也好，劲头都不很大，这也许是天才和常人的不同吧。我回宿舍写信，淑忱表姐是三姑父的大女儿，三姑父任江西农专校长时，我父亲是会计。三姑父去世后大表姐要去美国留学，费用都靠我父亲为她筹措，所以她说将来表弟留学费用由她包了。她在美国和清华公费生黄育贤结婚，黄是中国第一个建设水力发电站的工程师，这时住在四川长寿。大伯曾把二堂兄交托给大表姐请她照顾；但二堂兄还是来了昆明，住在九姑妈家，由九姑父介绍去云南陵工作，后来自己开了一个汽车修理厂，还邀我去过滇西大理等地呢。

取款后去青年会打乒乓球，回22室后写信回家，并写信给四川淑忱表姐。

晚上计划分配学习英语时间：

1. 早晨朗读《大一英文》课文；

2. 中午参加"三一圣堂"英语会话；

3. 下午读《圣经旧约》；

4. 晚上写英文日记。

（补记）晚上计划分配学习时间，大约只有早晨朗读坚持了一学期，中午会话去了一个星期，兴趣不大，得益不多，就中断了。读《圣经旧约》也是这样，其实我在初中二年级的英文课本中，就读到《圣经》故事"约瑟夫出埃及记"了，当时觉得没有一点趣味，现在到了大学读外文系，还是一样不感兴趣，没有一点长进，大约是我与宗教无缘吧。只有英文日记，总算坚持三四个月，后来又是中文英文并用了。

预习大一英文课林语堂《生活的艺术》，很喜欢他英译的辛弃疾词：

少年不识愁滋味，

爱上层楼；

爱上层楼，

为赋新诗强说愁。

而今识尽愁滋味，

欲说还休；

欲说还休，

却道天凉好个秋。

In my young days, I had tasted only gladness,

But loved to mount the top floor.

But loved to mount the top floor,

To write a song pretending sadness.

And now I have tasted Sorrow's flavors, bitter and sour,

And can't find a word.

And can't find a word,

But merely say, "What a golden autumn hour!"

（补记）这是我到联大后读到的第一首英译诗词，我喜欢译文，因为林语堂把"不识愁滋味"用反译法说成"尝尽乐滋味"，避免了单调重复；而在译第二个"愁滋味"时加了"辛酸"二字，这个加词法就使"识尽"更深刻化了，而且"好个秋"译成"金秋时刻"，也比"好"字更加形象具体。使我觉得林译比鲁迅译的《死魂灵》更好。此外，词上下片的第一、四行都押了韵，而原词是二、三、四行押韵，虽然译文和原词不音似，却传达了原词的音美，这使我感到音美比音似更加重要。自然，林译也有美中不足之处。如原文"楼"字因在中文诗词中常用，可以引起非常美的联想；而林译使人联想到的却是没有美感的一层二层。所以我后来再译辛词的时候，就吸取林译的长处，避免他的短处，这样就站在前人的肩上，向前迈进一步了：

While young, I know no grief I could not bear;

I'd like to go upstair.

I'd like to go upstair,

To write new verses with a false despair.

I know what grief is now that I am old;

I would not have it told.

I would not have it told,

But only say I'm glad that autumn's cold.

2月6日 星期一（英文日记，后译中文）

我喜欢谈天，但不太会观察对方。如果谈得投机，那可以交流思想；如不投机，那不是争得脸红耳赤，就是浪费时间，所以谈天也要善于察言观色。

（补记）我不善于察言观色，所以不识时务；即使意见很对，也不能为人接受。例如关于翻译，鲁迅和林语堂其实是直译和意译的关系。有个直译者说："钟开始敲，我开始哭，两者同时。"我认为"两者同时"不是文学语言，没有文采。所以不如改成："钟声当当一响，不早不晚，我就呱呱坠地了。"直译者说："当当一响""呱呱坠地"，都是画蛇添足，并且一响再坠地，就是钟响在前，坠地在后，不能说是"不早不晚"，所以不能算是忠实的译文。我却认为"当当"和"呱呱"都是原文内容所有，形式所无的表达方式，应该说不是表层的忠实，而是深层的忠实。结果我说不服他，他也说不服我。其实他的译文已经出版，如果改动，就要影响他的名声，甚至减少他的收入，所以他坚决不让步。我坚持意译好，应该适可而止，留有退步，好让他下台。我老坚持，而且在国内外得到好评，所以别人就说我是抬高自己，打击别人。结果我的理论和实践都没有得到应有的承认。

2 月 7 日　　　　　　　　　　星期二（英文日记，后译中文）

晚上做生物实验，解剖细胞，我看的是显微镜下的细胞切片，实验报告却是照着书上依样画的葫芦。助教吴征镒（他是从长沙步行到昆明来的，后来成了中国科学院植物研究所所长）发现了，我却强辩说：显微镜下看到的就是这个样子。结果反而暴露了自己不老实，敷衍塞责。以后应该实事求是。

（补记）我对生物不感兴趣，却又不敢承认，这不是顾面子，而是怕自己不及格。我抄书想蒙混过关，低估了助教的眼力，表明了自己的估计能力太低。又暴露了我的自我中心，不会为别人着想的性格。其实吴征镒是我在联大见到的第三个超越全国水平的同代人：第一个是杨振宁，第二个是张燮，但是当时我没有识人的慧眼。杨振宁是第一个得到诺贝尔奖的中国人，但我看到的是他的英文考试成绩并不是高不可攀的，反而沾沾自喜。张燮的天分的确是高不可及，但我看到的却是他缺少拼搏的精神。这样看人多看缺点，看自己多看优点，使我对自己没有正确的认识。幸亏我还有自知不如人的地方，有见好处就学的虚心，这样才使我不断超越自己，成了今天的我。

2月8日　　　　　　　　　　星期三（英文日记，后译中文）

上英文课讲林语堂《人生的目的》时，叶先生要大家轮流念课文，同学念得慢了，就要受到批评。轮到我时，我却尽量念得快些。不料叶先生批评我说："你念得那么快干什么？你说什么是生活的目的？"我答不出，于是只好接受批评，承认失败。其实失败是成功之母，如果能从失败中吸取教训，以后就可能成功了。只怕错而不改，一错再错，那就不容易有成就。

2月9日　　　　　　　　　　星期四（英文日记，后译中文）

准备英文三课小考：第一课是兰姆的《论烤猪》，第二课是胡适的《乐观论者看中国》，第三课是林语堂的《人生的目的》。

（补记）第一次英文小考的内容包括毛姆的《忍辱负重的中国苦力》和赛珍珠的《荒凉的春天》，两课都是谈穷苦的中国工人和农民的。考试方法是在五十分钟之内听写五十个词汇、五个句子，回答五个问题，再写一篇作文。我的考试成绩是 85 分。这是我在中学时英文考试从来没有得到过的高分，最高的一次也只得 79 分，所以这次颇为高兴。但是一看杨振宁的考卷，成绩却是 95 分，比我整整高出 10 分，而且他是理科学生，我倒是读外文系的。但我不和他比，只和过去的自己比。回想高二时，我和第一名的差距不止 10 分，但是我背熟了三十篇短文之后，再考成绩立刻跃居第二，比第一名只低 3 分了。因此我想只要敢于超越，并不是不可能赶上杨振宁的。就是这样我慢慢地，偷偷地建立了自信心。

第二次小考的《论烤猪》是英国散文家兰姆的幽默文章，说中国原始社会的人为了要吃烤猪，不惜放火烧掉树林，把野猪活活烧死，好大吃烤肉。叶先生讲课时说这才是真正的幽默，同时贬低林语堂的文章。我在《论语半月刊》中读过林语堂的《谈幽默》，他认为幽默既不是滑稽，也不是荒唐，而是会心的微笑。我看《论烤猪》只是对原始人小题大做的讽刺而已，所以把烤猪的故事也小题大做，提高到论文的地步。但兰姆好像大人看见小孩跌跤而笑，并没有想到自己也是小孩长成的，对孩子并没有同情，也不会引起读者会心的微笑。到底是林语堂不懂幽默，还是叶先生不懂林语堂，还是文人相轻呢？叶先生是第一个把英国诗人艾略特介绍到中国来的学者，林语堂却说自己读不懂艾略特，只好让读得懂的人去读；钱钟书是他们的学生，却把艾略特译成爱利恶德，到底谁是谁非呢？检验真理的标准是实践。叶先生曾引用艾略特的话说："个人的才力有限，文化的力量无穷。"所以一个作家只凭才写作，如果没有文化传统，那成就不容易超群出众。这话说得很有道理，所以艾略特在写《荒原》的时候，引经据典，还用了各国文字，显示他的文化实力。但是他引用典故，用得多是并列方式，而中国诗人用典却多用化合方式，典故已经溶化在诗中，合而为一，分不清典和诗了。我觉得中西方用典的方式不同说明了对幽默的理解也各有千秋。至于高下问题，那就可以仁者见仁，智者见智了。

2月10日　　　　　　　　　星期五（英文日记，后译中文）

做《西洋通史》练习，画古代希腊罗马地图。

（补记）《西洋通史》讲课很有趣味，但画古代地图却很枯燥。后来中文系汪曾祺同学画了一张美丽的地图交上去，皮名举教授发还练习时写了批语说："足下作品艺术价值很高，学术价值全无。"我觉得皮先生真是幽默，也可以看出联大的师生关系。

2月11日　　　　　　　　　星期六（英文日记，后译中文）

周绪阳到昆明来上同济大学，同我去青年会打了一晚上乒乓球。

（补记）周绪阳是我认识得最早的小学同学。他的父亲和我的父亲同在江西抚州（今天的临川）第七中学工作，同时在七中任教的有游国恩（后为联大中文系教授、北京大学副校长），学生中有饶漱石（后为中共华东军区第一政委，陈毅为司令）。1928年他父亲任江西庐山脚下的星子县县长，要我父亲去做会计，我也随家前往，就认识了他和他妹妹绪昭。因为我会画英雄人物，他们都喜欢同我玩。有一次我因为香烟画片的事和同学打架，父亲气得打了我一顿，把我的香烟画片都烧了。绪昭知道后哭了。买了一些香烟画片送我，并且亲自送我回家。他们的母亲知道后笑着问我："你应该怎样称呼我呀？"我回答说是"周师母"，她说："不对，你该叫我做丈母娘。"不料后来绪阳却告诉我：绪昭已经不幸去世了。我就写了一首小诗：

那年我才八岁
挨了一顿痛打
痛在我身上，泪
从她眼里流下

夜里我们回家
萤火出没草丛
今夜萤光四洒
她已长眠墓中。

那首小诗的英文是：

At the age of eight years

Beaten, I gave no cries,

Though I felt pain, but tears

Streamed down from her dark eyes.

On our way back at night,

We tried to catch fireflies.

In their flickering light

Now underground she lies.

绪阳还告诉我他的德文老师叫冯承植，就是后来的联大教授冯至。打乒乓时我们和联大校队叶笃正交锋，他后来成了中国科学院副院长。

2月12日　　　　　　　星期日（英文日记，后译中文）

今天天气很好，功课都做完了，最好去游西山。但是起床晚了，西山路又太远，租自行车太贵。走过龙门书店，花三元钱买了一本《简明牛津辞典》，又花三元六角买了《西洋通史》，用的海斯和蒙编写的《世界史》英文插图本，读来像看小说一样有趣，就不去西山了。

（补记）每逢星期日总想出去玩，但西山离城有30多里，一般都坐船经滇池去。我一个人不能租船，就到武成路去租自行车。不料武成路自行车行只卖不租，如租要出高价，太划不来。刚好龙门书店在车行附近，专卖影印本的英文图书。进去一看，有不可不买的《英文牛津辞典》，还有一看就想买的图文并茂的《世界史》，记得流金告诉过我，二中高中就用过这本做外国历史教科书，可见文字不难，也可看出二中英文水平不低，于是我就买西文书代替游西山了。

读鲁迅译的法捷耶夫的《毁灭》。

上街去买东西，看见奶油蛋糕，既好看又好吃，但是价钱太贵，并且吃完之后，什么也没有了。于是买了一本巴金译的《春天里的秋天》，这是树椒介绍我读的，读了还可再读，比蛋糕味更长。

（补记）联大图书馆有两套《鲁迅全集》，一套放在农校大图书馆右手边的书架上；一套放在南院阅览室里。从北院宿舍去农校要走一刻钟，而去南院要近得多。我记得《毁灭》是在南院读的，译文和《死魂灵》一样生硬，但是人物写得生动，读后还记得内容的大概。巴金的译文比鲁迅流利多了，但是《春天里的秋天》讲的什么故事，我现在一点也不记得了。可见原文的内容还是比译文的形式更重要。读了鲁迅和巴金的译作之后，我觉得应该把他们的优点结合起来，这就是我后来要做的事。

王树椒是我在南昌二中的六年同学，他小学毕业会考全市第三名。第一名李纪和是我实验小学和二中的同学，第二名万兆凤是二中和联大的同学。王树椒和他并列第二，但考作文时，万用语体，王用文言，当时提倡白话，所以树椒就改成第三名了。他的文言诗词写得很好，在二中初三时曾和我同住一室。1937 年日本侵略军占领上海，南昌二中奉命解散，我们在分别时，他在我的纪念册上写道："太阳下了山，然而太阳有回到中天的时候，愿我们能再相逢在青天白日下。"别后我给他写了封英文信，说我爬上虞南的高山，遥望北方的故乡，但无论我爬得多高，望得多远，也看不见老同学的面容，听不见老同学的声音了。后来我们在永泰重逢。二中毕业后，他考入浙江大学历史系，是第一名。他把诗文寄来联大，请吴宓教授提意见，《吴宓日记》上曾有好评。他对联大陈寅恪教授提出过质疑，论文是《府兵制溯源兼质陈寅恪先生》，联大史地系熊德基（后为社会科学院历史研究所副所长）说他是"文史奇才"。我们也讨论过辛弃疾词《丑奴儿》的英译，他认为我给他英文信中说的"登高望不见"，是受了辛词"爱上层楼"的影响。其实那时我还没有读到林语堂的辛词英译呢，只能说是人同此心，心同此理了。树椒曾经昆明去大理民族文化书院做研究工作，写了《论曹孟德》的论文，别有见地。后来他去四川，不幸二十几岁就去世了。

2月14日   星期二（英文日记，后译中文）

英文作文练习写段；西洋通史课发还地图，评为 B 等。

读巴金译《春天里的秋天》，译文流利，但是不能进行还原翻译。不如巴金写的《新生》和朱光潜的《给青年的十二封信》，更容易翻译成英文，可惜这两本书都留在赣州洵兄处，没有带来昆明。

（补记）上张佛泉教授《政治学概论》时，他有时讲中文，有时讲英语。我记笔记全用英文，得到好评，我以后就听中文时用英文记，提高自己中译英的能力。一想不但听讲可以练习翻译，看书不也可以试译吗？但是笔语到底高于口语，翻译更难，不过书信接近口语，又比较容易翻译了。这篇日记说明了我培养翻译兴趣的过程。

读鲁迅《集外集》。逻辑考试得 80 分。翻译巴金《新生》序言一页。

（补记）巴金的《新生》我只记得一句引自《圣经》的话：一粒麦子活着只是一粒麦子，死了却可以生出许多麦子来。这是鼓励人们为了新生可以做出牺牲的名言。巴金的小说多谈恋爱与革命。什么是革命呢？在他的名著《家》中，革命的对象是封建家庭，这好理解。但《新生》中革命的对象就不那么容易捉摸了。这就说明了我当时的思想水平。

大一国文课选讲《荀子》。其实在二中高一时，汪国镇老师已经给我们讲过《荀子·劝学篇》，讲得清楚明白，印象深刻，至今不忘。但汪老师却因为不愿离开沦陷的故乡，已被日本侵略军杀害；但他怒责日本侵略军的高大形象，将永远活在学生们的心上。大一国文课外读物选了六本，从《鲁迅选集》到梁宗岱的《诗与真》，我去买了一本《鲁迅选集》。

（补记）汪老师讲的《荀子》给我留下了三个印象：第一是孟子主张"人之初，性本善"；荀子却主张性恶，并且说："其善者，伪也。"；"伪"并不是"虚伪"，而是"人为"的意思，这就是说，人生下来，先天的性格并无所谓善或恶，是后天的教育和学习，使人分得清善恶的。第二是孔子主张"知天命"，也就是听天由命；荀子却主张"从天而颂之，孰与制天命而用之？"这就是人定胜天的思想。第三是荀子说的"玉不琢，不成器"，这是荀子的教育思想，和后来朱光潜的艺术思想有相通的地方。朱先生在《论文学》中说："艺术原义为'人为'，自然是不假人为的。满山都是大理石不能保障那座山有雕刻。自然须通过作者的心灵，在里面经过一番意匠经营，才变成艺术。艺术之所以为艺术，全在自然之上加上这一番'人为'。"我觉得朱先生的艺术思想和荀子的教育思想一脉相承，对我的文学翻译思想很有启发。我认为翻译的原文就像没有雕琢的玉，译文应该是经过译者的心灵经营，加上了"人为"的艺术。

至于梁宗岱的《诗与真》，书名是受了歌德的自传《诗与真》的启示，不过歌德原来是指回忆中的诗（幻想）与真（真实）不可分割的糅合，梁宗岱却在他的书中说："真是诗的唯一深固的始基；诗是真的最高与最终的实现。"这就是说，诗的开始的根深蒂固的基础是真实，但真实的最高与最终的表现却是诗美。换句话说，诗的基础是真，最终的表现却是美。真主要讲内容，美却主要讲形式。有人把形式看作是镣铐，梁宗岱说："镣铐也是一件好事，尤其是你自己情愿戴上，只要你能在镣铐内自由活动。"这和闻一多说的"戴着镣铐跳舞，能跳得好才是真好"几乎是一致的。梁宗岱的理论和实践得到法国诗人瓦雷里的高度评价，他翻译的《陶潜诗选》由瓦雷里为他写序言，罗曼·罗兰读后说是一本杰作，读来令人神往。两位法国大作家对他做出如此高的评价，那他的译文一定是既真又美的了，我读了他译的陶潜《饮酒》之五。发现译文忠实原著（真），至于美呢，似乎还可以再上一层楼。例如前两句"结庐在人境，而无车马喧"，住在热闹的地方怎么会没有车马的喧哗呢？是"心远地自偏"的诗人听不见罢了。梁译却说真的没有车马经过，那就既不真也不美了。

2月17日　　　　　　　　　星期五（英文日记，后译中文）

　　"枯树在冷风里摇，野火在暮色中烧。啊！西天还有些儿残霞。教我如何不想他？"站在翠湖东口的堤边，唱着赵元任写的《相思曲》，沉浸在往事的回忆中，一直等到黑暗笼罩了暮色苍茫的四野，才慢步走回北院宿舍去。

　　（补记）1938年2月18日是我在中学时代最难忘的一天，因为日本侵略军1937年12月13日占领了南京，进行了疯狂的大屠杀。南昌二中被迫解散，同学们六年来朝夕相处，一旦分别，自然会依依不舍。幸亏两个月后，二中又在赣江之滨的永泰小镇恢复上课。同学们小别之后，又在异地重逢，此情此景，是没有经历过生离死别的人很难想象的。友谊也像健康，失去了才觉得更加可贵。无怪乎屈原要说："悲莫悲兮生别离；乐莫乐兮新相知。"而旧相知重逢，其乐不在新相知之下。我怎能忘记：在三湖横渡赣江到永泰的小船上，我戴着一顶土耳其式的圆帽，围着一条黑白格子的围巾，站在船头，唱着赵元任这首暮色歌，而在对岸的永泰堤岸上，前一天到达的燮昌跑来迎接我们，匡南紧紧跟在后面，穿着他那件漂亮的人字呢大衣。在我看来，这就是中学友情的永恒象征。

　　旧历新年除夕，在九姑妈家吃晚饭，饭后陪张燮的奶妈打牌守岁。

　　（补记）这是我第一次离家在外过旧历的新年。九姑父是昆明西南运输处总工程师，家里来往的亲戚朋友很多，但是张燮才华超群出众，和一般人没有什么共同语言，所以显得落落寡合，来了亲戚朋友或者同学，又不得不应酬应酬，于是就同他们去附近的青年会打乒乓球。其实他对乒乓并没什么兴趣，打得也不来劲，玩得并不开心，却浪费了他宝贵的时间。我们觉得过意不去，但又不知如何是好。在青年会碰到联大乒乓校队叶笃正，他后来成了国际知名的气象学家，打乒乓球却很认真，善于远攻拉弧线球，曾在青年会的乒乓赛中得到冠军。我和他交过手，也赢过他几次，但是胜少败多，不是他的对手。但和张燮打时，我却不记得他赢过我。

　　今天是旧历新年初一，在九姑妈家过了年，回到宿舍写了两封信：一封给浙江大学历史系王树椒，谈辛弃疾词"少年不识愁滋味"的问题；一封给武汉大学机械系阳含和，对他父亲的去世表示哀悼和慰问。

　　（补记）阳含和的父亲是江西公路处副处长，而九姑父曾是总工程师。三姑父曾是江西农业专科学校校长，而含和父亲曾在农专任教，因此我们两家可算世交。阳含和有八兄弟，他是老六，他从高中一年级起和我同班，给我印象最深的是：他的数学小考得了100分，但他并不特别用功，在西山受军训时，常因不守纪律而罚站，叫两腿半分弯。在高二时，我们看了美国女歌星珍妮·麦唐纳主演的《凤凰于飞》，我一点也不喜欢，但含和教我们唱影片中的情歌，我们把爱情理解为友情，居然有了兴趣。到永泰高三后，我们同住在邮政代办所隔壁，同在民生饭店包饭，一同学习一同生活。下年到赣江去游泳，回来时含和教我们唱英文歌，晚饭后他又教我们打桥牌，而这都是他在大学读书的哥哥教给他的，所以我们在高三就提前过上了大学生的生活。

2月21日　　　　　　　　　　　星期二（英文日记，后译中文）

英文作文换了老师，原来是刚毕业的助教叶桱，新来的是北师大的毕业生张振先，张老师要求我们写简单明白的英文，不要注重修辞文采，这和中学时余老师教我们的恰恰相反，我在课堂上用英语提出了不同的意见，张老师用英语解释，但说不出什么新道理，到底谁是谁非呢？

（补记）检验真理的标准是实践。我根据余老师的要求背熟了三十篇有文采的英文短文，又从阳含和这里学会了音韵好听的英文歌，再把联大教授的名言妙语译成英文，这是我学英文的三部曲。如果改写简单明白的英文，能不能取得今天的成绩呢？

2月22日 　　　　　　　　　　星期三（英文日记，后译中文）

　　晚上回忆永泰往事，直到一点钟才入睡。毕业前一个学期的所作所为，历历如在目前，自己觉得记忆力的确高人一等。

　　（补记）我在中学六年，成绩一直中等；入联大两个月，表现也远不如杨振宁和张燮。只有这一点记忆力，还可以稍微安慰自己。这是自满，还是自信的开始呢？

2月23日 　　　　　　　　　　星期四（英文日记，后译中文）

　　得二中老同学涂茀生信，告我符达已和一女中同学倪凤贞订婚，高兴得浮想联翩，连明天的生物考试都无心准备了。

　　（补记）符达家庭清寒，是姐姐带大的，在校时和阳舍和关系最亲密，几乎形影不离。他和倪凤贞同在新淦小学教书，互相爱慕，同在一个办公室里，但不敢多交谈。怕老师说闲话，怕同学看热闹，只好每天通信一封。现在居然突破包围，宣布订婚，怎不教人为千里外的老同学高兴啊！

2月24日 　　　　　　　　　　星期五（英文日记，后译中文）

　　头痛。晚上去翠湖散步，不想走原路回宿舍，却想发现条新路。

月色朦胧，树影迷离，考虑几分钟后，决定走上湖心一条荒无人迹的小径。又怕枯叶下面有蛇，于是捡起一根枯枝当作手杖，快步探路前进。当我跨过一条小溪，进入荒芜的桃源之后，真有探险家找到了乐园之感。

2月25日　　　　　　　　星期六（英文日记，后译中文）

得到赣州洵兄来信，说是深弟在二职生了病，已回赣州。将去虔南父亲处住。又得燮昌来信，告我符达已在新淦订婚，并说茀生将在泰和结婚。听到这两个好消息，真恨不得立刻飞回江西，去参加他们两人的喜筵。但是远在千里之外的昆明，我只好一个人去武成路会仙居，会了一次酒仙。

（补记）茀生是我小学和中学的同班同学，在小学时就教过我唐诗《枫桥夜泊》，高三在永泰河滨散步时，又和我谈过人生的目的不是享乐而是工作，对我影响很大。

2月27日　　　　　　　　星期一（英文日记，后译中文）

上政治学概论课时，浦薛风和张佛泉教授都说英国议会制好。从保守的观点来看，也许如此；但从进步的观点来看呢？也许结论就不同了。

（补记）这是我来联大两个月后的政治意见，可能是受了鲁迅、巴金等小说的影响。对共产党，我那时并不了解。只是来联大前，在虔南读到本润兄寄来的毛泽东《论持久战》，书中有一张毛泽东在延安的照片，他身穿朴素的棉军服，站在朴素的窑洞门口。我一见大为惊讶：国民党为什么要用几十万大军来对付这样的人呢！？

2月28日　　　　　　　　　　　　　星期二（英文日记，后译中文）

体育考试跑八百米。我按照二中的跑法，前六百米只跑第二，最后二百米再超越前人，取得第一，成绩是二分十五秒。上午最后一节是国文课，陈梦家先生讲《论语·言志篇》，讲到"浴乎沂，风乎舞雩，咏而归"，他穿的长衫飘飘欲仙，仿佛真要随风起舞似的，使我想起了郑板桥的形象。

（补记）到联大来两个月了，最后一天似乎总结了两个月来的学习情况。我几乎是甘居中流，紧跟冠军，等待时机，赶上别人。而学习时我留恋的，似乎是永泰时的"浴乎赣江，风乎堤上，歌唱而归"。我在高二时背诵的三十篇英文短文章，高三时歌唱的几十首英文名曲，大一时听到名师讲解的惊人妙语就译成英文，这是我最初提高英文读、说、译能力的三部曲。

· 一九三九年三月 ·

3 月 5 日   星期日（英文日记，后译中文）

　　今天是元宵节，一个人去看了秀兰·邓波儿主演的电影《过去与现在》，在一个小咖啡店吃了牛奶鸡蛋，冷冷清清地度过了一个应该全家欢聚的元宵夜。

3 月 7 日   星期二（英文日记，后译中文）

　　在北院西边的二楼教室里准备生物考试。教室里堆满了桌椅，一个人也没有，正好温习功课。但是生物讲些什么蛋白质和脂肪，温习起来没有兴趣，于是就开始浮想联翩了。晚上到食堂去继续复习，看见厨子正洗碗抹桌，天天如此，年年如此，自己能够读书温课，已经是天上人间了。

（补记）北院西边的二层楼后来成了清华大学研究院，杨振宁和黄昆做研究生时，都曾在这里学习和生活。真如刘禹锡在《陋室铭》中所说："山不在高，有仙则名；水不在深，有龙则灵。"北院西楼的小教室里住过杨振宁和黄昆这样的国际大师，楼中的仙气和灵气自然是小楼关不住的了。

据清华研究生何兆武在《上学记》中说："黄昆问杨振宁：'爱因斯坦最近发表了一篇文章，读了没有？'杨振宁说是读过了，看不出有什么新意。"爱因斯坦是当时国际上的学术权威，清华研究生居然不看在眼里，这就是联大成为国际一流大学的一个先兆。

我在楼上准备生物考试，成绩平平，后来却把生命科学中的优质基因的克隆问题，应用到中西文学互译的理论上来，提出了优化的创译论，使中国文学翻译理论走上了世界译坛的前列，这也是联大文学院取得世界一流成绩的一个例子吧。

3月8日至15日

上学期的考试周：8日星期三考生物。9日星期四考国文和英文，记得考场不在原来的教室，叶公超先生来监考，他不留在考场，老是走进走出。考题要求写篇英文摘要，但是不能写成 outline。我不知道 summary 和 outline 的分别，当堂提出问题，叶先生没有拒绝回答，告诉我们摘要不能分行，而要写成一段文章。考试规定时间是两小时，杨振宁只用了一小时就交卷，我却因为摘要字斟句酌，足足花了两个小时。

第一次领贷金，每月七元。记得公布贷金名单时。我在外文系没找到我的名字，姓许的学生只有一个许国璋，不免大失所望。后来才知道一年级新生还没有入系，应该在新生领贷金的名单中找我的名字，这才放下心来。3 月 11 日考逻辑，13 日考政治学，14 日考西洋通史。上学期考完了，下午同北院 22 室六个同学廖山涛、周庸规、邓汉英、周基坤、张迪懋、刘伟去大观园拍照，后去共和春聚餐。这是我来联大两个半月第一次参加集体活动。

公布英文考试成绩了，我得 79 分，是全组的第二名；第一名是杨振宁，得 80 分。我又有点沾沾自喜了。因为我离开江西时，有一个江西作家来看我，他说江西教育落后，连一个大学都没有，到外地去读大学，英文成绩定不如人。我居然考了全组第二，而且比第一名只少一分，所以有点得意，可见我很容易自我陶醉。我不想想我是外文系的学生，而杨振宁是物理系，他只用了一小时，考试成绩还比我两小时更好，这实际差距就不止一分了。而从各组英文成绩看来，甲组第一名张苏生（也是江西考区第一名）得 90 分，乙组第一名张燮得 82 分，我的差距就更大了。但我有报喜不报忧的心理，不去和分数高的文理学院同学比，却看到 22 室六个同学，包括后来成为第三世界科学院士的廖山涛，没有一个英文比我强的。这既暴露了我的分数观点和阿 Q 精神，却也使我孕育了不切合实际的超越别人的思想。说来奇怪，我在高中二年级时，英文成绩一般，后来背熟了三十篇短文，成绩居然跃居全班第二；于是我就产生幻想：现在英文成绩全组第二，如果再加点劲，不也可能超越得 90 分的第一名吗？这就是我大一英文考试后的思想活动。

3 月 16 日　　　　　　　　　　　　　　　　　　　　　　　　**星期四**

考试完了，成绩陆续公布，生物学 64 分，及格就算不错。明天参加美国教会"三一圣堂"组织的西山之游，下午上街去买了一卷柯达软片，准备去西山照相。我想要拍一张独立船头，面对仰卧昆明湖上有如睡美人一般的西山，横渡满湖碧玉似的绿水，春水共长天一色的照片，来弥补去年 2 月 18 日横渡赣江没有留影的遗憾。回来时在青年会打乒乓球，单打时居然打败了青年会冠军林润堂。他和叶笃正的打法不同，叶是远台抽杀，林是近台快攻，左右开弓，得心应手。我总把球推到他的正面，使他不能左右逢源，居然找到了他的弱点，使他的优势不能充分发挥。这可能是以弱对强，取得胜利的好方法。

3 月 17 日　　　　　　　　　　　　　　　　　　　　　　　　**星期五**

早上同吴琼、邓汉英、周基坤、刘伟等联大同学参加美国教会组织的西山三日游。我们在篆塘上船，从大观河进入草海。在船上，美国神甫康登托教我们唱英文圣歌，现将我记得的英文歌词和中译歌曲抄录如下：

Lay up treasure in Heaven!

Life will pass away.

Lay up treasure,

In abundant measure.

For the great accounting Day!

Lay up treasure in Heaven!

Though men count you poor,

You shall be with the Son of God forever more!

把珍宝献给上天！

生命如过眼云烟。

到了清算的时候，

宝藏就天高地厚。

把珍宝献给上天！

在人间你没有钱。

你和上帝的儿子

在一起，永远不死！

这首圣歌的意义是什么？珍宝说的是一个人最宝贵的东西，既可以是物质方面的，也可以是精神方面的。物质方面的可以指财富，从下面的"你没有钱"可以看出；精神方面的可以指生命、思想、信仰等等。更重要的是"上天"二字，上天指什么？从下面的"上帝的儿子"可以看出，上天指的是上帝，而上帝的儿子指的是耶稣。耶稣为什么可以永远不死？因为他为人类赎罪，被钉死在十字架上，为人类而牺牲了自己的生命。这就是为人付出了最宝贵的东西，为人类做了好事，所以可以永生，永远不死。把自己最宝贵的东西献给上天，就是要牺牲自己，为人类赎罪，为人做好事，放弃今生，争取永生。为人类赎什么罪呢？据《圣经·旧约》上说，上帝禁止人类的祖先吃乐园里的智慧之果，亚当受了蛇的引诱，吃了禁果，有了智慧，这就犯下了"原罪"，就是生而有之的罪。为了赎罪，人类就应该用偷来的智慧尽量做好事，把最宝贵的智慧献给上帝，这样就可以得到宽恕，得到永生。这是我所理解的圣歌。

我这样理解这一首圣歌，是站在教徒的立场上想的。但我并不信仰宗教，也不信上帝。那么，我怎样理解上天呢？我理解的天就是孔子在《论语》中说的："四时行焉，百物生焉。天何言哉？""四时行焉，百物生焉"都是天道，所以我理解的天就是天道，就是自然之道。冯友兰解释礼乐之道时说："礼模仿自然外在的秩序，乐模仿自然内在的和谐。"所以在我看来，礼乐之道就是模仿天道。"大道之行也，天下为公。选贤与能，讲信修睦"，也是模仿天道。老子说："道可道，非常道。"第一个道指天道，第二个道是知道的意思，第三个道就指礼乐之道。全句是说：天道是可以知道的，但不一定限于孔子说的大道或礼乐之道。我所理解的天就是孔子加老子的天道。

至于圣歌中说的"珍宝献给上天"的问题，我理解为"天人合一"，也就是说，一个人如果按照自然的外在秩序，尽自己最大的努力去做好事，实现人与自然的和谐发展，实现人与人之间的和谐发展，那就是顺应天道，天人合一。至于圣歌中说的"清算的时候"，可能是指世界的末日，上帝对人要进行最后的审判。信上帝而又做好事的人可以进天堂，不信上帝而又做坏事的人应该下地狱。对于我这样不信教的人来说，就是"善有善报，恶有恶报，若说不报，时间未到"，天网恢恢，疏而不漏的意思。至于"上帝的儿子"就是圣子，"圣父，圣子，圣灵三位一体"的宗教观念，我一点也不懂，只能理解为牺牲小我，顾全大局的好人好事。至于"赎罪"，我更不能理解。为什么禁止吃智慧之果，那不是要人类永远愚昧无知吗？反对愚昧无知有什么罪？提倡智慧应该是第一大功啊！不过后来想到孔子说过："民可使由之，不可使知之。"不也是说老百姓不可以有智慧，只应该盲目服从领导吗？这样看来，东方的圣人孔子和西方的上帝一样，都禁止人民吃智慧之果。这样一想，就中西贯通了。所以我唱的是圣歌，心里想到的却是人间的现实。加上唱圣歌的并不只是西南联大的几十个男同学，还有岭南大学的几十个女同学。这样男女合唱，此起彼伏，有如《诗经》中的"关关雎鸠，在河之洲"，不过我们是男女同游，在河之舟罢了。因此音乐引起了美感，美感带来了乐趣。"乐"模仿自然内在的和谐，流露了自然的感情；"礼"模仿自然外在的秩序，表现的是自然的理智或智慧。至于宗教信仰不是理智，所以上帝禁止人吃智慧之果；宗教信仰更是情感的事，所以需要音乐，因为乐是最重要的感情。

其实，孔子的哲学可以说是"乐"的哲学。因为《论语》一开始就说："学而时习之，不亦说乎！有朋自远方来，不亦乐乎！"可见无论是精神上的学习也好，生活上的朋友交往也好，重要的都是愉悦和快乐。孔子还说过："知之者不如好之者，好之者不如乐之者。"所以孔子思想的精华可以说是一个"乐"字，就是"乐的哲学"。而西方基督教的苦行赎罪，重点却是"苦"字或"罪"字，也就是"苦的哲学"或"赎罪哲学"。圣歌中要人把宝藏在天上，因为宗教把人间看成苦海。而孔子在《论语·雍也》中称赞颜回说："贤哉回也！一箪食，一瓢饮，在陋巷，人不堪其忧，回也不改其乐。"可见"乐的哲学"甚至赞美苦中作乐。这是中西哲学的一大不同。这次西山之游，我们口里唱的是赎罪的圣歌，其实既没有罪感，也没有苦感，感到的只是乐，这也是中西哲学的结合，化苦为乐的哲学吧。

中午船到西山脚下，男女同学下船上岸。我和邓汉英、周基坤、刘伟三个挚友同住在半山腰的海宁寺。午餐之后，我们四个人直奔西山的奇景龙门峭壁。从远处看来，龙门高耸千丈悬崖之上，下临一片汪洋的五百里滇池，地势险峻，气象雄伟。但是如果想拍这个远景，要在船上或到隔水的海埂去；现在到了龙门，反而只能拍近景了。正如拿破仑在仆人眼里并不是一个高大的英雄，我们拍摄的龙门也就看不出异峰突起，只有我们四个人像四根柱子站在龙门之前，树荫之下。我站得离湖水最近，在悬崖边上，穿了一身法兰绒的学生装，眼睛微微露出不到龙门非好汉的喜悦，嘴巴稍稍张开，仿佛在说：我总算可以跃龙门了。

（补记）果然，这是我们四个人同跃龙门的纪念照：邓汉英跃龙门后成了南开大学数学系主任，周基坤成了南开外文系的教授，刘伟则成了云南省交通厅的总工程师，都可以算是跃过龙门吧。那时我还不满十八岁，现在我们都是八十多岁了。

晚餐后我感到不舒服，又流鼻涕又流眼泪，可能是在船上吹了风感冒了，于是散步后立刻打开了地铺，很早就睡觉了。

3月18日   星期六

清晨天还不亮，就听见有同学要上山看日出。我感冒得起不了床，只好辜负这日出的美景了。中午在华亭寺露天吃午餐，青年会的林立干事安排：每桌五个男同学，三个女同学，仿佛人在和园中花比美，秀色真可餐了。康登托夫妇安排大家唱圣歌，先由女同学合唱一句，再由男同学接着唱一句，男声女声此起彼伏，有如潺潺流水，听来分外悦耳。美国牧师待人和蔼可亲，使人想起耶稣舍己为人的精神，已经在起潜移默化的作用。可惜我感冒还没有好，下午和晚上只好在梦中度过了。

3月19日 星期日

今天康登托牧师和林立总干事组织大家去打猎，但猎物并不是野鸡野兔，而是蜜橘、鸡蛋、花生等等。猎物藏在小树林中，找到蜜橘的人就会交上甜蜜的好运，找到鸡蛋的人就会得到圆满的结果，找到花生的人却会梦笔生花。美国人真年轻、外向、活跃；中国学生却显得少年老成，含蓄内敛。从这西山三日游也可看出中美青年的异同。中国大学生需要吸收美国人的优点，生活情趣可能会更丰富。

3月20日 星期一

早晨坐船回昆明城，同吴琼在沙滩上照了一张相，但碧波万顷的滇池和金波荡漾的赣江已经相距千里了。开船后康登托跳下水去游泳，滇池的碧波使我想起了赣江的清流，人又沉浸到回忆中去了。回想永泰游泳之后在民生饭馆三楼自由自在，无拘无束地吃上一餐，就不愿去北院食堂按时就餐，于是在大西门外一家小饭馆花十二元包了一个月伙食。但是能不能旧梦重温呢？

上学期的考试成绩公布了，生物 64 分，逻辑 70 分，政治 60 分，西洋通史 72 分，国文 67 分，英文 79 分。除了英文全组第二以外，其余成绩都不足称道。但是分数不能看得太重。

（补记）如果分数不能表示学习成绩，那就应该重成绩轻分数。例如国文，我在中学成绩不错，分数也高；到了大学，怎么分数反而低了？是我退步了吗？还是要求提高了？更妙的是，留学考试，我的国文居然没有及格；留学回国，我出版的译文却又胜过了前人。到底是我的国文水平降低了，后来又提高了？还是评分的人仁者见仁，智者见智呢？

得匡南自成都来信，告我金陵大学情况。他对金大教学水平不够满意，打算转学来昆明上联大。于是我就回信把联大的教授宣扬了一下。文学院我宣扬的是潘家洵教授，他翻译了易卜生的戏剧，上课时教室内外都挤满了人，因为他能用中文说出英文的妙处。理学院我宣扬了吴有训教授，他做的物理实验帮他的美国导师康普顿在 1927 年得到了诺贝尔奖，他讲物理胜过了《大学物理》的作者萨本栋。我希望匡南能转来联大，我们又可以在昆明湖畔重温赣江之滨的旧梦，在西山峭壁之上同跃龙门了。

3 月 24 日   星期五

今天下午万兆凤忽然从江西来到昆明，上联大外文系。他是江西全省出名的才子。1932 年南昌第一次举行全市小学毕业会考，他是全市第二名，保送入南昌第一中学；1935 年全省初中毕业会考，他又是全省第四名，保送进了南昌第二中学，和我同班，但不同组。1938 年全省高中毕业生会考，他的总成绩超过 80 分，又被保送升入联大。从中学的分数看来，他的成绩比我高出太多，我以为入大学后，他恐怕会远远把我抛在后面。后来结果并非如此。这是什么缘故呢？现在回想一下，我们虽然同班，但是年龄并不相同，他比我大五岁。其次，他在中学功课全面都好，但英文并不比我更强，到了联大外文系，英文水平起的作用就要大得多了。中学时代，我的分数观点严重；到联大后，总算开始会分析成绩了。

3 月 26 日   星期日

晚上同吴琼、万兆凤去看一部非洲探险的电影，最惊险的场面是狮子斗老虎，老虎斗鳄鱼。看到十二点钟才回北院，大门已经关了，怎么也敲不开，只好越墙进来，就这样度过了上学期的寒假。

南昌被日本侵略军占领了。故乡沦陷之前，我并不感觉到多少留恋。沦陷之后，却觉得意义不大的往事，都具有不可忘怀的深情厚谊了。在大西门遇见叶公超先生，他也是江西出生的，但故园已在敌骑蹂躏下了。

洵兄自赣州寄来英文本歌德的《少年维特之烦恼》和林语堂的《小评论》。前一本使我想起了在永泰河滨读《维特》之乐和秋水共长天一色之美；后一本却使我回忆起买林语堂《大荒集》之夜，正是日本飞机狂轰滥炸南昌车站之时，那夜我带着书藏在书桌底下，仿佛书桌能保护我的生命和我爱读的书似的。现在书虽寄来昆明，但那书桌却在故乡代人受苦受难了。

（补记）大一上学期结束了。一个学期有多少收获呢？先说国文，大一国文居然有两课是初中三年级念过的：一课是《论语·言志篇》，一课是李清照的《金石录后序》，两课都是周慎予老师讲过的。回忆起来，周老师讲课认真细致，每个字都解释得清清楚楚。但是说也奇怪，对我而言，虽然字句似乎都理解了，但全篇的中心思想是什么？孔子对四个学生的态度是褒是贬？当时有点稀里糊涂，可见我学习是见树不见林的。

现在看来，子路的志向是使民"有勇"，要做的是军事工作；冉有的志向是"足民"，要做的是经济工作；公西华的志向是做礼宾"小相"，要做的是外交工作；而曾皙说的"浴乎沂，风乎舞雩，咏而归"，似乎不能算是文化工作，只能说是享受人生的乐趣。如果要用一个字来概括每个人的志向，大约可用"军""经""礼""乐"四个字。而孔子教学生的主要是"礼乐"之道，"礼"是外在的"乐"，"乐"是内在的"礼"。"乐感"是孔子思想的核心，曾皙的话说到孔子心上去了，所以孔子才说"吾与点也"，你我心心相印。为什么说"乐感"是孔子思想的核心呢？《论语》开章明义就说："学而时习之，不亦说乎？有朋自远方来，不亦乐乎？"说（悦）就是乐，可见孔子认为学习交游，都是为了得到乐趣。《论语》中又说："知之者不如好之者，好之者不如乐之者。"学习是知之，交游是好之，两者都不如乐之，可见乐感在孔子思想中的重要性。而曾皙喜欢春游，享受生命之乐；沂水东流，水是生命的源泉；浴乎沂，就是人的生命和大自然融合为一；浴风高歌，是人的声音和春天的呼吸融合为一，这就体现了天人合一之乐。

回想起来，这些想法并不是到联大之后，讲《论语·言志篇》的陈梦家教授告诉我们的，但陈先生讲课时长袖飘扬，颇有曾皙浴风之感，使人得到的是形象之美，更增加了思维之乐。联大同学多是当世精英，见多识广，常有妙悟。如有个中文系的同学问我：孔子学生有七十二贤人，有几个结了婚？我不知道，他就开玩笑说："《言志篇》中说了，'冠者五六人，童子六七人'。五六得三十，六七四十二。三十个结了婚。四十二个没有，加起来正好七十二。《论语》中说得清清楚楚，你怎么看不出来？"这虽然是一个玩笑，可能林语堂在《论语半月刊》中讲过，但玩笑也能增添读书的乐趣。除了联大师生的启发，更重要的可能是自己生活的体验。一读到"浴乎沂"，我就会想到永泰的赣江之滨，我们五六个青春焕发的中学生，让西下的夕阳吻红了我们的肌肤，让清风碧波洗净了长夏的炎热，再唱着英文歌曲回来，梦想着不知多么美好的前途，这时，就会觉得赣江之夏胜过沂水之春了。

以上谈的是《论语·言志篇》。至于《金石录后序》，联大讲课的是浦江清教授。浦先生是词曲专家，但讲李清照夫妇读书之乐，也不容易讲出与众不同的妙趣。但他讲到李清照《武陵春》"只恐双溪蚱蜢舟，载不住许多愁"时。联系到《西厢记》中的"量这些大小车儿如何载得起？"倒是讲出了词和曲的不同，词对曲的影响。我的作文分在乙组，教授也是浦先生。中学时写文言，到了大学反而写白话，作文怎么也讲不出什么惊人的妙语。我写了一篇《翠湖》，得到浦先生赞美的只有一句：大家要把翠湖的通幽曲径和羊肠小道都铺成又平又直的大路，正如人们要使天才和蠢材都化为庸才一样。国文的课外读物有《鲁迅选集》和梁宗岱的《诗与真》等六本。对于读了鲁迅全集的人来说，要求未免太低，鲁迅的文字也老化了，梁宗岱的文字却有点洋化，对外国诗人的评价，与其说真，我看不如说美。

大一英文课从叶公超先生那里得到的警告是：不要只重形式而忘了内容。但我后来却发现美化的形式可能使内容优化。从杨振宁同学那里得到的启发却是：要注意异常现象，发现异常往往是导致超越的先声。逻辑课使我认识了一个与众不同的同学殷福生，他后来在台湾教出了智慧党的建党人李敖。西洋通史课对我影响较多，主要是为中西文化比较打下了基础。总之，大一上学期主要是靠自学。

3月31日　　　　　　　　　　星期五（英文日记，后译中文）

大一下学期开始了。今天初次上钱钟书先生的B组大一英文课，钱先生是一位著名的教授。他面带笑容，态度谦虚，讲话很有趣味，英语说得很好，听起来仿佛是一个英国人。我很高兴能有一位这样好的老师。

政治学改由张佛泉教授主讲，他也讲得比上学期的浦薛风教授更有条理，和我们讨论政治问题，先讨论一个，谈完了再换个题目，这是一种很好的教学方法。

（补记）这是我第一次上钱先生课的实录。现在看来，当时的观察力非常肤浅，表达力也一般。回忆起来，钱先生给我的最初印象是太年轻了，只比我大十岁，还不到我中学英文老师的年龄呢。他穿一身浅咖啡色的西服，黑色皮鞋，戴一副宽边的玳瑁眼镜，显示了他才华的广度和学识的深度。他快步走上讲台，两手放在讲台两侧，右腿直立，左腿略弯，足尖点地，这个形象已经显示了他独立不羁的英姿：两手支撑讲坛，说明左右开弓，中西文化无不在其掌握之中；足尖点地，大有一览众山小之气概。他面带笑容，但这并不是表示谦虚谨慎，而是看遍天下，已知天高地厚，觉得不过如此，于是露出了"万水千山只等闲，三军过后尽开颜"的风度了。钱先生教的是 B 组，第一次上课先讲标准英语和美国英语的异同。记得他举的例子是 answer 和 command，美国音接近中文的"恩说"和"康曼德"，伦敦音却接近"昂说"和"康茫德"（中文是我注的）。但我听惯了美国音，反而觉得英国音做作、别扭，不如美国音自然、好听。可见标准往往是因人而异的。钱先生讲的第一课是《一对啄木鸟》，原文是一篇比较枯燥的科学作品，钱先生却绘声绘色，讲成了一篇有趣的文学小品。他分析字义也很精辟扼要，如讲 leaves 和 foliage 的分别，他说前者是指一片一片的树叶，后者是指整体。真是一语中的、以少胜多。

教 A 组的是清华外文系主任陈福田教授，教 C 组的是北大教授潘家洵先生。陈先生是美国华侨，说一口流利的美国英语，说得比美国教授还更快，所以当时联大师生听惯了的是美国音，对钱先生的标准伦敦英语反而觉得陌生。潘先生是易卜生戏剧的译者，我在中学时已闻其名，到联大后在窗外听他用中文解释英语，如把 Bridge（桥牌）译成"不立志"，音义两通，令人叫绝，在联大最受学生欢迎。而钱先生上课从不讲汉语，但他的英文妙语惊人。我来联大，可以学陈先生的日常用语，钱先生的高级英文，潘先生的翻译技巧，真是兼容并包，各取其长了。陈先生班上主要是外文系的学生，钱先生班上却有理工学院的天才，如理学院的状元杨振宁，工学院的状元张燮，后来杨振宁不知道为什么被调到北大外文系主任叶公超先生班上，和我同一组了，这也是生活中的无巧不成书吧。潘先生班上主要是师范生，未来的灵魂工程师。我报考联大时，第一志愿是外文系，第二志愿是师范学院英语系。现在两个志愿都可得到实现，可以说是意外又意中了。

· 一九三九年四月 ·

4月3日
星期一

　　升旗之后，听岭南大学劳滕斯勒格教授讲《欧洲危机和中国》，他讲话生动有力，能感染人。得茀生信，回答我问他婚后的生活。"真要命！叫我怎样答法呢？说吧！赋诗吗？没有那才情。月夜谈什么吗？两下（双方）相差得很远，会谈得牛头不对马嘴，真的是过你们想象不到的生活……我自从我哥哥之死，才体仰亲心结婚的。没有欢乐，没有所臆想的一切……我的心情变与不变，自己倒不曾测验。至于看见山是否也带春色，那更不对。其实我见一切东西，即使现在是生气勃勃的春天，我也认为是死的，无希望的……我想：以前知识未开之时，是为生活而生活，现在是为学习而生活，婚后怕是为生活而学习了……悲与喜原是一样东西，笑更是无抵抗无办法的表现……当我向小鸟儿亲善的时候，它们却远我而去；但狗子们却老围着我嚎……老实告诉你，我现在仍有我最大的乐趣——上图书馆。省立图书馆现迁在泰和。说也惭愧，以现在的时局，我还沉淀在文艺书籍里……"从我们信件的问答中，可以看出我对婚姻毫无了解，问的都是浪漫主义凭空想象的问题，而莤生写的却是现实主义的答案。

4月4日　　　　　　　　　　　星期二（英文日记，后译中文）

上午下雨，整天不见太阳，天气变冷。昆明有句老话："四季无冬夏，一雨便成冬。"果然如此。买一卷十三期《今日评论》，几乎所有的作者都是联大老师，其中有一篇是钱钟书先生写的《偏见》，说："偏见可以说是思想的放假。它是没有思想的人的家常日用，而是有思想的人的星期日的娱乐。"又说："所谓正道公理压根儿还是偏见。"钱先生的妙语惊人，读来比听讲还更过瘾，讲的妙语是天才冒出的火花，一闪而过，日子一久听过就忘记了。写的妙语却是静水流深，其味隽永，可以反复咀嚼，余音绕梁，三日不绝。又如雨天读书，会给心灵带来阳光。

4月5日　　　　　　　　　　　星期三（英文日记，后译中文）

张佛泉先生讲的政治学课很有趣味。今天晚上他讲哲学思想中的一元论和多元论。他说一元论看到的是整体，多元论看到的是部分。部分只有在整体中才能存在，部分和整体都是存在的，但整体大于部分之和，正如人并不等于头脑＋身体＋四肢。

（补记）最后一点对我影响很大，使我发现一个句子并不等于字的总和，所以翻译了一个句子所有的字，并不一定译出了整个句子的意思，因为还有言外之意。我最初翻译受鲁迅影响，用直译的方法，译得自己也不满意，甚至对翻译失去了兴趣。后来采用意译，不但是要翻译部分，还要翻译整体，才能和原文作者的心灵交流，心心相印，息息相通，偶得妙译，乐不可言，这才尝到了翻译的甜头。回忆起来，这种翻译思想的来源，却是得自张先生的政治课，可见学术要博采众长。

4月6日   星期四（英文日记，后译中文）

早晨起床晚了。去农校上课的途中，看见西山笼罩在白雪之下，像是春天和冬天交织的图画。这使我想起了永泰看到的远山雪景，在银色的月光照耀之下，在赣江的荡漾碧波之上，雪山似乎更加令人难忘。上英文作文课，作文题是《谈自由》，但不记得我是怎样自由谈的。

（补记）作文课谈自由，因为上了一课《自由与纪律》，内容大约是说自由不能违反纪律，只能在纪律允许的范围内自由。这和马克思讲的"自由是对必然的认识"，似乎有同有异。不同的是：纪律是人为的，必然却指自然规律。人为的规律是可以改变的。社会规律往往是先得到承认，才算是正确；自然规律却是因为正确才得到承认。这点非常重要，因为目前世界上很多争论，都是因为对规律的认识不同而引起的。如美国总统批评中国没有自由民主，毛泽东却认为：自由民主都是手段，不是目的。如美国为了争夺伊拉克石油的目的，却说自己有向伊拉克输出民主的自由，就是一例。看来还是老子说得好："道可道，非常道。"自由之道是可以知道的，但自由并不只限于美国所谓的自由，民主也不只限于美国所谓的民主。回想起来，这些关于自由的思考，却是可以从大一英文课中找到根源的。

4月7日　　　　　　　　　　星期五（英文日记，后译中文）

　　读法国高乃依的悲剧《希德》。罗德里格和希曼娜是一对情人，他们的父亲都是大臣，同意他们结婚。但是婚前，双方的父亲为了一件小事打了起来，男方的父亲要儿子为他报仇雪恨。儿子犹豫不决，左右为难。如果为父报仇，他可能失掉情人；如果家仇不报，家族的荣誉又要大受损失。考虑再三，最后还是荣誉战胜了爱情，他和情人的父亲用剑决斗，并且杀死了她的父亲。读到这里，我不禁怀疑了：到底是荣誉重要还是爱情更重要呢？悲剧接着发展下去。希曼娜在父亲死后，立刻去王宫要求国王主持公道，惩罚杀害她父亲的凶手。那时敌人入侵，首都危急，幸亏罗德里格带兵打败了入侵的敌人，俘虏了两个将帅。于是全国欢庆胜利，并且尊称罗德里格为"希德"（民族英雄）。他得到的荣誉越高，希曼娜越要为父报仇。但如果她报仇杀了罗德里格，自己会失掉情人，国家会失掉英雄，到底何去何从呢？这就是荣誉和爱情矛盾的悲剧。

　　（补记）在联大读《希德》，读的是王维克的译本。王维克是张闻天的同学，在巴黎大学是居里夫人的学生，回国后在中学任教，又是华罗庚的班主任，后为校长。破格录用华罗庚为初中数理教员，可见他的才识过人。他的译文通顺流畅，读起来不记得有什么翻译腔，增加了我对翻译文学的兴趣。到巴黎大学后，我才读到《希德》的法文本。以形式而论，原文是五音步押韵诗体，读来铿锵悦耳，自然不是散文体的王译可比的；但若以内容而论，译文并不比原文逊色。法文本虽然读起来好听，但我在巴黎夏特勒剧院看演出时，觉得就不如英国莎士比亚的戏剧好看了。因为荣誉和爱情的冲突都是从剧中人口里说出来的，而莎剧却不但有语言，而且有动作，传情达意，就要胜过法文剧了。高乃依剧中人物多像抽象概念的化身，多有典型的共性，不如莎剧人物更个性化，更有具体的细节来充实他们的个性。

昨天谈到自由和民主的问题。忘记了我自己是怎样谈的。一查《追忆逝水年华》的英文序言，才记起了自己的话：自由是做好事的自由，民主是智者和能者的统治。现在看来，这话说得还是有水平的。如果要用这个标准来衡量，那么，出兵伊拉克杀害无辜的平民不能说是好事，号称自由民主的国家就没有这种自由了；损兵折将已达数千，不能算是智者；计划一年撤军，几年还不能撤，并且不断增援，不能算是能者。这样无知无能的人统治，如果也算民主的话，那民主有什么值得向往、值得向外输出的呢？检验真理的标准是实践。用伊拉克战争的实践来检验，如果不颠倒黑白，混淆是非的话，恐怕很难肯定西方的自由民主了。

4月8日　　　　　　　　　　　　星期六（英文日记，后译中文）

上西洋通史课时，皮名举先生讲到英法百年战争，说开始总是英国打胜仗；但无论他们打多少胜仗，结果还是法国取得最后胜利。于是皮先生联系我们的抗日战争说："无论日本占领了我们多少土地，最后胜利一定是中国的。"皮先生的话很有说服力。他上午刚讲完，下午日本飞机就来轰炸昆明了。因为皮先生的话给我们打了预防针，所以我想，无论日本怎么轰炸，中国也不会屈服的。

4月9日   星期日（英文日记，后译中文）

空袭警报响了。城里人纷纷向城外跑，只有我一个人向城里走。回到北院宿舍，发现一个人也没有，宿舍的门都已关上，就像闭着的眼睛。一点人声也听不到，只听见飞机的嗡嗡声，只看见飞机在天上画下了几个三角。整个城市笼罩在一片寂静和恐惧之中。虽然有点恐惧，但我还是更喜欢这种寂静。两个小时后，警报解除了，宿舍里又恢复了喧嚷之声，使我更觉得寂静可贵。这说明我来联大一个学期，还是依然故我，没有融入集体。

4月10日   星期一（英文日记，后译中文）

英文课讲《什么是科学？》，还有一篇供阅读的《大学生日记》。两篇的生词很少，却有新的观念，读来并不乏味。我不喜欢读生词太多的课文，因为查词典太费时间，读得太少又没趣味。如果不查生词吧，那怎么能取得进步呢？为了进步，只好延长一点学习的时间了。

The best of all ways（要延长我们的日子）

To lengthen our days（最好的办法是）

Is to steal some hours from the night（从夜里偷几个小时）

（补记）什么是科学？现在已不记得课文是怎么说的了。根据《现代汉语词典》的解释，科学是反映自然、社会、思维等的客观规律的分科的知识体系。但什么是客观规律呢？如果说自然科学有客观规律的话，社会科学有客观规律吗？前面谈到的自由民主不是各人有各人的主观看法吗？思维的规律客观性就更小，主观性更大了。近来我研究文学翻译理论，很多人认为译论是科学，我觉得那是没有出版过站得住脚的文学翻译名著，只会空谈理论的人制造出来的学术泡沫。

杜朗特说得好：科学的目的是多中见一，或者说从特性中找共性；艺术的目的是一中见多，或者说从共性中找特性。（The object of science is the universal that contains many particulars; the object of art is the particular that contains a universal. ）在我看来，共性可以指理论，特性可以指实践。共性只有一个，特性可以有许多个。科学通过实践，可以发现规律，这条规律可以应用于所有的实践，否则就不能算是科学。艺术通过实践，也可以发现规律，但是这条规律不一定能应用于所有的实践，如果不能，那就应该改变理论。这是科学规律和艺术规律不同之处。西方翻译家通过他们西方语言之间的互译发现了对等的规律，但是中国语文和西方语文对等的情况远远少于西方语言之间的对等情况，所以翻译对等规律并不能完全应用于中西互译。因此，翻译规律不能算是科学，只能算是艺术。

预习英文课 *The Durable Satisfaction of Life*。生活中有什么能够令人长期满意呢？不记得课文说的是什么。我觉得还是希腊哲学家说得好：生命是自然的赠品，美好的生活却是智慧的赠品。（Life is the gift of nature, but beautiful living is the gift of wisdom.）又说：只要我们有了智慧，其他一切都会源源而来。（If we can but find wisdom, all things else will be added unto us.）真理不能使我们富足，但是能给我们智慧。（Truth will not make us rich, but it will make us wise.）尼采说得更加具体：生活的意义在于经常把我们的存在和遭遇都化为光和热。（Life means for us constantly to transform into light and flame all that we are or meet with.）更加实用的还是另外一位哲学家说的：生活满意的秘诀不是把现实（或成就）提高到理想（或欲望）的水平，而是把理想（欲望）降低到现实（成就）的水平。（The secret is not to make our achievements equal to our desires, but to lower our desires to the level of our achievements.）

读《新文学大系》戏剧卷，我喜欢的中国戏剧有曹禺的《日出》，熊佛西的《回家之后》《一个女人和一条狗》等，外国戏剧有果戈理的《巡按》，易卜生的《娜拉》，高乃依的《希德》等。可见我喜欢的主要是故事的情节，而不是人物性格的描写和发展。

4月13日　　　　　　　星期四（英文日记，后译中文）

国文考试 75 分，作文 66 分。我在中学很少得这么低的分数。是我的水平降低了，还是大学的国文标准提高了？今天又写一篇作文题目是《日本为什么侵占海南岛？》我对国事不太关心，自然写不出什么好文章。无怪乎作文只得六十几分。中学作文多写自己了解的事，所以分数高些。到了大学，要求就更高了。

4月14日　　　　　　　星期五（英文日记，后译中文）

得江西教育厅汇来升学旅费补助五十元。实际上花了一二百。能有补助已经不错，有人不是因为缺少旅费就失学了吗！万兆凤从昆华工校搬来昆中北院后面的小楼，只有他和何国基两个人住，倒好读书谈天。晚上谈到李后主的词："流水落花春去也，天上人间。"他说有几种解释：一说春天是去天上还是人间；一说过去是天上，现在是人间；一说"春去也"表示"别时容易"，"天上人间"，表示"见时难"；一说"天上"指梦中天堂般的帝王生活，"人间"指醒后的现实。兆凤还是知识面广。

4月15日　　　　　　　星期六（英文日记，后译中文）

读庐隐的短篇小说，有一篇写五个女学生在海滨的快乐生活，日出而起，欢乐度日直到日落，又在月下唱歌跳舞，天真无邪，除幸福外不知还有其他。但是五人结婚之后，生活就大不相同了。这不禁使我想起了赣江之滨和老同学一起度过的愉快生活。我们会不会也像这五个女学生一样呢？

4 月 16 日　　　　　　　　星期日（英文日记，后译中文）

　　读《西风》半月刊第 32 期。林语堂说：青年人开始进牛津大学时热情洋溢，后来就慢慢减退，变得满不在乎了。又说：如果每个人都在深山古庙里住上一年，我想，世界上的战争会少得多，人类的寿命也可以延长一点。还有人说：如果我们想要改造世界，唯一的方法是首先改造自己。各说各的道理，这就是自由的精神。读英国唯美主义作家王尔德的小说 *The Picture of Dorian Gray*，没有得到什么唯美的启发。自己没有改造，自然谈不上改造世界了。

4 月 17 日　　　　　　　　星期一（英文日记，后译中文）

　　英文课讲美国作家爱伦·坡的短篇小说《一颗吐露真情的心》。林语堂爱读的第一本书就是爱伦·坡的作品。钱先生讲课时有人提问：…my mind to do…这句怎么没有动词？我一看果然没有，自己怎么没有发现？可见预习课文不够细心。钱先生回答说，这句省略了一个 verb to be，等于说 my mind was to do something。我一听就立刻接受，并且模仿造句 My mind to make your acquaintance（我的心想要认识你），自以为能学以致用。不料回到宿舍，周基坤告诉我：他查了一下爱伦·坡的原著，发现不是 my mind 后面省略了 verb to be，而是前面漏了动词 made up 可见我不但预习不细心，复习既不认真分析，也不寻根问底。这次应该吃一堑长一智了。

4 月 18 日   星期二（英文日记，后译中文）

　　同兆凤打篮球。回想在永泰二中时，我和茀生、燮昌、符达、含和、其治在食堂第二桌就餐，他和树椒、民勋、匡南等在第三桌。我们两桌曾在小学篮球场比赛。结果他们胜了，我不服输，说些气话，闹得大家都不愉快。后来我向他们道歉，请他们来我们住的邮政代办所隔壁吃饭，不愉快的情绪很快就烟消云散了。即使不愉快的往事也变成了愉快的回忆。

4 月 19 日   星期三（英文日记，后译中文）

　　读郁达夫《沉沦》，这是他留学日本时的罗曼史，生活自由散漫，自得其乐。回想我在永泰预支的大学生活，上午河滨读书，下午江中游泳，晚上家中桥牌，也够自由自在的了，但是当时并不自得其乐。大约欢乐也像健康，只有失去了才更觉得可贵；欢乐也要戴上朦胧的面纱才显得更有魅力吧。晚上预习美国作家华盛顿·欧文的《孤儿寡母》。

4 月 22 日   星期六（英文日记，后译中文）

　　买巴金的短篇小说集《将军》，这是国文课指定的课外读物。现在看来，读的要求偏低，写的要求偏高，这也许是文言白话过渡时期难免的现象。二中同学柴宏业到昆明来读同济大学，我们同班而不同组，他读理科，我读文科。到了千里之外，只要是同班就亲近了，大约空间的距离可以加深时间的密度吧。

4 月 23 日   星期日（英文日记，后译中文）

　　写信匡南，要他为我买一本曹禺的《日出》。记得二中高二暑假时金兹曾请莆生和我看过演出，当时觉得不如《雷雨》，其实是我对社会的了解不深。

4 月 24 日   星期一（英文日记，后译中文）

　　康登托牧师来联大讲圣经课。二堂兄从四川来信，说大表姐没有帮他找工作，问九姑父在昆明能否帮忙，九姑父要他来昆明。老一辈比我们更重情义。

英文测验，题为《〈打鼾大王〉使你笑吗？》，国文作文题为《给友人的一封信》。

（补记）《打鼾大王》写一辆卧车上有人鼾声如雷，吵得大家不能入睡，一致同意要兴师问罪。不料车门打开，出来的却是个漂亮少女，大家怒气全消，反而大献殷勤。钱先生讲时笑了，同学们也笑了。可见爱美是人的天性。如果美人当了国防部长，世界上的战争可以减少一半。无怪乎现在有女性当总统、总理、国务卿了。

第一堂课英文作文，题为《学习英文的好处》。第四堂课国文，魏建功教授讲鲁迅的《狂人日记》。这篇小说早就读过，不过读而不知其味。魏先生是鲁迅的学生，他说从作品中可以看出新旧思想的斗争。鲁迅从新观点来看，认为旧社会是人吃人的社会，所以要改革。我这才明白了这部作品的意义。晚上准备生物考试。

周基坤给我看林徽因悼念徐志摩的诗《别丢掉》："别丢掉 / 这一把过往的热情, / 现在流水似的 / 轻轻 / 在幽冷的山泉底, 在黑夜, 在松林,

/ 叹息似的渺茫，/ 你仍要保存着那真！/ 一样是月明，一样是隔山灯火，/ 满天的星，/ 只是人不见，/ 梦似的挂起。/ 你向黑夜要回 / 那一句话——你仍得相信，/ 山谷中留着 / 有那回音。"

林徽因写的是徐志摩故乡的"隔山灯火"，我想到的却是永泰河滨的远山灯火，并把这首诗译成了英文：

Don't cast away

This handful of passion of a bygone day,

Which flows like running water soft and light

Beneath the cool and tranquil fountain,

At dead of night.

In pine-clad mountain.

As vague as sighs, but you

Should ever be true.

The moon is still so bright,

Beyond the hills the lamps shed the same light,

The sky be sprinkled with star upon star,

But I do not know there you are.

It seems You hang above like dreams.

You ask the dark night to give back your word,

But its echo is heard

And buried though unseen

Deep, deep in the ravine.

这是我刚满十八岁译成英文的第一首诗，修改后在《文学翻译报》发表，但 fountain 和 mountain 的韵脚却是当时想到的，第一次译诗自得其乐，还有点小小得意呢！

4 月 29 日　　　　　　　　　　　　　　　星期六（英文日记，后译中文）

第二堂课西洋通史考试。第四堂课国文发还作文《故乡的风俗》，我觉得文章写得平淡无奇，浦江清先生给了 70 分。我总想句句有个性，但是做不到。同兆凤、吴琼去同济大学找柴宏业，一同去看美国电影《泰山情侣》，情侣游泳和狮子斗大象的镜头比较好看，但看多了又没有兴趣了。

4 月 30 日　　　　　　　　　　　　　　　星期日（英文日记，后译中文）

晚上同兆凤、吴琼踏着月光树影去大观园。月下同游，和白天独赏又有所不同。就这样结束了下学期的第一个月。

· 一九三九年五月 ·

　　西洋通史考试成绩 98 分。得燮昌信，说符达在南昌沦陷时，匆匆逃到吉安，不知近况如何，非常挂念，立刻写信去问消息。

　　（补记）西洋通史考得好，有点得意，但是张苏生的分数比我还高呢。她考联大是江西区外文系第一名，全国也是第一。我考江西第二，全国只是第七，比她差得多了。来联大前，我去白鹭洲吉安中学找她，她已离开吉安来到昆明。上学期大一英文考试，她又比我高出十分。所以我想，英文成绩能赶上她就很不容易了。不料大二学习吴宓先生的欧洲文学史课程，她考 91 分，已经很高，我却考了 93 分，全班最高，这才开始有了胜过她的念头，认为不是没有可能。大三读《莎士比亚》，小考成绩又比她好。有一次同她在校内茶室打桥牌，明明是一副大满贯（grand slam）可以赢得十三副的牌，她却只赢了一局，拿到十副牌就算了。因此我觉得她没有雄心大志。她毕业后在一个出版社做编辑翻译工作，虽然也出版了几本书，但是没有达到国际水平，甚至国内最高水平也没达到。可见杨振宁说得不错，分数高不一定成绩好。

5月3日　　　　　　　　　　　星期三（英文日记，后译中文）

生物课考试成绩78分，意外地高，我本来想得60分就不错了，得了78分也没什么高兴。这是我的短处，还是我的长处呢？

5月4日　　　　　　　　　　　星期四（英文日记，后译中文）

得树椒信。据兆凤说，他已有了情人。晚上写作文，自选题《翠湖》。满意的句子是：要把翠湖的通幽曲径改成大道，正如要把天才蠢材一律变成庸才一样。

5月5日　　　　　　　　　　　星期五（英文日记，后译中文）

上了两堂课后，看见农校侧门开了。出外一看，满目是青翠的稻田，难得见到这样的农村景色。看了一个小时，才依依不舍地回到昆中北院。

5月6日　　　　　　　　　　　　星期六（英文日记，后译中文）

　　同兆凤吴琼去郁郁葱葱的英国花园，再往前走是更美更静的莲花池。据说吴三桂"冲冠一怒为红颜"，兵败之后，红颜就在莲花池畔与红莲为伴了。

5月7日　　　　　　　　　　　　星期日（英文日记，后译中文）

　　高原文艺社请沈从文在西楼二层小教室开座谈会。他的湖南土音不太好懂。我记得的要点是：要把生活当作小说看，又要把小说当作生活看。

　　（补记）我读沈从文的小说，觉得一般，不如读老舍的作品有吸引力。后来听程应镠（流金）、汪曾祺说，他们对沈先生的评价很高。尤其是他写了一百封情书才赢得爱情的罗曼史，简直可以流芳千古。沈先生我只见过两次：一次是新中国成立前，在天祥中学学生蒋家，蒋的母亲是他的小同乡，他们夫妇一同来看乡亲，可见他们平易近人。另一次是新中国成立后参加土改时，在从武汉去重庆的轮船上，看见他一个人在甲板上走来走去，同去土改的人对我说他有神经病，不要理他。我后来才知道他是被批斗改造成这样的。沈先生真倒霉！旧社会的旧知识分子，新社会的新革命干部，都对他进行攻击。比起他来，我要算走运的了，还有什么委屈可言呢？真该把生活当小说看了。

5月8日　　　　　　　　　　　　　星期一（英文日记，后译中文）

得洵兄信，说我到吉安看大堂姐时，她正生病；现在病已好了，全家住在赣州。下午看黄二南舌画。（后来我在巴黎参加了他儿子和萧三侄女的婚礼。）

5月9日　　　　　　　　　　　　　星期二（英文日记，后译中文）

去云南大学网球场打网球。从前以为网球比乒乓球高级，现在却觉得打乒乓还是比打网球更有趣味。运动并无高低之分，可见我的思想受时代的影响。

5月10日　　　　　　　　　　　　星期三（英文日记，后译中文）

英文小考。下午和作文教师张振先个别谈话，我提出作文是不是应该先模仿自己喜欢的作家，再发展自己的作风？他不同意。读《沈从文选集》，他的小说写平凡的人物，但他们是正直而诚实的，平凡中看得出伟大。沈先生说过："不要觉得别人平庸，其实自己就该平庸一点。伟大的人并不脱离人生，而是贴近人生的。"

（补记）汪曾祺写了一篇小说，里面有许多对话，他想尽力写得美一些，有诗意，有哲理。沈先生看过之后说："你这不是对话，是两个聪明脑壳打架……"由此可以看出他对平凡的看法，平凡就是普普通通，朴实无华，这样才算真实。但沈先生并不反对写聪明的脑壳。正相反，读到汪曾祺神来之笔的时候，如说温庭筠，李商隐的诗词是"沉涵于无限晚景，以山头胭脂作脸上胭脂"，沈先生说比他自己写得还要好，并且破格给了他 120 分。

5月11日　　　　　　　　　　星期四（英文日记，后译中文）

写英文作文，题目是《吃得太饱的一个好处》，要我们读了《打鼾大王》之后，写一篇模仿的文章。我就说一个人吃得越多，睡得越香，他会梦见他的妻子对他说些甜言蜜语，不知道她正在隔壁房间和人偷情。等他醒过来时，她没听见他的鼾声，赶快从隔壁房间跑过来，给了他一个吻，他高兴得不得了，自以为是全世界最幸福的人。就这样他长得越来越胖了。其实，这是不懂夫妻关系的人凭空捏造出来的瞎话，我却妄想博得钱先生一笑。不料改作文的是助教，我的妄想也就落空了。

5月13日　　　　　　　　　　星期六（英文日记，后译中文）

去公园中的同济大学宿舍，看老同学余传文、周绪阳等。余传文在南昌二中比我高一班，人很漂亮，功课也好，还喜欢打篮球。他来同济大学，正在学习德文。他说他们的德文老师很好，名字是冯承植（后来我才知道就是联大的冯至教授）。教了他们很多实用的德文，如电灯泡等。于是谈起英文和德文的异同。他告诉我德文名词有阳性、阴性、中性之分，比法文还复杂。法文一个词中的元音太多，德文却是辅音太多。我一听就恼火，觉得还是中文最好。可见我不善于接受新鲜事物。

5月14日　　　　　　　　　　　　星期日（英文日记，后译中文）

一个人走去黑龙潭，走到一个黄瓦白柱的亭子，听到铃铛在风中叮当的响声，仿佛听见了"行不得也哥哥"，就在亭子前的牌坊下面坐了下来，打开一本带来的《西风》半月刊，看了几页。抬头望见青翠的远山，想如果爬到亭子顶上去看，感觉一定不同。但是亭子不让上去，走去山下又嫌太远，就只好半途而归了。

5月15日　　　　　　　　　　　　星期一（英文日记，后译中文）

英文课讲《大学教育的社会价值》。课文中说：大学教育使你见到一个好人，就知道他是一个好人。钱先生说：理解就会原谅。这两句话从两方面说明了理解的重要。从正面说，美国教育主要是民主教育，民主又主要表现在选举上，选举就要知道谁是好人，识别好坏就要理解。所以美国教育要求学生会识别，会选举代表，会选举总统，这就是美国的民主。从反面说，我正是因为不理解别人，老是觉得隔膜，别人也觉得我不合群，就彼此疏远了。要互相理解才能有亲近感。

　　我是不是一个庸人？我想了又想，正如钱先生说的，这还是个问号，而不是个句点。沈从文先生说过：一个人应该平庸一点，不应该脱离人生，而应该贴近人生。我脱离人群，和别人不投机，总觉得格格不入，这是不是脱离人生呢？张佛泉先生讲政治课时引用巴斯卡的话说："我思故我在。"又说："我思想，所以我是人，不是达到目的的工具，而是目的本身。"我是工具，还是目的呢？我来联大目的是做一个能够自立的人，工具却是读书学习，而我又是一个读书人，一个学生。读书人或学生是不是庸人？是人中人还是人上人？俗话说：读书要吃得苦中苦，方为人上人。可见读书人自立之后就不是庸人了。但自立之前呢？这还是个问号，不是一个句点。

　　上午政治月考。忽然下起雨来，回宿舍时我没有伞，淋得浑身制服都湿透了。我既不是穷得买不起伞，又不是勇敢得不怕淋雨，于是赶快上三牌坊百货公司去买伞。南昌卖油纸伞一元一把，昆明百货公司没有，只有布伞，却卖六元一把，防雨性能反而不如油纸伞。但是没有办法，只好多花钱去买华而不实的布伞。

5 月 18 日   星期四（英文日记，后译中文）

　　早晨因为起晚了，来不及洗脸，就没有去升旗；因为下雨地湿，没有去上体育课；因为没有兴趣，又没有去上军训课。我觉得有些课没有意思，上课只是为了怕扣分数。分数并不是评定一个人的知识或行为的准则，以后愿意上课就去，不愿意就算了，表面形式总不如实际内容重要。

5 月 19 日   星期五

　　上课回来，房里没有一个人。记起在永泰的时候，也是在河畔读书回来，上楼忽然发现一只带箭的兔子，心中大喜，正预备等莳生他们回来时大吹其牛，说自己如何捉到这只兔子的，不料他们就回来了，而这只兔子却是他们买来的，准备晚餐请蕃荣和匡南来吃兔肉。晚餐还有鳝鱼，炒得好看，鱼汤拌饭也很好吃。我发现我常在回忆中找乐趣，仿佛不是生活在现实中，而是生活在过去的阴影下。回忆虽然有味，但是不能取代现实，要过去为现在所用，而不能本末倒置，要掌握分寸。一个人要什么都知道一点，但有一点却要什么都知道（know something about everything and everything about something）。说时容易做时难，哪有什么事能什么都知道呢？

　　买牙刷一把，形状如跳水的美人，颜色如碧绿的翡翠，但价钱是一元。本来舍不得买，后来又想，与其花五毛钱买不满意的，不如花一块钱买个满意，就买下了。还买了两本书：一本是朱自清的《踪迹》，准备请朱先生签名；一本是萧伯纳的《人与超人》，因为我想研究一下庸人和超人的不同。然后陪同寝室的周庸规去买了一把网球拍，同去云南大学网球场打了两个小时。想不到刘伟倒能同我合作，我们的双打赢了好几局。晚上又同吴琼、万兆凤、张明试打桥牌，就这样难得地玩了一天。

　　用新牙刷和新牙膏漱口，从此少说可以不说的话！在北院后的小楼自习。寝室里别人说话吵得你不能读书，一个人一间房，回忆又在你脑海里跑马了。但还是一口气读完了巴金的《雾雨电——爱情三部曲》（200-524 页），写一群青年为信仰而牺牲，内容比《家》《春》《秋》三部曲革命性更强些。有的批评家说得好："读茅盾的文章，我们像上山。沿路有的是瑰丽的奇景，然而脚底下有的是绊脚的石子；读巴金的文章，我们像泛舟，顺流而下，有时连收帆停驶的工夫也不给。"说得不错。读后我想在书上题几个字："事业的安慰才是真正的安慰，爱情不过是生活中的一个点缀。"

起得很早，梳洗室的木条架子，水泥地面，都很干净，梳洗的同学也很少，和平时的脏乱噪的情形大不相同。一个起得晚的人永远不知道梳洗室有干净的时候，一个起得早的人又不晓得它的脏乱噪。萨姆逊说得不错："一件事，悲观者看起来只有失败，乐观者却只见成功。"我既然知道了脏乱噪的梳洗室，那就应该尽量早起。今天起早后去上英文课，钱先生讲《自由和纪律》，课文大意是自由以不违反纪律为范围。在我看来，纪律是人规定的，也是人可以改变的，所以是主观的，那自由也是主观的了。科学规律是人所不能改变的，不以人的主观意志为转移，所以是客观的。在科学上，人的自由就少得多了，创造的自由也要在客观规律的范围之内才有可能。

花六元钱买了一个蚊帐，可以隔离外界的嘈杂，真是物质精神两利。得到父亲来信，从交通银行汇来一百元。

第四堂课闻一多先生在三楼大教室讲《诗经》，他看起来比朱自清先生年纪大，但身体更高，声音也更洪亮，用现代的白话解释古代的白话，非常清楚。读茅盾译的《回忆·书简·杂记》，其中奥维德拟莎芙，海伦和巴黎思的情诗最好。但茅盾是根据散文本译的，同时附录了蒲伯的韵体译文，韵文比散文美多了。莎芙和《诗经》差不多同时，但《诗经》感情含蓄，莎芙却热情洋溢，直抒胸臆。

5月26日   星期五

决定继续在外面小饭店包饭，这样高兴吃什么菜就可以吃什么，不高兴又可停一顿或一天；如果肚子饿了，可以早点去吃；如果看书有味，又不妨晚点去，不必担心同桌有人见你没来，就把你的菜也吃光，这样读书的兴趣才不至于被打断。

5月27日   星期六

读萧伯纳的《英雄与美人》(*The Arms and Man*)，写一个女人正得到未婚夫打胜仗的消息，忽然一个敌国的败兵逃到她家里，谈到她未婚夫得胜的原因是胡乱冲锋，勒马不住，碰巧敌方的老兵子弹袋里没装火药而装满了巧克力，这样才取得了胜利。后来这女子竟爱上了这个逃兵，同时她的未婚夫也爱上了她的女仆，结果双双成婚。这是萧伯纳对英雄和美人，对战争和婚姻的讽刺，英雄要碰运气，美人却见异思迁，战争完全胡闹，婚姻是乱点鸳鸯谱。这就是萧翁的幽默。

读萧伯纳的《人与超人》(*Man and Superman*)，这又是他对超人的讽刺，剧中还有许多零星的妙语警句。高原文艺社请萧乾来联大农校西楼二层小教室开座谈会，我记下了他的一句名言："用典好比擦火柴，一擦冒光，再擦就不亮了。"谈到理论和实践的关系，他说："理论充其量只不过是张地图，它代替不了旅行。"对我很有启发。

张佛泉先生讲政治课时引用拉斯基的话说："我们都是自己经验的俘虏。"西洋通史课月考得 75 分。读胡适《藏晖室札记》，抄下《沁园春》半首："更不伤春，更不悲秋，与诗誓之。看花飞叶落，无非乘化；西风残照，更不须悲。无病呻吟，壮夫所耻；何必与天为笑啼！生斯世，当鞭策天地，供我驱驰！"是文学革命家的口气！

上逻辑课时，王宪钧先生讲 *Paradox:I Am Lying*（我在说谎）。如果我在说谎，那这句话是谎话，我就不是在说谎了。这样似是而非，倒很好玩。

· 一九三九年六月 ·

<table>
<tr><td>6月1日</td><td style="text-align:right">星期四</td></tr>
</table>

买小活页本，花国币一元，记下了 *Teasdale's Night Song at Amelfi*（《亚美菲夜曲》）

I asked the heaven of stars

（我问星夜的天空：）

What I should give my love—

（对情人该送什么？）

It answered me with silence.

（天空回答我：）

Silence above.

（无边的沉默。）

I asked the darkened sea:

（我问茫茫的沧海：）

Down where the fishers go—

（对情人该送什么？）

It answered me with silence.

（沧海回答我：）

Silence below.

（无底的沉默。）

读何其芳《刻意集》，记下了一句："对于那些已经消逝的岁月我是惋惜，追悼，还是冷冷的判断呢？我无法辨别我的情感，我感到那不是值得夸耀的好梦，也不是应该谴责的过错……"对于那些消逝了的岁月，我却只是流连忘返。

6月2日   星期五

国文作文自拟题目，我写历史小品，仿何其芳的《王子猷》，想写出我对梦、雪、忆、夜、静、河、孤独和想象的爱好，结果完全失败。晚上同万兆凤谈高尔基，他说《马加尔周达》和《在筏上》是写野性的发展。他总有自己的见解。

6月3日   星期六

遮伞的另一个功用是避免和半生不熟的人打招呼。下星期要考英文、生物、逻辑。下午复习英文，完全心不在焉。晚上同刘伟在北院南门外一个小店吃米线，既干净，又不热闹，而且有清汤面，小有南昌风味，于是吃了一饱。

6月4日 星期日

读完萧乾的《梦之谷》，写一个北平青年在广东，因为语言不通，谋生非常困难，后来当了一个中学的国语教师，很受一些学生欢迎。为了提倡国语，他们演了一场话剧，但同时他却和剧中的女主角发生了恋爱。不幸的是，女主角的生活费是由一个校董提供的。当我读到他们两人在可以望海的果园里夜话的时候，怎么能相信她后来会失身给那个校董啊！"呵！青春的海誓山盟！一棵木本植物比那个长寿得多了。"女人是多情的，但女人也是斗不过环境的。如果爱一个女人，无论如何，不可为了试验她的爱情让她孤独地去和环境斗争。

6月5日 星期一

下午一时在教职员宿舍乒乓球室和职工联队比赛，结果四比一，我们赢了。得歌雪信，说符达已去浮梁工作。那里离日本占领区很近，太不安全，但有什么办法呢？

午睡醒来，房里一个人也没有，非常寂静，却觉得很快活。回想在永泰午梦醒来时，发现房里只有我一个人，觉得多空虚啊！同一件事，感觉却是两样。

上午生物月考，晚上逻辑月考。学年考试时间表公布了：七月五日开始考试，十日结束。回想去年此时，正在参加高中毕业会考。忆今思昔，能不感慨系之！

读朱光潜《谈美》，摘抄于后：1. 一件事物，一个平常人只看见它对人的效用，这是实用的态度；一个科学家只看到它和别的事物的关系，这是科学的态度；一个艺术家却只看见事物本身，这是艺术的态度。2. 美是心物婚媾后所产生的婴儿。美感起于形象的直觉。形象属物而不完全属于物，因为无我即无由见出形象；直觉属我而却不完全属于我，因为无物则直觉无从活动。3. 自然美不是艺术美，自然好比一本字典，艺术好比一本书。4. 创造必定要想象。想象可以分为分想和联想：分想就是选择材料，联想就是把具体的事物来代替抽象的概念。5. 创造必有情感，写自己的经验的作品，必须退处客观的地位；写旁人的作品，必须设身处在旁人的地位。6. 创造应该循格律而能脱化格律，模仿古人而脱化古人。7. 人可以分为两种：一种是兴趣丰富的，对于许多事物都觉得有趣味，而且到处寻求享受这种趣味。一种是情趣枯竭的，对于许多事物都觉得没有趣味，也不去寻求趣味，只终日拼命争温饱。后者是俗人，前者是艺术家。

我正在研究庸人和天才的区别。看来朱先生说的俗人就是庸人，艺术家就是天才。不过衣食足而后言礼乐，不先争温饱也很难成为艺术家的，恐怕要先温饱再寻求趣味，这也是规律吧。创造和规律的关系，也同自由和纪律的关系差不多。自由要在纪律的范围之内自由，违反了纪律要受到处罚，但突破或修改了纪律，自由却可以得到新的发展，但这个自由一定要对人有好处，否则就不能说是突破，而只能算是破坏。创造应该推陈出新：推陈是破坏陈规，出新却是出新规律，如不出新就不能算是创造了。

6月10日   星期六

国文课发还作文，《王子猷》竟得了75分。我想浦先生并没有看到这篇文章的缺点，我只是推陈而没有出新；他修改的地方也看不出高明来。是不是我对人要求太高了？下午在南院阅览室看郑振铎编的《文学大纲》，插图很多很好，讲到的作家太多，每个作家又讲得太少。但作为《大纲》，质和量的关系已经处理得很不错了。如果要对名家名著做进一步的了解，那可以看茅盾的《世界名著讲话》等书。如果能有一本像杜朗特的《哲学的故事》那样的文学史，那真是再好没有了。买了一本鲁迅翻译的高尔基《俄罗斯的童话》，这应该是名著名译了，但是我觉得可以取法的地方不多，可以批评的地方不少。《雾雨电》《秋天里的春天》《踪迹》寄去赣州洵兄处。

6月11日 星期日

报上说江西省要办中正大学。二堂兄从贵阳来到昆明，住在九姑妈家，就住闰子（张燮小名，因为他是 1919 年闰月中秋生的）在家住的那间房子。晚上同去看电影《弃邪归正》(*Conflict*)，是杰克·伦敦 (Jack London) 的小说改编的。讲一个拳击手为了赚钱，当赢不赢，反而假败，最后受到感动，改邪归正，击败了无敌拳王的故事。

6月12日 星期一

英文小考，只要写篇作文，题目是：《样板的竞赛就是世界的历史》(*The Rivalry of the Patterns is the History of the World*)。如果不知道样板指的是封建主义、资本主义、社会主义等社会类型，这篇文章是不好写的。晚上看《火箭破飞船》(*Rocket Ship*)，是一部火星要毁灭地球的科幻影片，片名比内容更惊险，这也是样板的竞赛吧。

6月13日 星期二

看电影《铸情》(*Romeo and Juliet*)，是莎士比亚的名剧改编的，写罗密欧和朱丽叶一见钟情，两厢情愿，楼台相会，私订终身。但两家是世仇，不能结婚，于是女方服药假死，男方不知，真在女方灵前自杀，女方醒来也和男方同归于尽。子女的死亡感动了双方的父母，消解了双方的世仇。女方由 Norman Shearer 扮演。演员漂亮，使人忘了她的年龄；男方由 Leslie Howard 扮演，年纪太大，演得再好也不像个青年。可见美能恢复青春，艺术却不一定能。

6 月 14 日   星期三

早上第一堂英文课，钱先生讲美国心理小说家 William James（威廉·詹姆斯）写的 Habit（《习惯》）。习惯几乎人人都有，看来平常，但却影响人的一生，关系重大。詹姆斯说得好："一个人如果没有养成习惯，什么事都犹疑不决，抽一根烟，喝一杯酒，什么时候起床，什么时候睡觉，都要经过深思熟虑，才能作出决定，那没有人比他更可怜的了。"日常生活细节越自动化，越不费事，高级智力才越能得到解放，越能应用得当，得其所哉。晚上同吴琼、万兆凤、何国基打桥牌，打到一点半钟才去睡觉。不过这并不是习惯，是不是解放智力呢？

6 月 15 日   星期四

上西洋通史课，皮名举先生讲到拿破仑时说："时势造英雄还是英雄造时势？没有好环境，英雄无用武之地；没有英雄，有好环境也没有用。英雄和时势是互为因果的，不能偏重任何一方。"这话似乎不错，但英雄和环境都不是一成不变的。拿破仑进攻莫斯科，冬天环境不好，法军失败而归，拿破仑也不算英雄。下午军训考试，总算通过了，轻松地叹了一口气，不禁又想起了高一的西山军事训练，四年过去了，梦一般的。环境虽然恶劣，我也走过来了，但并没有成为英雄，可见环境的好坏和英雄的成败有时是成正比，有时是成反比的。环境越好，成就越大，或者环境越坏，失败越大，或者环境不好不坏，成就不大不小。这是正比。环境越坏，成就越大，那就是反比了。

（补记）但毛泽东长征过雪山，环境比莫斯科更坏了，结果红军走过了雪山，最后打败了蒋介石，建立了新中国。可见环境越坏，越能战胜恶劣的环境，越能造就伟大的英雄。

6月16日　　　　　　　　　　　　　　　　　　星期五

做西洋通史习题九，晚上画完地图五张，真是出我意料。因为明天要交，今夜不画完不行，所以下决心要画，并且立刻就画，画了一张又画一张，居然在三个半钟头之内画完了五张。可见做事一定要先下决心，立刻实行，始终如一，没有不成功的。这是不是成功的大小和环境的好坏成反比呢？画完了万兆凤请吃点心，又在他的小楼打桥牌，打了一局又一局，不知不觉就玩到曙光偷进了窗帘，鸟雀叫醒了大地。啊！人生如夜，人生如戏，人生如梦！

6月17日　　　　　　　　　　　　　　　　　　星期六

四点钟天就亮了。幽冷的空气，悄静的大地，早起多么幸福！可惜我不能够，赶快争取睡一小时，就去上西洋通史，上课时头重脚轻，心不在焉，笔记都写不好，别说作文，于是国文课就自动放假了。回宿舍的路上同万兆凤谈如何做人，倒有精神。我觉得自己的观察力，欣赏力都有所提高，几乎可以推测到某些人对某些事的态度。但我在中学时怎样呢？想起来真是浪费了六年的光阴，如果站在做人的观点来看的话。回到宿舍又睡了一小时，下午大睡五个小时，晚上才算恢复正常。是否得不偿失？

6 月 18 日　　　　　　　　　　　　　　　　　　　　星期日

搬到万兆凤小楼隔壁的房间七号，一人一间，倒很自由，但不自在，因为未经批准。读朱光潜《孟实文钞》。我们应该为人生而艺术，还是为艺术而艺术呢？我想艺术好比英文，可以为学英文而读英文，也可以为研究科学而读英文，所以艺术既可以是目的，也可以是手段或工具。老万说我变了，没有中学时的生气勃勃。我想我中学时的勇敢是幼稚的，盲目的，但太老成持重又会使人一事无成。我到底应该何去何从呢？应该不忽视一件事的困难，但也应该看到它的可能。我要心细，但是也要胆大。我早就发现自己是一个中庸主义者。

6 月 19 日　　　　　　　　　　　　　　　　　　　　星期一

上英文课时，钱先生说有人看了 *Romeo and Juliet*，自己就想做一个 Romeo，去找一个 Juliet。我想爱美是人的天性。如果看戏不能入迷，那倒是艺术的失败了。

6 月 20 日 星期二

读沈从文《废邮存底》。他说："幽默使人世故，但一个人世故愈深，对黑暗势力愈旁观。"这是幽默过度的害处。天下事有利必有弊，能得其利而避其害，那就成功在望了。有些事应该用实用的态度去对待，有些应该用艺术的态度，要能够随机应变。得洵兄信，内有他和涵、深、平弟，还有淑姐六子女在赣州的照片，见照如见人了。

6 月 21 日 星期三

英文课读 Arnold（亚诺德）*Why a Classic Is a Classic?*

Arnold 说："A classic entirely independent of the majority, but is made and maintained by a passionate few." 他认为经典所以成为经典，和大多数人完全无关，是少数人的热爱造成了，维护了经典的存在。这和钱钟书先生认为作品的好坏和读者的多少没有必然的关系，似乎是相通的。

6 月 22 日 星期四

检查过去的行为，发现我做事常常犹疑不决。起床时觉得应该早起，却又留恋帐中被里的温暖舒适，于是想起又睡，想睡又起，结果睡得既不舒服，起得也不早，最浪费时间了。今天下决心醒了就起来。胡适之说得好：A bad decision is better than no decision at all.（不好的决定也比做不出决定好一些。）洵兄寄来府绸衬衫两件，每件三元五角，比去年贵了一倍，但比昆明的还便宜一半。这就是时间和空间造成的结果。

6 月 23 日   星期五

我做事常想做得最好，如不是最好，就爽性一点也不做，这样一来，一件事也做不成。其实世界上的事哪有一下就可以做得十全十美的？ Rome was not built in one day.（罗马不是一天建成的。）我只应该在可能的范围内做得尽善尽美。晚上读完高尔基的《俄罗斯的童话》，共十六篇，最后几篇的寓意是：（9）迎合上司也难。（10）忍耐也有中庸之道。（11）从前土地公有，人是自由的。现在土地私有，人却不自由了。（13）商人鼓励人民战争，人战死了，商人却发了财。（14）平民为贵族打仗，贵族反而剥削平民。（15）人是有奴性的，有时自由还不如做奴隶时满意。几篇都言浅意深。

6 月 24 日   星期六

虽然吃饱了饭，看书也正来劲，如果有人请吃一点东西，立刻丢下书不看，这样做事不分轻重缓急，非改不可。晚上七时，外文系在农校三楼大教室开联欢大会。吴琼和万兆凤都不去，我也想不去，但到底还是去了。结果吃了许多点心，听了各种音乐，还猜中了两个谜语："何以见江东父老？"打《水浒》一绰号，我猜到是"没面目焦挺"。"少牢头，少娘脚，像美人，实在辣。"打一个字，我猜到是"姜"。还有一个没猜到的是"Riddle"，打一人名。谜底是"胡文虎"，如说"Tiger"就好猜了。到九点半才尽欢而散。如果吴、万不去，我也不去，岂不错过了一个好玩的机会？这种做事没有主见，人为亦为，随波逐流，最要不得，非改不可。

6月25日 星期日

《茶花女》上映了，小仲马的名作，又是嘉宝主演，不可不看。但是票已卖完，只好花九角五分坐月楼，太划不来！故事讲一个青年爱上了一个名妓，父亲为了家庭的荣誉要他们断绝关系。又是一个爱情和荣誉的问题，结果自然是为荣誉牺牲了爱情。嘉宝表情还好，但不如朱丽叶美；男主角比罗密欧好，但是演得并不动人。

6月27日 星期二

6月12日日本飞机轰炸赣州，邻居中了燃烧弹，家中不知损失如何。政治课读拉斯基（Laski）：Right is a condition without which the individual lacks assurance that he can attain happiness.（没有人权，个人就失去了幸福的保障。）战争时期，生命失去保障，还谈什么幸福！今夜月色很美，为何想到"云破月来花弄影"，我却只想弹落屋破了。

· 一九三九年七月 ·

7 月 1 日 星期六

淋浴，理发。买白胶底球鞋、梳子、小刀。梳子很美，小刀铜柄上有打网球或高尔夫的姿势，颇有希腊奥林匹克风味。晚上换了夏装：白府绸衫，白帆布裤，白胶底鞋，同万兆凤、何国基去游大观园。路上月亮很圆但是谈话太多，欣赏太少。谈到"夜神张开了帷幕。用一颗星把它钉住"，比喻绝妙，游倦而返。

7 月 2 日 星期日

剪断电线，拆下蚊帐，卷起被子，搬回北院 22 室。回想昨夜，灯光如昼，通宵不熄。光明世界忽然消失；面对一张空床，两行烛泪，能不兴起怅然之感！如果不搬，可能记过，还是得搬。从今以后，事要少做，觉要少睡，但愿暑假能够收复失地！

7 月 3 日   星期一

准备政治考试。得洵兄信：赣州家中房屋已经炸毁，还好人没有受重伤，已经全部搬去乡下。比起赣州搬家来，我搬宿舍算得了什么呢？不要得福不知感啊！

7 月 4 日   星期二

西洋通史上最后一课时，皮先生说："不读本国史不知道本国的伟大，不读外国史不知道本国的落后……我们既要有爱国的热心，又要有科学救国的决心。"读了一学年的西洋通史，学到不少历史观点（historical perspective）。

7 月 5 日   星期三

学年考试开始。上午考西洋通史，下午考政治学。体育考试得 80 分。晚上温习生物。读冯友兰《从哲学观点看艺术》。他说哲学表现"共相"，艺术表现"个相"。"共相"如圆，"个相"如圆的东西。艺术要通过"个相"来表现"共相"。

7 月 6 日　　　　　　　　　　　　　　　　　　　　星期四

　　生物考试。下午复习国文。荀子《天论篇》说："君子敬其在己者而不慕其在人者。"曹丕《典论论文》（刘文典讲）说："文人相轻，自古而然。""夫人善于自见，而文非一体，鲜能备善，是以各以所长，相轻所短。"唐兰讲刘知几《史通》时说："叙述历史文字的杰作，需要史实本身就是杰作，如果史实本身不是杰作，文字很难成为杰作；如果把以前杰作的文字来形容不恰当的事实，那就不是史实了。"精辟见解不少。晚上读完徐纡三幕剧《月亮》，觉得他把曹禺的《雷雨》和《日出》合在一起了。

7 月 7 日　　　　　　　　　　　　　　　　　　　　星期五

　　以前上国文课的时候，我做过一个梦。今天早晨，我已经忘记了那个梦，一阵无意的微风却把我吹回到梦里去。梦的颜色是粉红的，梦的声音是幽静的，梦的滋味是香甜的。我在梦的影子里待了七十分钟。梦要走了，我就先离梦而去。下午再想找梦，梦里已经回不去了。梦，我怕，不是我的。

7 月 8 日　　　　　　　　　　　　　　　　　　　　星期六

　　晚上买朱光潜《文艺心理学》，Turgenev's *First Love*（屠格涅夫小说《初恋》，丰子恺的英汉对照本），巴金译的 A·托尔斯泰的剧本《丹东之死》(Tolstoy's *Death of Danton*)。有书可读，又有时间，非常高兴。从翠湖归，小堤寂无一人，水中房屋倒影如画。真想睡在那儿做一个梦，我现在只缺少梦啊！

7月9日 星期日

作文考试。梦的眼睛又出现了：美目盼兮，巧笑倩兮！但是一寸相思一寸灰。

7月10日 星期一

考完逻辑，大考完结。如果一天既要做事又要玩，我总是先玩后做事的。昨天直到晚上才准备逻辑考试，夜深才睡。以后要先做事后玩，做事有味，玩也放心。开始读屠格涅夫的《初恋》。我现在应该多读点英汉对照的作品，因为读原文书可能查字典太费时间，减少兴趣；读翻译作品又不如读创作感到痛快，只好借对照做桥梁。对照既能看到英汉之同，又能发现双语之异。如《初恋》中形容女主角 each inch a princess（每一寸都像个公主），和李商隐的"一寸相思一寸灰"，就可进行对比。

7月11日 星期二

西洋通史学年成绩 75 分。下午去南院阅览室读《司汤达小说集》。

《迷药》写一个漂亮的女人嫁了一个年老的富翁，后来同一个漂亮的男戏子私奔，不料男戏子骗了她的钱跑了，但她还是热烈地爱着他，好像吃了迷药一样。这写的是情感和理智的矛盾。晚上在宿舍读《文艺心理学》第一章："美感经验的分析——形相的直觉"。朱先生说知识有两种：直觉知识是美感，逻辑知识是真感或善感。那司汤达写的漂亮女人就是吃了美感的迷药，男戏子却是按照逻辑做事了。

7月12日   星期三

在大西门看见梦中人，真是名副其实的颜如玉，穿一件既艳丽又高雅的旗袍，使人不得不注目，却又不敢正视，仿佛害怕世俗的目光会亵渎了圣洁的美一样。于是回到北院，偷偷地写了一封英文信寄去。信中还用了从钱钟书先生那里学到的句法，说是一见倾心，想约一见，但是又怕口齿不够伶俐、说话词不达意，只好以笔代舌，希望能得回音。在你不过费神片刻，在我却是受惠一生了。

（补记）当时自然没有回音。后来读到《吴宓日记》，1940年8月7日写道："前数日，于城门遇周颜玉，着橙红色衣，盛施脂粉。圆晶轻小，如樱桃正熟，偕其未婚夫行。今又遇于凤翥街口，着月色衫，斜垂红带，淡施脂粉。另有一种清艳飘洒之致。与其夫购晨餐杂品。宓甚感其美云。"吴宓先生是钱钟书先生的老师，1939—1940年教外文系二年级必修课"欧洲文学史"。周颜玉和我都是他班上的学生。读了《吴宓日记》，我才知道先生也欣赏周颜玉的美，并且观察细致，描写简明扼要，如说她"圆晶轻小"，"圆"是说她圆如樱桃的脸蛋，"晶"

是晶莹皎洁的身体，"轻"是轻盈潇洒的步态，"小"是娇小玲珑的印象。吴先生不但欣赏她的美，还了解她有未婚夫，无怪乎我的信会石沉大海了。但是更想不到的是：五十年后她的回音居然从隔海相望的台湾姗姗来迟了。那是台湾举办一次国际翻译学术讨论会，邀我前去参加，我从台湾联大校友录上知道了她的通讯处，就寄了一封信去，谈到五十年前的往事。她来信说欢迎我去台湾，不过她已经不再是当年湖南大学的校花了。后来我没有去成台湾，再度见面之事自然再度落空。不过不见也好，她在我心目中永远是当年青春焕发的校花。

7月13日   星期四

听冯友兰先生讲"中国哲学的发展"，他说小孩被石头绊倒会发怒，大人却不会，因为小孩是用情感，大人是用理智。中国道家的哲学就是"以理化情"。如死是最动情的，但知道有生必有死的道理，就不会动情了。话虽如此，实行起来却难。我们只能做到有情而不为情所累。如某甲打某乙，我们愤愤不平，事后也就算了；如果打的是我，事后还是会愤愤不平的，这就是为情所累。只有无私，才能有情而不为情所累。

读朱光潜先生《文艺心理学》第二章"心理的距离"（Psychological Distance），如海上遇雾觉得危险，海边看雾却会觉得有朦胧美，因为后者与实用的态度有一段距离。距离不能太远，太远不容易了解；也不能太近，太近容易恢复实用态度。距离有三个要素，就是艺术家的剪裁，空间和时间。时间距离太久，空间距离太远，都会使实用态度有所减少。艺术家的审美态度，不去计较利害得失，自然和实用态度拉开距离了。

读司汤达《法妮娜·法尼尼》，写一个革命党人的情妇为了不让他离开而去告发，这就是为情所累；后来她去救他，又是实用态度。总之，就是距离没有拉开。

7月14日　　　　　　　　　　　　　　　　　　　　　　　　星期五

太阳出来了，天气很好，同吴琼、万兆凤、何国基、陈梅到黑龙潭去，走了远路，身体很疲倦，心里不高兴，这就是拉不开距离，完全实用主义，没有一点艺术态度了。忽然一辆汽车开到我们身边，停下来问我们是不是去中正医学院的。我们说是，就坐上汽车走了。到了中正医学院，找到两个南昌二中女同学丘建春和欧阳筱源（还有一个女同学胡品清去了浙江大学外文系，后来和法国人结了婚，在国外翻译唐宋诗词）。她们招待我们吃饭，饭菜都比联大好些；参观她们宿舍，却比我们拥挤，当年在二中没有说过话的女同学（她们两个都在理组，丘建春先分到文组，后又转了出去。歌雪曾感慨系之地说：一只蝴蝶飞进花园，没有发现盛开的鲜花，又飞了出去），现在都觉得亲近了。这却是时间和空间的远距离反而拉近了心理的距离。饭后去黑龙潭，又走了远路，口又渴，忽然发现了桃林梨树，于是也不欣赏美景，摘下果子就吃，还是实用态度战胜了艺术态度。先到白龙潭，潭水不白而清；后到黑龙潭，潭水不黑而绿；虽然名不副实，反而觉得更美。在绿荫下石桌上打桥牌，颇有古人下棋风味。归途中大谈选择女性的条件，按二十六个字母的顺序排列如后：Ability（能力），Beauty（美丽），Character（性格），Degree（学历），Equality（平等待人），

Family（家庭成分），Generosity（慷慨大方），Health（身体健康），Idea（思想清楚），Justice（公平正派），Kindness（和气），Love（爱情），Manner（风度），Nicety（雅兴），Optimism（乐观），Property（财产），Qualification（资历），Respect（尊重），Spirit（精神），Trust（信任），Unity（言行一致），Virginity（静如处子），Work（工作能力），X-radiation（照光体检），Youth（青春年华），Zeal（热心）。我和吴琼认为美最重要，他们却说性格关系更大，我说美可包括内心和外表两方面，大家争个不亦乐乎，乐而忘倦，简直是归途恨短了。

7月15日   星期六

　　读《文艺心理学》第三章《移情作用》。移情不是联想，如因哀悼亡友而觉得亡友的房屋凄惨，那是联想；因房屋本身的色调、形状而觉得它凄惨，那才是移情。移情不是美感经验本身，因为审美有两种：分享和旁观。分享是移情，旁观却是联想。晚上去大逸乐电影院看苏联五彩片《夜莺曲》，写格露齐亚和母亲、叔叔正在家中过圣诞节，忽然工厂起火，她的父亲和许多工人都被烧死，而厂长却得到了火灾保险金。第二年厂长盖了新厂，格露齐亚和母亲不得不去做工，当他们知道厂长是为了保险金才纵火烧厂时，大家都愤怒起来，在格露齐亚的歌声引导之下，砸了新工厂，打了工头。宪兵来镇压时，工人又群起反抗，把宪兵打个落花流水。全剧充满了群众的反抗情绪，是一部典型的苏联电影，格露齐亚是一个典型的苏联新女性。因为是彩色片，美的镜头很多，艺术性和思想性都很高，和英国浪漫主义诗人济慈的《夜莺曲》同名异趣。诗歌和电影中都有移情，但诗人移情是个人的，电影移情是集体的，并不相同。

7 月 16 日   星期日

买翻皮皮鞋一双，花国币十二元，配上一套白帆布学生装，颜色很不协调。穿上去开江西旅滇同学会，碰到泽兄在二中的同班：全省状元万发贯、数理冠军丁浩等。

7 月 17 日   星期一

政治学学年考试成绩 65 分。读瑞典作家斯特林堡的《爱情与面包》英译本，写婚前的理想和快乐，婚后的现实和困难，对比之下，很有意思。从前读中译本不感兴趣，现在读英译本却感觉不同，可见翻译好坏差别之大。

7 月 18 日   星期二

逻辑课学年考试成绩 80 分，这可能是我大学一年级学年考试的最好成绩了。读《文艺心理学》第四章"美感与生理"。说凡是形象能引起有益于生命的身体变化，就可产生快感，就是美的；否则就是不美的。是否如此？我还没有用经验来印证。晚上看电影《飞车警网》，觉得没有意思，是不是没有产生快感呢？

　　读《文艺心理学》第五章"美感经验"：1. 美感是无所为而为的，快感是有所为而为的。2. 美感是直觉的，批评是理性的。3. 了解是欣赏的准备，欣赏是了解的成熟。下午在师范学院图书室读郭沫若译的托尔斯泰的《战争与和平》。作品是世界名著，译者是著名作家，但是读来兴趣不大，是不是不够了解才不能欣赏呢？恐怕不是。文化发达，先要文人生活有保障，生活困难，就很难希望翻译作品能得到读者欣赏了。

　　读完屠格涅夫的《初恋》，去师院读英汉对照伍光建译的《十日谈》，兴趣也不大。得歌雪自赣州来信，谈到赣州被炸的惨状："空庭寂院，凄凉伤感！梧桐花落满了台阶，没人来扫；屋檐底下的鸽子也没有人管了。"又谈到他们离散的情况："一阵风偶然把几片浮萍吹到一起，突然又各自飘开了。"轻描淡写的忧郁把我的心也染成灰色了。

　　读《文艺心理学》第七、八章"文艺与道德"。1. 为道德而文艺的错误是：（1）误解美感经验，如西门庆和潘金莲在道德上不好，在艺术上却是成功的；（2）人生观太狭隘：人性是多方面的，需要也是多方面的，不能用理智压制情感。2.为文艺而文艺的错误是：（1）美感经验只是艺术活动中的一部分，前者是直觉，后者还有意志和思考；（2）艺术活动不能划为独立区域，人的心理活动可分为科学的，伦理的，美感的，美感的人不能从整个人中分割出来，因为部分之和不一定等于全体。所以文艺和道德有些地方有关，有些地方却没有关系。晚上买《少年维特之烦恼》和《巡按》的中译本，准备做英汉对照之用。今晚是北院小楼的最后一夜了。

7月23日 星期日

同万兆凤、何国基游金殿。万绿丛中露出一角黄瓦，使人遥想当年吴三桂和陈圆圆"冲冠一怒为红颜"的往事。然后盘旋上三天门，二百四十坡，眼界时时更新。金殿完全是黄铜的，用大理石铺地，殿前旗杆高耸两株古木参天，四围墙上盖满了青苔，是不是还在怀念平西王的盛世，或者是发思古之幽情呢！

7月24日 星期一

英文学年考试成绩79分，在钱钟书先生班上只是第二名，心里很不高兴。因为第一名是周基坤，考试时他坐我旁边，抄了我的答案，改头换面，结果竟比我高两分。可见我重名不重实。读了《文艺心理学》，还是实用主义思想，没有一点艺术家的风度。读完郭沫若译的《战争与和平》，主角其实是托尔斯泰的化身，写私生子继承了百万遗产而成了美人的丈夫，又因为妻子不忠而信仰宗教。另一主角安德雷参加过拿破仑战争，负伤退役；乐士妥夫却是崇拜拿破仑的青年军官。书中没有我喜欢的英雄人物。

7月25日　　　　　　　　　　　　　　　　　　　　**星期二**

　　读《文艺心理学》第九章"自然美与自然丑"。自然美可以转化为艺术丑，如月份牌；自然丑可以转化为艺术美，如《红楼梦》中的刘姥姥。读法国莫里哀著，傅雷译的《恋爱与牺牲》，译者在序中说："人生有幻想和现实两个世界。彻底牺牲现实的结果是艺术，把幻想和现实融合得恰到好处亦是艺术，唯有彻底牺牲幻想的结果是一片空虚。"前两种可以说是使现实转化为艺术美，后一种可能是没有使现实转化为艺术。

　　吴琼从前劝我学世界语，我因为世界语没有伟大的文学作品而拒绝了。今天他又给我讲世界语的二十八个字母，非常容易，只要三个月就可以学会，我又学起来了。

7月26日　　　　　　　　　　　　　　　　　　　　**星期三**

　　读完《世界语入门》上编。世界语发音简单，见字能读，听到能写，文法容易。只十六条，没有例外。何乐而不学之？晚上就同吴琼去听了两堂课。

读完《恋爱与牺牲》。第一篇写歌德失恋后写《少年维特之烦恼》，用艺术美弥补了现实的缺陷。第二篇写巴尔扎克的读者向政治家的夫人求爱，用艺术美取得了现实的成功。第三篇写英国女演员的两个女儿都因爱画家而死，女演员用艺术表演发泄了自己的悲哀。第四篇写英国小说家李顿婚后不愉快，但能用艺术态度来对待人生。傅雷认为这四篇写的都是艺术和人生相结合的人物。

听曹禺讲戏剧：第一要多搜集材料，创作如十月怀胎（incubation），搜集的材料不一定可用，但灵感（inspiration）一来就用上了。因为人生复杂，不是可以想象得到的。如有一个人外号叫"蛋炒饭"，他做官几十年没有升迁，又怕人瞧不起，所以有人请他吃饭时，他总要先吃碗蛋炒饭才姗姗来迟，吃了两个菜就推说应酬忙，又安步当车而归，归来再吃碗蛋炒饭。这种材料要多搜集。又如曹禺十年前有一个美丽的女朋友，现在是三个孩子的母亲，见面时只谈油盐柴米，直到送他出门时才指着她的女儿问他："你看她还像十年前的我吗？"他忙说："你现在并不老呀！"这种意味深长的对话都要注意收集。第二，人物不要写得太典型化了。太坏的汉奸和太好的爱国青年都很少见，起的作用不大。第三，对话应当是白话，不是文言，如"憧憬"是好文字，却不是好对话。好对话常是出人意料的，如不受欢迎的客人在客厅里等待，主人偷偷问仆人："没有走吗？还？"这种不合逻辑的对话却很生动，并且真实。第四，方言要紧，因为方言最能打动当地人的心，引发他们的感情。周基坤告诉我，他听过曹禺这篇讲话。

读《文艺心理学》第十二章"艺术的起源与游戏"。游戏和艺术有四个重要的类似点：1. 它们都是意象的客观化，都是在现实之外另创意造世界。2. 在意造世界时，它们都兼用创造和模仿：一方面要沾挂现实，一方面又要超脱现实。3. 它们对意造世界的态度都是"佯信"，都把物我的分别暂时忘却。4. 它们都是无实用目的的自由活动，这种自由活动都脱离"有限"而求"无限"。纯粹的游戏缺乏社会性，而艺术则有社会性。

读《文艺心理学》第十三、十四章"艺术的创造"：1. 想象与灵感：创造的想象可分为意识的和潜意识的，后者就是灵感，是突如其来，不能自主的。2. 天才与人力：天才得诸遗传、环境、时代、个性，但天才要有人力来完成：（1）积蓄关于媒介的知识；（2）模仿传达的技巧；（3）写作的锻炼。晚上月色朦胧，同万兆凤，何国基出北城门，沿城墙行，到了桥上仰观白云，俯听流水，自得其乐。谈起《茵梦湖》来。我说作者写老年人回忆往事，读到青年时代却会想到老年，怕会减少美感。万兆凤却说减少了刺激，会增加伤感。我说：对老年人来说，增加时间的距离，会减少实用的态度，增加伤感；但对年轻人来说，增加了伤感可能反而会减少美感。

读《文艺心理学》第十五章"刚性美与柔性美"。前者如骏马秋风冀北，后者如杏花春雨江南；前者是气概，后者是神韵；前者是动的，后者是静的；动如醉，静如梦：醉的产品如音乐舞蹈，梦的产品如图画雕刻；刚性美雄伟（sublime），柔性美清秀（graceful）；雄伟是精力雄，数量伟，清秀是精神清，质量秀；雄伟使人先惊后喜，秀美令人始终愉快。分析相当精辟。晚上读完屠格涅夫的《罗亭》，写一个能说不能行的贫穷青年，爱上了一个富贵人家的小姐，当小姐不顾母亲反对，要和罗亭私奔时，罗亭却要她服从母亲，结果既没有得到母亲的欢心，又失去了女子的爱情，两头落空。

国文学年考试成绩 68 分，意外地低。现在大一成绩都知道了：英文 79，逻辑 80，西洋通史 75，政治 65，生物 64，平均 72 分，不高不低，考入联大时是外文系第七名，学了一年，还是中等水平。总结一下，上课似乎不如自学所得更多。

·一九三九年八月·

8月1日　　　　　　　　　　　　　　　　　　　　　　　星期二

　　读《文艺心理学》第十六章"悲剧的喜感"。我们看悲剧为什么会发生喜感呢？有人说是幸灾乐祸，有人说是同情悲剧，有人说打重了就痛（痛感），打轻了只痒（喜感）。人生的悲剧是重打，艺术的悲剧是轻打，所以后者发生喜感。其实喜感起于情绪的发泄和艺术的欣赏。对人生取实用的态度，对悲剧却取艺术的态度，有一个适当的心理距离，所以产生喜感。听朱自清先生讲鲁迅的小说，他说《药》写中国吃人的风俗，闲顽的人物，穿插着亲子之爱和新生的希望。我觉得不如解释为愚昧的群众用革命者的鲜血来治病，不知道用革命精神来作救世的良药。他说《眉间尺》赞美复仇的精神，讽刺懦怯的和帮闲的人物。这倒是符合鲁迅思想的。读完果戈理的《巡按》英译本，讽刺腐败的官僚，虽然是俄国的剧本，却比鲁迅的小说好懂多了。晚上谈电影片译名，大家主张意译，因为好懂；我却主张直译，如果直译片名难懂，那内容呢？

　　听冯友兰先生讲"中和之道"。一个人可以吃三碗饭，只吃一碗半，大家就以为他是"中"。其实应该吃三碗才算"中"，四碗太多，两碗又太少了。"和"与"同"的分别是"同"中无"异"，"和"中有"异"。如糖醋熘鱼就是酸甜咸等异味的"和"。如果酸甜咸等不是恰好的分量，糖醋熘鱼的味道是不和的。这"恰好的分量"就是"中"；使每件事物成为恰好的分量就是"和"。这就是"中和"原理。附会地说，辩证法的"由矛盾到统一"是"和"，"由量变到质变"是"中"，这也合乎中和原理。应用到个人修养方面，生理上吃饭，喝水，睡觉等得到恰好的分量就是健康的身体，心理上各种欲望满足到恰好的分量就是健全的人格。应用到社会方面，军人、政治家、教师各种人要求权利不太过，要求职分（义务）不太少，就是好社会。应用到政治制度方面，民治（民主）最接近"中和之道"。我在研究庸人和天才，现在才知道需要的是健全的人格。

　　读《文艺心理学》第十七章"笑与喜剧"。喜剧为什么使人笑？有人说是发现别人的缺点和自己的优点，有人说是自由摆脱约束，其实原因是复杂的，不能只找出一个独一无二的原因。总之，笑的原因是多元的。

同万兆凤参加联大学生会组织的海埂游泳。蔚蓝的天空镶上洁白的云彩，反映在澄清的湖水里，连水中的太阳也柔化了。一会儿仰泳，一会儿侧泳，像是溶化在柔情液化的湖水里。我不喜欢游自由式，因为我不想争速度，只想慢慢享受水中乐趣。游泳后的太阳和太阳下的湖水一样可爱。躺在海埂的草地上，看着青山白云，听着波浪喈喋，享受自然美是够了，可惜没有饭店，只得吃带来的饼和海棠果。归途中用柳条戏水，想到了"树枝钓影"的诗句。在船上读完了茅盾的《三人行》。

得涂茀生来信。他上次信中说大湖江（小地方）的生活非常无聊，我就劝他用朱光潜说的艺术态度来对待生活。他回信说："假如你有债待还。腹空如也，好不容易得到一张钞票，你是否还苦进得出一句：'这张钞票色彩真美？'"他要我不是从书本中，而是从生活中来体验生活。他说得也有道理。回想西山步行回家之夜，现在觉得很美，当时却是苦不堪言。因为当时是实用态度，现在时间距离远了，才能采取艺术态度啊！

上午和廖山涛都呕吐了，可能是食物中毒，去找校医，吃了泻药，又拉肚子，精神太坏，睡了一个上午。下午空袭警报，躲进防空洞里，但敌机没有来。

读完《文艺心理学》。读附录"近代实验美学"：第一章"颜色美"，实验美学就是用科学方法来做美学实验，困难在于美的欣赏是完整的经验，科学方法要分析成分，但部分的总和并不等于全体，还有科学会混淆美感与快感。颜色配合要顾到重量原理：重的深色在下，轻的浅色在上。第二章"形体美"，形体美的基本原则是平衡（balance）或匀称（symmetry），也可寓变化于整齐。轻的颜色须离中心较远，重色较近。第三章"声音美"，音乐可以引起想象，但想象并不是音乐美；音乐可以引起情感，但须是情感的共相。这和鲁迅讲的文字三美有同有异：形美音美相同，色美意美相异。

读潘家洵译的《易卜生集》。《娜拉》以前读过。《国民公敌》写医生发现浴场有传染病毒，需要改建；市长却因为改建费钱，并且减少收入反而诬蔑医生造谣，宣布他是"国民公敌"。主题是说群众愚昧，少数人正确。这加强了我不信群众的思想。读完丽尼译的屠格涅夫的《贵族之家》，写一个俄国贵族因为妻子不忠而回到故乡，爱上了美丽虔诚的少女丽莎，在报上读到他妻子的死讯，就在月夜园中和丽莎热吻。不料妻子没死，也到故乡来，于是丽莎就进修道院去了。读了令人对丽莎同情。

8 月 9 日 星期三

读屠格涅夫的《前夜》，写女主角抛弃了艺术家和哲学家，和保加利亚的流亡革命家结婚，一同回国去做革命工作。这是一个革命战胜爱情的故事，政治影响比较大。《贵族之家》却是道德战胜了爱情，艺术风格比较高，读来像一首诗，看来像一幅画。晚上听世界语课，新老师念一句世界语，说一句中文，没有兴趣，决定不听课了。

8 月 10 日 星期四

读陈西滢译的屠格涅夫的名著《父与子》，写父子两代人新旧思想的矛盾冲突，思想性强，艺术性并不高，读来没有多大兴趣。

8 月 11 日 星期五

读郭沫若译的屠格涅夫的《新时代》。近来四天都在翠湖图书馆和民众教育馆读世界名著。下午去南院阅览室看到田汉译的《莎乐美》插图本，但没带英文本来对照。

8月12日 星期六

读韦素园译的果戈理的《外套》，写一个穷书记积钱买了一件外套，却在广场给人剥了。巡捕、官员、阔佬都不帮他，结果他冻死了，鬼魂就在广场作祟。意义虽然深刻，但万兆凤说太啰唆。兆凤健谈，可是不很善谈。他常谈到一些世界名著的内容，但听不出名著有多大趣味。

8月13日 星期日

读完《新时代》，这是屠格涅夫六部曲的最后一部。《罗亭》《贵族之家》《前夜》《父与子》《烟》（没见译本），《处女地》（即《新时代》），思想性越来越强。《新时代》写一个青年革命党人在一个反革命的政客家里做家庭教师，爱上了政客的侄女。两人逃出家庭，躲在一个工厂同志那里，外出对农民宣传时受到侮辱，对革命失去信心而自杀，侄女却和工场同志结了婚，继续工作。故事开始平淡，越后来越紧张。名著要硬着头皮读。不忍受开始的平淡，就看不到结尾的精彩；没有开始平淡的描写，精彩的结局也不能突然从天而降。还读了果戈理的戏剧《结婚》，讽刺赌博似乎小题大做，如果写成短篇小说或者散文，也许好些。但是戏剧能够上演，起的作用更大，恐怕不是一篇劝说戒赌的文章所能达到的。又重读高尔基的短篇小说《马加尔周达》

和《筏上》，顺便比较一下戏剧和小说。

8 月 14 日   星期一

读普希金的《杜布洛夫斯基》，写俄国贵族特洛耶顾洛夫夺了杜布洛夫斯基的财产，把杜活活气死。法官律师警长等来没收杜的房屋，小杜放火把法官等都烧死，自己带家人做侠盗去了。后来他冒充新家庭教师，混入特家，准备放火复仇，但爱上了特的女儿，没有放火，却劫了特的贵客。事发之后，他又去做侠盗。但特强迫女儿嫁一个老公爵，小杜又来劫婚，但已举行婚礼，女儿虽已自由，却不肯随她心爱的小杜走了。故事结局出人意料。普希金为什么这样写？我问万兆凤，他也不知道。

8 月 15 日   星期二

在南院阅览室读鲁迅译的法捷耶夫的小说《毁灭》，写西伯利亚袭击队一百五十个人的故事。队长莱奋生只知工作，不知疲倦，他有信仰，即使内心动摇也能克服。副队长巴克拉诺夫很勇敢，有一次他一个人射死四个日本侦察兵。小队长苦勃拉克代表农民，比较自私；图潘夫代表矿工；美迭里札代表牧民，一夜单骑深入敌营，被俘而死。队员木罗式加有流氓气，但是作战勇敢；美谛克却文雅，意志时常动摇。后来他们两人执行侦察任务，遇见敌人，木罗式加战死，美谛克却逃走了。这部小说不重情节，但描写人物性格生动，描写战争也很逼真。

我爱读的书多是俄国作品，为了欣赏原作之美，非学俄文不可。今夜俄文专科学校又开学了，吴琼、万兆凤、何国基都去旁听，我也去了。老师是俄国人，教三十二个字母，字母之笨，正代表了一部分国民性。老师教得很好，我想旁听到开学为止。大二时想学法德俄三国文字，但我应该"博"呢，还是"精"呢？可能又"博"又"精"吗？

天天读书，今天想去外面玩玩。早晨天阴，万兆凤、何国基、陈梅等都赞成到海源寺去。我们走了三公里的公路，来来往往的汽车吵得你既不能欣赏风景，也不能谈话。忽然走上一条小堤，两岸绿树，中夹流水，非常幽静。万树绿到古寺前，寺左有池，池圆如镜，水急似电，坐池畔，看波光，听涛声，似乎胜过黑白龙潭。风景虽好，到底不能当饭。肚子饿了，偏偏附近没有饭店。左问右问，东奔西走，才在两里外找到一个卖饭摊子。摊子上菜卖完了，只有剩饭。于是自己动手买菜：肉半斤，玉米四个，灯笼辣椒六只，饭用油炒，闻到那香喷喷的味道，似乎白饭也可吃下三碗。加上一大盘灯笼辣炒卤肉，两大碗灯笼辣炒玉米，吃得人人解开裤带才罢。饭后再吃两个大梨，回海源寺，登大悲阁，又在花园里石桌石凳上玩了几盘桥牌，才身心疲倦而归。

读刘铁云《老残游记》二集。几年前读《宇宙风》，"我的爱读书"一栏中，林语堂选了四本，第一本就是这部，其余三本是《蓝田女侠》《花田金玉缘》和《秋镫琐忆》，我都买到看了，只有这本心向往之的书却付之阙如。今天读后觉得不过如此。故事写老残、环翠、德慧生夫妇游泰山住在尼庵里，女尼逸云很风雅，和第一集的瑜姑相似，当时县长的儿子要女尼和他同床，女尼不肯，县长就要封庵门。德慧生说要写信给御史，县长就不敢了。逸云批评一班官吏，说他们欺软怕硬；批评一班游客，说有钱的不像人，像人的没有钱；谈到英雄才子，她最初只会以貌取人，后来才会以心论人。这大约就是林语堂爱读这本书的原因罢。这些见解现在觉得不足为奇，但在清朝却是不错的。现在读了外国文学，登高望远，就觉得小巫见大巫了。

读鲁迅译的《工人绥惠略夫》。绥是政府搜捕的无政府主义者。他不相信未来的黄金时代，因为过去相信的黄金时代到现在还没有实现。所以他问小说家：你预约给下一代的黄金时代可能实现吗？这说明了革命尚未成功的思想状况。

　　读完梁实秋译的《哈姆雷特》。这是莎士比亚的名著，写丹麦王子为父报仇，杀死了弑兄夺嫂的叔父。剧中问题很多，等将来读英文本再研究。又读郭沫若译的歌德的名著《浮士德》，两本都是世界名著名译，但是译文都没有吸引力，所以要读原文，或者搞好翻译。晚上看电影《列宁》。

　　《原野》继续公演，曹禺编剧导演，凤子演女主角，联大同学汪雨演男主角，张定华演丫鬟。观众都说很好，晚上就同万兆凤，何国基去看。剧情是写一个逃犯为报两代血海深仇，杀了仇人的儿子，占有了他的媳妇，并同媳妇逃进森林的故事。作者写逃犯复仇的精神，又写他怕死的心理人物复杂。演员都好，森林布景恐怖，灯光，音响增加声色不少。但森林中的悲剧，却引起了观众的笑声，恐怕作者没有预料到罢。

　　重读英文本《少年维特之烦恼》，每页都要读上三遍，好好领会歌德对自然、对人类、对真善美的热爱。又读陀思妥耶夫斯基《罪与罚》的中译本，写一个贫穷的青年不是为了钱，而是为了恨，杀死一个放高利贷的老太婆。读时觉得沉闷压抑。买了一本周扬译的托尔斯泰的《安娜·卡列尼娜》，搞理论的人翻译起来都是硬译。

8月23日　　　　　　　　　　　　　　　　　　　　　　　　**星期三**

　　买奥斯特洛夫斯基的《大雷雨》中译本。第一幕写一个青年受到叔父的虐待，他的情人又受到婆婆的虐待。第二幕写他情人的丈夫离开了家庭。第三幕写青年偷偷地会见他的情人。第四幕写情人的丈夫回家了，在一个大雷雨之夜，妻子当着丈夫和婆婆的面坦白交代自己的罪过。第五幕写妻子得不到婆婆的宽恕而投河自杀了。剧情比较简单，似乎还不如曹禺的《雷雨》有吸引力。

8月24日　　　　　　　　　　　　　　　　　　　　　　　　**星期四**

　　读梁实秋译的《李尔王》，这是莎士比亚的四大悲剧之二，写的是父女之情。李尔王有三个女儿，长女、次女都谄媚他，只有三女说老实话，李尔王却把国土都分给长女次女了。不料她们分得国土之后，反不善待父亲，并且要谋害他。幸亏三女和她丈夫出兵相救，但不幸兵败被俘，三女被绞死。长女和次女争风，姐姐毒死妹妹，自己也自杀了。李尔王一个人在森林中奔跑，痛苦而死。情节离奇，太不现实，但《原野》和《琼斯》中的森林可能受到影响。得到符达长信，他是酒后在三更半夜里写的，信中倾吐他一年来所受生活苦难的磨炼，以及明年升学的困难，既没有书，又没有钱。好朋友，我一定要尽力帮你，因为你以前是多么热心助人啊！好朋友，等着吧！

8 月 25 日 星期五

　　读梁实秋译的《马克白》，这是莎士比亚四大悲剧之三，写苏格兰大将马克白相信女巫的预言说他要当国王，就起了野心，但是国王受到人民爱戴，所以他犹疑不决，但他的妻子劝他做事要果断，他就把国王害死，并且自己当了国王。不料臣民都不服他，他很害怕，又去询问女巫，女巫告诉他，只要森林不会走路，他就没有危险，不料王子借兵报仇，驻扎林中，每人砍一棵树作隐蔽用，军队出发，就像树林走动，马克白一见吓疯了，结果被王子的部将杀死。剧情一波三折，心理描写细腻，颇有看头。

8 月 26 日 星期六

　　读梁实秋译的《如愿》，是莎士比亚著名的喜剧（悲剧之四《奥赛罗》没有译本）。《如愿》中有几句写爱情的是："如其你不能记得为情颠倒时所做的荒唐事，你实在不曾真爱过；如其你不曾像我这样坐着絮聒地称赞你的情人使听者生厌，你也是没真爱过。"这就是曹禺说的不能吸引观众的话。晚上看曹禺的《黑字二十八》。

　　昨夜看话剧《黑字二十八》，睡得晚了。今天想睡一个早觉，但是有人醒了，立刻嘻嘻哈哈，吵得你非起来不可。自从放暑假后，我几乎天天在图书馆里（南院，师院，翠湖，民教）。有人说："人在一处只见缺点，人分手后才想好处。"这也是距离的关系罢。回想中学时代满意的事不多，现在却不见缺点了。同万兆凤、何国基、陈梅同去大逸乐电影院看五彩影片《侠盗罗宾汉》，古城远眺，森林跃马，飞骑渡江，浪花四溅，比剑赛射，古色古香，值得一看。

　　读完托尔斯泰《安娜·卡列尼娜》上卷。第一部写列文（作者的化身）向吉提求婚失败，吉提喜欢的渥伦斯奇却爱上了安娜。第二部写安娜和渥伦斯奇的恋爱，她的丈夫政治家卡列宁和她谈判，她向丈夫坦白。第三部写列文来农场割草，过乡村生活，吉提也来乡村。卡列宁要求安娜维持现状，安娜内心充满家庭和情人的矛盾，而渥伦斯奇也让爱情战胜了猎取功名的雄心。第四部写卡列宁要求安娜不在家中会见情人，安娜违约，卡列宁准备离婚，但安娜生产危险，卡列宁由恨转怜，在安娜的病榻前和渥伦斯奇和好。列文和吉提在乡村重逢，再度求婚，得到同意。上卷写了两对情人的对比：安娜和渥伦斯奇浪漫主义的爱情，列文和吉提现实主义的婚姻。看来作者是赞成后者，反对前者的。但后来安娜却成了反对政治婚姻的先锋。《安娜》下卷还没出版，又读曹靖华译的契诃夫《三姐妹》，没有感到多大兴趣。

在南院外文系图书室借到英文本《俄罗斯短篇小说选》。读普希金的《神枪手》，他既不报复勇敢的对方，也不射击害怕的敌手，有独特的风格。又读安德列耶夫《红笑》的中译本。写战争的恐怖和士兵的疯狂。买莎士比亚的《哈姆雷特》和塞万提斯《堂吉诃德》的中译本，翻译可读性差。

得阳含和在他父亲去世后的来信。信中写道："每当阴霾的雨夜，凄寂的月下，寂寞孤独像一条巨蛇样嚼噬着我的心。是的，我忘不了那慈祥的亲爹娘，与和蔼的兄弟、朋友、同学。我恋念着家，我恋念着永泰，我恋念着那暮色苍茫中的一片田野，我恋念着那消失在天边的一条黄色公路，我恋念着那埋葬在斜柳下的曲折的大观河，我恋念着那黄昏时的紫色的红色的晚霞——挂在河那一边的天底晚霞……然而，我要告诉你，我不愿意这样下去！我有一颗坦白的心，我有鲜红的血，我有同情的眼泪，我是个青年——他的青春之火仍是炽热地燃烧着啊！朋友，让我们忘去了以往罢——虽然它是那般美丽，但回忆却会使你苦痛，使你颓废啊！"看到他寄来的照片，人变瘦了，两眼直视前方，仿佛在探询人生的秘密；他的眼睛无力，显然是一年来的苦恼还没有离开他的脑海：他虽然咬紧牙关，但更显出他面容的憔悴。一年来的生活是如何改变了他啊！他信中恋念着的大观河，正是我翻译林徽因《别丢掉》时恋念着的景色；但他认为回忆会使人痛苦，我却觉得回忆使我重度了过去的生活，再尝了甜美的滋味。

大一下学期又过去了。一学年到底又有多少收获呢？首先，我认为最大的收获是人生观的树立。从大一英文的课文中，我学到了西方自由民主的思想，从冯友兰先生等的演讲中，我又学到了东方以理化情及中和之道。把东西方结合起来，我认为自由应该是做好人好事的自由，民主应该是智者和能者的统治，人能各得其所，物能各尽其用，那就是中和之道，也就是自由民主。其次是这一学年打下了中外文学的基础。散文如朱自清、朱光潜；诗词如闻一多、浦江清；小说如沈从文、萧乾；戏剧如曹禺、徐纡；英文如叶公超、钱钟书，都给了我不同的启发。有的给我们讲过课，有的做过报告，有的出版过作品，使我们能各取所需。尤其是外国文学，英国的莎士比亚、德国的歌德、法国的司汤达，尤其是俄国的普希金、果戈理、屠格涅夫、陀思妥耶夫斯基、托尔斯泰、高尔基等，可以说是把我领进世界文学的大门了。

· 一九三九年九月 ·

9月1日 星期五

　　生活要规律化，规律可以节省脑力；生活要艺术化，艺术可以增加情趣。但是我的脑海却是规律和艺术的战场，不能生活得像一幅寓变化于整齐的图画，感到不满足。读李青崖译的《莫泊桑全集》中的《鹧鸪集》，餐桌上的鹧鸪嘴转向谁，谁就吃鹧鸪头，吃后要讲一个故事，很像《一千零一夜》和《十日谈》的序曲。《莫兰这公猪》写一个粗鲁的男子拥抱了一个女子而吃官司；一个聪明的男子却引诱她上了床而没事，这是典型的法国短篇小说。《在乡里》写贫穷的父母因为爱儿子，舍不得把他卖给有钱人，后来儿子却因为邻居的孩子卖给有钱人而生活得好，反而怨恨父母，这是典型的金钱社会现象。由此可以看出莫泊桑怎么会成为法国最著名的短篇小说家。得浙江大学王树椒长信，谈所读书，记所游地，录所爱诗，洋洋八页，洵是有趣。

　　读英文报《每日新闻》，英国对德宣战，第二次欧战开始了。刚好读到莫泊桑的《羊脂球集》，写德法战争时期，德军占领了罗昂，十个法国人要同坐一辆马车离开罗昂到哈佛尔去，其中有一个外号羊脂球的妓女，大家都瞧她不起，并且不和她说话。走到中途大家饿了，路上没有饮食店，大家都没有带食物，只有羊脂球带得很丰富。但大家死要面子，宁可挨饿也不开口求食，直到有人饿得晕倒了，羊脂球又主动请大家吃，大家才又吃又喝，有说有笑。晚上马车停在一个小镇，检查站的德国军官要和羊脂球睡觉才让马车第二天往前走。羊脂球恨德国人，不肯答应，大家也说她对。但后来怕耽误自己的行程，又劝她为大家而牺牲。第二天开车后，羊脂球没有带食物，大家谈起话来，却都冷言冷语，话中有话，讥讽羊脂球做了不名誉的事。他们用餐时也不分她一份。于是羊脂球躲在角落里哭了。故事讽刺深刻，是莫泊桑最好的短篇。

　　读完《堂吉诃德》第一部。在初中时读过节译本，读到堂吉诃德把风车当怪物，把客栈当城堡，把羊群当敌人，只知道作者在讽刺读骑士小说入迷的读者。现在读了屠格涅夫的论文《哈姆雷特和堂吉诃德》，才知道前者是思想的巨人，行动的矮子；后者相反，是思想的矮子，行动的巨人，但有坚强的信心和自我牺牲的精神。这部书除了写堂吉诃德主仆二人的历险之外，还穿插了四个浪漫故事，这些故事如果单独成篇，也许还有趣味，和堂吉诃德混在一起，就显得乱杂无章了。

读完杨晦译的俄国莱蒙托夫的《当代英雄》，作者在序言中说："当代英雄皮喀林的形象是由我们这整整一代人充分发展了的缺点构成的。"卷一《培拉》写皮喀林和卡比基都爱上了培拉，培拉的弟弟爱上了卡比基的骏马，要用姐姐和骏马作交换，卡比基不同意，弟弟就使皮喀林得到了培拉。皮喀林对培拉的爱情慢慢冷淡，卡比基却把培拉劫走，培拉不从，他竟用刀把她刺伤，结果培拉死了。这两个人的爱情都不能算是爱情，人也不能算是当代英雄。卷二写皮喀林的友情，卷三是他的日记抄，卷四《定命论者》，写皮喀林不信命运。一个军官相信，因为他用手枪打自己，手枪不响，再打别的，枪却响了，这证明他命中不该死于枪下。不料当天晚上他就被一个醉汉杀死。醉汉藏在空屋子里，因为他有手枪，大家不敢开门进去捉他。皮喀林要试试命运。从窗口跳进去，竟捉住了凶手，这就是他的英雄事迹。卷五《普林赛司·玛利》，皮喀林的朋友爱玛利，玛利并不爱他。在舞会上有人公然侮辱玛利，皮喀林却挺身而出为她解围，她就爱上他了，他的朋友约他决斗，他却一枪把朋友打死，得到了玛利。但他挺身而出，与朋友决斗，都是为了虚荣，并不是爱玛利，所以得到爱情之后他又离开她走了。《当代英雄》反映了作者那个时代对英雄，对爱情，对友情的看法，的确是"多余的"一代人。

9月9日　　　　　　　　　　　　　　　　　　　　　　　　　**星期六**

　　这几天上午都去翠湖图书馆读"莫泊桑全集"，已经读了《霍多父子集》《遗产集》《珍珠小姐集》等。翠湖环境幽静，图书馆却陈旧，李青崖的译文没有吸引力。

9月10日　　　　　　　　　　　　　　　　　　　　　　　　　**星期日**

　　莫泊桑中译本没有兴趣，歌德《维特》的英译本却值得一读再读。今天又选读了维特听见夏绿蒂和她的朋友谈论死亡的那一段：

They talk of the death of their friends with as much indifference as one would mention the death of a stranger. "If I were to die,—thought Werther,—would they feel—or how long would they feel, the void which my loss would make in their existence? Yes, I feel certain that the existence of any being is of little consequence."

　　她们谈到朋友的死亡时满不在乎，就像在谈一个陌生人的死亡一样。维特不禁想道："假如死的是我，她们会感到——或者有多久会感到——我的死亡在她们的生活中造成的空缺呢？我敢肯定的是：任何生命的存在对外人的生活都是无足轻重的。"

读完鲁迅译的《十月》，写苏俄十月革命时莫斯科的混乱，觉得不如《毁灭》。得李祥麟（歌雪）来信说："以我的意见是主张'为艺术而艺术'始，'为人生而艺术'终。我觉得这两句话没有冲突，而应该互为因果。这是怎样的说法？以朱光潜为例，他著书研究是为艺术而艺术，丝毫没有存什么他心。但他的文章可以卖钱，他的理论使青年得益。使别人得到生活的教训，而他自己也获得精神上和物质上的满足。这是他在不知不觉中走进了为人生而艺术的途中了。"见信如见人，又好像在和老同学谈心了。

同万兆凤，何国基等十个人游西山，登龙门。悬崖落红花，绝壁飞纸燕，有趣。晚上读曹靖华译的《不走正路的安德伦》，写革命初期的革命者安德伦，在农村不尊重农民的习俗，又不顾农民的反对，硬要把耶稣的圣像换成马克思的头像，结果使农村革命失败。夜里睡了，又起来译 *Teasdale's Love Songs: Twilight*（《暮色苍茫》）：

Dreamily over the roofs

（屋顶上迷迷蒙蒙，）

The cold spring rain falling;

（凄凉的春雨入梦；）

Out in the lonely tree

（枯树留下了孤影，）

A bird is calling, calling.

（小鸟在悲叹哀鸣。）

Slowly over the earth

（慢慢地覆盖大地，）

The wings of night are falling;

（落下了黑夜之翼。）

My heart like the bird in the tree.

（我的心也像鸟影，）

Is calling, calling, calling.

（不断地悲叹哀鸣。）

9月13日   星期三

读《鲁迅先生语录》，摘抄如后："倘若一定要问我青年应当向怎样的目标，那么，……就是一要生存，二要温饱，三要发展。有敢来阻碍这三事者，无论是谁，我们都反抗他，扑灭他。所谓生存，并不是苟活；所谓温饱，并不是奢侈；所谓发展，并不是放纵。""要中国得救，也不必添什么东西进去，只要青年们将这两种性质的古传用法，反过来一用就够了；对手如凶兽时就如凶兽，对方如羊时就如羊。那么，无论什么魔鬼，就都只能回到他自己的地狱里去。"鲁迅说得真好，够青年用一辈子了。

几天来都读茅盾的《子夜》，写上海金融实业巨头吴荪甫办工厂，竞争不过外国，工人又要求加薪，否则罢工，最后停办。小说诉诸理智，而不容易打动感情。

又读了"莫泊桑全集"中的《蔷薇集》和《蝇子姑娘集》，没有什么值得记的。读茅盾的《多角关系》，写经济恐慌，二老板的丝厂和钱铺都倒闭了，要收账收不到，该付账付不出，儿子因为欺骗少女而被关押，二老板却还在旅馆里寻欢作乐。茅盾的小说写出了当时商人的真面目，和莫泊桑写的法国社会不大相同。

同房项琦去世四个星期了。他是著名的杭州高中的毕业生，考取了联大中国文学系。我们在桂林（第一次）见的面，还一同坐汽车到柳州。他的文笔不错，字也写得清秀，和他人一样。他当选为中文系学生会秘书，有个女朋友方兰馨，也是杭州来的，除上课外两人老在一起，和同房联系少。一个月前得病，住进医院，有他的女朋友照顾，一天他想吃梨，女朋友给他买了。不料伤寒病不能吃水果，就一病不起了。噩耗传来的那天中午，同房都谈论他的不幸，医生的无能，无意中总会漏出一两句玩笑话来。那时我就惊讶地问道："你们还有心开玩笑吗？"第二天下午出殡，同房都去送葬，只有我一个人没去，并且冷冷地说道："送殡不送殡我看没有什么关系，只要不把死人开玩笑就行了。"去世一周之后，同房周庸规梦见项琦回来了，梦中发出仿佛被梦魇压住的呼声。第二天起，他就成了房里开玩笑的主要资料。今夜玩笑开得更大了，周基坤给箱子披上一件黑色大衣，再用草帽做成一个骷髅的头，同时用绳子摩擦床板。发出棺材板裂开的声音，来吓唬熄灯后回房的周庸规。啊！什么友情！我不禁想起歌德的话来："一个人的生死对别人来说是无足轻重的。"

9 月 17 日   星期日

　　这两天在翠湖图书馆读了"莫泊桑全集"中的两本：《哼哼小姐集》和《苡威获集》。晚上读完郭沫若译的席勒剧本《华伦斯泰》。第一部写华伦斯泰的军队对他的崇拜。第二部写华伦斯泰的元帅忠于他而不忠于国王；第三部写华伦斯泰私通瑞典，背叛国王，被部将所杀。剧中最著名的插曲是威廉泰尔一箭射中儿子头上苹果的故事。据郭沫若说，诗人过于要求写得自然，人物既不全好，也不全坏，结果反而显得不自然。又说这是"汉奸文学"，外国人怎么成了"汉"奸？应该说"叛徒"就够了。

读鲁迅译的厨川白村《苦闷的象征》。摘要如后：

（1）《创作论》：奔流碰到磐石会击起浪花，钢铁碰到石头会迸出火花，两种力量互相冲突就会产生美丽的花。人也有两种力：一种是生命力，是个性的表现，是生活的创造力；另一种是压抑力，就是社会的强制力。生命力是自由的，解放的，它受了社会力的强制和压抑，化为苦闷。用具体的方法表现，这苦闷的象征就是文艺。

（2）《鉴赏论》：文艺作品是作者生命的象征，生命是有普遍性的。生命的内容（就是体验的世界）相同的人不论在多少年后，不论在多么远的地方，都会产生同感。生命不同的人即使同时同在一地也不互相了解。所以文艺作品所给予的不是知识，而是唤起同感的作用。现在图解如下：

作者心理→心象→感觉→理智→作品；

读者心理←心象←感觉←理智←作品

（三）现实主义与理想主义：了解现实就了解未来，没有现实也没有未来。白日的梦等于心理的距离。文艺与道德无关，正如两点之间直线最短与道德没有关系。

读茅盾三部曲之一《幻灭》，写一个柔弱女子静受男子的欺骗，感到幻灭。后来参加政治工作，但只是呼口号，贴标语，又感到不满足。在医院当看护时，和张连长恋爱，去庐山度蜜月，但张连长回军队了，静又感到幻灭。她生命的内容只是工作和恋爱，但都感到苦闷。文艺是苦闷的象征。那和道德有没有关系呢？从《幻灭》看来，恐怕不能说是没有。

晚上又读三部曲之二、之三：《动摇》和《追求》，印象深的只一句话："人二十岁改良社会，三十岁推动它，四十岁跟着它，五十岁拉住它。"这和孔子说的"吾十有五而志于学，三十而立，四十而不惑，五十而知天命"是大同小异呢？还是倒退呢？"志于学"可以说为了改良社会，"三十而立"就要推动社会前进了；四十没有怀疑，可能不只跟着社会前进，态度也更坚定；"五十而知天命"，天命可能有积极和消极两面，拉住社会就是停止前进，不进则退。看来2500年后，我们反而开倒车了。

9月20日   星期三

读王了一翻译的《莫里哀全集》，其中《装腔作势的女人》比较著名，写两个男子向两个女子求爱，碰了钉子，因为这两个女子爱好虚荣，装腔作势，于是两个男子就派他们的仆人装作贵族去向她们求爱，这样来揭穿她们的虚荣心，讽刺贵族社会。午餐后同万兆凤、陈梅、何国基，出城去看联大新校舍，听说是梁思成和林徽因设计的。教室是黄色土墙，铁皮屋顶，学生宿舍则是草顶土房，更加简陋。我下学期按规定住昆中南院，所以和新校舍关系不大。

    报上说苏俄和德国协商瓜分波兰。受了鲁迅、茅盾、巴金等进步作家的影响，我一直认为苏俄是个扶助弱小民族的国家，怎么会和法西斯的德国同流合污，像从前的沙皇俄国一样，来瓜分弱小的波兰呢？苏俄也许有它不得已的苦衷，但是在中国要求进步的知识分子看来，未免令人大失所望。

    凄风苦雨中重读了英文本《少年维特之烦恼》。又开始读穆木天翻译的"巴尔扎克集"第一卷《欧贞尼·葛朗代》。《维特》是浪漫主义的德国作品，《葛朗代》却是法国现实主义的名著。葛朗代是吝啬人的典型，他有无数金币，却又非常吝啬，家中只有一个独生女儿欧贞尼，是他的掌上明珠。乡村中的银行家、公证人、法院院长等都想和他结亲，以便得到他的遗产。在欧贞尼生日的那一天，他们几家都来送礼，不料葛朗代的侄子查礼忽然从巴黎来了，他的外表，衣着，风度，都使欧贞尼着迷。但他带来了他父亲的信，告诉葛朗代他破产了，准备自杀，把查礼托付给这个吝啬人。第二天葛朗代得到查礼父亲的死讯，就告诉了查礼。查礼哭得非常伤心，使欧贞尼觉得他既可爱又可怜，把自己的私房偷偷地全部送给他，他也因感激生爱情，送她一个金盒子作纪念。后来查礼到印度经商去了，很久没有音讯。葛朗代夫妇死后，欧贞尼得到了巨大的遗产，求婚的人很多，她都不肯答应，一心一意等着查礼。不料查礼在印度发了财，要和一个贵族的丑女儿结婚，以便取得爵士的称号。但贵族却因为查礼没有还清他父亲欠的债，不肯答应婚事。查礼非常焦急，欧贞尼知道后，立刻代他还清了欠款，自己却形式上和法院院长结了婚。院长死后，她终生做慈善事业。巴尔扎克这部小说典型地反映了当时法国的资产阶级社会。其实，作者本人就为了得到贵族头衔而和比他大十七岁的贵族汉斯嘉夫人结了婚，并且在自己的姓名前加上贵族的标志"德"字，写成"德·巴尔扎克"，由此可以看出作者现实主义到了什么地步。

9 月 24 日　　　　　　　　　　　　　　　　　　星期日

晚上同万兆凤、张汝禧、何国基、陈梅谈天，谈到关于严嵩的传说，关于师爷的故事（如师爷听人"开口便叫三娘子，便知三郎不在家"）。后来谈到翻译的问题，张汝禧说翻译可以比原文好，如《鲁拜集》；我说需要经过比较才能这样说。他说他相信别人说的，并问我相信历史吗？我说历史和翻译理论是两回事：历史是事实，翻译理论是见解；事实只有一个，见解可有多种多样。再后谈到真理，他说真理只有瞬间真理，例如我说你是许渊冲，一分钟后我还说你是许渊冲，但在这一分钟间，你身上死了许多细胞，你就不是一分钟前的许渊冲了。所以真理只是瞬间的。我不同意，认为他把真理和事实混为一谈了。万兆凤认为是定义的问题，谈得很热闹。

（补记）我说张汝禧把真理和事实搞混了，这也有个翻译问题。因为英文的真理 truth 有两个意思：一个是真实的道理，一个是事实。而中文的真理只限于前者，不包括后者在内。如人人能做到"己所不欲，勿施于人"，就可天下太平，这是真理；某人是某年某月某日生的，只能说是真实的，是事实，但不是真理，因为这不是道理。至于译文可以比原文好，这倒是个道理，但是不是真实的呢？那就需要证明，需要比较原文和译文了。不但需要比较两种文字，还要比较两种文化：如果译文国家文化高于原文国家，或者各有千秋，那才有可能胜过或者超越；如果低于，那就不可能了。又如苏俄和希特勒的德国瓜分波兰，这也是个事实，英文可以说是 truth，但是中文不能翻译成为真理。至于苏俄的社会主义是否优于德国的法西斯主义，这倒是个需要证明的道理。从苏联飞行员援助中国抵抗日本的侵略看来，社会主义制度自然远远优于德国和日本的法西斯主义制度。但从俄德瓜分波兰看来，社会主义国家怎么和法西斯国家一样了呢？这就不是制度问题，而是制度执行人的问题了。因为社会主义制度应该执行扶助弱小民族的正义原则，而苏俄却执行了和沙俄相同的唯利是图的帝国主义原则，义利之争却是个大是大非的问题。这同时也说明了"瞬间真理"的说法有误，因为沙俄和苏俄的存在都是事实，而不是道理，虽然存在总是有道理的，但用中文来说，不能说是真理。从这次讨论中，也可以看出中西文字和文化的异同。一般说来，中国文字更精简，西方文字更精确，但词义的内涵往往并不相同。其实这些道理，中国文化典籍中早就说到了。如老子《道德经》一开始就说："道可道，非常道。名可名，非常名。"第一个"道"字，就是道理，抽象的真理；第二个"道"字，却是知道，说道；第三个"道"字，又是平常的道理，具体的道理，或者事实。这六个字合起来就是说：真理是可以知道的，但是真理并不等于事实。这就解释了中西方同词异译的问题。至于"名可名，非常名"，第一个"名"字指的其实是"物"或"东西"，意思是说：东西是可以有个名字的，但名字并不等于这个东西。这又解释了原文和译文的关系：原文是可以翻成译文的，但译文并不等于原文。这还解释了译文可以胜过原文的理由，但一定要译语国的文化不低于原语国的文化，或者译者的水平不低于原作者的水平。所以没有实际经验，是不能解决理论问题的。这样就可以解决我们所讨论的真理和翻译的问题了。

9 月 25 日　　　　　　　　　　　　　　　　　　星期一

重读《人与超人》。译者说："萧伯纳所谓的超人就是生命力强的人。现代人对'生'的发明（如医药）远不如对'死'的发明（如炸药）多，所以需要生命力强的超人来救世。"我却觉得"人可超，非超人"，其实超人应该是超越人世利害，重义轻利的人。

9 月 27 日　　　　　　　　　　　　　　　　　　星期三

秋风秋雨愁中秋。深夜从翠湖归，中秋无月，满目夜色。大家多半欣赏月夜，不游无月之夜。不知道月夜见月不见夜，只有无月之夜才能欣赏夜色。

9 月 28 日　　　　　　　　　　　　　　　　　　星期四

看《新民报》，涂茀生考取中央大学农艺系，阳含和取中大航空系，万绍祖取联大航空系，刘匡南取联大电机系。万、刘来昆明，二中同学又多两个，非常高兴。

9 月 30 日 星期六

9 月 30 日　　　　　　　　　　　　　　　　　　　　星期六

我是一个孤独者。现在的同房都不愿意做我将来的同房，我也并不觉得遗憾。文法学院二三年级男生住昆中南院，五人一组，今天报名，后天抽签分房。我现在的同房只有三个文法学院的，都和别人组合了，我和万兆凤就和三个陌生人一组报了名。晚上读王了一翻译的左拉《娜娜》。娜娜是个性感的女演员，许多人都捧她，摩法伯爵为她买房子，银行家为她买别墅，赛马的老板为她破产，乔治的哥哥为她盗用公款而坐牢，乔治求婚不成为她自杀。她今天爱一个，明天换一个，一直到死也不改变。演员多是如此。谁能永远爱一个人，不因对方的变化，不因时过境迁而改变呢？人生的欲望永远没有止境，只有受过压抑的人才更容易得到满足。

· 一九三九年十月 ·

　　第二个学年开始了。暑假本来应该九月结束，因为新校舍没盖好，所以延长了一个月。这个月有什么新收获呢？主要是扩大了阅读世界文学的范围。英国文学上至莎士比亚，下到萧伯纳，主要是读戏剧。法国戏剧则有高乃依的悲剧和莫里哀的喜剧，小说有巴尔扎克的长篇和莫泊桑的短篇；法国戏剧似乎不如英国，小说则有过之。德国的小说有歌德的《维特》，完全符合日本厨川白村"苦闷的象征"的说法，歌德失恋的苦闷借《维特》发泄出来了，他的苦闷也消失了。这是浪漫主义的作品，至于现实主义的小说如巴尔扎克的《欧贞尼·葛朗代》和莫泊桑的《羊脂球》，发泄的就不是个人的苦闷，而是揭露了社会的、民族的烦恼了。德国的戏剧有席勒的《华伦斯泰》，原文是诗，译成散文，怎么也不能传达原诗的美。俄国莱蒙托夫的《当代英雄》也是一样。加上我们那夜对真理和翻译的讨论，更增加了我对文学翻译的兴趣。也许就是这样，模模糊糊地我开始了要搞翻译的念头。

10月2日   星期一

　　今天开始注册选课，地点在昆中北院9号教室，到场指导选课的老师是叶公超和吴宓两位先生。叶先生是北大外文系主任，教过我一学期大一英文，他穿灰色西服，坐在一把扶手椅上签字盖章。吴先生是清华外文系代主任，我听过他在昆华工校讲翻译，记得他说过翻译不但要翻表面的词义还要译出文内的含义。今天他穿蓝色长衫，站在叶先生旁边进行具体指导。我看选课表上有几个组，我正考虑继续选钱钟书先生用英国英语讲解的课还是改选潘家洵先生用中文翻译的课，一问吴先生，才知道外文系二年级规定都选陈福田教授的英文散文及作文（一），教室是昆中北院2号，时间是星期一、三、五上午第二堂；第一堂上吴宓先生的欧洲文学史。教室是昆中北院9号。这两门都是必修课，其他必修课还有莫泮芹教授的英文散文，教室在新校舍9号，时间是二、四、六上午第三堂。下午第一堂则在昆中北院2号教室上谢文通教授的英文诗。还有一门必修课是第二外国语，我选了闻家驷教授的法文（一），每星期二、四、六第一堂在昆北3号教室上课。但是我对俄国文学感兴趣，想加选刘泽荣教授的俄文（一），问吴先生是否可以。吴先生看了看我一年级的成绩，大一英文79分，总评72分，说是可以，于是我就同时选了法文和俄文，把选课单交给吴先生，吴先生看后再交给叶先生签字，他却没有签名，只是盖个章。就这样我选了二年级的课。下午洗澡理发。

    这两天读了赵景深译的柴霍甫短篇小说集。今天读完《香槟酒》集。《文学教师》写恋爱时幻想的快乐，和结婚后对现实的不满。《洪礼齐》写医生爱上了学艺术的小姐，小姐不想结婚而想漫游。几年后她漫游回来想结婚了，医生却不愿再到她家里去。《蚱蜢》相反，写一个爱艺术的小姐和医生结了婚，后来又和一个画家发生关系，不久画家抛弃了她，医生却在治病时有意吸入毒菌而死。《活财产》写一个贵族的儿子热恋一个书记的妻子，竟出钱把她买下来。但两个人生活单调，妻子又回到书记家里。贵族的儿子却因为钱花光了，又舍不得离开她，结果居然寄居在她家里。几个短篇写的都是浪漫人物和现实的矛盾，浪漫的有女有男，现实都是不满。柴霍甫是俄国和莫泊桑齐名的短篇小说作家，但莫泊桑的作品多是喜剧，柴霍甫的却多是悲剧。这两个作家也代表了两个国家和两个民族的文学。

    读适夷选译的《林房雄集》。小说也反映了日本的现实。如《百合子的幸运》写一个公司职员死后，他年轻的女儿百合子不知所措，不得不自动送上公司老板的门。这就是一个日本女子的命运，是苦闷的象征，但林房雄却说反话，说这是幸运。

　　买到艾思奇的《大众哲学》，这是本畅销书，已经印刷十几版了，自然不可不读。今天读第一章"绪论"：（一）哲学并不神秘，因为哲学的踪迹可以在日常生活中找到。（二）哲学是人们对于世界的根本认识和根本态度，如现实主义、宿命论、享乐主义。

　　第二章"观念论，二元论和唯物论"：（三）只承认主观事物，否定客观事物，这叫作观念论。承认客观事物的独立存在和独立法则，又承认主观是从客观中派生出来的，这是唯物论。（四）观念论的谬误是回答不出感觉现象的来源；二元论以为感觉是物体触动我们的感官而引起的，但是又说：我们所看见的都是主观感觉的幻影。它的谬误是：物体既然认识不到，那为什么能武断它是存在的呢？（五）唯物论承认物质自身会运动，也承认性质的变化。人类是世界上最高级的物质，人类的思想就是一种高级物质的性质。（六）物质是独立在人的心意之外的，我们希望天冷，天并不会冷；物质是能自己变化运动的，不然，世界上的变化是从哪里来的？并不是神的安排。

　　读《大众哲学》第三章"辩证法唯物论的认识论"：（七）用照相做比喻，有暗箱、镜头、底片等才能照相；有肉体、头脑、五官等，人类才能认识事物，所以物质是精神的基础。二元论者认为我们不能够认识外界事物的真相，正如照相和真相大小、颜色、活动不同一样。唯物论者却主张我们能够认识外物，因为五彩电影和真相相同。（八）

卓别林和希特勒都有小胡子是感性认识；卓别林和罗克、劳莱、哈台都是滑稽大王，却是理性认识。感性觉得同一的，理性看出差别，所以感性和理性是矛盾的。（九）理性认识不以感性为基础，则人类的头脑能够自己造成幻想，成为主观的真理。主观的真理常和客观的现实相背驰，因此我们要在实践中去矫正主观的错误，只有实践能使主观的思想和客观的事实统一一致。（十）实用主义者主张主观的真理，相对的真理。"卖瓜的说瓜甜，骗孩子的人说瓜苦，买瓜的说瓜甜或苦。"他都承认是真理。这显然是荒谬的。只有买瓜的人，只有被压迫者才能认识真理。真理是绝对的，但也有相对性，因为我们不能掌握绝对的真理。

10月9日 星期一

读《大众哲学》第四章"唯物辩证法的诸法则"：（十一）矛盾的统一律：变戏法的（如棍变蛇）是位置的移动，动力是魔术师。真正的变化（如人变老）是性质的变化，原动力是事物的矛盾。事物外部是统一的。内部却是矛盾的（如人既要增加体力，又要消耗体力）。统一是暂时的，矛盾却是永久的，所以事物常常变成和自己相反的东西（如人变成死人）。（十二）质量互变律：雷峰塔的砖（迷信者说可以消灾降福）被偷是量变（或渐变），偷砖太多而使雷峰塔倒塌是质变（或突变），这是由量变而质变。雷峰塔倒了而偷砖的人更大批偷砖，这是由质变而到新的量变。新的量变再产生新的质变，所以质变和量变是互相变化不已的。（十三）否定之否定律：樱桃可以吃，它有使用价值；而又可以观赏，所以又有交换价值。我们说樱桃没有了时，实际上它转化成了货币，就是樱桃的交换价值克服了它的使用价值，但货币却保存了樱桃的交换价值。货币的交换价值克服它的别的价值时，货币又转化成为水果或盈利了。否定之否定不是循环，而是进化。如樱桃是肯定（或正题），货币就是否定（或反题），水果或盈利就是否定之否定（或合题）。否定之否定不是肯定，因为它有盈利。这就是进化了。

晚上第二次看电影《凤凰于飞》(*Rose Marie*)，第一次是在南昌二中高二的暑假，那时只看见两个人唱来唱去，并不喜欢。后来在永泰从含和处学会了 *Indian Love Song* 和 *Rose Marie* 两支歌，就有点想再看一次。不料昨天下午去看时，才看了一会儿，就响起空袭警报来，真倒霉！今天晚上忽然何国基想去看，我就决定去第三次。不料刘星垣，陈梅，万兆凤也都来看，正好！电影一开，*When I am calling you* 的歌声就像一条蜿蜒的长蛇直钻心头。当警察 Bruce 捉去 Marie 的弟弟，Marie（Jeanette MacDonald 饰）想用歌声唤回 Bruce 时，林畔湖滨，歌衬景，景衬歌，一声一泪，令人肠断，真好极了。从前不了解歌词，怎能欣赏电影？这就是《苦闷的象征》中说的心灵交流吧。

10月10日 星期二

开课前读完了《大众哲学》。（十四）概念论：人的思想把世界上的事物分门别类地概括叫作概念，如货币是银圆、马克、贝壳等的概念。内容不完全的概念叫作抽象概念，如"没有"，我们以为它是说"消灭"了，"忘记"了，它也是"转移"了。内容完全的概念叫作具体概念。我们应该应用具体概念，还要观察它的矛盾和变化。（十五）

形式论理学：我们说"青年是店员"时，青年和店员是统一的。但店员是青年吗？不，所以青年和店员又是矛盾的。唯物论的矛盾统一律承认"青年是店员又是非店员"；形式论理学的同一律，矛盾律，排中律却否认它，所以是错误的。（十六）机械的唯物论：主张对环境完全屈服，观念论主张完全不顾环境的困难。前者只看见客观环境的力量，后者只看见主观思想的力量。前者只见量的变化，后者只见质的变化。（十七）现象和本质：孙悟空七十二变，变成鱼或庙宇等等，都是现象，孙悟空才是本质。我们如果只见现象不见本质，就要受骗。怎样才能看出本质呢？第一要在现象中观察，第二要把各个现象连接起来观察。（十八）内容和形式：一件事的本质和现象合称它的内容。内容和形式的关系不是油和瓶的关系（因为油和瓶可以分开），而是方桌和方的关系（因为方桌和方不可分开）。内容决定形式，形式也可帮助或者限制内容。（十九）法则：事物的运动变化，都有一定的状态、秩序，本质的状态，秩序就是法则。法则是静止的，所以狭隘；它又是根本的，所以深刻。它是在一定情况下才会出现的。因果法则不是片面的，如失业不只是由于青年不努力。"果"对"因"有反作用，如打人自己手痛因果能够转化，如社会不安使青年失业，青年失业更使社会不安。因果的基础是本质的条件（最重要的条件），如失业是由于社会制度不良；因果能够转化，主观的作用是原因，如打人手痛，我打是因；还有内因，如我打人倒，人弱是内因。（二十）必然性与偶然性：社会制度不良发生失业有必然性；水灾使失业严重是偶然性，因为没有水灾失业还会发生，有水灾而社会好，失业还是不会发生。（二十一）可能性：可能性是可能实现的，现实性是已经实现的可能性。可能性不一定能实现，如革命有成功的可能性。也有失败的可能性。这话说得简单明了。

　　第二学年今天开始上课。第一堂课吴宓先生讲欧洲文学史。他说表现思想的方法有两种：一种是声音，一种是形式；前者如欧洲的拼音字，后者如中国的象形字。两种文字各有其长，各有其短，不能说哪种好，哪种不好。所以他不赞成拉丁化。从艺术的观点看来，吴先生的意思是对的；但从教育的观点来看，他的意思却未必对。因为教育的目的是要普及，而方块字的确太难了，就是中国人也要学几年才能学会。何如拼音文字能说就能写，能写就能读书呢？

　　（补记）现在看来，吴先生的意思还是对的，我自己的意见却很幼稚，完全是跟着鲁迅走，并没有消化鲁迅的思想，也没有用实践去检验拉丁化是不是正确，就说出了自己后来也反对的话。其实鲁迅也说过，中国文字有三美：意美以感心，音美以悦耳，形美以悦目。而欧洲文字只有意美和音美，没有形美。欧洲有个大哲学家——是不是罗素？——甚至说过：世界上如果没有中国文化，那真是人类的一大损失。如果没有中国文字，人类文化就要大为减色。中国台湾诗人余光中对诺贝尔奖评委马悦然说过：杜甫著名的诗句"无边落木萧萧下，不尽长江滚滚来"这种有对仗，重叠，草字头，三点水偏旁等形美的诗句，是西方文字所无法翻译的。自然这话还可研究，因为《唐诗三百首》把这两句翻成如下译文：

The boundless forest sheds its leaves shower by shower;

The endless river rolls its waves hour after hour.

　　不但译出了原诗的对仗和重叠的形美，而且用双声的音美译出了原诗字头和偏旁的形美。由此可见吴先生说的中西文字各有长短是有道理的，拉丁化没有形美是一大缺点。

第四堂课刘泽荣先生讲俄文。他比较俄文字母和英文字母的异同，说俄文的字母加了 ya、ye、yu 三个元音字母，辅音字母有两个发音像 z、但一个是颚舌音，一个是舌齿音。在俄文专科学校听俄国老师讲的时候，他只叫我们跟他念，只有感性知识，而刘先生教我们的是理性知识，学起来就容易多了。

10 月 12 日   星期四

今天第一堂课闻家驷先生讲法文。一个学时只讲六个母音（元音），但他还没有教子音（辅音），就要我们读生字，那就是还没有学走却先学跑了。下午第一堂课谢文通先生讲英文诗，他很年轻，需要两份学识才能得到一份信任。无意中买到李佶人翻译的弗洛贝尔的《马丹波娃利》（就是福楼拜的《包法利夫人》），没有封面，第一页也破了，只好用包书纸包起来，贴上两个书签，就整旧如新了，但只花了半价。

10 月 13 日   星期五

上午第二堂课陈福田先生讲英文散文和作文，他是清华大学外文系主任，我们用的大一英文教材就是他编选的，给了我们不少英美文化知识，对联大学生都起了一定的作用。他人高大，身体强壮，英语说得非常流利，讲解也很清楚明白，教材用的是美国大学用的《英美散文读本》。今天讲第一课 Sang（俚语），他先要我们把自己所知道的英文俚语写出来。这对美国大学生是轻而易举的事，但对中国学生可难了，可见陈先生是把联大学生当美国学生对待的。我只写得出一个俚语：You will catch it.（你要挨骂了。）可见我的语言知识很不丰富。陈先生要我们先读课文，进行分析，再和注解对照，如果意见相同，那是 Great minds always agree（英雄所见略同），如果不同，也不要盲目相信别人，这大约是美国大学的教法。他又比较 character（性格）和 characteristic（特性），说前者是总称，后者是分称。作为语言教师，的确不错，但是没有听到钱钟书先生那样的惊人妙语。

10月14日 　　　　　　　　　　　　　　　　　　星期六

第一堂法文课讲完了二十六个字母。讲字母时，闻先生用法语讲开口音、闭口音，如何能够理解？回想我在二中初二时，开始对英文课失去兴趣，就是因为老师讲课没有循序渐进。到了大学，会不会还发生同样的事情？又去旁听杨业治先生讲的德文课。英、法、德、俄文和世界语的字母大同小异，学了一种再学一种不难，无怪乎歌德十七岁就懂七国语文。如果要他再懂中文，恐怕要难得多。我如果能学好几种外国文，也许就可以胜过歌德了。晚上到彭大妈洗衣店去取洗好的衣服，看见一盏萤火似的油灯，一小炉红红的炭火，满屋挂着的湿衣服，满床堆着的干衣服，和坐在炉旁床边的彭大妈，构成了一幅洗衣之家的图画。她一面替我缝衬衫上的纽扣，一面对我讲她的苦处难处。看见纽扣少了，她又爬到那漆黑的小楼上去给我找几个下来。

纽扣全缝好了，还给我把衬衫再烫一次。烫完衣服，她却不肯收钱。我就推说上午还有一件衬衫没给钱呢，一定要她收下。这虽然是一件小事，心里却感到一份温暖。

10月15日   星期日

晚上抽签分房。我抽到第二签，住第二室和第三室，都是只住三个人的小房间，非常高兴。第二室比较大，但是套房，好处是安全，坏处是比较嘈杂；第三室比较小，但是正房，好处是读书安静，坏处是容易丢东西。我是个孤独者，还是选了第三室。

10月16日   星期一

晚上同闰子（张燮）走环城马路去工学院。他在土木工程系，功课很好，对外国语的知识也很广博。英文分数比我还高三分，法文也知道一些，德文在同济大学旁听过几个月，俄文能读字母，世界语也自修过，谈话有趣味，几乎可以和歌德比美了。回来时得到含和六页长信。他学航空工程，文字写得很美，热情也很丰富，但表面很平静。我们在永泰时同住一起，但是不到分别之后，我并不真正了解他，就像不到别后，我不真正了解其治一样。我是一个只见现象，不见本质的人。含和信中批评朱光潜的《谈美》。朱先生说美是心和物的产儿，是形象的直觉；含和却认为美是主观的，不是直觉而是联想，如"记得绿罗裙，处处怜芳草"，看到的是芳草，联想到的却是美人，那美的并不是直觉看到的芳草，而是联想到的美人了。我却还是同意朱先生的说法。

---

10 月 17 日   星期二

搬到昆中南院三室。进门右手靠窗是我的床位，兆凤在我对面，里首是社会系同学姚圻。晚上五个人散步，看见月斜树影长，月暗树影黑，方才回来。

---

10 月 18 日   星期三

第二堂课陈先生讲杜威的 *What is Thought?*（思想是什么？）问题看来简单，回答并不容易。杜威的回答译成中文是：1. 一切进入心中的事；2. 我们没有直接看到、听到、闻到、尝到的东西；3. 所接受的信念，但是几乎不打算说明相信的理由；4. 在认真考虑，仔细研究的基础上取得的信念。四个答案范围越来越小，由浅入深，但还不能说是定论，可见定义之难。英文要求精确，但抽象的东西是不容易精确的，反而不如精简的中文模模糊糊，并不一定不能说明问题。其实，老子《道德经》一开始就说明了："道可道，非常道；名可名，非常名。"这就是说：思想是可以下定义的，但不一定是你下的定义，或杜威的四个定义；东西是可以有个名字的，但名字并不等于东西。两千多年前的老子说得多么精简，多么有概括力。这等于说，定义并不等于思想，不符合定义的不能说不是思想。而这正是空头理论家的通病。晚上模

仿杜威的文章写一篇英文作文 *What is Beauty?*（什么是美？）

10 月 19 日 星期四

　　我不习惯闻先生讲法文的方法，决定退选。但对大众哲学兴趣很高，决定改选哲学概论，甚至想转哲学系了。但是我对法国文学也感兴趣，却不喜欢听法文课。那对哲学课如何呢？还是等听了哲学概论以后再定吧。下午同万兆凤，何国基，刘新垣去校外参加鲁迅先生逝世三周年纪念大会，听孙伏园先生讲话，看见电影明星高占非也来了，可见鲁迅先生影响的深远。

10 月 20 日 星期五

　　下午孙伏园先生来联大南院"南天一柱"大教室演讲。他谈鲁迅作品，在《呐喊》中，他最喜欢《药》，鲁迅先生自己却更喜欢《孔乙己》。因为《药》的主人公是一个特殊的革命先烈，群众也是太愚昧，太无同情心的群众，不如《孔乙己》写的是一个常见的普通人，群众也不是全无同情心的群众，更有现实意义。人的修养不同，观察就不相同；观察不同，见解也就不同。晚上同万兆凤、吴琼、张汝禧打桥牌。张打错了，却要找借口，我又和他辩了起来。其实打牌的修养也有高下，见解自然不同。

10月21日　　　　　　　　　　　　　　　　　　　　　**星期六**

万兆凤要搬到新校舍去，他的床位出让。但花十块钱买床位的是同系同班借读的同学查富准，他穿一身崭新的西服，头发梳得油光贼亮，常常和女同学林同梅在一起，我怕他们来往太多，会妨碍我，就要万兆凤把床位让给徐树泉了。徐也是同系同班借读的同学，是著名的杭州高中毕业生，他说杭高学生全都升入名牌大学，但他却穿一件蓝布长衫，不太讲究衣服，我宁愿和他同住一间房。

10月22日　　　　　　　　　　　　　　　　　　　　　**星期日**

早上忽然想骑自行车，立刻租了一辆，从翠湖骑到新校舍。下坡时两袖生风，上坡时满身出汗。发泄之后觉得痛快，但又想休息了。人总是静久思动，动久思静的。晚上游翠湖，树叶的阴影像草，我想踏在迷梦似的草地上，梦影却压到我身上来了。

10月23日　　　　　　　　　　　　　　　　　　　　　**星期一**

下午在昆中北院3号教室听郑昕先生的哲学概论课，结果大失所望，远不如读《大众哲学》有趣。听说贺麟先生讲得不错，并且自负地说：听他一年讲，胜读四年书。既然敢这样说，总有一定道理，不是王婆卖瓜，否则就会有反面的批评出来。后天先去旁听看看，因为耳闻不如目见，事非亲历是不大可靠的。

今天上午十时去新校舍 9 号教室听莫泮芹先生讲英国散文，这是第一次在新校舍上课。莫先生是北京大学教授，和叶公超、陈福田、谢文通几位先生都是广东人。他穿一身灰色西服，说话写字都很随便，看来有点散漫，倒像一位散文教授。

刘鸿允来看我，我们是在江西泰和参加大学统一招生考试时认识的，他考取了浙江大学，但他说浙大物质环境太差，比新校舍都差得多，功课却过分严，缺课一小时扣总平均 7 分，和联大不相同，师生关系却好，如王树椒就得到张其昀教授器重。但教授阵容不如联大强，所以刘鸿允还是转学到联大来了。可见大学最重要的还是要有大师，大师越高，培养的人才也就越多。

"欧洲文学史"讲文学与非文学的分别：文学重情感（emotion），想象（imagination），乐趣（pleasure）；非文学重理智（reason），事实（facts），教导（instruction）。这样讲比下定义好多了。陈福田先生讲 Hazlitt 的 Familiar Style，其实，familiar style 就不容易翻译，因为中文没有一个对等词，可以译成散文、随笔、小品，但是都不对等，只好勉强说是"散文体"或"随笔体"了。随笔并不是随便拿起笔来，想到什么字就用什么字，而是选择平常用得最恰当的字。随笔也不是随兴所至把字堆在一起，而是要按照字的习惯用法排列组合。夸大其词并不困难，而选择一个恰如其分的词却要困难得多。

下午第一堂课在南院"南天一柱"大教室听贺麟先生讲哲学概论。他讲哲学和科学的关系，说哲学是"全"，科学是"分"。如科学的天文学研究空中之物，地质学研究地下的无机物，生物学研究有机物，而哲学却是研究"物"的。科学研究自然，哲学研究价值。如问人为什么吃饭？为肚子饿而吃饭是生理派，为感到肚子饿而吃饭是心理派，为色香味之美而吃饭的是艺术派，为保卫国家而吃饭的是道德派。前两派是科学派，后两派是哲学派。贺先生讲得清楚明白，容易理解，而郑先生似乎是在和哲学家论道，门外人就不得其门而入了。我决定选贺先生的哲学概论课。晚上买 Manly 的英文诗读本，花了九元五角。归来时仰视流云疑树动，静观明月待人来。等谁来呢？

10 月 26 日　　　　　　　　　　　　　　　　星期四

体育在昆华工校足球场上课，黄中孚老师是清华大学 1933 年毕业生，讲话很有趣味，一会儿说中文，一会儿说英文，大有马约翰先生的风度。虽然体操做得比一年级更多，人也更加疲倦，但却还是觉得有劲。他有一句话说得真不错：None can educate you unless you educate yourself.（如果你自己不教育自己，别人是无法教育你的。）

晚上和徐树泉谈诗，他批评英文诗教授的中文错误，如孟郊的《游子吟》："慈母手中线，游子身上衣。临行密密缝，意恐迟迟归。谁言寸草心，报得三春晖？"谢文通老师把"寸草心"写成"春草心"，不但音义不对，平仄也不合了。又如《咏雪诗》："一片一片又一片，两片三片四五片，六片七片八九片，飞入梅花都不见。"梅花是红的，雪是白的，白雪飞到红梅中怎么会不见呢？其实原诗不是梅花而是芦花，因为芦花白如银啊。一席话说明徐树泉的中英文底子都不错。也说明中国人学英诗，不能重外轻中，而该中外兼通，否则不容易取得大成就。

（补记）后来我把《游子吟》译成英文，就是这时起的主意。结果倒是青出于蓝，后来居上了。现在把英译文两稿补上：

（1）

The thread in mother's hand

A gown for parting son.

Sewn stitch by stitch, alas!

For fear of cold he'll stand.

Such kindness of warm sun,

Can't be repaid by grass.

（2）

From the thread a mother's hand weaves,

A gown for parting son is made.

Sewn stitch by stitch before he leaves,

For fear his return be delayed.

Such kindness as young grass receives,

From the warm sun can't be repaid.

初稿每行六个音节，基本是抑扬格，一四行，二五行，三六行押韵，风格古朴，以音美和形美而论，更加接近原诗。二稿每行八个音节。单行一韵，双行一韵，以意美论更加忠实于原诗。至于梅花芦花问题，芦花更真，梅花更美，就各有千秋了。

　　上午在昆中北院 1 号教室旁听陈寅恪先生的"南北朝隋唐史研究"。陈先生是江西人，去年英国牛津大学请他去讲学，因为战争爆发就没有去。他讲课时两眼时常闭上，一只手放在椅子背后，一只放在膝头，有时忽然放声大笑。他的课每周只有两小时，但他只讲一个钟头，而且两周只来一次，因为研究生课注重课外阅读。他说图书馆无书可读，只好沉思默想，这时大笑一阵。他说同学有问题可以问他，如答不出，就说不知道。中学老师这样说要被赶走了。但大学教授如果什么问题都答得出，那还需要研究做什么？这时大笑。他又说问题不可太幼稚，如狮子项下铃谁解得？解铃自然还是系铃人了。这时他又大笑。问题也不可以太大，如见帆动，问心动不动？这是唯心唯物的大问题，回答不可能精。最好能提短小精悍，承上启下的关键问题，如杨贵妃就是唐史的一个关键，因为"玉颜自古关兴废"嘛。最后他说：专问答不讲解，中国大学还行不通，所以他每两周讲一次，讲的材料不是正史，而是稗官野史之类。陈先生讲得有味。无怪乎"目中无人"的刘文典先生只佩服他一个人了。

　　晚上南昌一中同学曾慕蠡到昆明，他考取联大电机系，万兆凤、何国基、陈梅、刘星垣都很欢迎。

　　（补记）后来他在清华大学数学系毕业，和我同在昆明天祥中学任教，新中国成立后他在大庆石油学院教数学，加入了共产党，《人民日报》说他是高级知识分子中的党员代表，也算是一中校友的佼佼者了。

　　万兆凤搬去新校舍十一号，徐树泉搬来南院第三室。我们开始在南院食堂包饭，和吴琼、何国基、徐树泉等六人一桌。下午上英诗课，谢先生讲了四首诗：其中 Robert Herrick:*How Roses Came Red*（《玫瑰如何变红》）很有趣味，现在抄录翻译如下：

Roses at first were white

玫瑰本来白，

Till they could not agree,

偏偏不满意，

Whether my Sapho's breast

要和莎芙赛，

Or they more white should be.

谁白谁胜利。

But being vanquish'd quite,

后来服了气，

A blush their cheeks be spread.

羞红了面孔。

Since which, believe the rest,

信不信由你，

The roses first came red.

玫瑰从此红。

上午预习 Newman:*The Aim of University Education*（纽曼：《大学教育的目的》）纽曼说，大学是为社会培养好公民的（training good members of society），文章是骈体，写得很美。我模仿写了篇骈体作文 *College Life*，说大学生活既不完全自由，也不完全循规蹈矩（neither absolutely free nor absolutely regular）。也用骈体，但比纽曼差得多。晚上同吴琼打双人桥牌，只要两个人就可以玩，比较方便。

买联大信笺（一元六十张）和信封（一元四十五个），买了又嫌贵，真患得患失。

上英国散文课。莫泮芹先生讲 John Lyly 的宫体散文，很像中国的六朝骈文。莫先生说，这种文体有人说好，有人说坏；在观点相反的人看来，好的却是坏的，坏的反是好的。骈文偶一为之可以，不必花费太多时间。上体育课打手球。分内外两圈，外圈人用球打内圈人，被打中的出圈，出完了外圈人进内圈，由原来的内圈人用球打他们，这样轮流打下去，非常好玩。碰到南昌二中同学万绍祖来联大航空系，我们在西山受军训时曾睡邻床，关系很好。他来联大，我又多有一个人来往了。

·一九三九年十一月·

11 月 1 日   **星期三**

    第二学年又过了一个月，最大的收获可能是读了《大众哲学》。今天起得很早，洗脸时有比较干净的热水。吃早餐时有比较多的油炸蚕豆，上课前还有充分的时间做早操和朗诵外文。早起的确是好，我的理智要我早起但是情感却不愿意。我不应该感情用事，但人也不完全是理智的动物，只好一天起早，一天睡早觉，这样既可得到早起的好处，又可以享受早觉的乐趣。人生的趣味应该是多方面的。

    上午第一堂欧洲文学史讲完波斯文学。第二堂发还英文作文《谈美》，得 80 分，《什么是思想》的摘要反而得了 90 分。陈福田先生的分数真松，所以大一英文甲组得八十几分的很多，钱钟书先生的乙组却只有一个，因此不能以分数论人。

听完波斯文学后，在英诗课本中找到波斯诗人的《怒湃集》，抄写翻译如下：

（13）

Some for the glories of this World, and some 有人争尘世虚荣；

Sigh for the Prophet's Paradise to come; 有人要乐园天堂。

Ah, take the cash, and let the Credit go, 要现金不要赊账。

Nor heed the rumble of a distant drum! 不要听远处鼓响！

（16）

The worldly Hope men set their Hearts upon 尘世的希望落空，

Turns ashes-or it prospers; and anon, 如果你能够成功，

Like Snow upon the Deserts dusty face 像沙漠上的雪光，

Lighting a little hour or two-was gone. 片刻后无影无踪。

读书要像打仗，读指定参考书好比战略（如持久战），自由阅读好比战术（如游击战）。有战略无战术阵地战怎能持久？有战术无战略游击战也不能速决。所以应该在战略中运用战术，在训练中取得自由，在共性中表现个性，这才是兴趣与成功两全其美之道。我读书做事总追求完美，有时不完美根本不动手，不知道完美要累积经验，长期坚持。人人都是环境的产物，经验的俘虏。要想接近完美，只有不断体验各种环境的生活，看见比较好的立刻模仿，发现自己的错误立刻改正，这样才有可能接近完美。就拿翻译《怒湃集》来说，最初的译文是《鲁拜集》，几乎是约定俗成了，但是译音而没译意，不如《怒湃

集》有怒潮澎湃的意美。但"怒潮"是不是完美呢？不是，因为原诗并无怒气，只有及时行乐的闲情逸致，所以从艺术的观点看来似乎很美，其实并不忠于原文。既不实用又不艺术的事应该不做，实用而不艺术的事却应该尽量艺术化。如上厕所是最实用的事，就应该在可能范围内找一个最干净的地方，可以凝视流云疑墙动，可以看粉墙与白云一色，那就可以有一点诗意了。实用的事计划不可太紧，总要留有余地，如从南院到新校舍上课要走十分钟，假使在上课前十分钟才动身，忽然想起忘了带袖珍字典，再同去拿就要迟到了。这是从理智上来考虑。从情感上来说，人总是不喜欢太紧张，而喜欢有点空闲和自由的。在中学时，课间休息十分钟是多么可贵，老师晚下课几分钟又是多么不得人心，因为人性根本是爱自由的。

11月3日　　　　　　　　　　　　　　　　　　　星期五

上英文作文课，陈福田先生用图解来分析课文，简单明了。《俚语》的结构是两条线，一短一长。《什么是思想》是四条长线。《大学教育的目的》却是七条线。每条线又一分为三。这样分析相当清楚。读参考书 Jameson 的《欧洲文学简史》，这是清华大学自编的教材，钱钟书先生做学生时曾用过。书中讲到基督教和回教的分别时说：基督教是出世的（otherworldly），而回教是入世的（worldly）。如果一个人喜欢吃喝玩乐，欣赏诗歌，爱看风景，他就认为自己是入世的或世俗的。世俗的人有罪了，所以死后要永远受苦受难。这种人生态度不利于文学、科学和艺术的发展。从最后一句看来，作者并不同意出世的观点。

南昌一中同学赵家珍到昆明，读联大工学院机械系。这样，最难考的工学院四个系都有一二中的同学了：土木系张燮，机械系赵家珍，电机系曾慕蠡，航空系万绍祖。加上法学院经济系的陈梅、刘星垣、张汝禧，文学院外文系的万兆凤、吴琼和我，一共是十个人，除张燮在二中高一班外，何国基却是同班。今天十个人在我房里聚齐了，真是来昆明后最热闹的一天！晚上又在新校舍十一号吃点心，谈组织球队和桥牌队的事。万绍祖本来不大说话，现在却变得幽默有趣了。大家尽欢而散。

（补记）后来江西同学在昆明办了一个天祥中学，教师多是联大学生，大家关系更加密切。赵家珍代理过教务主任，张燮、万绍祖、曾慕蠡分别教高三、高二、高一数学，还有数学系的王浩也教高中数学，后来他成了国际数理逻辑大师。我教高三、高二英文，吴琼教高一英文，万兆凤教初中英文。赵家珍在天祥中学校歌中说：天祥"师生情谊长"，谈恋爱的不少，成功的不多，十人中只有张燮考取庚款公费留美，回国后和四级校友黄庆龄结了婚。赵家珍和三级的小芬恋爱，去美国学海军。回国后却没成眷属，后来成了广州文冲造船厂的高级工程师，终身未婚。最不幸的是万绍祖，他在联大航空系任助教，和他同住一房的助教吴孝达后来成了加拿大航空学会会长，他却因为和三级校友蒋怀明恋爱没有成功，得病而英年早逝。他们的恋爱都和我有关，因为我是天祥中学三、四级的班主任。万兆凤却和经济系的一中同学熊中煜，气象系的二中同学刘匡南都喜欢上了八级学生林洙。熊中煜还给我看过林洙给他的信，信中说她喜欢风度好的熊先生。刘匡南给林洙题了四行英文诗：Roses are red, /Violets are blue, /A girl like you/ Ought to be true. 第一行的玫瑰用红墨水写，第二行的紫罗兰用深蓝墨水，第三四行用纯蓝墨水。后来林洙在清华大学建筑系工作，和建筑大师梁思成结了婚。我问她对天祥老师的意见，她告诉我她对刘匡南的印象更好，但匡南已经去世了。

11月5日　　　　　　　　　　　　　　　　　　　　　星期日

读英文《圣经旧约》，上帝造了男人和女人，却因为他们偷吃了智慧之果，把他们驱逐出乐园。难道上帝不愿意人有智慧吗？这事我早就想不通，现在研究英文圣经，也看不出个道理来。也许信仰是超乎理智之上的，不然，为什么像爱因斯坦这样的大科学家也信上帝呢？不过我还是同意《论语》上的话："子不语：怪，力，乱，神。"并且觉得这是中国文化高于西方文化的地方。西方说：科学就是力量，但力量用得不当就成了暴力。西方歌颂力量的好处是英雄主义，培养了强人；缺点是歌颂了战争。中国文化主要培养好人，歌颂和平。好人如果不强，就要受人欺负，所以中国成了弱国，受到帝国主义侵略；但是强人如果不好，那就会以强凌弱，暴力横行，天下大乱。所以强人一定要和好人结合。好人消极，却是必须条件；强人积极，只是充分条件。两者结合，东西方就可以共同进步，创造光辉灿烂的世界文化。英国哲学家罗素也认为中国文化有高于西方文化的地方，西方在神权时期，宗教战争频繁，成了黑暗时代，中国却已经是礼乐之邦而在实行仁政了。

英国散文课读培根的《谈真理》《谈报复》(凡法律能纠正的错误都不该报复),《论学》(学而乐在其中,可以文饰,可以致用)(书可尝可吞,精品则应咀嚼消化)。培根的散文言简意赅。英诗读琼生的《献给西丽娅》,抄下半首,翻译如下:

I sent thee late a rose wreath, 我送你的玫瑰花环

Not so much honoring thee 不能使你光辉灿烂,

As giving it a hope that there 只是希望你的香味

It could not withered be. 能使玫瑰不会枯萎。

But thou there on didst only breathe, 你只闻了一下玫瑰,

And sent it back to me; 就把花环给我送回。

Since when it grows, all smells, I swear, 从此以后它闻起来,

Nor of it self but thee. 仿佛你的香气还在。

还有一首彭斯的诗,写情人的心理可和琼生比美,也抄下后半首,并且翻成中文:

I see her in the dewy flowers, 看见带露的花, 我就看见了她,

I see her sweet and fair; 看见她甜蜜而美丽;

I hear her in the tuneful birds, 听见小鸟歌唱, 也会使我联想到

I hear her charm the air. 她唱得空气入迷。

There's not a bonie flower that spring 就在泉水近旁, 没有好花生长

By fountain, show or green; 能不带来一片绿荫。

There's not a bonie bird that sing　没有一只小鸟，既唱歌又欢笑

But mind me of my Jean.　能不使我想起洁茵。

　　我却是听见窗外有人问"几号房间在哪里？"就以为是匡南；听见同房说有人来找过我，又以为是他。远在几千里外的江西同学都到了昆明，怎么近在成都的匡南还不来呢？

11月8日　　　　　　　　　　　　　　　　星期三

　　读完《马丹波娃利》（现译《包法利夫人》），写爱玛年轻时读过许多浪漫恋爱的故事，后来和乡村医生波娃利结了婚。有一次参加一个贵族家的舞会后，她开始厌烦医生家的环境，后来就和罗多服尔搞婚外恋，通信，幽会，正商量私奔的时候，罗多服尔却抛弃了她，因为他只不过是玩弄她而已。于是她又和赖翁恋爱，到旅馆去幽会，但赖翁却因为她太热情，太放荡，太奢侈而有点厌惧她。她却为了情夫们用了许多钱，把丈夫的财产都花得精光。等到阴险的商人来讨债并查封她的财产时，她就服毒自杀了。我不喜欢这个故事，因为书中没有讨人喜欢的人物，翻译也不算好。

　　（补记）后来读到译者李佶人写的《死水微澜》和《大波》，觉得很好，为什么他的译文远不如他的创作呢？等到我翻译《包法利夫人》时，就尽量把他写作的文笔应用到翻译上来。所以我后来翻译的基础，其实是在联大时打下的。

　　统计一下我买的文学作品，发现从江西带来的只有三本：《鲁迅杂感选集》，《死魂灵》和英文本《少年维特之烦恼》。这三本书的历史都不满两年，还不知道能够喜欢多久。小学时喜欢的《天方夜谭》，现在就是对英文本兴趣也不大了。文学和艺术是否有永久性呢？我身边历史最久的东西是考取二中高一时，父亲奖给我的一支派克自来水笔，现在天天在用。实用的东西倒是比较有永久性的，可见我是一个重视实用的人，是个平凡的人。如要超越平凡，那就要做出平凡人做不到的事。我对《马丹波娃利》的译文不满意，如果我能超越旧译，那就是向超越平凡迈出一步了。平凡的人并不觉得新校舍好，我却有点喜欢它。白天上课前在大草场上晒晒太阳，夜晚散步时仰望满天星斗，很有些美的感觉。但我不愿住在那里，因为长住就会发现白天太闹，夜晚太暗了。所以生活不能老是采取实用态度，要用艺术态度就超越了。

　　买英文《圣经》一本，国币一元。买《美的昆明》照片十二张，却花了二元四角。昆明在艺术家眼里看来比我眼里要美多了，所以要借他们的眼睛来欣赏。得符达信，告诉我莽生去重庆上中央大学了，但莽生的工作能不能让他接手还没确定。他信上说："一卷棉被，到今日仍然找不到一席之地，让它暂时稳定地铺开来。唉！林明，还谈什么？我连鸟雀都不如。一只无论怎样可怜的雀儿，一到夜间，总有一枝可栖息啊！"信里还有一张他和莱生难得聚会的照片。穿着一年前一样的制服，过着完全不同的生活，想到我痛苦时他如何安慰我，如今他痛苦我却无能为力。抚今思昔，几乎要失声了。

11 月 12 日 星期日

开联大江西同学会，改选，熊德基当选总务，陈梅事务，家珍文书，兆凤学艺，我管交际。见到邓行林、邓海泉兄弟。

（补记）熊德基是联大共产党支书，后为天祥中学第一任教务主任，科学院历史所副所长；邓衍林是天祥中学第一任校长。

11 月 13 日 星期一

晚上从新校舍回南院，在黑暗的旷野里不禁唱起英文歌来：When I am calling you, will you answer too?（在我呼唤时。你会回答吗？）但歌声消失在黑暗中。

11 月 14 日 星期二

成都金陵大学寄来一信，要我转交匡南，这才知道到十月底匡南还在泸州。所以十一月中还没有到昆明，也就不必多挂念了。

读完萧军《八月的乡村》，写东三省的游击队和日本军队作战，杀财主，招弟兄，以及牺牲的故事，中间有两段恋爱的插曲。比起法捷耶夫写游击队的《毁灭》来，显得结构和描写都有逊色。《毁灭》第一部写队员的性格，第二部写小冲突，第三部写大斗争，全部发展前轻后重，人物性格生动，《八月的乡村》却有矫揉造作之感。

得含和信，他想改名阳光，我觉得这个名字意义太明显，不符合他的性格，倒像是我的。我想取个别号——许午，暗示"予欲无言"，因为"许"字剩下"午"字，就表示去掉了左边的"言"字，正好表示我的话说得太多，应该少说几句为妙，但又觉得这个别号太含蓄了，倒像是为他取的名字。

夜晚同吴琼、家珍、慕蕤、国基、兆凤、绍祖在新校舍玩扑克牌，七个人一夜没睡觉，就像过年守岁一样，难得难得。

昨夜没有睡觉，今天早晨六点钟才回寝室，衣服还没有完全脱掉，人就钻进被窝里睡着了。只睡了两三个钟头，忽然被人摇醒。慢慢地张开了蒙眬睡眼，像是做梦一般，真的是做梦吗？我看见匡南了。我真没有想到他会早上来校，更想不到他来时我正有一个做梦的头脑，在做梦的眼里看来，这次久别重逢是如何美得像月下景色啊！

我，他，还有一个他的旅伴，三个人从小西门走到小东门，从环城东路走到金碧路，从金碧公园走到共和春，他的大哥恢先没有找到，我们倒走累了，饿了。于是先到同仁街他住的旅馆里休息，并且试穿了一下他为我定做的皮鞋，再去青年会餐厅吃饭。无意中我发现了他新买的小派克水笔，他也看见了我的那支老派克，就说："你还是那支水笔呀！"饭后他和我两个人再去小东门找他大哥，在那里碰到物理系赵宗尧教授，才知道他大哥到黑龙潭去了。原路回来，走过圆通公园，我问他进去玩吗？他说也好，于是我们就在昆明的城墙下，池畔的绿草地上，休息了一会儿，再回我的寝室，同在床上玩蜜月桥牌。从前玩牌总是要赢，现在却输了也心甘情愿。然后同去新校舍，兆凤、绍祖、慕蠡、家珍等对匡南的欢迎，使我非常高兴。大家同去南院附近府甬道的青年餐厅聚餐，虽然吃得并不特别好，但我却觉得匡南到底是大家的朋友啊。

晚餐后我送他回去，在月下走上翠湖的小堤，他说翠湖很美。我就和他谈起朱光潜的美学来，说他第一次看翠湖是用艺术态度，以后就会是实用态度了。又谈起相对论来，我说意见是相对的，如你说翠湖美，我可以说不美。但事实是绝对的，如我们今夜同在翠湖看月。走出翠湖，我又和他谈曹禺、冯友兰等的讲话，一直送他到了旅馆。我说：今夜月光这样好，我们再走走如何？他同意了。在路上，我谈起了我的群众关系不好，他说那是互不了解的缘故，这倒有点像钱钟书先生说的 To understand all is to pardon all（理解就会原谅）了。于是又从理解问题谈到辩证法的矛盾统一律，质量互变律，否定之否定律，越谈越来劲，不知不觉竟走过了魁星阁，走到古幢公园了。归途中他要我用三定律来分析群众的关系和自己的人生观，直谈到华山南路才分手，已经九点钟了。这十二个小时怎么谈得完分别两年后的心里话呢！

11 月 20 日   星期一

匡南同他大哥恢先来了。他大哥是南昌二中 1929 年毕业生，考取公费留美，是我们中学时代仰慕的模范。

（补记）他现在小石坝任工程师，后和联大研究生洪晶结婚，来联大土木系任教授，新中国成立后在中国科学院土木工程研究所任所长，是工程界的顶级人物。

11 月 21 日   星期二

上午到新校舍上英国散文课，下课后同国南在一个小馆子吃了两碗糯米饭。他也要来南院入伙。

下午在北院上英诗课后，同匡南去武成路洗照片为学生证用，同时我们合照了一张相（就是《诗书人生》上那一张）。

晚上同匡南在大观园路散步。阴历十一夜的月亮，一路上的模糊树影，远方的朦胧山色，幽静秋夜的小河流水，使我们不知不觉就走到了大观楼。在中学时匡南天天准备考大学，舍不得花时间在月下散步，今天却说大观园的风景很好，随着时间和环境的改变，他心情也变了。回南院后，我给他看莩生、符达、含和、其治等的来信，我们似乎又回到了永泰。

11月22日 星期三

上午课后，同匡南去注册，同在一桌吃饭。晚上同看电影《春残梦断》，就是托尔斯泰的《安娜·卡列尼娜》。内容剪裁不得当，不能感动人，演安娜的嘉宝年纪已大，个子又瘦，不能引起美感；男主角弗莱德利克玛琦也不见精彩，看得都打瞌睡了。回来时在咖啡馆吃了两客牛奶蛋糕。谈到做人问题，我承认我总自以为是，既不了解别人，也从不为别人着想，所以群众关系不好。

11月23日 星期四

晚饭后同匡南去莲花池，回来后再同吴琼去同济大学找二中同班柴宏业。

11月24日 星期五

下午同匡南去校医室检查身体。晚上他送我两张在四川的照片，一张后面写着"在泸县第一个孤寂的中秋节时摄",他不知道,就是在那个中秋节,我正远在千里外的赣州,收到了他从泸县寄来的航空信。那时我正高兴,哪里想得到他会孤寂呢!

11 月 25 日　　　　　　　　　　　　　　　　　　　星期六

中午恢先大哥来找匡南,同我们去华山南路西餐馆吃西餐,每客两元。在江西时就说:读外文系应该开开洋荤。直到今天,我才第一次用刀叉吃西菜。

11 月 26 日　　　　　　　　　　　　　　　　　　　星期日

郭沫若说:"日记不但应该写得不能见人,并且不能见自己。"我觉得日记是苦闷而不是快乐的象征。因为人生的目的就是享乐,如果生活中有了快乐,何必再写出来?何况笔下的快乐比不上实际生活中的快乐。如果有了苦闷,则非发泄出来不可。发泄了苦闷,人就可以得到快乐。

(补记)其实我这是只知其一,不知其二,不知道重温旧梦也是一乐,甚至可以温故知新,有时从现在回到过去,不是能看到过去看不到的吗?

　　同匡南去选课。从入学注册，办学生证，检查身体，包饭入伙，暂住宿舍，直到选课为止，我陪他办好了全部手续，这也算是弥补了分别两年的缺陷罢。

　　匡南开始上课。第一堂微积分上课时他还没有起来，第二堂经济学简要没有找到教室。联大太大，新来乍到，还摸不清东南西北，第四堂我陪他去上英文，讲萧伯纳的《百万富翁的悲哀》。家产百万，但衣食住行，都不能比别人好一百倍。倒很幽默。晚上带匡南到师范学院图书室看书，知道地方就好办了。

·一九三九年十二月·

12月1日　　　　　　　　　　　　　　　　　　　　　　　星期五

　　今天上午联大全体师生在图书馆前大草坪上听教育部部长陈立夫讲话。陈立夫穿长袍马褂，也穿长袍马褂的蒋梦麟校长陪着他来到广场上。他身材不高，貌不出众，语不出奇，说话浙江口音很重，更给讲话的内容打了折扣。他讲一个和尚化缘修庙，有志竟成的故事。为什么不讲武训兴学更合乎教育部部长的身份呢？大约是怕人云亦云罢。但把乞丐换成和尚，也不过是换汤不换药而已。听了部长的话，恐怕也没有哪个联大学生会降低水平去用和尚修庙的精神修学罢！我倒反而觉得如果把部长这篇讲话写成作文，报考联大，还不一定考得上呢。这样说来，当部长反而不如考大学难了。

　　（补记）那几天的日记因为记了反动头目的反动言论，已经上交。现在只凭记忆补写一点。这种唯心主义的言论为什么要上交呢？难道这样的反动言论就能影响联大学生的思想？可见认为唯心主义反动的唯物论者，水平并不比唯心论者高，对联大学生的了解也是半斤八两。还是钱钟书先生说得不错：To understand all is to pardon all.（理解就会原谅。）歌德早就说过：不理解造成的恶果，可能比恶意造成的还多。

---

12 月 4 日 星期一

匡南搬到新校舍十一号宿舍去了。晚饭后他坐在我床上，换上新皮鞋，打个新花样的鞋带结，然后，很久不这样客气地对我说："我走了!"

---

12 月 6 日 星期三

读培根《谈友情》，他说："友情可以使快乐增加一倍，使痛苦减少一半。友情可以使人变得更聪明，一小时的心灵交流胜过一天的沉思默想。没有一个人说自己的好话说得比自己更多；医治这种毛病的灵丹妙药是一个朋友畅所欲言的逆耳忠告。"我写读书报告时说：理想的友情应该使快乐倍增，使痛苦减半，因为一个好朋友应该是半个自己。但实际生活中一个知己难求。因为忧虑、怀疑、回忆和幻想的痛苦折磨内心的时候，很难有个朋友能比自己更理解自己的内心。因为各人环境不同，感觉自然也不一样，每个人都是自己经验的俘虏，对别人的理解很难超过本人，对朋友的情感很难超过对自己的情感，每个人都是爱自己胜过爱别人的，因此半个知音也难求了。

匡南已搬去新校舍，但还是在南院入伙。今天轮到他采购了，我就陪他去府甬道菜场买菜。我拿钱，他记账，我选菜，上午吃什么，下午吃什么。他提意见：上午要一个水豆腐，下午要一个什么菜。我付钱时粗心大意，他有时不放心，小心在意地再数一遍。我看见"全"，他看见"分"，我们两个合作，就得到"分"后的"合"了。买菜本来是实用的事，没有多少美感。但两个人买却比一个人有趣。也许这就是培根说的：友情能使快乐增加一倍，甚至能使无趣变成有味。晚上我们又同吴琼去看苏俄电影《夏伯阳》。夏伯阳是一个军官，性格非常暴躁，有时因私忘公，但他作战非常勇敢，总是一马当先，他的脾气也像六月的风暴，爆发时很吓人，发作后却又平静了。只要辅助得人，还是可能成功的。我说喜欢夏伯阳的性格，匡南笑着说："因为你像他嘛。"谈到性格，我很暴躁，他很温和，但性格相反却并非合不来，也许是相反相投罢。

晚上写罗素《我们为什么受教育》的英文摘要。罗素认为：教育应该使人相信：知识是或多或少可以得到的，虽然不是没有困难；某一时期得到的知识也许多少有些错误，但是只要细致认真，错误是可以改正的。一个人的兴趣越广，他的勇气也就越大。他能感到自己只是世界的一小部分，但是并不轻视自己，而是能看到在我之外的价值，能同情与我无关的痛苦。智慧与其说是取得了知识，不如说是取得知识的能力。一个人学识越丰富，越容易丰富自己的知识。

　　下午在图书馆读英文本《柏拉图对话录》中的《谈伊利亚特》。苏格拉底说："知道什么是真的，就知道什么是假的。"又说："文学是上帝的启示。"既然上帝启示的是真理，而文学写的是感情或想象，想象的如果是假的，文学就不能算是上帝的启示了。如果是真的，柏拉图为什么要把诗人赶出理想国呢？可见西方哲学和神学的矛盾。

　　得莜生和歌雪来信。莜生说他的享乐主义是精神上的。我回信说：享乐既是精神的，又是物质的；物质享受好比一层楼，精神享乐就是二层。没有物质享受的基础，怎能建筑精神享受的空中楼阁？但是不再上一层楼又怎能登高望远？只有丰富了精神生活，才能真正享受快乐和幸福。歌雪劝我第一要先读某个作家或某个时代的作品，第二要把中国文学介绍到外国去。我回信说：第一要先博而后精，第二要先把外国文学作品介绍到中国来。我觉得我和莜生、歌雪，并不矛盾，不过是个先后问题而已。

　　下午在新校舍大图书馆读柏拉图《理想国》的中译本，并对照英译本。第一章是《财产·公道·节制》。有人说："公道是善待友人，恶待敌人。"苏格拉底问道："人看人有没有错误呢？会不会把友人看作敌人，把敌人看作友人？如果看错了，岂不是善待敌人，恶待友人吗？"有人说："公道是强者的利益，如政府就是强者利益的代表。"苏格拉底又问："强者会不会看错呢？会不会把害处看作利益？如果会，岂不是强者做坏事也是公道的吗？"又问："音乐家不能使人懂音乐吗？善骑马的人不能使人懂骑术吗？公道的人怎么能做不公道的事呢？"最后还说："人的身体有病要医生医治，医生不能包治百病，需要科学家的研究帮助。这样，人的关系是一元的，互相协助的。强者有缺点需要弱者协助，那么，强者的利益也就是弱者的利益了。"

（补记）大家都说柏拉图思想严密、逻辑性强，我当时并不以为然。人看人会不会看错？利害关系会不会颠倒？到底是看错的时候多，还是看对的时候多？是颠倒是非的时候多，还是是非分明的时候多？如果是看对的时候多，那就不会混淆敌友；如能分清是非，那就不会以害为利。所以我认为公道是存在的，利害是分明的。但是六十年后看来，强者看错敌我还是常有的事。如1939年苏德协商瓜分波兰，苏联就是错把希特勒当朋友，把波兰当敌人了，结果大不公道。五六十年代美国出兵朝鲜、越南，以为是维护了美国的利益，结果美国从此走下坡路，一步一步失去了国际上的优势地位，带来害处不少。尤其是出兵伊拉克，更是得不偿失，对美国和伊拉克都是弊大于利，这就是把害处看成利益的结果。正相反，如果美国真把伊拉克的利益当作美国的利益，不是出兵占领屠杀，而是进行援助，那倒可能得到双赢互利的结果。这证明柏拉图在两千几百年前说的话，不是没有道理的。也证明老子说的"道可道，非常道"可以应用于柏拉图，那就是：公道是可以得到的，但不一定是柏拉图所说的公道。

英诗课读 Sir Charles Sidney（查尔斯·悉德尼爵士）的 *Song*，抄录翻译如下：

Phillis is my only joy

只有菲丽思能使我欢喜

Faithless as the winds or seas,

像海上的风浪三心二意。

Sometimes cunning, sometimes coy.

不管羞答答还是娇滴滴，

Yet she never fails to please.

她都能够使我心醉神迷。

If with a frown,

只要她一皱眉，

I am cast down,

我就拜倒在地；

Phillis smiling

只要她一微笑，

And beguiling

立刻千媚百娇

Makes me happier than before.

使我心荡神怡，快乐无比。

Though, alas! Too late to find

唉！太晚了我才懂得道理，

Nothing can her fancy fix,

没什么能使她始终如一；

Yet the moment she is kind,

只要她一对我表示好意，

I forgive her with her tricks,

我就原谅她的花招诡计。

Which though I see,

虽然我能看破，

I can't get free,

但是身不由己，

She deceiving,

虽然她欺骗我，

I believing,

我还相信她呢。

What need lovers wish for more?

除此以外，情人还要什么？

12 月 22 日 星期五

读完柏拉图《理想国》第一章，既读中文，又读英文，要花两倍时间。发现中文反而不如英文好懂。因此觉得中英翻译，要走的路还远着呢。公道是善德还是恶德？ The just man goes not beyond the like but the unlike. The unjust man goes beyond both the like and the unlike. 超过异类是智，超过同类是愚。智是善德，愚是恶德，所以公道是善德。公道的人快乐呢，还是不公道的人快乐？眼不能视不快乐，耳不能听不快乐，心无善德也不快乐。所以公道的人快乐。什么是善德？什么是恶德？德还有恶的吗？为什么超过异类是智？超过同类是愚？出类拔萃难道不是智吗？读中译本，读得糊里糊涂，似懂非懂，几乎要怀疑柏拉图思想不合逻辑了。其实，柏拉图的意思应该是：公道的人做事不应该超越公道的范围，也就是说，公道的人不应该做不公道的事，只做不公道的范围之外的事，也就是说，只做公道的事，不做不公道的事是智慧，是聪明。做事超出了公道的范围，那就是做了不公道的事，就是愚蠢，就是不聪明。聪明是耳聪目明，心灵公道等于耳聪目明。聪明的人快乐，所以公道的人快乐。

12月23日 星期六

匡南《物理》考试几乎得一百分，非常高兴。晚餐前得淑忱表姐自四川长寿来信，育贤姐夫在那里修筑了中国第一座自建的水电站，表姐寄来了她和大女儿桑雅的合照。晚餐后去新校舍过周末，匡南、绍祖、慕蕤、家珍和我五个人玩扑克牌，玩到十二点回南院太晚，就和匡南同床睡了一夜。

（补记）他们四人都是南昌二中或一中的同班同学，后来都在昆明天祥中学教书，那是我们的黄金时代，所以大家的关系非常密切。五人中除曾慕蕤已经结婚外（他说自己的妻子可得八十分），都在天祥有喜欢的女同学。那时校长邓衍林也是联大师范学院研究生，非常开明，甚至开玩笑说：如果社会上反对师生恋爱，要天祥关门，那就可以举行集体结婚了。大家同学少年、风华正茂，最感兴趣的事可能就是恋爱，希望成对成双，各尽所能，做一番共同的事业，也就算是不负此生。回想起来，当时的理想不过如此，现在多半已经超过了。

12月24日   星期日

早晨还在梦中，就听见有人说：天下雪了。更觉得被子里温暖如春，舍不得起床。昆明难得下雪，雪很容易融化。太阳一出，白雪也就梦醒，露出了新校舍的黄土地。

12月28日   星期四

今天下午第一堂是英诗课期中考试。我对英诗几乎每首都有兴趣但是考试起来却又觉得没有意思。考题都是技术性的，如分析一首诗是抑扬格还是扬抑格，标出双声词和叠韵词等等。这些知识不知道不行，但只知道这些术语，既不能欣赏好诗，更写不出一首英诗。这些知识只是"无之不可"的必要条件，不是有了就行的充分条件。

得中正医学院同学丘建春的贺年片，晚上同匡南、吴琼去同济大学找柴宏业，商量在昆明的十个二中同班新年聚餐的事。

（补记）前几天的日记又剪下来上交了，但不记得什么内容，大约总和反动言论有关罢。上交后连内容大意都想不起来，可见印象不深，影响不大，上交不上交都没多大关系。

读完柏拉图《理想国》第二章，今天读第三章，中文还是不如英文好懂。如果不公道的人得到利益，就要损害公道的人。如果损害大于利益那就太不公道。所以只好放弃利益，才不至于损害公道的人，而这就是公道。Not that the just shall not be unjust, but that they can not be.（公道的人不会不公道，因为他们不能不公道。）假使人能借公道之名，行不公道之实，既得到了利益，又不受到损害，那人人都会不公道的。所以要处罚不公道的人，才是真公道。

（补记）现在看来，柏拉图提倡公道，因为公道带来的利益，大于造成的损害。总之，还是从利害观点来看问题。而《孟子》第一章就说："王何必曰利。亦有仁义而已矣。"可见孟子不是从利的观点，而是从仁义或义的观点来看的。而利害和仁义，或者义利之争，正是中西文化一大差别。西方要公道，因为公道有利，可以得到利益，而且利大于害。中国要公道，因为公道合乎仁义的原则。仁者人也，仁是二人，凡事都要想到二人，不是只想到自己的利益，还要想到对方的利益；义者宜也，就是凡事不只是对自己适宜，还要宜于双方。公道对双方都是适宜的，符合仁义的原则。中国文化重义，西方文化重利，这就是中西文化的矛盾。但这并不是说：中国文化只要义，不要利，而是说中国要互利，不要损人利己。也就是说在义和利有矛盾的时候，重义轻利，舍利取义。而西方文化也不是不要义，而是在义利矛盾时，重利轻义，舍义取利。从几十年间在国际上的表现来看，西方，尤其是美国，多是强调本国的利益，很少考虑全人类的利益，如不限制排放废气的问题。这是中西文化的不同之点。

柏拉图《理想国》第三章中说：个人的公道与不公道带来的利益与害处太小了，不容易看得清。所以我们先看看一个国家的公道与不公道带来的利益与害处。假设有一个理想国，国内有成衣匠、农夫、木匠、商人等，因为恐怕发生战争，所以还要有军人。军人需要训练，又还要有教育。教育可分音乐教育（精神教育）和体育：音乐教育要教人读关于忠勇、节制、不悲怨等善德的书，不是谈善德的书就是写得好也要禁止。这里，我认为苏格拉底和柏拉图太看重理智，太看轻情感了。因为人的理智和情感是应该平行发展的。为什么只能发展理智的忠勇，却要压抑情感的悲怨呢？柏拉图太理想化，太不现实；太实用，不艺术；太绝对，太偏而不全了。我以为人应该体验多种生活，体验好的，也体验坏的，自然要取好去坏。如果没有体验，怎能确定好坏？因为好坏根本是相对的。

（补记）柏拉图在这里提到了情理和教育的问题。西方是重理轻情，中国是情理并重，常说天理国法人情。谈到教育，西方是乐育和体育，中国是礼乐教育。中西教育相似的是乐育，或音乐教育，或精神教育；不同的是西方重体育，中国重礼教。重体育要求人跑得更快，跳得更高，举得更重，变得更强，总之，是要培养强人。礼教却要人循规蹈矩，遵守秩序，君君臣臣父父子子，非礼勿视，非礼勿听，非礼勿动，总之是要培养好人。好人治国能够国泰民安，生活稳定，但是好而不强，发展缓慢，落后于时代。强人治国却能发展生产，革新科技，发挥创造力；但如强而不好，却会以强凌弱，损人利己，暴力横行，天下大乱。乐育从字面上看中西相同，其实同中有异：西方崇尚忠勇精神，所以音乐也歌颂英雄主义，人定胜天；中国礼乐之治，礼是模仿自然界外在的秩序，乐是模仿自然界内在的和谐，所以音乐歌颂和平，顺应自然，天人合一。到了二十一世纪全球化的今天，中西方应该大力合作，取长补短，强人应该只做好事，弱者应该力争上游。发展科技，成为富强国家。这样，东南西北才能共同建设更加光辉灿烂的全球文化。

12月30日　　　　　　　　　　　　　　　　　　　　星期六

上英国散文课时忽然空袭警报，就同匡南、吴琼、兆凤躲到山谷中去打桥牌。解除警报后，同去美生社淋浴，晚餐在光华街小店吃三角钱的鸡。晚上睡新舍上铺。

12月31日　　　　　　　　　　　　　　　　　　　　星期日

下午理发后同匡南、吴琼、兆凤、绍祖去福照街东月楼和同济大学柴宏业，云南大学洪尚德、易营道，中正医学院丘建春、欧阳筱源十个二中同班会餐，每人三五元。

本卷时事摘要

1939 年

3 月 17 日，南昌会战开始。

3 月 27 日，南昌沦陷。之后，中国军队虽然集合兵力进行反攻，却终未能夺回南昌。在侵占南昌城的 6 年半时间里，日军对市区及周边各县疯狂烧杀劫掠，罹难同胞 64420 人，近万人被伤害致残，13 万多栋房屋被毁。

5 月 1 日，随枣会战开始。

7 月，本年联大毕业生 301 名。三校自本年度起逐渐恢复研究生教育，并筹设师范学院附中、附小及幼稚园。

9 月 14 日，第一次长沙会战开始。

10 月 4 日，本学年度第一学期开学典礼在新校舍举行。本年联大招收本科生 742 人，专科生 10 人。

11 月 24 日，南宁沦陷。

第三卷

· 一九四〇年一月 ·

1月1日   星期一

今天午餐时放空袭警报。同吴琼跑到城外，看见一辆停着的汽车，我们爬了上去，坐汽车到了黑龙潭。听说警报解除了，又爬上另一辆汽车，但汽车上的小职员却不准我们坐，气得我把他大骂了一顿，就下了车，换坐一辆回到护国门大街。这说明抗战时期，有人愿意帮忙，有人不愿帮助。不能把人都理想化，应该了解现实。这也说明我把联大学生看得很高，并不符合社会情况，所以碰钉子了。

1月2日   星期二

晚上同吴琼、万兆凤、万绍祖、赵家珍在新校舍玩扑克，输了就出钱请大家吃点心。万兆凤手气好，我好胜心强，希望他输，结果他真输了，但不肯请大家吃东西，理由是我希望他输，所以不肯。我和他在文学上谈得来，生活上却有矛盾。我想他在小学中学都是江西省出名的才子，到了大学，对我自然会有点不服气。我要了解他的心理，还要将心比心，才能处理好关系。

读托马斯·布朗（Thomas Browne）的《死亡与不朽》（*Mortality and Immortality*）。布朗说："我不能因为和别人意见不同，就和他闹分歧，也不能因为他的判断和我不同而生气，因为也许几天之后，我自己也会改变主意。"我看我对兆凤的意见也是如此。布朗又说："There is no antidote against the opium of time, which temporally considereth all things: our flathers find their graves in our short memories, and sadly tell us how we maybe buried in our survivors."（没有什么灵丹妙药可以消除时间的麻醉作用。在时间老人看来，一切都会转眼消失。只要看看我们父辈的坟墓能在我们的记忆中保存多久，就可以知道我们自己在后来人的心目中能存活的时间了。）还说："Darkness and light divide the course of time, and oblivion shares with memories a great part even of our living beings; we slightly remember our felicities, and the smartest strokes of affiction leave but short smart upon us."（黑暗和光明分占了时间的进程；遗忘享有我们的大半生，只把小半分给记忆。我们不大记得我们的幸福，最痛苦的打击在我们身上也只留下了短暂的痕迹。）我觉得布朗的看法消极，远不如诗人罗塞蒂（G. Rossetti）开朗：

When I am dead, my dearest,

在我死后，最亲爱的，

Sing no sad songs for me;

请不要为我唱哀歌；

Plant thou no roses at my head,

也别在墓地种玫瑰，

Nor shady cypress tree.

或者是成荫的松柏；

Be the green grass above me

铺一片如茵的绿草，

With showers and dewdrops wet;

常受到雨露的洗礼；

And if thou wilt, remember,

你愿意记得我也好，

And if thou wilt, forget.

不愿意，就把我忘记。

1月4日　　　　　　　　　　　　　　　　　　　　**星期四**

　　和匡南谈《死亡和不朽》的问题。我说既然人的身体和名誉都不是不朽的，那人生就应该尽量享乐。匡南却说人的生存是为了传宗接代，是为了大众。我说人的生存首先为自己，其次才为大众。如歌德写《少年维特之烦恼》，完全是为了发泄自己的热情，没有一点为大众谋幸福的意思，结果却给许多失恋者带来了安慰。他说汽车的发明家因为母亲病了，交通不便，没有请到医生，后来自己研究，发明汽车，便利了大众。这其实和艺术与人生的问题一样：开始为艺术，为自己，结果为人生，为大众。

晚上同吴琼看《塞上风云》，写汉族和蒙古族的青年受日本人的挑拨离间而产生误解，最后团结一致，化仇恨为力量，共同对敌。我觉得这剧的思想性高于艺术性。

1月8日 星期一

下午读完柏拉图《理想国》第三章。理想国的保卫者应该受音乐教育（精神教育）和体育训练。音乐教育要求只读善德的书，不读恶德的书；体育要求不饮酒，不吃好东西。音乐教育可以使人不要法官，体育可以使人不要医生。医生治病要快，费时太多的病不治，因为对人对国都没有好处。统治者应该年高德劭，最爱国家，应该受过考验，在最安乐和最艰险的时候都能毫不动摇。保卫者不能有财产，因为看羊的狗饿了会吃羊。有钱的军人无钱时会祸国殃民，所以军人最好没有财产。

（补记）西方古代的理想教育和中国古代的礼乐教育有相似的地方，但是同中有异。相同之处是都要受音乐教育，但西方的音乐教育包括精神教育，也就是德育，所以要求只读有关善德的书；和中国的礼乐不同，据冯友兰的解释，"礼"模仿自然界外在的秩序，遵守秩序就要循规蹈矩，顺应自然；"乐"模仿自然界内在的和谐，就要适应环境，和自然界，和人类和睦相处，所以音乐教育包括乐育、美育。西方的体育要求不饮酒、不美食，这说明体育包括节制的德育在内。但体育更要求跑得快、跳得高、举得重、力气大、身体强，这是中国礼乐不包括的东西，这正是中西文化的不同之处：西方要求培养强人，强调英雄主义，征服自然，征服世界；中国却只要求培养好人，强调和平主义，适应自然，和谐共处。这就造成了今天西方先进，东方落后的现实。东西方都要音乐教育，但西方的乐育美育贯穿了英雄主义精神。如荷马（Homer）史诗 The Iliad（《伊利亚特》）中赫克托（Hector）说的：

When heroes war, me foremost place I claim,

冲锋陷阵我带头，

The first indanger as the first in fame.

论功行赏不落后。

西方主张公道，所以作战评功都要求公平；中国主张礼让，结果冲锋带头，立功落后，这可能不利于培养英雄，发扬先进。但是西方教育太理想化，也有消极面。柏拉图说的保卫者其实既是军人，又是统治者。统治者不能有财产，这倒是先进到了共产主义社会，可以根治贪污腐化。但是不读恶德的书，不了解阴暗面，只读善德的书，只了解光明面，难道有利于培养善德吗？柏拉图说受了精神教育可以不要法官，受了体育训练可以不要医生，这是把教育的作用理想化，把体育的作用绝对化了。这等于赞扬东方的人治重于法治，夸大了体育的效果，竟可以取代医学了。由此可见西方古人重理轻情的主观片面，不如东方古人的通情达理了。中国古人早已说过有三不朽：太上立德，其次立功，其次立言。这三不朽有点像西方的真善美：立德是善，立功是真，立言是美。中国古代是礼乐之治，礼的目的是善，乐的目的是美，就是没有谈真，可见中国古代文化的缺点是不重立功；而西方却把真放在善和美之前，把教育理想化了。

1月10日　　　　　　　　　　　　　　　　　　　**星期三**

　　下午读完柏拉图《理想国》第四章。柏拉图谈到财产时说：富人不愿工作，穷人没有工具工作，穷人富人都会使文化艺术落后。所以理想国中应该没有财产。谈到战争时说：战时可以利用甲敌攻击乙敌，如果甲敌助我战胜乙敌，那战利品全给甲敌，甲敌就会进攻乙敌了（这是以敌制敌）。谈到教育时说：平时注重教育，不重法律，因为受了良好教育的人一定不会犯法（这又把教育理想化）。谈到治国时说：如果治国者聪明（wise），守卫者忠勇（brave），商人有节制（temperate），各司其事，这就是公道（just）。一个人想喝酒是欲望（desire），不喝酒是理性（ration），此外还有愤怒（anger），愤怒不是欲望，因为人有时也恨欲望；也不是理，因为小孩子没有理，却会愤怒。人如果能用理性克服愤怒和欲望，那也是公道。借公道之名，行不公道之实的人，好比吃好东西，穿好衣服，花好多钱的病人，结果还是不免一死。在死亡面前，一切都是公道的。柏拉图说得公道，有些像"中和之道"了。可见中西文化还是有相同之处，有时还是同多于异的。但是不同之处也不少，例如情、理、欲的分法，中国一般说："七情六欲"，七情包括喜、怒、哀、乐、爱、恶、欲，把欲望也包括在七情中，范围就比较广；六欲是佛教的说法，包括食欲，色欲或情欲，情又可以包括在欲中，分类不够严密，不如西方的科学精神。应用到实际中，我觉得我情感重于理智，匡南相反，他的理智重于情感。其实这是相对而言，比起我来他的理智情感都不算强。

1月11日   星期四

晚上回信茀生。他来信说：他对中央大学农学院不满意，学农是为职业，不是为兴趣，他的兴趣是学文。但如果农学不好，文又不能学，岂不是两头落空吗？我问他是对农不感兴趣，还是对中大不满？如果对农不感兴趣，可以转系；如对中大不满，就只好转学了。但如转系，他对文学是否真有兴趣？如果转学，别的大学能满意吗？谈到友情，我们都认为友情是环境和性情的产物。他说环境相同而性情不同不能成为朋友，如他和谌守福既是南昌实验小学和第二中学同班，又是中大同学，但谌读外文，性情不同，所以没有交往。性情相同而环境不同，没有可能接近，自然也不能交朋友。我说性情不同，只要相投，甚至相反相成，也可以成朋友，例如我和匡南就是。

1月13日   星期六

下午吴宓先生考"欧洲文学史"。

晚餐后同匡南走到新校舍去，我见景生情，念了一句词："月上柳梢头。"他马上接着说："可惜没有'人约黄昏后'。"这大约就是相反相投罢。

虽然没有"人约黄昏后"，但是却和匡南约好：如果我的考试成绩在 80 分以上。他请我吃东西；如果他的成绩在 70 分以上，我就请他，因为工学院的分数比文学院难得多。不料他的物理考试居然得了 98 分，自然由我请客了。下午同匡南、小万（绍祖）、赵家珍、熊中煜在新校舍打篮球，我进的球最多，也满足了一点好胜心。我只关心自己，他们更会为人着想。

英国散文课报告只得 C+。莫泮芹先生给分比陈福田先生紧，但讲课并不比他更有趣。我上散文课没有什么心得，不上也不觉得是个损失，所以得个 C+ 也就算了。下午谢文通先生讲 *The Flowers of the Forest*，我从前觉得他讲课没有吸引力，现在抄了注解，又觉得比自学容易懂了。

欧洲文学史月考考法国文学史，吴宓先生当堂宣布，我的成绩 94分，全班第一，全学期总成绩 90 分，不知道是第几。不过全班同学多选修了法文，只有我选俄文。他们记法国作家的名字及作品的名称，应该比我容易多了，而且选法文的还有全校总成绩最高的才女张苏生，我居然超过了他们。尤其是"英国散文"和"英诗"我的分数都不高，"文学史"的成绩就增加了一点我学外文的信心。其实文学史课中提到的名著，我已经读了不少中英译本，考试分数高点，说来也不足为奇。学习本来就应该是靠自己嘛。

下午读完柏拉图《理想国》第五章。谈到女性问题，柏拉图说：女性也应该受音乐教育和体育训练，和男性做同样的事。有人说女性和男性不同，所以做事也该不同，但光头和长头发不同，难道光头和长发人就不能同样做鞋匠吗？谈到婚姻问题，他又说：男人不能私有妻子，应该由国家分配，好女性分配给好男性。国家像人一样，会牵一发而动全身，国家有部分受到伤害，全部也会受到损失。所以男女婚配得当或不得当，也会影响到全国的进步或落后。好女性配好男性，人种才会优化，人类才能进化。谈到统治问题，他还说：君主应该由哲学家担任，因为哲学家爱智慧，爱全体，爱真理。有人说：柏拉图包罗万象，有了一本柏拉图，图书馆都可以烧掉了。看来似乎不是毫无道理。因为两千多年以前，他似乎已经预见到两千年后的事了：男女平等、共产公妻、优生学、政治学，几乎无所不包，但是需要经过事实的检验。

（补记）现在看来，柏拉图两千多年前说的话，有的不错，有的要打折扣。如男女平等就比中国孔子先进多了，中国还是"女子无才便是德"呢，而西方现在已经有女性做总统或总理了。是否达到了，或者超过了柏拉图的理想？不过柏拉图举光头和长头发为例却不恰当，似乎只见男女之同而不见男女之异，这种把不等的人或物对等起来，其实是不平等（The equality of the unequals is inequality）。至于婚姻问题，现在美国青年很多都不结婚，而是同居，结果单亲家庭约占三分之一，会不会发展到公妻或由国家分配？现在看来不大可能，因为不符合个人自由的原则。即使从优生学的观点来看，才华出众的父母生的子女未必出众，而才华出众的英雄未必出自名门望族。至于统治问题，两千多年来，几乎没有哲学家当上国家领导，即使当上，也未必能把国家治理好。因为柏拉图混淆了知和行的关系，在道德上是知易行难，在技术上却是知难行易。哲学家有智慧，是道德上的，不是行动上的。所以哲学家很难在行动上取得统治国家的地位。即使当上了统治者，没有行动的经验，知易行难，就拿财产问题来说，提出均富的理论不算难，但如何才能消灭财富不均的现象呢？那就很不容易。不过柏拉图在两千多年以前，能提出共产公妻的理论，已是有远见了。

1月18日　　　　　　　　　　　　星期四

　　晚上匡南在新校舍图书馆给我占了一个位子。我去读 *Great English Prose Writers*（《英国散文大家》）。读到《大人国》和《小人国》的作者斯威夫特（Swift），这是一个讽刺大家，他的作品并不给人乐趣，而是要改造人（not so much to divert as to reform mankind）。因为他虽然对个人有爱，但对人类却只有恨（though he loved individuals. he hated mankind in general)。他认为好文章是把恰当的文字放在恰当的地方（he defined a good style as "proper words in proper places"）。他的文体避免修饰辞语和与众不同的表达方式（His is a style that shuns ornaments and singularity of all kinds）。他写的诗没有诗味，缺乏灵感，缺少浪漫主义爱情和传统诗的语言（It is unpoetic poetry, devoid of inspiration, romantic love and conventional poetic language）。我不大喜欢他的散文，觉得内容言过其实，语言也太夸张，不能算是"恰当的文字放在恰当的地方"。

1 月 19 日　　　　　　　　　　　　　　　　　　　　　星期五

在新校舍续读《英国散文大家》，读到开创西方报纸专栏的作家艾迪生和斯梯尔（Addison and Steele），评论家说：他们的文字亲切而不粗俗，高雅而不做作，悠然自得，不用光彩夺目的词语，尖锐刺人的奇言警句（familiar but not coarse, and elegant but not ostentatious, always easy without glowing words or pointed sentences）。不像培根那样义正词严，教育大众，也不像兰姆那样发扬个性。至于约翰逊（Johnson）博士，他和德莱顿（Drydenand）、科尔律治（Coleridge）并称为"英国三大评论家"，和斯威夫特的精炼文字相反，他喜欢用大字、长字，平衡词语，常把理智应用于经验（to apply reason to experience），又用经验来检验理论（to test theory by experience）。他认为传记文学可以显示人性和人生（he found every biography useful in revealing human nature and the way men live）。他关于先天的自然和后天的习惯有一句名言，可以应用于自然科学和社会科学：自然科学是因为正确才得到承认，社会科学却是因为得到承认才算正确（to distinguish nature from custom, or that which is established because it is right, from that which is right only because it is established）。我觉得在图书馆读几小时书，似乎胜过在教室里听几天讲。大学教育本来就是主要靠自学嘛。

1 月 20 日   星期六

今天开始学期考试：上午第一堂考俄文。下午第一堂考英国散文。

1 月 22 日   星期一

下午第一堂考英诗。体育考试成绩公布，我得 92 分。听说吴宓先生体育考试曾不及格，出国留学推迟一年，我还算不错。明天考完哲学概论，期考就算完了。

1 月 24 日   星期三

午餐时吴琼提前买了个肘子，大家抢着把精肉吃光了，我要吃时，只剩下了肥肉。我气得丢下了碗筷就走。匡南说我不应该发脾气，其实他在家也不吃肥肉，现在为了不和大家抢菜，也就吃肥肉了。他能让人，克制自己，我做不到。饭后去看期考成绩。"俄文成绩公布了，"匡南叫了一声，"有一个得一百分的！"

"哪个？"我问。

"联 203。"

"就是我嘛。"两张笑脸。

欧洲文学史刚考了全班第一，现在俄文又考满分。这是我在中学时代没得过的好分数。本来因为自己中学成绩平平，大一总评不过 72 分，以为自己是外文系的庸才。到了大二，法国文学史的考试成绩居然比全校总分最高的才女张苏生还高，而且那时她已学了法文，而我还没学呢。这次俄文又胜过了在东北学过十年俄语的于丕哲，而且我对俄文并没有下太大工夫。看来如要在外文上超越前人，不是没有可能的。这样，我开始树立自己的雄心壮志了。

1 月 25 日   星期四

晚上读 *The Death of Queen Marie*（玛丽女王之死），很受感动。我觉得我太容易动感情了，头脑却不冷静。因此我只能学文学，不适宜学哲学。

1 月 26 日   星期五

读徐志摩《我所知道的康桥》。他说："'单独'是一个耐人寻味的现象，我有时想它是任何发现的第一个条件。你要发现你的朋友的真，你得有供他单独的机会。你要发现你自己的真，你得给你自己一个单独的机会。你要发现一个地方（地方一样有灵性），你也得有单独的机会。我们这一辈子，认真说，能认识几个人？能认识几个地方？我们都是太匆忙，太没有单独的机会，说实话，我连我的本乡都没有什么了解。但一个人要写他的最心爱的对象，不论是人是地，是多么使你为难的工作？你怕，你怕描坏了它，你怕说过分了，恼了它，你怕说太谨慎了，负了它。"徐志摩说得好：要发现自己的真。我这才明白林徽因在《别丢掉》一诗中说的："你仍要保存着那真。""那真"是什么？我当时虽然把"真"译成英文 true，但并不真了解它的含义，现在读了这篇文章，才看出来"那真"是指"真情"。这了解是不是真了解呢？还很难说，也可以了解为"真实的你"。到底哪个了解更真？还是各有千秋呢？我看理解是相对的，没有百分之百的真，只好仁者见仁，智者见智了。徐志摩说的"单独"，其实最多也只是个必须条件，也就是说，没有单独的机会，很难有发现的可能。但很难并不等于没有，其实，没有单独的机会，也不一定不能发现，所以我说单独只是发现的必须条件，也就是说，无之必不然，有之不必然的条件，而不是有之必然，无之必不能的充分条件。

1月28日 星期日

昨天下午同匡南去大观园划船，绕湖一周。今天下午又同去新校舍打篮球，我给球打出了鼻血，躺在球架旁草地上，匡南站在我身边，给我挡住阳光。我睁开眼睛时，看见青松高耸，两片白云飘过，动中见静，愈觉其幽，这也是单独发现的美罢。

英国散文期考成绩公布，我得 69 分，可能是全班最低的分数，不高兴，可见我并没有保存"那真"或真实的我。真实的我读了《英国散文大家》，能够自得其乐，这不就够了吗？分数有什么关系？俄文得一百分，难道我就真学好了俄文？要真！

哲学概论学期成绩 85 分。这门课使我对西方唯心论哲学有所了解，对照艾思奇《大众哲学》介绍的唯物论，还有冯友兰讲的中国哲学，这学期打下了哲学的基础。

· 一九四〇年二月 ·

2月1日   星期四

晚上同老万（兆凤）、小万（绍祖）、家珍、慕蠡、陈梅、吴琼、匡南等同去武成路大众电影院看美国片"泰山（Tarzan）出险"，我对非洲的了解几乎都来自电影。

2月2日   星期五

在师范学院图书室读完夏衍译的高尔基的《母亲》，写工人伯惠尔宣传社会主义被捕。受审判时，他说审判长没有资格审判他，因为他有偏见，是他们的敌人。又说："我们虽然是物质的奴隶，但你们却是精神的奴隶，因为你们不敢攻击错误的社会制度。"我觉得我也是一个精神的奴隶，和社会的接触太少，对社会的了解不深，只知道应该人尽其才，物尽其用。但现在的社会能不能人尽其才呢？那就不太了解了。

听贝多芬（Beethoven）第九交响乐，耳聋能写这种音乐作品，真了不起！

上午读完斯威夫特的《小人国游记》（A Voyage to Lilliput）。现在把小人国和英国的不同之处抄录于后：1. They look upon fraud as a greater crime than theft.（他们认为欺骗是比盗窃更重大的罪过。）2. They emphasize not only punishment but also reward.（他们不但强调惩罚，而且强调奖赏。）3. In choosing persons for all employments, they have more regards to good morals than to great abilities.（在选择各类工作人员时，他们认为品德比能力更加重要。）4. Their notions relating to the duties of parents and children differ extremely from ours.（他们对父子关系的看法也和我们截然不同。）All parents, except cottagers and laborers, are obliged to send their enfants to be reared and educated in nurseries.（所有的父母除了农夫和劳工之外，都有义务送子女到幼儿园去抚养，并受教育。）《小人国游记》是一本讽刺小说，是借小人国来讽刺当时英国的，书中批评的是：1. 社会上欺骗太多。2. 政府只管惩罚，不太管奖赏。3. 选择工作人

员时，重才轻德。4.父母对子女只管生育，不管教育。5.轻视农夫劳工，认为他们没有受教育。我对外国的了解主要来自小说。中国有没有这些情况呢？恐怕有过之而无不及罢。下午外文系二年级在系主任叶公超花园里开茶会，到了七八位教授，三十几个同学，拍了张照片。

叶公超花园茶会留影

（补记）到的教授除叶先生（右上第一人，风度翩翩）之外，还有欧洲文学史教授吴宓先生（第二排右起第四人，教授中只有他一人和女同学蹲在一排，而在三十年代清华大学外文学会的师生合照中，他站在第一排当中，叶公超和陈福田两位先生却站在第二排右起第一、二位，陈先生今天没有来，不知道是什么缘故）。英国散文教授莫泮芹先生来了，但嫌照相太挤，不肯凑热闹，不肯站叶先生旁边的空位子，充分表现了他自由散漫的作风，英诗教授谢文通先生看起来年轻，站在后排左起第六位，第七位是法文教授闻家驷先生，是闻一多先生的弟弟，他太谦让，几乎给谢先生的影子遮住了半边脸。另一位法文教授林文铮先生是蔡元培先生的女婿，他叼着烟斗，很有艺术家的风度，《吴宓日记》中说，他对爱情很有研究。他站在后排左起第三位。第五位是日文教授傅恩龄先生，后来我在美国志愿空军任英文翻译时，碰到日本人名地名不知如何翻译，就到翠湖东路他家中去求教，他有一个女儿在天祥中学我英文班上，学习很好。联大师生关系就是这样错综复杂。

至于外文系二年级的同学，我想按照照片的顺序作个简单的说明。前排左起第一人是杜运燮，是"九叶派"诗人，他写了一首《西南联大赞》，现在摘抄如下：

敌人……无法阻止在大观楼旁培养，

埋葬军国主义的斗士和建国栋梁。

校园边的成排尤加利树善于熏陶，

用挺直向上的脊梁为师生们鼓劲。

缺乏必要书籍、讲课，凭记忆默写诗文，

总不忘吃的是草，挤出高营养的牛奶。

著名学者，培养出更著名的学者，

著名作家，培养出多风格的作家。

只有九年存在，育才率却世所罕有。

后来他参加了我英译《唐诗三百首》的座谈会，是照片中我右边的第二人。

联大外文系二年级茶会照片左起第二人是左飘，他是和我同在江西区考取联大外文系的，来校后给人印象最深的是他明知同班的女同学已经名花有主，却要追求到底，锲而不舍。这种精神叫人觉得他主观上没有自知之明，得不到人同情；客观上又不了解对方的心情，只是堂吉诃德式地硬着头皮死追，叫人啼笑皆非。他后来一直追到了美国。

茶会照片右起第一人是黄维，我们同时参加抗日战争，担任英文翻译。不过我在美国志愿空军，他在滇缅前线远征军中，不幸在渡江时牺牲，《吴宓日记》第八册第 340 页和第 380 页中有记载。1942 年 7 月 18 日星期六 10：00，蒋铁云（茶会照片后排左起第十人）说：黄维随军撤退，6 月 15 日在车里渡澜沧江，到了中流，他的马忽然跳动，船就翻了。黄维和马都落水中，他的手抓住马尾巴，等到马救起来时，黄维已被激流卷去，不见踪迹了。吴先生"闻耗，深为痛伤"。9 月 9 日星期三的记载更详细，但是略有出入。下午蒋铁云陪同甄露茜（茶会照片后排左起第九人）来，谈到黄维的死。黄维在第 6 军 49 师，甄露茜在第 6 军 55 师，五月中曾在某地会面，同在一处，后来又分道扬镳。黄维在军中和群众关系极好，精神活泼，身体比以前更强健。6 月 17 日晨 7 时，渡澜沧江，乘竹筏子，载了八个人和五匹马，过重了。马没有遮上眼睛，而江水流得很急。到了中流，马受了惊，跳动起来，于是竹筏子翻了，人和马都落入水中，死了四个人和三匹马。黄维骑的马和勤务兵都游到了对岸，起初还看见黄维戴着白帽子，用手扳住竹筏，将要浮起，又落下去，就没有再见到人，已经被激流卷走了。军中的人都很惋惜。黄维死后十五分钟，甄露茜才赶到，两个人原来约好同回昆明的，现在只她一人来联大了。《吴宓日记》9 月 16 日还记下了丁则良送黄维的挽联："壮志长存，烟瘴山川悲永逝；诗魂不死，波涛风雨听孤吟。"黄维是第一个参军牺牲的联大同学，他是 1939 年借读转学来外文系二年级的。办事非常热心，这次茶会他出力最多，后来参军做翻译时，也是他和查富准找训练班联系的。我对他印象深的缘故，是因为他的名字和西山军训总队长黄维将军的名字相同。后来陈福田先生要我们轮流用英语作时事报告，第一个就挑了他，他讲得很有趣味，把枯燥的新闻讲得生动，甚至连昆明上演的电影也讲到了。不过陈先生提醒他，不要喧宾夺主，而要主次分明。这次渡江，如果是为了救马而牺牲了人，那就是颠倒了主次，太可惜了！

茶会照片前排右起第二人，就是黄维左边蹲着的同学，是厦门大学借读生萨本栋，参军后在美国志愿空军第一大队译电室工作。右起第三人是丘振寰，他是南昌教会学校豫章中学的毕业生，英语会话能力比写作能力更强，参军后做的是口译工作。席地而坐的第四人是吴其昱，他毕业后考取公费留法，和我同在巴黎大学研究，没有回国，留在法兰西学院工作。吴其昱抱着的男女小孩是叶公超先生的子女，叶夫人袁永熹是经济系同学袁永熙（曾任联大地下党领导，后为清华大学党委书记）的姐姐，教会了她女儿唱英文歌 When I was one（在我一岁的时候），在茶会上为我们表演，赢得了大家的欢笑和掌声。右起第五人马稚甫可能是照片中唯一没有参军也没有毕业的男同学。

茶会照片第二排右起第一个蹲着的同学是朱树飏，他比我们早三年入清华大学，因病休学才和我们同班的。他的英文写得不错，模仿英国散文家兰姆，有点像他的风格。但他身体不好，学习比较自由散漫。参军后去了美国，回国时全国已经解放，但想不到的是，在联大时自由散漫的学生，新中国成立后居然又参了军，入了党，并且从连级干部做起，一直做到军级领导。我回国后被分配到他那个学校，在他领导下三十多年，那是我一生的黄金时代，尽管我做出了史无前例的成绩，一个人出版了中英互译，中法互译的文学作品，根据当时高等教育部的规定，应该评为最高级的教授，但却评为最低级的，因为我的名利思想严重，有单纯业务观点，一直等到离开后才得出头。

照片二排右起第二人是刘华民，他参军后可能去了美国，再到台湾继续担任翻译。第三人是吴宓教授，第四个女同学是杨静如，笔名杨苡，她和巴金夫人萧珊很熟，出版过一本和巴金的通信集，翻译过一本《呼啸山庄》。她的哥哥是翻译家杨宪益，翻译过很多作品，和他夫人戴乃迭合译过《诗经选》《红楼梦》和《毛泽东诗词》等。不过他们把诗译成分行散文，我却译成英法韵文，如《诗经》中《采薇》的一段：

杨译：

昔我往矣，When we left home,

杨柳依依。The willows were softly swaying;

今我来思，Now as we turn back,

雨雪霏霏。Snowflakes fly.

行道迟迟，Our road is a long one,

载渴载饥。And we thirst and hunger,

我心伤悲，Our hearts are filled with sorrow;

莫知我哀。But who knows our misery?

许译：

昔我往矣，When I left here,

杨柳依依。Willows shed tear.

今我来思，I come back now,

雨雪霏霏。Snow bends the bough.

行道迟迟，Long, long the way,

载渴载饥。Hard, hard the day.

我心伤悲，My grief o'erflows.

莫知我哀。Who knows, who knows?

　　杨静如和高二班的赵瑞蕻结婚，赵也是翻译家，和我们同上吴宓先生的欧洲文学史课，他是法国小说《红与黑》的第一个中文译者，翻译方法和我不同：他直译，我意译。如书中写到市长用高傲的口气说的一句话，他直译成："我喜欢树荫。"我认为他没有译出市长高傲的口气，就意译为："大树底下好乘凉。"这样市长自比大树，口气就高傲了。他在报上说我增加了不应该增加的东西，我回答说他没有译出应该译出的东西。这样争论，就可以提高我国的翻译水平。今天中国的文学翻译达到了国际高峰，而其根基却是在西南联大打下的。杨静如左边的女同学是全班最漂亮的金丽珠。赵瑞蕻告诉我：吴宓先生在课堂上用英文说过：金丽珠，是一个美丽的名字。我回答说：美国诗人 Frost（弗洛斯特）给诗下的定义是：诗说一指二。吴先生是诗人，说的是名字，指的却是人：金丽珠不就是金丽珠吗？金丽珠左边的女同学是张允宜，她是篮球运动员，和男子篮球队员吕咏订了婚。《吴宓日记》1941 年 9 月 7 日星期日有记载："入城。衣长衫马褂。7：30至金碧路昌生园三楼，参加吕咏与张允宜订婚典礼。宓演说爱之定义：（一）不比较；（二）集中或专一；（三）持久不变；（四）无我。礼毕。余兴，或悬梨，命二新人对吃。宓于是 9：30 先退归。"从日记中可以看出吴先生的恋爱观和联大的师生关系。张允宜左边的女同学不知道是谁，男同学是篮球运动员于卪哲。

　　照片最后一排左起第一人是徐璋，他是北大化学系毕业后又读外文系的，年纪比较大，人比较成熟。参军时我们多评为空军中尉，他却是空军上尉，毕业后在清华大学外文系任助教，后来报上说他对现实不满，在新中国成立前夕自杀了。第二人是俄文教授刘泽荣。第三人是法文教授林文铮，林教授前的男同学是罗宗明，他的英语说得非常流利，曾代表中国童子军去过美国，受到美国总统罗斯福接见，还握过手；在南开中学考《莎士比亚》时，他得过100分；演英文剧《白雪公主》时，他演白马王子，而演白雪公主的是下一班的林同端。他见我《莎士比亚》考了100分，就和我交谈起来，我也和他谈林同端，于是我们就成了无话不谈的好朋友。林文铮教授右边的男同学是查富准，他的英语也说得不错，不过慢条斯理，不如罗宗明流利；他和同班女同学林同梅（同端的堂姐）来往比较多，参军时他也被评为同空军上尉，新中国成立后他和罗宗明都在香港经商。查富准右边的第五、六、七人是傅恩龄、谢文通、闻家驷三位教授，第八人是联大全校总分最高的才女张苏生。但分数最高并不等于全能。我有一次同她打桥牌，本来可以大获全胜，赢十三副，她却只拿到十副就算了，可见她小事并不斤斤计较。她右边的第九、第十人分别是甄露茜和蒋铁云两个女同学，第十一人是青年作家卢福祥，笔名卢静，当时已在报刊上发表小说，巴金来联大参加文学青年座谈会时，就是由他陪同。参军时他是个中英文都不错的翻译，但新中国成立后评职称时，他却没有评上教授。杨宪益说得不错："对于中国知识分子的评价，并不以他们在学识上、艺术上的成就而定，却以他们的政治社会地位而定。"照片右起第一人是系主任叶先生，第二人是男同学饶敏，他是大一英文C组（潘家洵教授班）第一名，得91分；A组（陈福田教授班）第一名张苏生得90分，B组（钱钟书教授班）第一名张燮得82分，N组（叶公超教授班）第一名杨振宁得80分。我就只好在卢福祥后面露个头了。

2月7日 星期三

旧历除夕，下午去九姑妈家，晚上守岁，陪张燮一家打了一夜牌。

2月8日 星期四

旧历新年，晚上同匡南、绍祖、慕蠡、家珍、中煜同去翠湖北路吃年糕。兆凤没来，可能是同熊德基（联大地下党负责人）到邓衍林家过年去了。

2月12日 星期一

几天过年，没有做事。今天读完了 Gogol（果戈理）的 *Gorernment Inspector*（《巡按》），每小时读三十页，但读时觉得不如从前有兴趣，大约喜剧的乐趣不如悲剧的深情更能占据人的心灵。晚上读英国浪漫主义诗人 Coleridge（柯尔律治）的著名长诗 *The Rime of the Ancient Mariner*（《古舟子咏》）。他和华兹华斯（Wordsworth）不同，能用平凡的文字写不平凡的事，而华兹华斯却善于把平凡的事写得不平凡。

2月14日   **星期三**

下午看联大和航校比赛，又和云大赛篮球。晚上买苏俄小说集
《死敌》。睡觉时把电灯挂在床头，读艾伦堡的《康穆纳尔的烟袋》。从
前在南昌家里每星期六夜晚都是这样度过。现在好久没尝这种滋味了，
今夜仿佛久别重逢，比新相识还更有趣。

2月15日   **星期四**

睡前读苏俄左祝梨的《女贼》，印象不深。

2月16日   **星期五**

晚上同吴琼把匡南放在我这里的提篮、鱼肝油等送去新校舍，然
后同匡南去美生社淋浴。回来走过翠湖，看见一弯新月把稀疏的树影
投在堤上，朦朦胧胧，如在梦里。我就告诉他近来大便出血，人也迷
糊，所以把他的提篮送回去了。新校舍四十人住一间大房子，提篮没
地方摆，很不方便，请他不要见怪。他说从来没有怪我，并说痔疮出
血应该多吃水果，于是买了香蕉和梨，边吃边走回来。

2 月 17 日   星期六

　　昨天晚上睡前读了拉甫列涅夫的《星花》，写得很美。今晚读邵洛霍夫的《死敌》和《牧童》。他的代表作是《静静的顿河》，可是太长，还没有时间读。

2 月 18 日   星期日

　　两年前的今天，我和匡南在永泰河堤上小别重逢，度过了半年美好的青春岁月。现在又在昆明重聚了。为了纪念两年前的赣江之滨，就约匡南今天同到大观园去游湖。早晨，从窗纸的破洞里看见树上的阳光，阳光带着微笑照着昆明，匡南也带着微笑走进了我的房间，于是同到大观楼去。路上新绿的垂柳柔枝，耀眼的波光山影，都在眨着眼睛对我们笑。到了大观园，我们就坐上一叶轻舟，划出园去。我们背风逆水前进，乘风破浪，进了又退，退了又进，两个钟头的奋斗，终于绕湖一周，从三潭印月回到内湖。出园后去西南食堂吃饭：番茄炒鸡蛋，宫保肉丁，红嘴鹦哥抱玉石汤，似乎直到饿了累了，吃起来才格外有味。下午同去听唱片音乐会，后来再玩搬家。夜里十点钟他才在月光之下，在尤加利树林荫大道上，送我回到南院。两年前的今夜，我们在赣江之滨的沙滩上重逢，在泗顺楼上把酒言欢，哪知道今夜又能旧梦重温啊！

Enjoy the present（享受现在）！不要在将来离开世界的时候，懊悔从前没有认识世界的美好。Remember the past（不要忘了过去）！想想在虔南孤独的黄昏，冷清的月夜，就不会再对现在的生活发出不满的呼声了。

上午开始下学期的注册。读完《死敌》，我喜欢的是拉甫列涅夫的《星花》，女布尔塞维克玛丽亚的《床》，还有从前读过的《不走正路的安得伦》。下午又买曹靖华译的《苏联作家七人集》。我喜欢买书，买的时候似乎觉得新书是最好的，百读不厌的，但读后却又置之高阁了。因此想到很少书能百读不厌，因为兴趣会改变，会进步，哪有一部永远爱读的书？其实藏书千日，用在一朝。买书就是为了这一朝嘛。睡前读完拉甫列涅夫的《第四十一》。女布尔塞维克玛柳特迦奉命押解白军青年军官郭鲁奥特罗从海路到俘虏营去，路上翻了船，船上人都淹死了，只有她和俘虏漂流到孤岛上，结果两人却恋爱了。后来发现白军的船来到孤岛，俘虏想要逃走，玛柳特迦最后一枪把他打死，这是她打死的第四十一个敌人。急流和岩石碰撞就会激起美丽的浪花，革命和恋爱冲突也会产生美丽的故事。

2 月 21 日　　　　　　　　　　　　　　　　　　　　　　　星期三

　　读拉甫列涅夫《平常东西的故事》。下午同张爕到他家里去。

2 月 22 日　　　　　　　　　　　　　　　　　　　　　　　星期四

　　开始读黄源译高尔基的《三人》。夜晚同老万、小万、赵、曾、刘上街。

2 月 23 日　　　　　　　　　　　　　　　　　　　　　　　星期五

　　下学期上欧洲文学史第一课。吴宓先生用英文说：Reason and faith are always contradictory（理智和信仰常是矛盾的）。如我们相信朋友，仔细分析一下，没有一点可信的理由。晚上同匡南看电影《人魔》（*Madlove*），没有意思，以后少看两次电影，多买两本书。但我发现我的大毛病是只会说，却做不到。

2 月 24 日　　　　　　　　　　　　　　　　　　　　　　　星期六

　　和匡南在南院食堂吃饭，已经吃了一个学期，下学期要到新校舍吃饭去了。晚上读完《三人》，写人们互相压迫、欺骗，富人压迫穷人，富人又互相欺骗。但人们，好人们，在这些斗争中间，到底应该如何生活呢?

晚上又同匡南去看电影《白鹰奇侠》（ *White Eagle* ）：山路驰马，石洞杀狮，红人白人互杀，湖畔对坐，真是浪漫，但是算英雄吗? 看电影后，吃了牛奶饼干。

生活甜得像巧克力，巧克力还有一点苦味。读诗可是有甜无苦，如 Byron（拜伦）的 *Childe Harold's Pilgrimage*（《哈罗德公子漫游记》）：

There is a pleasure in the pathless woods, 无路可通的森林中自有乐趣，
There is a rapture on the lonely shore, 寂静的岸边更可以尽情欢畅，
There is society where none intrudes, 人迹未到的地方也会有伴侣，
By the deep Sea, and music in its roar. 海洋咆哮的交响乐令人神旷。
I love not Man the less, but Nature more. 我对人不如对自然情深意长。

徐志摩的"孤独"可能受了拜伦的影响罢。

读 Andrew Marvell *To His Coy Mistress*（《献给羞答答的情人》），将前四行翻译如下：

Had we but world enough and time,

假如我们有更大的时空。

This coyness, Lady, were no crime.

害羞的情人，你可以从容。

We would sit down and think which way

我们可以坐下仔细商量，

To walk and pass our long love's day.

如何谈情说爱，地久天长。

· 一九四〇年三月 ·

　　我和吴某发生冲突。匡南和家珍都说我瞧不起吴。我觉得他的确是叫人瞧不起。看看他现在的生活：每天除了睡到十二点钟起来，就是打扑克，于是又睡觉，之外还有什么？他对将来的希望，只是钱！钱！！钱！！！我现在的生活里虽然有吃有玩，但也有做功课，将来还有希望：大量介绍、大量翻译苏联文学作品。匡南说：他虽然缺乏思想，但我现在的思想哪又是全对的呢？不全对的思想能批评别人吗？我说：如果不全对的思想不能批评别人的话，那么人只有永远不开口，因为没有一个人的思想能说是永远全对的。我主张你错了我批评你，也许我自己立刻就犯了你同样的错误，你又可以批评我，这样你我才有进步。孟子说五十步不能笑一百步，我看不对。如果你也不批评我，我也不批评你，世界哪里有进步呢？如果五十步不能笑一百步，那谁能一步也不错呢！？我知道我是一个孤独者，我没有什么朋友。朋友在一起时，我总是看人的缺点。但离别之后，通信的时候我就只谈优点，朋友也要好了。

3月2日   星期六

匡南静得像黑夜里的翠湖水；我的性格却像火一样热。

3月3日   星期日

晚上去新校舍，由中学谈到小学，后来就玩小学时玩的"孔明捉曹操"。

3月5日   星期二

英国散文课读 Steele 的 *Fashionable Affectations*（《时髦的装腔作势》）：As bad as the world is, I find by very strict observation upon virtue and vice, that if men appeared no worse than they really are, I should have less work than at present I am obliged to undertake for their reformation.（这个世界虽然不好，但我在严格观察人的善恶之后，发现人如果不装腔作势，那我现在不得不进行改造他们的工作，就可以少得多了。）他反对装腔作势，但他自己的话就有一点装腔作势。是有意的，还是无意的呢？

读 Steele 的 *A Visit to a Friend*（《访友记》）：There are several persons who have many pleasures and entertainments in their possession, which they do not enjoy.（很多人具备了很多客观的享乐条件，主观上却不会享受。）主客观的矛盾恐怕人人都有，能把主观的思想能力和客观的物质环境统一起来，那就可能尽情享受乐趣。

下午同小万、小刘在云大操场骑自行车，碰见匡南的大哥和他的女朋友洪晶也骑车来云大了（后来洪晶成了他的大嫂）。

《欧洲文学史》讲 Dante（但丁），讲到 Dante's life in relation to his works（但丁的生活和作品的关系），吴先生列出了一个简单明了的表：

1. Love（Dream）梦想产生爱情，写出作品 *New Life*（《新生》）
2. Study（learning）学术做出研究，写出作品 *Il Convivio*（《飨宴》）
3. Politics（Experience）经验造成政治，写出作品 *Divine Comedy*（《神曲》）

但丁在翡冷翠河滨遇见贝雅特丽丝，一见钟情，在她死后，写了悲痛欲绝的《新生》。《飨宴》把各方面的知识通俗地介绍给读者作为精神食粮，所以书名叫作《飨宴》。《神曲》描绘了翡冷翠从封建关系向资本主义过渡时期的社会和政治变化。书中的地狱是现实的情况，天国是争取实现的理想，炼狱却是从现实到理想的苦难历程。

3月12日　　　　　　　　　　　　　　　　　　　　　星期二

昨夜梦中，我们在滇池岸边上，一个坐着，一个站着，都没有说话。狂暴的风吹起汹涌的波浪，碧绿的波浪吞噬着碧绿的草地，真美。大约只有在梦中，或者是在离别之后，朋友的关系才有这样美。因为人在一起，总是看见别人的缺点，看见和自己的矛盾，所以不满多于满意。而在梦中，在不说话的时候，或者在离别之后，想起的却是别人的优点，和自己的友情，所以就满意多于不满了。

3月14日　　　　　　　　　　　　　　　　　　　　　星期四

他躺在床上，我坐在床边，没有说什么话，就这样过了大约一个钟头，真静。后来，他坐起来替我画 Dante（但丁）的 *Divine Comedy*（《神曲》）中的 Inferno（地狱），Purgatory（炼狱）和 Paradise（天堂乐园）中的图表。也就是说，一个人从现实出发，经过苦难的历程，到达理想的境界。其实，理想是不可能百分之百地实现的。但丁追求贝雅特丽丝，她已死了，所以追求的是一个梦，只有梦中才有完美。而在现实生活中，假如但丁和贝雅特丽丝结了婚，也只能过平凡的生活，也许连《新生》和《神曲》都写不出来，因为没有了梦，也就没有了诗，没有了乐趣。亚里士多德说得不错：幸福不是把现实提高到理想的境界，而是把理想降低到现实的水平。只要主观的理想和客观的现实经过矛盾斗争之后得到了统一，那就从炼狱进入了天堂，但天堂并不是只有乐园，徐志摩假如和林徽音结了婚，会比和陆小曼结婚更幸福吗？

3 月 15 日 星期五

读完 Stevenson（斯蒂文生）的 *The Sire de Malétroit's Door*（《贵族之家的大门》）。深夜，登尼斯碰到丘八，躲到一个富贵人家门口。不料大门一碰就开，让他躲了进去。丘八走后，他要出去。不料进来容易出去难，门却怎么也打不开了。于是他就只好走了进去。又不料有一位老人坐在那里，说是正等着他，还说他的侄女等他已经好久了。更使他莫名其妙的是，老人要他立刻和他侄女结婚，否则，老人就要杀死他。原来老人的侄女白浪雪私下里约好了一个上尉来家里幽会，老人误以为登尼斯就是那个上尉，所以设下圈套，使门关上了就打不开，好要上尉和白浪雪结婚，否则就要把他杀死，免得破坏贵族之家的名声。不料白浪雪爱的并不是登尼斯，所以拒绝和他结婚，他看见白浪雪很美，但不爱他，自然不能接受婚事。但料不到的是，白浪雪看见他宁死也不愿勉强她做违心的事，人格高尚，竟愿意和他结婚了。但他却因为先遭到了拒绝，面子上下不了台，坚决不能同意。不料白浪雪生气了，说即使他再求婚，她也不会答应。这样双方坚持，快到老人限定的时刻，最后还是登尼斯屈服，用一个甜蜜的吻结束了这个一波三折的故事。我觉得这是英国短篇小说的代表作，写出了英国人如何解决荣誉和爱情的矛盾。《羊脂球》是法国短篇小说中的杰作，揭露了法国人的虚荣心和现实态度的矛盾。《第四十一》是苏俄短篇的精品，浓缩了革命和恋爱的矛盾。都是《苦闷的象征》中说的：激流和危岩冲撞而产生的浪花。

3 月 17 日　　　　　　　　　　　　　　　　　星期日

　　下午在新校舍碰到二中同班黄文亮等，他们已经在航空军官学校毕业了。黄文亮是 1932 年和我同时考取二中的。发榜时他是全校第一名，我是第三十一名。不知道发榜的名次是不是按照考试成绩高低公布的。入校后他分在甲组，我在丁组，没有来往，只听说他是文理兼优，而我文科还好，理科就不行了。因为没有接近，所知道的只有优点，没有缺点。这次他乡遇故知，他成了我当年想做而做不到的空军军官，所以见面分外亲切（不幸后来他与日本飞机空战时牺牲了，是我中学同班中第一个烈士）。读英文报，读到一篇报道，说英国军队在前线作战，面对硝烟，毫不恐惧；在德国飞机轰炸伦敦时，后方妇女也一样不怕死，依然涂脂抹粉，唱歌跳舞，表现了英雄主义的精神。最妙的是："面对硝烟"和"涂脂抹粉"用英文说是 face the powder 和 powder the face。Face 当名词用是"面孔"，当动词用是"面对"，而 powder 当动词用是"涂粉"，当名词用既可以指白粉，也可以指黑色火药，真是妙语双关了。

最怕孤独度黄昏。做事没有心情，何况晚餐之后应该走走。但到哪里去呢？翠湖虽好，哪经得起每天一次？但今天的黄昏怎恁地消磨得好也！翠湖经不起三天两游。但谁叫你每天完成任务似的走一圈？为什么不昨天东堤，今天西堤，明天南堤，后天北堤？难道一堤不值得你走一个傍晚吗？你也许会说一个堤太短了。我只劝你别在公园里跑马，忘了徐志摩说的：单独是发现的首要条件。我还要告诉你：静坐比跑马更能自得其乐。因此明天我打算走铁路，后天可以坐石桥，大后天大约又该小聚会了。不怕你也，孤寂和黄昏！

为了逃避孤独，晚上到新校舍去找匡南。看见半天黑云，几次闪电，他怕我回去路上会碰到雨，就留我在他对面的空床上睡一夜。我要回去，他不高兴，我就留下来了。

下午考欧洲文学史。晚上同匡南去美生社淋浴。回来时看见月亮很圆，但是带着黄色。月有阴晴圆缺，人有悲欢离合，为什么看见人欢聚，月却要露出愁容呢？

　　这是我的第一篇俄文日记。学了一个学期俄文，还得了一百分，但只能写非常简单的俄文日记，现在译成中文如后：我想见到你，又不想见到你。我并没有几个朋友，为什么？因为我不了解别人。

　　上欧洲文学史课，吴宓先生说：古代文学希腊最好，现代文学法国最好。我却认为苏俄不错。吴先生说：法国文学重理智和形式，德国文学重感情，不重形式；英国文学理智和情感并重，但都不如法国和德国，只比德国更重形式，却又不如法国。我看俄国文学和英国文学差不多：除普希金重情之外，果戈理、屠格涅夫、陀思妥耶夫斯基、托尔斯泰，都更重理，而且很重信仰。

　　美国文学读完 O Henry（欧·亨利）的 *Mammon and Archer*（《财神和爱神》）。肥皂大王洛克沃尔的儿子爱上了一个美人，但是没有机会向她求婚，因为她后天就要回欧洲去了，只答应明天他用车送她回去时在车上谈几分钟。不料第二天车到热闹街道时，忽然发生了堵车现象，花了两个小时才恢复交通。而在车上单独相处两个小时，够让年轻人表达感情的了，于是美人接受了肥皂大王儿子的求婚，却不知道这次堵车事故是肥皂大王花钱制造的。也就是说，是财神帮了爱神的大忙。金钱和爱情是美国文学的典型主题。这个短篇和英国的《贵族之家的大门》，法国的《羊脂球》，苏俄的《第四十一》，也可以先后比美了。如果要用一字概括，可以说美国重"富"，英国重"贵"，法国重"理"，德国重"情"，苏俄重"信"（信仰、信心、革命），大约八九不离十了吧。

下午第一堂是英诗课，谢先生讲 Coleridge（柯尔律治）的 *The Rime of the Ancient Mariner*（《古舟子咏》），只是把诗译成散文，至于诗的好处，一点也没有说出来。柯尔律治有句名言：Prose is words in the best order; poetry is the best words in the best order. （散文是安排得最好的文字；诗是安排得最好的绝妙好词。）诗人的话到底对还是不对？如果不对，错在什么地方？如果对，哪些地方安排得好？换个安排行还是不行？哪些文字是绝妙好词？妙在什么地方？这些都是学生最关心的问题，老师怎能不讲？又如有的诗评家说：柯尔律治的诗能用平凡的文字写出不平凡的东西。这个评论对还是不对？如果对，他的诗是如何解决平凡与不平凡的矛盾的？听说北大的朱光潜教授一小时只讲一首四行诗，讲得令人神往，余音绕梁，三日不绝，可算上乘；诗人徐志摩讲诗不知所云，可算下乘；谢先生呢，最多是中乘吧。

读完张友松翻译的屠格涅夫的《春潮》。小说的主角沙宁经过德国回俄国时，救了爱米尔的命，爱米尔和他的姐姐洁玛都很感激他，留他在他们那儿住，同他到外地去游玩。游玩的时候有一个军官看见洁玛很美，居然侮辱了她。洁玛的未婚夫是个商人，对这种事竟然无动于衷，沙宁非常气愤，要和军官决斗。洁玛知道后对未婚夫非常不满，和他解除了婚约，同时却和沙宁订婚。于是沙宁回俄国去变卖财产，把产业转让给一个富有的美人玛丽亚。不料玛丽亚也看中了沙宁，并且陪他散步、看戏、骑马出游，结果沙宁竟爱上了玛丽亚，反而抛弃了洁玛。几十年后，沙宁重新来到德国，寻找洁玛，知道她已嫁人，并且同丈夫到美国去了。于是写信请她原谅。洁玛回信说早已原谅他了。故事给人的感觉是：爱情有如春潮，时涨时落。这和德国斯托姆《茵梦湖》不同：莱茵哈德几十年后还留恋青春时代的旧情人，可见德国文学重情，歌德的《维特》也是一样。而屠格涅夫最重情的《贵族之家》结果也和《春潮》有相似之处。只是伤感之情更接近《茵梦湖》。这样看来，吴宓先生的结论还是有道理的。晚上准备英诗考试。短时间内不该连续读几首诗，正如不可连听几首交响乐一样。

3 月 28 日　　　　　　　　　　　　　　　　星期四

叫我怎能忘记今天？那么大、那么绿、那么美，但却又是那么静的湖！湖畔的绿草地上紧紧地靠着两个人，两辆自行车也懒洋洋地靠在路旁的树上。斜阳从云堆里洒下一抹余晖，落在远处的一条金黄的油菜花田里。"多美！"你说。"多静！"我说，"但是我怕孤独。"现在却是又美又静又不孤独，多像 3 月 12 日夜里的梦。双骑归来，买了两本《茵梦湖》。

　　吴琼、陈梅、家珍、慕蠡、老万、小万、小刘，我们在云南大学门口租了几辆自行车，浩浩荡荡，走拓东路，出魁星阁，往右拐上巫家坝机场路，到航空军官学校去。骑车走了三公里半，公路两旁都是高大的尤加利树，骑了一个多小时，才到达目的地。航校都是平房，除了全是瓦顶，铺了地板之外，黄色砖墙的房屋并不比联大好多少。我们在进门左手的接待室里坐下，填会客单，找黄文亮和胡汝丹（南昌一中同学）。他们出来之后，就请我们在接待室午餐，然后带我们进去看宿舍。宿舍是单人床，床单洁白，被子折叠整齐，一间方形宿舍只住十几个人。不像联大的新校舍，长方形的房间差不多大，但是要住四十个人，所以只好睡双层床，虽然拥挤，倒也热闹。参观时二中同班陶友槐也来了，他在航校比他们晚一期，是学轰炸的，因为感冒没有出来和我们同吃饭。参观后我们约他们明天进城到六华春晚餐，然后又骑车回联大。路上不记得谁的自行车坏了，只好两个人骑一辆，而我却得一个人骑两辆，也就是说，骑一辆还得用左手来带一辆坏车。这是我第一次受一人二车的考验。

　　今天我们在六华春欢送航校毕业同学胡汝丹、黄文亮走上抗日前线。陶友槐因为感冒没有来。其实在三个航校同学中，他和我比较熟。因为二中高二分文理组，黄文亮、万兆凤、万绍祖、刘匡南、吴琼都是理组的，只有陶友槐和我是文组，而且打排球时，他是二排中的主将，我却是由啦啦队临时提升到二排左的副手。日本侵略军进攻南京时，二中奉命解散迁校，我们文组同学在南昌四照楼饯别时，他在我的纪念册上写道："渊冲老弟：应用你的聪明，多杀几个鬼子！友槐敬题，廿六年（1937）十二月。"可见他早有参军报国之心。后来为了纪念我们排球场上的友谊，他又写了几句："不要忘了过去同在排球场上玩球时的快乐！不要忘了现在国家危急时期离别的痛苦！不要忘了将来光明中凯旋旗下重见的追求！"

（补记）现在，友槐、文亮、汝丹和日本空军奋勇作战，为国牺牲，已经几十年了。没有他们的牺牲，哪有我们的今天！回想当年同学少年，风华正茂，茄吹弦诵，球场驰骋。而今光明来到，凯旋旗下，已经不能重见当年的同学，只有长歌当哭，以慰在天的英灵了！

· 一九四〇年四月 ·

4月1日 　　　　　　　　　　　　　　　　　　　　　　　　星期一

　　父亲来信要买宣威火腿，在三牌坊买了一个，花了三十三元。包装又花一元，再到邮局去问，邮费还要二十几元，抽税还不计算在内。这样一算，寄回江西要花六十几元，太划不来。九姑妈说：放在她家，等有人回江西再带去吧。也只好如此了。（后来匡南的叔叔从江西到昆明来出差，还是请他带回去的。）

4月2日 　　　　　　　　　　　　　　　　　　　　　　　　星期二

　　吴琼休学，搬到图书馆做职员去了。三个人住一间新房子，光线空气都比我宿舍里好。我最不愿在自己房里过下午，但是去他房里做事，似乎并不觉得有味。金窝银窝，还是不如自己的旧窝。

胡汝丹和黄文亮来请吴琼和我去共和春吃饭，还有几个联大工学院的同学：张德基、段绍汉、叶苍、游高麟。张德基是机械系的同学，原来在南昌一中和胡汝丹同学；游高麟是电机系成绩最好的学生，而电机系是联大考试最难的一个系。

（补记）曾慕蠡和刘匡南考联大时都是报电机系，但大一考试成绩不够入系标准，曾慕蠡不得不转数学系，后来成了《人民日报》宣传的高级知识分子党员代表；刘匡南转气象系，后来对天气预报做出了贡献，比他高几班的叶笃正得了国家大奖。游高麟留联大做助教，后来在水利电力部任高级工程师。张德基则在昆明创办了天祥中学，和我们关系更加密切，他后来在武汉华中工学院任教授。

张德基、游高麟等又约吴琼和我在同义楼请胡汝丹和黄文亮晚餐。老同学难得聚会。何况他们一旦投入工作，再想这样聚会就不可能了。但是一连几天这样应酬吃饭，读书也分了心，一件事总是有得有失的，只要不是得不偿失就合算了。晚上回来碰到老万、小万、家珍、慕蠡等十几个一中同学欢迎曾启进到云南来上中山大学。曾启进是我在南昌实验小学的老同学，从三甲一直同班到六甲，毕业时还同坐一张书桌，他虽然比我大两岁，个子却和我一样小，所以我们坐在老师讲台对面。他的算术很好，毕业考试全班第二，而我才第五名。毕业后他到宫保第我家来看书，把我订的《儿童世界》全部借走，却不还我，说是全给人借走了，结果只赔了我一本鲁迅的《呐喊》了事。因此我对他印象不好，多年没有联系。这次久别重逢，又有这么多老同学在一起，自然不便旧事重提，就大家同玩了一夜扑克。春天来了，来春城的人也多了。

4月6日 　　　　　　　　　　　　　　　　　　　　星期六

一个星期没见匡南。晚餐后一个人在铁路上走走，然后去新校舍找他。不料他抽签担任了膳食委员，正在忙收膳费，并且怕钱丢失，就把两千多元膳费都存我这里了。

4月7日 　　　　　　　　　　　　　　　　　　　　星期日

同小万、小刘骑自行车去金殿和黑龙潭。都说好像南昌西山。四年前我们这班同学都在西山受过抗日军事训练，当时觉得非常艰苦，现在回忆起来却只觉得美了。这就是心理的距离。

（补记）小万、小刘都和我同年生，比我早两个月，小万小学毕业是全省前二十名甲等生，在联大航空系毕业后，他留校任助教，代表联大师生去滇西慰问过抗日前线的将士，卫立煌长官（联大梅贻琦校长的姻亲）亲自接待，同看演出。小万还在天祥中学兼任数学教师，我班上有一个女学生喜欢他，我们谈心时曾说过：愿天下有情人都成了眷属——他和阿珊，我和如萍，家珍和小芬，彭兄和丽莎，燮兄和兴趣（结果只有彭兄燮兄成了好事），事业上都有所成就，那就是我们的理想了。他后来参加空军离开昆明，把阿珊交托给我，不料阿珊突然去世，小万也精神失常了。

4月8日   星期一

读法国浪漫诗人 Lamartine（拉马丁）的小说 *Graziella*（《葛莱齐拉》），写诗人和渔家女的恋爱故事，很美。更美的是他的诗句，如《湖上》（*Le lac*）：

Temps jaloux, se peut-il que ces moments d'ivresse

妒忌的时光，难道你要让

Où l'amour à longs flots nous verse le bonheur

爱情洒下的幸福的波浪

S'envolent loin de nous de la même vitesse

不再醉人，而像不幸一样

Que les jours de malheur?

迅速离开我们，飞向远方？

4月9日   星期二

体育课举行各组排球赛。我们二年级体育寅组也参加了，但我不是队员。今天上体育课时打排球，我乱杀了两下。他们说："这样的好手怎能不参加？"于是我签名了。读完《果戈理怎样写作的》，才知道他写的乞乞可夫就以他自己为原型。他对生活并没有研究，只是写了又改，并且能接受恶意的批评，这样就写出了《死魂灵》。其实书名应该译成《农奴魂》，因为俄文的"Dysh"有三个意思：一个是灵魂，一个是人，一个是农奴。在这里应该是指农奴。乞乞可夫收买农奴，死了的农奴也买个名字，表示他农奴多，家产富有，地位崇高，本来是讽刺农奴主的虚荣心重，打肿脸充胖子。鲁迅直译成了"魂灵"，其实是误译。但他名望高，有错读者也不敢说，可见群众愚昧。我本来也迷信鲁迅，后来就"爱吾师尤爱真理"，舍直译而取意译了。读 Dale Carnegie（卡尔·卡耐基）的 *How to Win Friends and Influence People*（《如何赢得朋友，影响别人》）主要劝人尊重朋友，批评也要婉转，不可开门见山。这可正是我的缺点。

4月12日　　　　　　　　　　　　　　　　　　　　　　　星期五

　　晚上电灯坏了，不能做事，只好同匡南去浴室。不料走到翠湖边上，忽然下起大雷雨来。于是躲在翠湖西路一家门口，看电光下风雨飘摇中的杨柳，也是翠湖奇景。但是没有发生贵族之家大门口的奇遇。

4月16日　　　　　　　　　　　　　　　　　　　　　　　星期二

　　黄昏时候，坐在翠湖畔的白石上准备哲学概论考试，觉得很美。

4 月 18 日　　　　　　　　　　　　　　　　　　　　　星期四

　　月夜走过北院操场，想起从前住北院时，不觉得操场美，现在住南院就发现美了。

4 月 21 日　　　　　　　　　　　　　　　　　　　　　星期日

　　排球预赛，对方弃权。上午复赛，对方是刘鸿允那组，我们五战三胜得到决赛权。

4 月 23 日　　　　　　　　　　　　　　　　　　　　　星期二

　　哲学概论月考得 83 分，不如大众哲学有趣。上午警报，下午考英诗。晚上听陈衡哲女士讲"治史所得的训练"。第一，要做摘要。同样的动机可以产生不同的行为；不同的动机也可以产生相同的行为。第二，要看里程碑似的纪录，如节孝坊说明节孝难得，寻人广告说明人口流动。第三，从否定中学习。老师出个题目要她研究，她在图书馆中找遍资料也没结果。老师只问她如何找资料，就给了她一百分，原来找到方法就是目的。第四，社会是变动的。如中世纪烧死异教徒，我们认为不仁慈，当时看法不同，认为焚烧肉体可以拯救灵魂，所以是仁慈的。颇有辩证意味。

零用贷金，特别贷金都得到了。英诗考试通过。欧洲文学史考得很好。

英文散文与作文课成绩不好，不太高兴。我还是把分数看得比兴趣更重要。

· 一九四〇年五月 ·

5 月 1 日 　　　　　　　　　　　　　　　　　　　星期三

　　欧洲文学史月考得 96 分，是全班第一名，这加强了我学好外文的信心。

5 月 2 日 　　　　　　　　　　　　　　　　　　　星期四

　　和匡南谈话，我说我看重言，他看重行。我常要他发表意见，他不说我就不高兴。他却认为行为可以表现，何必还要用口说出来呢？

5月3日　　　　　　　　　　　　　　　　　　　　　　星期五

　　在新校舍大图书馆读郑振铎《文学大纲》法国文学部分，想买大批法国小说。

5月4日　　　　　　　　　　　　　　　　　　　　　　星期六

　　本来约好匡南今天骑自行车去海源寺，结果天雨，只好改期。

5月5日　　　　　　　　　　　　　　　　　　　　　　星期日

　　本来约了航校陶友槐今天早上八点钟同去海埂游泳，到了时间他没有来，天又下雨，我想他大约不会来，来了也不好去游泳，就不再等他了，失掉了一次同玩的机会。晚上同匡南在新校舍参加同乐会，看了一出话剧《亲爱的死者》，演一个七十多岁的老人病危，他的子女却在病床前争着要分遗产。不料老人竟没有死，看见子女争遗产的丑剧，决定老年再婚，把遗产给照顾他的新夫人。这对金钱社会真是个绝妙的讽刺。夜里做了一个美梦，在龙门削壁环绕的桂林山水中，我们躺在一叶扁舟之上，顺着柳江水流到翠湖。梦中可以改天换地，超越时空，比现实还美啊！

5月6日   星期一

　　晚上同匡南去新开的南屏电影院看苏联影片《布加乔夫》，是一个失败的英雄。我把他比作楚霸王，匡南却说可以和石达开相提并论，谈得倒很有味。

5月9日   星期四

　　下午空袭警报，一个人去英国花园睡了一觉。以为敌机不会来了，就走回南院去。半路上忽然发现敌机三个大队，二十七架，真危险啊！

5月10日   星期五

　　听皮名举先生讲演。他把西洋史简明扼要地分为五个时期：（1）公元前几世纪起，根源时期；（2）公元后4世纪起，萌始时期：迁移，开化；（3）10世纪起，滋长时期：封建，教会；（4）17世纪起，变革时期：专制，世俗；（5）19世纪起，扩大时期：族国，科学。对照一下中国历史，可以说中国根源时期比西方早；萌始时期比西方早两千年，因为周民族大迁移在公元前1796年，《诗经·公刘》篇有记载；滋长时期的封建制度也早一两千年，西方教会开始神权时代，宗教战争不断；中国则在公元前五百年孔子不谈"怪力乱神"，神权就为人权取代，开化要比西方早得多。西方直到变革时期，世俗取代神权，政教分治，才和中国分道并进；最后到了扩大时期，西方民族国家发展科学民主，后来居上，中国封建保守，反而落后于西方了。但从历史观点看来，中国几千年来一直领先世界，落后只是最近一两百年的事。如能发愤图强，恢复光荣文化传统，发扬科学创造精神，急起直追，迎头赶上，要和西方并驾齐驱，恐怕并不需要太长的时间。

5月11日   星期六

　　天气热了，穿上纺绸衬衫，可惜皮鞋已破，忽然发现有一双英国纹皮轮胎底皮鞋出让，卖国币三十元，赶快买了下来，现在只缺一件麂皮夹克了。

5月12日   星期日

　　诗的清晨：两个黄衣青裤的年轻人到大普吉去：一个青年的理想是做个理智强的人，另一个却是个情感重于理智的青年。两个矛盾的性格正好相反相成。

　　画的下午：在昆中北院三教室为江西毕业同学开欢送会，会场摆了五盆花，到了三十几个同学。桌上摆了三十几块钱的点心：瓜子，花生，饼干，糖果……游艺丰富：联句，接龙（一个人说一句成语，第二人说的第一字应是第一人的最后一字），猜谜……

　　戏的晚上：南开大学校长，联大常委张伯苓先生来昆明，联大剧团等五个单位演话剧表示欢迎。中文系演出莫里哀的喜剧《装腔作势的女人》，女主角是王年芳（后来和外文系同班朱树扬结婚，要求进步，受不了"文化大革命"期间的批斗，自杀身亡）。但是联大没有剧场，只好在大食堂演出，食堂没有凳子，同学们都是站着吃饭的，看戏只好去图书馆借长凳，在图书馆读书的同学没有戏票，自然不肯让出座位。于是在看话剧之前，先演出了一幕抢凳子的喜剧，这个喜剧也正是联大的一个悲剧。我和匡南也卷入了抢凳子的闹剧。其实我并不一定要看戏，也不一定要在图书馆坐着看书，但是大家一闹，我也跟着闹起来，结果闹得比别人还厉害，仿佛我非要凳子不可似的。这倒使我悟到了群众的盲动性，警告自己以后不要冲动，以免被人利用。

5月13日 星期一

晚上在翠湖公园散步时，匡南告诉我：有人要破坏他大哥和洪晶的婚事，说话时脸上流露出了忧虑之情，说明他们兄弟情深。他和我谈家事就是把我当兄弟了。

5月14日 星期二

匡南病了，一个人躺在床上，慢慢地睡着了。我伏在他身上，听听他的心跳，觉得没事，就陪了他一个小时。

　　上午在昆中北院操场上听张伯苓常委讲话，梅校长站在讲台前。张常委说：月涵（梅校长字）是南开中学第一班第一名，要我们把他当学习的模范。又批评了那晚演戏抢凳子的事，说我们如果喜欢看戏，他可以要南开校友周恩来来演女角。从张校长身上可以看出南开精神。据说1937年他同蒋梦麟、梅贻琦三位校长在长沙看临时大学（联大前身）宿舍时，蒋校长说房子太差，如果他的儿子是临大学生，他就不愿让他住这样的房子。张校长却说艰苦的环境能锻炼人，他就要儿子住这样的房子。结果梅校长打圆场，说如果有条件住大楼自然要住，不必放弃大楼去住破房；如果没有条件那就该适应环境，因为大学并不是有大楼，而是有大师的学校。我看这次谈话充分表现了三位校长的个性：北大原来是培养官僚的京师大学堂，所以要求舒适的环境；南开是个人奋斗建立起来的私立大学，所以强调艰苦奋斗；清华是美国退还庚子赔款创办的留美预备学校，所以既有各尽所能的创业精神，又有各得其所的享受愿望。联大三位校长，蒋张二位常住重庆，只有梅校长常在昆明，所以联大精神主要是清华精神。就拿抢凳子一事来说，张校长因为自己看戏，就批评上图书馆要凳子的学生，未免不太公平。如果梅校长来处理，恐怕不会认为看戏比上图书馆更重要，为什么不站着看戏呢？张校长主张在艰苦环境锻炼，站着看戏不正好锻炼吗？张校长为何矛盾呢！？

　　下午体育考试，跑八百米。我和王浩一组，他一马当先，跑在前头，我紧紧跟住，跑第二位。到了最后一百米时，我加把劲，超过了他。心中暗喜，自以为得计，不料最后五十米时，最后冲刺，他一加油，又超过了我，我却再也超不过他了。可见技巧只有实力相当时才能发挥作用，实力悬殊却不是技巧可以弥补的。而我近来痔疮出血太多，身体外强中干，哪里是山东大汉王浩的对手。

5月19日 星期日

星期天又下雨。申请龙云奖学金，每年一百二十元。听说外交部俄文翻译月薪三百元，不错。下午写完哲学概论课报告，读 Plato（柏拉图）*The Republic*（《理想国》）。

5月20日 星期一

英文散文与作文课上陈福田先生讲时事英文：德国打闪电战（Blitzkrieg or lightning war），中国的战略（strategy）是持久战（protracted war），战术（tactics）是消耗战（war of attrition）；日本的战略是歼灭战（war of annihilation），战术是钳形包围攻势（pincers' movement or offensive）。陈先生是华侨，倒很爱国，关心时事。

读苏联战争小说《铁流》：左边是山，右边是海；后面有哥萨克，前面有克鲁哀。铁流没有子弹，但用马队冲锋，空拳夜袭，居然取得胜利了。

刘泽荣先生要去中国驻苏联大使馆任参事，今天是最后一课，后天就要考试了。

早上复习俄文文法，上午下午背诵课文，记住词汇。

第四堂课俄文考试，为了要保持一百分，第二堂课作文没有去上，不料陈先生偏偏点名了，不到的扣十分。正是偷鸡不到反而失掉一把米。俄文考试很容易，交卷时刘先生叫住我说："我上学期很器重你，给了你一百分，因为你每一次练习都做得好，但这个学期为什么退步了？"我回答说："上学期是初学，做练习时老师怎么讲，我就怎么答，所以没有错误。学了一个学期，知识面也广了，有些问题可能不止一种答案，我就没有按照老师或课本的说法，而想标新立异，如果对了，那是有创造性，如果错了，也可以学到新东西。所以从练习看来，可能是退步了；但从全学年看来，这从考试成绩可以看出，可能是前进中的失误。"刘先生点点头说："等看了考试成绩再说吧。"中午俄文学会三班学生在翠湖欢送刘先生并且摄影留念。下午哲学概论课发还报告，成绩是甲等。笔记的批语是 Very good（很好）。晚上在昆中北院二号教室开茶话会欢送刘先生，刘先生同两个孩子来了，外文系叶公超主任和查良钊训导长也来了。首先由大董致欢送词，说刘先生见过列宁，然后刘先生致答词。他说自己在国外时，没有一天不想到祖国，爱国之心溢于言表。叶先生谈到刘先生的经历，说他在国外做过比参事重要几倍的工作。后来开始吃茶点，有些没吃过的点心，味道很好，还有咖啡糖茶、饼干糖果。有同学唱了俄文歌《祖国多么辽阔广大》和《夜莺曲》，全体合唱了《流亡部曲》，第一部由一个女同学独唱，第二部由男同学合唱，非常好听。刘先生自己用俄文朗诵了普希金的诗，《尤金·奥涅金》中女主角写给男主角的情书。然后自由交谈，我请刘先生用俄文写下了普希金、果戈理、屠格涅夫、托尔斯泰、高尔基等的名字，大家尽欢而散。

5 月 26 日   星期日

南屏电影院上演电影《桃花恨》（*May Time*）和情圣 Colman（考尔曼）主演的《我若为王》（*If I were King*），没有去看，非常遗憾。还好看上了 E·Bronte 的名著《魂归离恨天》（*Wuthering Heights*，杨译《呼啸山庄》），写 Catherine 本来爱 Heathcliff，两人小时平原跑马，岩下交心，后来她因为虚荣心而和 Edgar 结了婚，遗憾终身。原著后半部分写报复的故事没有上演，我看很好，因为报复写人性狠毒，不如留下遗憾的悲剧更美。

5 月 29 日   星期三

欧洲文学史下课时，吴宓先生叫住我说："我看见刘泽荣先生送俄文考试成绩表给叶公超先生，你的小考 100 分，大考 100 分，总评还是 100 分，我从没有看见过这样好的分数，我从没有看见过这样高的分数。"吴先生是外文系德高望重的教授，他对我的鼓舞坚定了我的信心，刘先生给我一百分也肯定了我学外文的创新精神。如果欧洲文学史也能取得最好的成绩，那就是二年级最大的收获了。有个进步组织群社见我俄文成绩超群，希望我能加入，我却怕参加组织会妨碍学习而拒绝了。

· 一九四〇年六月 ·

6月1日 星期六

起得很早。七点钟就到新校舍去找一个教室默写欧洲文学史课本中的人名书名。下午考试，考得不太满意，难的都记住了，倒是容易的反而记错了。

6月2日 星期日

早上看紫白和星光两队赛篮球。晚上开俄文学会成立大会，兴趣不大，因为我觉得他们多是为了政治目的才学俄语的，而我却只想读俄苏文学。

上欧洲文学史课，吴宓先生当堂宣布：这次月考是我考得最好；总平均算起来，也是我的成绩最高：月考 98 分，学期平均 95 分，学年平均 93 分。而全联大总分最高的张苏生，欧洲文学史学年平均只有 91 分，比我少了 2 分。这是我在大一时不敢想象的，因为她的大一英文课成绩比杨振宁都要高出 10 分。欧洲文学史是外文系二年级最重要的课程，全年 8 个学分，而作文、散文、英诗、俄文都是 6 个学分，哲学概论只有 4 个。我的欧洲文学史成绩能够超过张苏生，俄文又能超过学了十年俄语的于丕哲，说明我可以走在同代人的最前面。至于作文和英诗成绩一般，散文成绩最差，那是因为我和老师意见不同：陈先生作文把语言看得重于内容，莫先生喜欢散体而不喜欢骈体，谢先生重格律而轻欣赏。到底谁是谁非？也许只是见仁见智的问题，等将来事实作出结论罢。

英诗课读 Keats（济慈），最喜欢的自然还是 *Ode on a Grecian Urn*（希腊的古瓮）中的那一段，现在翻译出来：

Heard melodies are sweet, but those unheard
有声的音乐很美，无声的更妙；
Are sweeter; therefore, ye soft pipes, play on;
温柔的笛子啊，不要停止吹奏！

Not to the sensual ear, but more endear'd,

不是吹给多情善感的耳朵听。

Pipe to the spirit ditties of not one;

而是不用声音也可感动心灵。

Fair youth, beneath the trees, thou canst not leave

年轻人，你在树下不能不歌唱，

Thy song, nor ever can those trees be bare;

但树叶也不会落下随风飘荡；

Bold lover, never, never canst thou kiss,

情人啊！虽然你离意中人很近，

Though winning near the goal—yet, do not grieve,

却永远吻不到她，但不要伤心，

She can not fade, though thou hast not thy bliss,

她不会消失，虽然你不能如意，

Forever wilt thou love, and she be fair!

你可永远爱她，她也永远美丽。

这是说明"美就是真，真就是美"最著名的一段。所谓的"真"，就是永远不变的意思。古希腊的骨灰瓮上画着吹笛子的情郎和他追求的意中人，可能就是瓮中的骨灰，情人虽然死了千年，但是他们的爱情还存在古瓮的画面上，这就是艺术使爱情得到了永生。笛子吹出的音乐虽然耳朵听不见，但却永远在心灵中震颤，这就是心灵使艺术不朽了。

济慈的 *The Eve of St. Agnes*（《情人节之夜》）。如果说希腊的古瓮是 Keats 在他的长诗 *Endymion* 中所说的"美丽的东西"，那情人节就是美丽的传统了。

A thing of beauty is a joy forever:

美丽的东西永远使人愉快，

Its loveliness increases; it will never

会使人觉得它越来越可爱；

Pass into nothingness; but still will keep

它永不会消失得无影无踪，

A bower quite for us, and asleep

只带来幽静的楼台和美梦；

Full of sweet dreams, …

晚饭后觉得寂寞，一个人走到北门，无意中发现唐墓。想唐家人生前多么荣华富贵，死后也是冷清孤寂，还不如希腊古瓮中的骨灰，千年后还有人凭吊，发思古之幽情，显艺术的魅力。又走到莲花池，看见水青，树绿，云白，暮色像轻纱一般笼罩着大地，仿佛瞥见"斜谷云深起画楼，散关月落开桩镜"的陈圆圆，《圆圆曲》也使"冲冠一怒为红颜"永垂不朽了。

6月10日　　　　　　　　　　　　　　　　　　　　　　　　星期一

　　旧历端午节。考试成绩公布了。俄文得100分，早已知道，并不特别高兴。英文散文和作文得78分，比大一英文只少一分，是不是退步了？也不见得。只有欧洲文学史得93分，有四个得91分的紧跟在后，仿佛看到在百米赛跑时，一马当先，驷马难追的形象，倒有一点得意之感。

6月11日　　　　　　　　　　　　　　　　　　　　　　　　星期二

　　下午英国散文考试，有个题目是把 *Dr. Johnson's Letter to Lord Chesterfield*（约翰逊博士给查斯特费尔德爵士的信）译成中文，看似容易译时难，翻译很不简单。

6月12日　　　　　　　　　　　　　　　　　　　　　　　　星期三

　　今天英诗考试，有个题目要评论 Shelley's *Ode to the West Wind*（雪莱的《西风颂》），我就说雪莱用但丁《神曲》的韵脚，有如听见西风呼啸，波浪起伏，很美。

6月13日　　　　　　　　　　　　　　　　　　　　　　　　星期四

　　考哲学概论时，因为昨夜听吴琼谈他的罗曼史，没有准备。不料几天前看的书，几乎一点没有忘记。对自己的记忆力，非常满意。考试一完，明天就放暑假了。

6月14日   星期五

读 Emerson（爱默生）的 *Nature*（《自然》），他似乎把心和物结合起来了。文章中说：A nobler want of man is served by nature, namely, the love of Beauty.（自然向人类提供了一种更高尚的需要，那就是爱美。）The simple perception of natural forms is a delight.（只要看到自然形态就会感到乐趣，这就是美感。）Nature is a véhicule of thought, and in a simple, double, and three-fold degree.（自然成了运载思想的工具，简单的，双重的，三方面的工具）1. Words are signs of natural facts. Right means straight, wrong means twisted. We say the heart to express emotion, the head to denote though, and thought and emotion are words borrowed from sensible things.（第一，语言是自然物体的符号。语言中的"对"就是自然物体的"直"，"错"就是"曲"。我们用"心"来表示情感，用"头"来表示思想。思想和感情也是从感官借来的字眼。也就是说，从自然物体借来的文字。）2. Every natural fact is a symbol of some spiritual fact. An enraged man is a lion, a cunning man is a fox, a firm man is a rock, a learned man is a torch. Light and darkness are our familiar expression for knowledge and ignorance, and heat for love. Visible distance behind and before, is respectively our image of memory and hope.（第二，每个自然物体都是某种精神的象征，愤怒的人是一头狮子，狡猾的人是一只狐狸，坚强的人是一块岩石，有学问的人是一个火炬。光明和黑暗是我们用来说明知识和无知的表达

方式，而热表示爱。走过的路程和看得见的前进道路分别是我们意象中的回忆和希望。物体象征精神。）3. Nature is the symbol of the spirit. The whole of nature is a metaphor of the human mind. The axioms of physics translate the laws of ethics. Thus, "The whole is greater than its part"; "reaction is equal to action"; and many the like propositions which have an ethical as well as physical sense. These propositions have a much more extensive and universal sense when applied to human life, than when confined to technical use.（第三，自然是精神的象征。整个自然界是人类心灵的隐喻。物理学的公理可以说明伦理学的原则。如"整体大于部分""作用和反作用相等"，这样许多相似的命题既有伦理意义，又有物理意义。这些命题如果只应用于技术方面，就远不如应用于人类生活方面的意义既广泛又普遍。）简单说来，爱默生认为：第一，语言是精神的产品，是物质的符号；第二，物质是精神的象征；第三，整个自然界是人类精神的隐喻或象征。这样他就把物质和精神统一起来了。但他最后把精神归结为上帝，如果上帝是指中国的"天"，那和中国的"天人合一"有相似之处，可以理解为广义的泛神论。如果指《圣经》中创造世界和人的上帝，那和中国哲学就不相同了。

6月15日　　　　　　　　　　　　　　　　　　　　星期六

要体验一下自然界是人类精神的象征，就同匡南骑马到铁峰庵去。在虔南般的山谷中，在羊肠小道上，两骑马的蹄声。鞭子一抽，蹄声立刻急了，像《魂归离恨天》中的幼年驰马，后蹄才落，前蹄就起；前蹄才落，后蹄又起：嘚嘚，嘚嘚；风声呼呼，呼呼。风声是自然的语言，也是人类前进的象征，前进的终点，劈面直立着一座铁峰，那就是坚强的隐喻，胜利的象征了。

6月16日 星期日

去新校舍找万、赵、曾、刘打桥牌，错过了南院吃饭的时间，就同匡南上西南（院）了。

6月17日 星期一

同大家去大观园游湖。小船漂浮在平静的草海上，水面吹来白花的清香，大家都陶醉在波光花影之中。这是不是天人合一的象征？

6月18日 星期二

英诗学期考试 77 分，学年平均只 70 分。匡南的《微积分》只考67 分，本来说暑假同去参加夏令营。现在心情不好，他又不想去了。

6月19日 星期三

读 Browning's *RabbiBen Ezra*（布朗宁《拉比本·埃兹拉，欧亚过

Grow old along with me!

和我一同成长！

The best is yet to be,

后来一定居上，

The last of life, for which the firse was made…

前浪汹涌本来就是为了后浪……

Poor vaunt of life indeed

如果人生为了

Were men but formed to feed

吃喝寻欢作乐

On joy, to solely seek and find and feast…

即使要啥有啥，又有什么可夸？……

Be our joys three–parts pain!

乐中有三分苦。

Strive, and hold cheap the strain; …

奋斗才不停步！……

Shall life succeed in that it seems to fail:

生活似乎失败，成功却在结尾：

What I aspire to be

希望成了后悔

And was not, comforts me…

失望反是安慰……

As the bird wings and sings;

像鸟飞翔，歌唱，

Let us cry, All good things

应该说好东西，全都是我们的，

Are ours, nor soul help flesh more, now, than flesh helps soul! ⋯

精神会帮肉体⋯⋯

Youth ended, I shall try

过了青年时代，

My gain or loss thereby;

算算得失成败；

Leave the fire ashes, what survives is gold.

真金不怕火烧，但不留恋火海。

And I shall weigh the same:

我依然一身轻

Give life its praise or blame;

也会褒贬生命

Young, all lay in dispute; Is hall know, being old.

青春时只开口，老了我才会听。

6月20日 星期四

读 Browning's *The Last Ride Together*（布朗宁的《最后一次骑马同游》），对照一下铁峰庵之行，并肩倚栏，遥望无波的滇池，寂静的海埂，才能体会乐中有三分苦，希望才不会成为后悔。夜晚，翠湖堤上一轮明月，谈笑声中两个人影。让时间停留在这里，地球不要再转，月亮不要落下，太阳不要出来，让世界永远沉浸在幽静之中！

6 月 21 日　　　　　　　　　　　　　　　　　　　　星期五

昨夜没有睡好，又没有盖好被子，受了点凉。今晨在门外晒了一个多钟头太阳，又受了点热。寒热交加，头昏眼花肚子痛，倒了！多谢徐树泉给我万金油，才好一点。

6 月 22 日　　　　　　　　　　　　　　　　　　　　星期六

重读托尔斯泰《复活》，男主角因为青年时代诱骗了一个纯洁的少女，后来一直追随她到西伯利亚，以求良心的安慰。宗教意味太重，读来心里总不觉得感动。

6 月 28 日　　　　　　　　　　　　　　　　　　　　星期五

英国散文课学年成绩和上学期一样，还是 69 分，可能是全班最低的分数了。我问莫先生如何提高写作能力，他要我多读现当代的作品，而我却沉浸在古典文学之中。

老万、小万、慕蠡、匡南同去海埂游泳。去时阴雨，游时起风，归时放晴。游泳两小时，坐船六小时，未免得不偿失。船上玩牌，趣味不大。中午吃四个大饼，两个桃子，还觉得不够饱。回想大一暑假天天看书，大二暑假却几乎天天玩了。

（补记）大二上课已经结束。这个学年收获如何？最大的收获可能是建立了学外文的信心。考入联大时，我是外文系第七名，英文考了85分，是我在中学没得过的高分数，但我前面还有六个人呢，只能算是中等偏上，最多不过是优等中的下等而已。同组比我小一岁的杨振宁都比我高一分，全校比我分数高的就更多了。因此还有自知之明，不敢盲目自大。到了大二，其实我的英文考试成绩还是一般，如作文只有78分，散文和英诗甚至是中等偏下，分别得了69分和70分。考得好的却是文学，哲学和第二外语，都是偏重知识的课。欧洲文学史考93分，哲学概论考88分，俄文考100分。但是我却从分数中看到了希望，建立了信心。因为我的英文成绩一般，是因为我在中学成绩就是一般，要在清华、北大、南开组成的联大平步青云，取得超越同代人的成绩，恐怕不是一朝一夕之功。但文学史却不同，现在看来，我的欧美文学读的不比同班同学少，更重要的是，第二外语全班同学多学法文，而我却学俄文，考法国文学史时，我记法文人名书名要比同班困难得多，但考试成绩却是我得98分，全班第一，这说明如果在同一起跑线上，甚至我让大家几步，都可以后来居上。俄文胜过学了十年俄语的同学更证明我后来居上的能力。自然，高分并不一定表示高能，低分也不一定表示低能，也可能是师生意见不同。例如陈福田先生，我认为他语言水平高于文学水平，一口美国英语说得比美国人Winter还更流利，但却没说过一句钱钟书先生说过的妙语。莫泮芹先生喜欢Homer的散体译文，而不喜欢Pope的韵体译文，但我却觉得韵文远胜散文。如Hector对Andromache的临别赠言：

（Leaf）But for war shall men provide and I in chief of all men that dwell in ilios

（Pope）Where heroes war, the foremost place I claim,

冲锋陷阵我带头，

The first in danger as the first in fame.

论功行赏不落后。

又如谢文通先生和我都译过杜甫《登高》中的"无边落木萧萧下，不尽长江滚滚来"：

（谢译）Everywhere falling leaves fall rustling to

The waves of the Long River on rushing without bound.

（许译）The boundless forest sheds its leaves shower by shower;

The endless River rolls its waves hour after hour.

一比就可看出散体和韵体的高下了。

· 一九四〇年七月 ·

7月1日   星期一

　　南昌二中老同学张明试北大经济系毕业后，找到桂林交通银行的工作，月薪是一百四十元，他4日去桂林。还有两年我们也要毕业，月薪是多少呢？

7月3日   星期三

　　同吴琼在大都会餐厅为张明试饯行。他在昆明师范学校小食堂的餐位让给我了，六元一周，八人一桌，同桌有经济系的张自存，数学系的钟开莱（后来他们都考取了留英庚款）。每日三餐，中午晚上都是三荤二素一汤，虽然走路远点，但吃得比较好。

7月4日　　　　　　　　　　　　　　　　　　　星期四

晚餐后到新校舍去，同二万、赵、曾沿着公路，在高耸入云的尤加利树下散步，经过北门，到小东门，坐石桥上谈天，觉得"夕阳无限好，只是近黄昏"，而我们离黄昏还远着呢。回来又上茶馆，吃花生米、蚕豆，谈到江西新成立的中正大学，听说薪水很高，生活水平很低。假如早成立两年，我们也许不来联大，那人生道路就要大改观了。

7月6日　　　　　　　　　　　　　　　　　　　星期六

读施蛰存谈鲁迅的《明天》。从前读《明天》一点不懂，读了施文，才知道《明天》是写母爱和性心理的。又读丰子恺《缘缘堂随笔》和《再笔》，觉得不怎么样。

7月7日　　　　　　　　　　　　　　　　　　　星期日

晚上重读《红楼梦》，又在新校舍看抗战电影。

7月9日　　　　　　　　　　　　　　　　　　　星期二

下午俄文学会办的暑期班开课，请葛邦福教授夫人来讲，她虽然是俄国人，但是没有教学经验，学生程度又高低不齐，很难讲得大家满意。她的女儿很好玩，笑我的卷舌音太重。晚上同小万、慕蠡上茶馆。

7月11日   星期四

晚上在云南大学篮球场打篮球，回来又在新校舍打桥牌。

7月12日   星期五

报名参加三青团组织的重庆夏令营，要学习好，品行好，热心服务的同学才能入选。我大二的学年成绩是 93 乘 8+78 乘 6+69 乘 6+70 乘 6+100 乘 6+88 乘 4=2983 分，再用学分总数 36 来除，总分是 82，可以算优等生了。至于品行和服务，没有具体标准，我报名填表时，就说三项都合格。希望能免费去重庆，到中央大学和南温泉去看莘生、含和、其治等老同学。不过如果能去，可能要参加三青团，那就糟了。

7月13日   星期六

晚餐后同二万、赵、曾、刘（星垣）、张（汝禧）等七个人去翠湖散步。

徐志摩说得好：走而不坐，永远不会欣赏到美。在黄昏时分，在日落月出之际，独靠在湖畔的树枝上，往事如梦，涌上心头：其实都是微不足道的小事，但蒙上了苍茫暮色，就显出了朦胧之美。第一次同放花炮的元宵，10月30夜同看电影《到自然去》，在宿舍里穿着白衫黑裤比谁摸得高，"你帮我到艾歌洁那里借个剧本好啵？""不要叫得大家都听到了！"离散前戴着压发帽洗脚，现在都烟消云散了。

同小万、慕蠡、家珍去南屏电影院看《铁面人》(*The Man in the Iron Mask*)，讲法国王子为了争夺王位陷害兄弟的故事，很有趣味，跑马也很好看。回来得到三青团的通知，说是重庆夏令营落选，就把通知当作废纸扔了。

到中华职业指导所报名抄书。下午就去云南大学第七教室抄《平彝县志》，两个钟头抄了六页。晚上去新校舍打桥牌，后来又上茶铺。

7 月 20 日 星期六

晚上同吴琼去看胡蝶主演的《绝代佳人》，现在电影多模仿外国的，总不如外国好。只有古装片有中国特色，别有风味。但剧本歪曲事实，把陈圆圆和李自成写好了。

7 月 21 日 星期日

重读《红楼梦》，读到黛玉死时还动感情。其实人既有生，怎能不死？没有死的痛苦，怎知生的可贵？假如人都不死，永远活着又有什么趣味？

7 月 25 日 星期四

读 Tolstoy's *War and Peace*（托尔斯泰的《战争与和平》）。晚上听冯友兰先生讲《青年对哲学的修养》。他批评题目说：青年对哲学要修养，中年和老年是已经修养够了呢？还是不够修养的资格呢？其实修养是不分年纪的，正如学数学不分年纪一样。这是普通一般人的误解。他讲形式逻辑，逻辑是语经，是思想的规律。五个指头加五个指头等于十个指头。5+5=10 就比较形式。规则是人人应该遵守，实际上也遵守，只是不能完全遵守的。一个不守道德规则的人守规则的时候还是比不守的时候多。辩证法反对形式逻辑，后者说甲是甲，前者说甲是非甲。其实应该说甲中包含非甲，甲可变成非甲。如果人人懂得形式逻辑，天下的争论可以减少一半。如古语说"知易行难"，孙中山先生说"行易知难"。其实前者是指道德方面，后者是指技术方面，两者并不冲突，这就是懂得逻辑的修养。冯先生简单明白地说出了人人应该知道，而其实又未必知道得很清楚的道理。

7 月 26 日　　　　　　　　　　　　　　　　　　　　**星期五**

匡南去小石坝大哥那里住了半个月，说那里没什么好玩，今天回联大了。和他同读《铁流》。明天他还要回小石坝去。真是 meet only to part（相见只是为了再见）。

7 月 27 日　　　　　　　　　　　　　　　　　　　　**星期六**

今天下午去云南大学开始抄《广南府志》，只是为了赚几个钱，真没意思。

7 月 28 日　　　　　　　　　　　　　　　　　　　　**星期日**

五时起床，同老万、小万、家珍、慕鳌到呈贡去。火车很挤，看不见茫茫滇池。呈贡路湿，跑不得无鞍马。桃树不见，梨子还生，没有水果可吃。忽然发现桃园，满树红红绿绿，随便吃，不要钱，于是吃了一百多个，带回一百多个，又在树上用山楂果打仗玩。地上还有几百桃子带不走，真是满载而归。归来去江南食堂大吃一顿，五个人只花了五块钱，真是价廉物美。

7 月 30 日   星期二

　　在南院大教室看全校乒乓球比赛，我也大显身手，没有一个人打得过我。可惜我没报名，不然大约可以得奖。现在不但没奖，反而打球热得脱了毛背心，忘了带回来，真是患得患失，结果却是得不偿失。

· 一九四〇年八月 ·

8月1日   星期四

上午乒乓决赛，因为我打得好，又没报名参加，就请我做裁判。下午同绪阳打乒乓，他是我八岁时在星子认识的小朋友，可能是最早的小同学了。

8月2日   星期五

吴琼休学在图书馆工作，请馆员夏茂林晚餐，要我作陪。饭后又去昆明大戏院看《明末遗恨》，真是演戏，一点不像事实，但他们却拍手叫好，趣味大不相同。

8 月 3 日　　　　　　　　　　　　　　　　　　　　　　　　**星期六**

开始读 Stevenson's *Treasure Island*（史蒂文生的《宝岛》），读完 Part Ⅰ。不如读《贵族的大门》有趣。现在不像中学时代那样喜欢惊险小说了。

8 月 5 日　　　　　　　　　　　　　　　　　　　　　　　　**星期一**

骑车绿松小径，又坐喷珠池畔，三生石上，再走激流津旁。清水留下了人影，山谷记住了回声。

8 月 8 日　　　　　　　　　　　　　　　　　　　　　　　　**星期四**

听冯友兰先生讲《生活的意义》。如果"意义"的第一个意义是"目的"（没听清楚），那么生活的意义就是生活的目的。如果凡事都有一个目的，本身只是手段的话，那世界上的事都成了手段。所以我们应该说：有些事本身就是自己的目的。哪些事呢？凡是自然的事，如动植物的生长，都是自己的目的，人为的事如吃药等才是手段。所以，如果以为意义是目的的话，生活是没有什么意义的。"意义"的第二个意义是"了解"。了解越多，意义越大。如一只狗听演讲，一点也不了解，也就毫无意义；一个无知识的人听演讲比狗了解多一点，意义也就大一点；一个大学生听演讲了解更多，意义也就更大。但了解不同，意义也就不同。如地质学家游山看见这山有什么矿藏；历史学家游山，可能想起这山是个古战场。这样说来，意义不是主观的吗？其实不然。因为地质学家说这山有什么矿藏，事实上这山是有那些矿藏；历史学家想起这山做过古战场，事实也是如此，并不是地质学家、历史学家凭空捏造出来的。生活的意义也因人而异。因为人的了解不同而不同，所谓仁者见仁，智者见智，此之谓也。

8月9日   星期五

领到龙氏奖学金三十元。在图书馆吴琼房里读 Hugo's *French Grammar Simplied*（雨果的《法文文法》简易读本），觉得比闻家驷先生讲得简单明了，自学就学会了。晚上在南院食堂看青鸟剧社演出话剧《端娜》《游击之爱》和英文剧《锁着的箱子》。英文剧讲军警搜捕革命党人，党人藏在锁着的箱子里，军警要开箱子，女主角把钥匙给他，他却不开箱子走了。演革命党人的是杜运燮，女主角是张苏生，都是外文系同班。

8月10日   星期六

巴金先生来联大看他的未婚妻陈蕴珍，就是比我低一班的萧珊。在我们同班的卢福庠陪同下来到师范学院开座谈会，我和万兆凤等几十个人参加了。他穿蓝布长衫，非常朴素，说一口四川话，非常随便。但对文学青年很热情，说话很谦虚。他说："我不懂文艺，只知道写我所熟悉的东西。现在写得不好，几十年后生活比较丰富，思想比较成熟，或者可以写得好些。先要做一个人，才能成为一个作家。外国作家我喜欢俄国的托尔斯泰、屠格涅夫、陀斯托耶夫斯基。中国作家鲁迅先生很好，他最懂得世故，但对青年不用。"我们请他题字，他为每个人都写了一页。我问杜布罗夫斯基的情人为什么要嫁老公爵，他说是宗教的关系，我不太满意，因为我对西方不太了解。他对每个人的问题都详细回答，对青年人真好。

8 月 11 日   **星期日**

昆华师范学校的小食堂今天开始搬到新校舍 27 号了。

8 月 14 日   **星期三**

上午读完 Stevenson's *Treasure Island*（斯蒂文生《宝岛》）。下午搬到新校舍 7 号。

日记是生活的反映。如果生活已经够光明、美丽、快乐了，日记怎能写得更光明、更美丽、更快乐呢？文学是苦闷的象征。没有苦闷，文学又象征什么呢？歌颂光明、美丽、快乐到底不如光明、美丽、快乐本身啊。今夜简直有点像是光明之夜，一盏一百度的电灯，两张双人上下铺床。我和匡南睡上铺，老万和慕蕃睡下铺。小万和家珍还没搬去工学院，六个人挤着睡四张床，更加亲热。大家先玩扑克，后上茶铺，真是最热闹的一夜。回来忽然大雨，雷声隆隆，电光闪闪。正要睡觉，忽然一滴冰凉的水从帐子上漏了下来，茅草屋顶漏雨了。这是苦闷的象征吧。

匡南和慕蠡要转理学院，小万和家珍今天搬工学院，忽然觉得新校舍寂寞了。本来在南院宿舍暑假每天自学法文，读英文小说，下午有时去云南大学抄书，生活很有规律，并不觉得有苦闷。下午在北院大教室（原来的食堂）听潘光旦先生讲《儒学思想与青年生活》。他说：儒家思想是以人为宇宙的主人。宇宙的客人有四个：一是人以外的本体；二是别的人；三是人的情欲；四是过去未来的人。人应该怎样待这些客人呢？那就是应该有分寸。什么是分寸？朋友亲而不狎，夫妻相敬如宾，交友久而且敬，这些都是分寸。执中用权，也有分寸问题。人生有如行船，河中心最深，船应该走河中间。但如河中间有暗礁，那自然应该走旁边。又如蜘蛛结网应在中心，但如有小虫飞来角上，自然也该到一角去。分开来说，人对于人以外的本体，如天地应该研究，但不必废寝忘食，不役于物；对别人的关系前面已经说了；对情欲应该"克己复礼"，发乎情而止乎礼，这就是分寸。

一个人在图书馆吴琼房里读 Tolstoy's *War and Peace*（托尔斯泰的《战争与和平》）托尔斯泰要从历史中寻找贵族存在的价值。书中主角 Pierre（彼得，身上有托尔斯泰自身的影子）和 Andrev（安德烈，最后负伤死去）都有爱国主义精神，并且实行过农业改革，饱尝了生活中的甘苦，最后在卫国战争中了解到人生的真谛，可惜宗教味太重，此外，Kutuzov（库图佐夫）是在 Borodino 打败了拿破仑的名将，作者说他是贵族中的英雄，体现了人民的智慧，就这样把贵族和平民结合了起来，可以说明贵族存在的价值了。还是读书更有趣味。即使读没有趣味的书，为了将来也得读一点。现在多读，将来快乐的日子就多一些。

8 月 17 日   星期六

人生是短促的，所以应该及时行乐。时间到了不乐，时间一过，就后悔莫及了，下午小万从工学院来，小别重逢，觉得更加亲热。留他吃饭，饭后同他听孙毓棠讲《历史与文学》，听讲后玩扑克。熄灯后户外圆月朦胧，又同他出外吃羊肉。算是及时行乐了。

8 月 18 日   星期日

如果我有一个情人，她就是天上的明月，这样光明美丽，却又这样高不可及；如果我有几个朋友，他们就是案头的书籍，无论我对他们好坏，他们从不生气。我在生活中是如此孤独，就像 Defoe 写的 *Robinson Crusoe*，只好以书为友，以月为情人了。

8 月 31 日   星期六

25 日大家同去海埂游泳。29 日同去报名参加阳宗海夏令营，三青团组织的更便宜但是人数已满，平均八校组织的每人要交 25 元，大家嫌贵，只有小万和我报名去了。

·一九四〇年九月·

火车像一条长蛇在山间爬行。爬上了一片片高坡，绕过了一座座峻岭，忽然发现一片和天空一样蔚蓝，一样平静的湖水。火车越往前爬，山峰越往后退，平湖也越来越展现出她秀丽的面庞。这就到了夏令营的营地：阳宗海。我们住在小山顶上的一座古庙里，远望崇山平湖，不禁想起英国的湖畔诗人来。而拜伦和雪莱在瑞士时，也曾在日内瓦湖吟诗。拜伦赞美 "Clear, placid Leman!"（清秀平静的莱梦湖）有几行诗：

…and drawing near,

…走近一看

There breathes a living fragrance from the shore

闻到了青春的鲜花从湖岸

Of flowers yet fresh with childhood; on the ear

吐出生气蓬勃的芬芳呼吸,

Drops the light drip of the suspended ear, ...

听到桨上轻轻落下的水滴,……

到了阳宗海,我才知道鲜花呼吸的,船桨上滴下的,都是蔚蓝的
空气和如梦的湖水。

9月2日 星期一

如果滇池可以说是一面镜子的话,比起阳宗海来,她是多么粗俗,
多不平静的凸凹镜啊。拜伦也曾把大海和波河比作镜子,但大海的镜
子照出的是无所不能的上帝:

Thou glorious mirror, where the Almighty's form

你这光辉的镜子,上帝的形象

Glasses itself in tempests; in all time

映照在你汹涌或平静的水上,

Calm or convulsed, in breeze, or gale, or storm,

无论狂风暴雨还是风和日丽,

Icing the pole, or in the torrid clime

不管水深火热或是冰天雪地,

Dark heaving—boundless, endless, and sublime,

你不断地高低起伏,无边无际,

The image of eternity, …

谁想看到永恒？只要看一看你。

这是 *Childe Harold's Pilgrimage*（《哈罗德公子漫游记》）中的大海，
而 *San as to the Po*（《波河之歌》）中的波河照出的却是拜伦的情思。

What if the deep and simple stream should be

但愿你的洪流是面镜子

A mirror of my heart, where she may read

她可看出我的百般相思

The thousand thoughts I now betray to thee,

看出我对你吐露的情丝

Wild as thy wave, and head long as they speed!

像润涌的波涛奔腾不止！

What do I say—a mirror of my heart?

我说什么？——你镜中的形象？

Are not thy waters sweeping, dark and strong?

啊！你深沉激烈，浩浩荡荡，

Such as my feelings were and are, thou art;

就像我今昔的相思一样，

And such as thou art were my passions long.

激情和激流都地久天长。

阳宗海结合了大海和波河的美，她像平静的大海，但映照出来
不是全知全能的上帝，而是违反了上帝的意志，偷吃了智慧之果的青

年男女的情思。

天雨，看大家打桥牌，玩垒球，跳绳。我也同小万找了两个物理系的同学玩扑克，大家玩的花样很多。有个外文系一年级的女同学林同端，男同学喜欢找她玩。有个男同学要和她打赌，在桌上摆了四张扑克牌，说他在门外，随便同端动了哪一张，他都可以猜到。同端不信，等他出去后，她摸了一下第一张牌，于是有人叫门外的同学："来呀！"男同学一回来就说是第一张，又出去了。同端再摸第二张，那人又叫："来看呀！"男同学又猜对了。同端摸第三张，那人叫道："来猜呀！"结果猜得不错。最后摸第四张，那人再叫："快来呀！"四次都猜对了。于是同端认输，答应在晚会上罚唱一支歌。她不知道，那两个男同学是商量好了来寻她开心的。"来""看""猜""快"是一二三四的暗号。所以门外的同学四猜四中。晚上开营火会，同端找了两个最要好的女同学合唱了一支歌。一个是心理系的李宗蕖（后来和历史系程应镠结了婚），另一个是何申（后来去了法国，和地理系王乃梁结了婚）。

今天的日记用英法俄文写了一句话："我们是第四桌。"作为我和白雪公主第一次同桌吃饭的纪念。夏令营的花样很多，每天吃饭都要抽签，抽到哪桌就坐哪桌；还要抽签唱英文歌，歌词译成中文就是：
"我们是第 X 桌，第 X 桌，第 X 桌，第 Y 桌在哪里？"这种玩法我们参加教会组织的西山旅行时玩过。第 Y 桌的同学等第 X 桌唱完后，要立刻接着唱："我们是第 Y 桌，第 Z 桌在哪里？"如果不唱，第 X 桌就可以来抢菜吃。这不知道是北平、天津八个学校从哪里学来的？是继承了南开大学的传统呢？还是学美国教会学校的游戏？我不懂得这些洋规矩，有人来抢菜时，我却站起来和他们抢，同端（她在南开中学演英文剧时，演过白雪公主）却接着唱歌，我这才学会了这洋玩意。夏令营天晴时下海游泳，天雨或晚上则唱英文歌。我学会了几支：*I come from Alabama with my Banjo*（《阿拉巴玛之歌》），*Last Friday Morn*（《美人鱼之歌》），*My girl's too good for you*（《女友之歌》）。《美人鱼之歌》或《水手之歌》的英文歌词如下：

Last Friday morn when we set sail and we were not far from the land,

星期五早上我们起航，陆地还隐约在望。

The captain spied a lovely mermaid wim a comb and a glass in her hand.

我们的船长发现可爱的美人鱼在对镜梳妆。

O sweet ocean waves may roar, and mess or my winds may blow,

啊！狂风暴雨掀起了无情的波浪，把人埋葬

While we poor sail or land lovers lie down below, below, below.

可怜的水手看着陆地的多情人沉入了一片汪洋。

这支《水手之歌》比柯尔律治的《古舟子咏》更加浪漫，有李商隐"沧海月明珠有泪"的意味，但在阳宗海唱，不如去爱琴海上悼念雪莱更好。《女友之歌》却更轻松：

My girl's too good for you,

你怎配得上我的女朋友？

She is from Yanjing U.

她是燕京大学的漂亮妞。

She is the pride we know.

她还是我们学校的骄傲。

Who told you so?

谁告诉你说她有这么好？

She is so bright and fair,

她是这样漂亮，这样美丽，

She has the charming air,

她的神气叫人看得入迷。

Cheeks blushed cherry-red,

娇羞的脸颊红得像樱桃

Teeth white as snow.

牙齿像白雪公主一样好。

She will not look at you,

她对你看都不屑看一看，

Because she loves me true.

因为她爱我这个男子汉。

How in the world did you find it out?

你怎么发现了这一点？

She told me so.

她自己告诉我一百遍。

《女友之歌》可能是燕京大学自编的情歌，但在阳宗海唱却别有意味，因为"齿白如雪"正好是在白雪公主窗下唱的小夜曲。

9月5日 星期四

天晴了。下午去浅水滩游泳。沙滩上长满了绿草，一片青翠碧绿，湖天一色，游出五十米都没有危险，是初学游泳的好地方。可惜忽然天阴了，大家就在绿沙滩上跳木马玩，轮流弯下腰去做木马，让别人从自己身上跨过去，自己也从别人身上跨过，跨过了就欢呼喊叫，集体活动到底比个人活动多姿多彩。

9月6日 星期五

今天又和白雪公主同坐第七桌吃饭。上午同去半深不浅的地方游泳，那是一个陡坡，坡上有草地和小树，下坡只走几步，水就不深不浅，可以沿着山坡游上个二百米，但不能往外游，往外十米就是危险区了。我捡到件女游泳衣，碰见同端换了衣服，就问游泳衣是不是她的，她说不是。有个男同学要给她看手相，我也请他看了一下。他一看我的额头就说：我六十岁以后大发，对不对呢？

9月7日 星期六

　　天气真好：蔚蓝的天空浮着几片白云，太阳把它的光和热投射到大地上。地方也真好：碧绿的草地，澄清的海水，微风起时，成千上万的小波浪微笑着向你眨眼睛。我练习蛙泳了，逆浪蛙泳而上，随波仰游而下。水里冷了，走上青草地仰卧着晒晒太阳。晒太阳晒热了，又走下清凉的湖水里游游泳。这样上上下下，来回走了六次，真是我游泳以来最痛快的一天。傍晚时分，夏令营的同学演出话剧《放下你的鞭子》。晚上男女同学跳 Marathon-Square Dance（马拉松方舞），可惜我不会跳，没有参加。

9月8日 星期日

　　今夜要开化妆跳舞营火会，上午在草地上练习跳方舞。教练问谁愿意跳时，我还犹疑不决，等到有一个同学报名了，我才第二个说愿跳。多幸运啊！对角就是白雪公主 Miss Lin。我们手挽着手，背靠着背，若说无缘又有缘，因为她就只跳了这一次，下一次就由男同学陪跳了。我想跳舞之后应该开始 hunting（打猎，追求）了。在夏令营还不交朋友，回去后哪里有机会呢？跳舞后还不谈话，什么时候才谈呢？但第一次总觉得不好意思，走到面前又退回来，话到了嘴边又吞了下去。这样反复三四遍了，才硬着头皮吐出了一句："Miss Lin，跳Marathon 时男子应该用怎样的姿势行礼呀？"她回过头来，瞧了我一眼说："就是这个样子：把右手放在胸前，左手横在腰间。"说时做了一个样子。话一开了头，我的问题就源源不断了：跳舞的步法应该如何？手又应该如何动作？但到底是第一次，问了四五个问题就打住了。下一个舞是 Round Dance（圆舞）。教练说：不会跳的男同学可以找一个会跳的 partner（舞伴），我迟疑了一下，她就被别的男同学请去做舞伴，并且有人预约请她晚上跳舞，我恐怕没有机会了。跳舞之后开座谈会，讨论《爱之真谛》。化学系曾昭抡教授也参加讨论。有人主张恋爱为了结婚，有人主张恋爱和结婚可以分开，有人说恋爱之前应该先交朋友，有人问交朋友和恋爱有什么不同。同端发言了，她说恋爱有占有欲，交异性朋友却没有。晚饭前想同她练习一次圆舞。又是迟疑了很久还没有开口。直等到有人请她跳了，才又硬着头皮说："请你再带我跳一次好吗？"同端很大方地一下就答应了。晚上月色很好，火光熊熊，灯光明亮，一半人化了妆，物理系会拉小提琴的官知节化妆成个黑人，很像，得到不少掌声；我也用硬纸片做了个假面具，自称是铁面人，掌声稀稀拉拉。还有人男扮女装，穿得花花绿绿，非常热闹。化妆表演之后，音乐一起，跳舞就开始了。圆舞已经有人约了同端做舞伴，我唯一的希望就是请她跳方舞。所以第二批人跳圆舞时，看见她没有站起来，我也坐着不动。第三批人开始跳方舞时，我猜想她会站起，果然她起身了，并且站在我对面右边最后一个位置上，而我恰好站在左边最后的位置，和她成对角线，于是我们就自然成舞伴了。道是无缘却有缘罢。第四批人跳方舞时，她没有参加，我也不参加。不料第五批还跳圆舞，大出我意料之外，一回生二回熟，这次我却毫不犹豫，走上前去请她："还跳一次好吗？"她把手给了我。第六批再跳圆舞时，我不好意思再找她了，就找了和她最要好的女同学李宗蕖。舞会完后月色很好，她们几个女同学要到海滨去。我也想去，但是不好意思，还是留点缺憾罢。睡觉时觉得很兴奋，真是一舞难忘！

天雨路滑。去吃早餐时碰到同端也来了。我本来应该挽她走，但是我没想到。盛稀饭时她也来了，本来应该让她先盛，但是我占了先；占了先就该替她盛一碗，我又没有想到，结果是别人给她盛了。我真是习惯于只顾自己，不会为别人着想啊！想游泳时教她仰泳，但是下雨，没有机会；想同她打桥牌，但她不会，没有办法。下午看她和别人玩扑克，这算是对我以自我为中心的惩罚罢。晚上月亮很好，大家要坐船去游泳，出发时忽然下起小雨来，雨停了再走路又滑了。下山坡时我走在她右边，看见她滑，赶快上前挽扶，我们一直手挽着手走下山坡，这次我毫不犹豫了，算是弥补了上午的缺陷。月下游泳真美，想起了葬身爱琴海的雪莱，觉得死在阳宗海也一样美了。

（补记）后来发现《逝水年华》中《小林》那一章也有《水手之歌》的译文，现在抄下，可以做个比较，也可以看出翻译思想的变化：

星期五的早上，我们扬帆远航，陆地已经不见踪影。

船长忽然发现一位美丽的天仙，对着大海梳妆照镜。

大海怒涛澎湃，狂风暴雨袭来，天仙摇身变成人鱼。

我们爬上桅顶，想要看个究竟，但是只见一片空虚。

最后一行英文歌词记不清楚，所以两个译文不同。至于阳宗海之夜，《逝水年华》记下了诗，现在补上英文：

In love with the blue lake, the green hills stand;

青山恋着绿水，

Their drunken shadows in water blend.

山影在水中沉醉。

For the first time Nancy went with me hand in hand

第一次挽着意中人的手，

Down hill as my girlfriend.

肩并肩走下山头。

Afraid her fragrance left in my palm turn to tears

唯恐手上的余香

And flow in to oblivion cold,

会流入遗忘的时光，

I plunge my hand sand life of nineteen years

就把双手和十九年的生命

Into the lake nineteen hundred years old.

投入一千九百岁的湖心，

I would dissolve into a lake of love

要融出一湖柔情，

Ever green as the azure sky above.

和绿水一样万古长青。

这是年轻时写的诗，可以看出拜伦和雪莱的影子，这也是全球化的先声。现在阳宗海现代化了，如果能在湖滨立个诗碑，也许将来可以发思古之幽情，先留在纸上罢。

　　别了阳宗海。在青山下的田埂上，想和同端说几句话，问她住在
什么地方，但她身边有人陪着，不好冒失。只好放声高唱《再会罢巴
黎》，想用美丽的世界花都来暗示如花的丽人。到了车上，我坐在左前
方第一个位子上，她坐在右后方最后一个位子，距离遥远。不料大家
等候开车没事，又跳起方舞来，刚好对角线是舞伴，我们又跳了阳宗
海离别之舞。真是求之不得，不求反得，道是无缘却有缘了。到了昆
明，下了火车。一个人回新校舍，真是寂寞。在文林街碰见李宗棻，
虽然只是一舞之缘，却也非常高兴，甚至想从她那里问到同端的地址，
然后请她跳舞，吃饭，看电影呢。

　　真高兴啊，我了解到她在南开中学演《白雪公主》的情况，而演
白马王子的就是我的同班同学罗宗明。罗宗明很英俊，不过他已经有
了女朋友，而同端原来在航校有个朋友，不幸飞机失事去世了。她现
在和我猜想的一样，下学年我们就可能同修法文。

　　南院改为学校办公室和女生宿舍了。上午去南院取挂号信，下午
又去领贷金。在操场上碰到她穿了藏青色的薄呢子大衣，看起来更严

肃，不像在阳宗海穿红毛衣白裙子那样随意、活泼了。她一边走，一边同别人谈话，没有和我打招呼。就各走各的了。

9月14日 星期六

上午买邮票，下午补皮鞋，去了南院两次。第二次在门口碰到同端穿蓝毛衣花旗袍。我问了一声："上街去？"她说："回家去。"就背道而驰了。为什么不看看她住在哪里呢？于是又向后转，一直跟着她走到裴家巷才回来。以后可以在路上碰到她了。

晚饭后去南院听冯友兰先生讲《文学的欧化与现代化》。他讲到"共"与"殊"。殊是个体，殊如张三、李四、美国等，共如人、胖子、民主国等。殊只有一个，共可无可多。共有理，殊无理由。我们学东西要学共，不学殊。欧化是殊，现代化是共。现代化是精密化。如好的观念（good idea）和好底观念（idea of good），没有"的"，"底"就分不清了。他主张现代化（如中菜西吃），不主张欧化（如用刀叉）。讲得简明扼要。

9月15日 星期日

晚上同二万（兆凤，绍祖），二曾（慕蠡，启进），二刘（星垣，匡南），赵何（家珍、国基）月下游大观湖，还游了泳，但是水凉，回来像阳宗海一样碰球，高喊："咳！我的 X 球碰 Y 球。"不回喊就要受罚，把钱局街都闹翻了。可惜没有女同学凑热闹。明天中秋，今天提前过了，因为十五月圆则亏，不如十四还有希望月更圆呢。

9月17日 星期二

看美国西部片《联太铁路》（*Union Pacific*），开始修筑铁路，那时美国还落后呢。

9月18日 星期三

读沈从文代表作《边城》，写湘西渡船女的爱情，纯朴可爱。

9月19日 星期四

听卞之琳讲"读诗与写诗"。我觉得白话诗好写而写不好，因为没有传统的格调韵律，读起来不容易有美感。英文诗难写却容易写好，因为有好作品可做范例。

9月20日 星期五

读 Balston 英译的 *lisa*，和丽尼的《贵族之家》对照，研究翻译的方法和写作进行比较。又读法文本 *Aucassin et Nicolette*（《奥卡逊和尼柯勒蒂》）的恋爱故事，尼柯勒蒂宁愿淹死，也不肯裸露身体，让陌生人背着游水逃生。说明中法都有过为情人守贞的观念。这是我自学法文后读的第一本法文小说。

9 月 21 日   **星期六**

阳宗海火车站分手时来不及话别，寄希望于开联欢会。今晚开联欢会同端穿着蓝毛衣和花旗袍来了，还是不好意思开口。只好寄希望于法文课了。

9 月 23 日   **星期一**

今天注册，标志着大学二年级已经结束，三年级就要开始了。

9 月 25 日   **星期三**

九姑妈家明天搬去毕节，张燮告诉了我。我上午去他家帮九姑妈取款，下午帮她换金子，并买东西。张家一搬，我在昆明就无家可归了。

去九姑妈家时我就感到不舒服，第二天果然病倒了，她们搬家时我也没有去送行。在病床上消磨了三天三夜。是不是在阳宗海睡地铺受寒发作了？即使是，病也是值得的。假如没去，可能要懊悔终生了。

今天选课。必修课有莫泮芹先生的英文散文与作文（二），陈福田先生的西洋小说，陈嘉先生的莎士比亚，潘家洵先生的英语语音学，和李宝堂先生的俄文（二）。选修课有吴宓先生和莫先生的欧洲名著，吴达元先生的法文（一）。听说陈嘉先生要去四川叙永分校主持大一英文课，莎士比亚可能由美国教授 Winter（温德）先生代课。潘家洵先生以教翻译和戏剧闻名全国，不知道为什么改教语音学了？是用人不当呢？还是三校有矛盾呢？李宝堂先生没教过课，恐怕比不上刘泽荣先生罢。欧洲名著上学期吴先生讲《柏拉图对话录》，下学期莫先生讲《圣经》。吴达元先生讲法文以严格闻名全校，不过我已经自修了雨果《法文文法》。还读了一本简易的法文小说，再严也难不倒我。如果同端也在一班，那更是我求之不得的千载难逢的出人头地的好机会了。

· 一九四〇年十月 ·

10 月 1 日　　　　　　　　　　　　　　　　　　星期二

　　昨天日本飞机二十七架第一次轰炸昆明市区，今天又有空袭警报。学校无法上课，只好改变作息时间，因为空袭多在上午十点到下午三点，于是这段时间不再排课，而在上午七点至十点上四堂课，下午三点至六点再上四堂，每堂课上四十分钟。吃饭时间也要改变，早晨六点吃餐干饭，中午改吃稀饭，如有警报就不吃了，晚上六点半再吃餐干饭。从大三开始，我们就不得不实行战时作息时间表了。

10 月 2 日　　　　　　　　　　　　　　　　　　星期三

　　吴琼经济困难，在图书馆工作，不料外文系不同意半工半读，他就想要转经济系。哪里知道经济系转学生太多，不接受他转系。于是

- 361 -

他就只好休学在图书馆工作了。

10月3日 ☐☐☐☐☐☐☐☐☐☐☐☐☐☐☐☐☐☐☐☐☐☐☐ 星期四

今天新校舍抽签分宿舍。我和万兆凤、陈梅、刘星垣等文法学院同学一组，分到十二号，同房有杨振声先生的儿子杨起（后来成了中国科学院院士）；匡南转气象系后和物理系黄有莘，经济系熊中煜等一组，分到我们旁边的十三号宿舍，同房的有数学系王浩（后来成了国际知名的数理逻辑学家），物理系许少鸿、张崇域等（都是得到檀香山奖学金的同学，王浩和张崇域还和我们同在天祥中学教过数学和物理）。

10月4日 ☐☐☐☐☐☐☐☐☐☐☐☐☐☐☐☐☐☐☐☐☐☐☐ 星期五

读 Jane Austen（奥斯汀）的小说 *Pride and Prejudice*（《傲慢与偏见》），开头便说："It is a truth universally acknowledged that a single man in Possession of a good fortune must be in want of wife."（普天下没有人不懂得这个道理：单身的有钱人总少不了一个如花美眷。）小说讲贵族和平民恋爱的故事，Elizabeth（伊丽莎白）以为 Darcy（达西）摆贵族架子而对他有偏见，傲慢和偏见消除之后，有情人就成了眷属。故事倒还有趣。

10月6日 **星期日**

今天搬宿舍，住到二十号。我们这组住南门第二个窗户，陈梅和刘星垣睡靠西窗的床，我和万兆凤靠东窗，靠第一个西窗住的有林润堂，我们在青年会打乒乓球时交过锋，他善于左右开弓，攻势凌厉，曾得青年会乒乓赛冠军。我发现他不能近台快攻，就用短球使他不能充分发挥优势，有时还能胜他一盘。靠第一个东窗住的有外文系的冯志成（他后来在南京做外交官，我的出国留学护照就是他帮办的）。

10月7日 **星期一**

今天按照新时间表作息。果然十二点钟警报，一点轰炸，两点一刻警报解除。越是上不成课，反倒越想上课了。

10月10日 **星期四**

读影印金圣叹批的贯华堂本《水浒》，读到鲁智深在五台山吃狗肉，从前读时并不喜欢，现在却又觉得有味，并且去大西门外吃了一碗羊肉。

10 月 11 日　　　　　　　　　　　　　　　　　　星期五

　　开始上课。晚上读《水浒》，读到武大郎卖炊饼，又去风翥街吃了五个。

10 月 12 日　　　　　　　　　　　　　　　　　　星期六

　　上吴达元先生法文课。听陈嘉先生讲《莎士比亚》，只讲历史背景，没有兴趣。晚上匡南、老万、熊子（中煜）、陈梅、国基同去工学院找小万和家珍，同上面馆，月下同游古幢公园，倒有趣味。

10 月 13 日　　　　　　　　　　　　　　　　　　星期日

　　日本飞机二三十架轰炸昆明。我和匡南躲在后山松树林中，看见在高空的敌机闪闪发光，扔下给阳光照得雪亮的炸弹，匡南说声"不好！敌机炸联大了！"我们赶快扑在松树底下。刚刚扑倒，炸弹就落在我们前后左右，炸出了很多大坑，掀起了大片泥土，铺天盖地压在我们身上，还好我们没有给碎片击中，总算运气。回到新校舍一看，理学院的宿舍炸倒了一间，篮球场上炸出了两个大坑。再到北院，师范学院落弹更多，熊德基（联大地下党领导人）的床铺都炸掉了，还好人不在家。再到南院，女生宿舍也不能幸免，同端三姐妹和宗蕖等几个女同学住在南院食堂旁边，床上落满了尘土。大难之下没受损失，赶快抓紧时间读书，不要等到炸得读不成了。读 Shakespeare（莎士比

- 364 -

亚）的 *Romeo and Juliet*（《罗密欧和朱丽叶》），害相思病的 Romeo 说：
"Dry sorrow drinks my blood."（干瘪的悲哀在吸我的血。）把悲哀比作吸
血鬼，真是形象生动具体，"干"和"吸"都用了"dr"的双声，使人
如闻其声，如见其人，真是妙笔生花，但是个人感情比起国难家仇之
恨来，又不可同日而语了。

10 月 14 日   星期一

上陈福田先生的西洋小说课，他基本上是拿着 Professor Pollard（吴
可读）的讲义照本宣科，每句念两三遍，连标点符号都照念不误，要
我们听写下来。这样用教语言的方法来讲文学，令人大失所望。每读
一本小说，要写一篇报告，但是只写故事内容，不写欣赏或批评的意
见。这样除了练习写摘要外，文学上能有什么提高呢？陈先生讲大二
英文时分析语言还好，没想到讲文学课这样差。也许这是美国大学的
教法吧。

上吴达元先生的法文课。同班主要是外文系比我低一级的同学，
林同端如我所预料的在这一组，她的堂姐同珠是她那一级总分最高的
学生，也在这班，还有全校身材最高，亭亭玉立的梅祖彬（清华梅校
长的长女），巴金的未婚妻陈蕴珍（就是萧珊）和萧乾的已婚妻王树
藏，历史系的系花陈安励（是我中学同班陈安吉的堂妹）；男同学有
在报纸副刊上发表过何其芳式散文的赵全章（后来在美国志愿空军时，
他是他们那一级军衔最高的同上尉翻译），巫宁坤（后来做翻译时得到
宋美龄奖的一只手表，在航校领导人办公室做翻译工作），卢飞白（后
来在美国大学教比较文学，得到台湾学生的好评）等。不过同班中成

就最大的还是数学系的王浩（他后来得到国际数学里程碑奖）。上课时同端姐妹，梅祖彬和陈安励等坐前排。我是唯一坐在她们中间的男学生。陈蕴珍和王树藏喜欢靠窗坐，男同学都坐中排或后排，王浩却总是坐在后排靠窗的角落里。他们都是1939年入学的，比我要低一级，所以我的成绩不能落后。好在我已自学法文文法，可是不能开口。幸亏吴先生用英文比较法文读音，一学就会，甚至使我觉得西方人懂几国文字不足为奇。吴先生一听我读，居然以为我是学过法文的，我又自鸣得意，增加自信心了。吴先生和许多教授一样，因为躲警报住在乡下，一星期只能连续三天上课：星期一上午从乡下进城，下午开始上课，星期三上午上完课，下午又回乡下。

我星期一本来要上潘家洵先生的英语语音学，但是为了全班，尤其是因为同端要我让让大家。好在英语已经让位给美语，语音不学也会，我就顺大流了。

晚上上吴宓先生的欧洲名著选读课。因为白天联大遭了轰炸，晚上月亮又好，听说还有警报，大家都不来上课。吴先生却来了，只有我和两个同学，不能讲课，就简单安排了一下，上学期讲《柏拉图对话录》。吴先生讲欧洲文学史时谈到柏拉图的哲学 one and many（一与多，观念与实物）和 Platonic love（柏拉图精神恋爱观），觉得很有意思。但柏拉图认为只有观念是真的，实物反而不真，却不容易让人接受。哲学概论课要求读柏拉图的 *Republic*（《理想国》），觉得要领悟他的思想读这一本已经够了。再读别的兴趣不大。对名著课有点失望。

10月16日   星期三

　　我得到父亲从交通银行汇来的二百元。还是家里对我好，几乎是求必应。整天抄《柏拉图对话录》的讲义，我觉得得不偿失，兴趣更加低落。晚上同吴琼去拍卖行买了一套咖啡色人字呢的西装，不太合身，穿得也不自然，这是第一次穿西服。

10月17日   星期四

　　脱了睡衣，穿上西装，打好领带，搽了头油，擦亮皮鞋，披上雨衣去上法文课，几乎要迟到了。同端平常总坐前排中间，今天忽然坐到中排去了，难道是个预兆？果然十点钟响警报，两点钟又轰炸，五点钟才解除。仿佛我穿西服，是为了跑警报似的。

10月18日   星期五

　　穿了一身西装，皮鞋却是又大又笨，很不搭配。晚上上街去买皮鞋，不问价钱，不问质量，就买了一双黄色单底的，式样很好。在月光下，在图书馆前的大草坪上，跳了两下 step dance（踢踏舞），觉得这才对劲。

今天到图书馆去做《莎士比亚》的练习，Scan As You like It（标出《如愿》一段诗的格律和音步），碰到同端和同珠坐在门口一张桌子后面。我正站在柜台前借书时，她也单独起来，走到柜台前来查《韦氏大辞典》了。好机会啊！看到她的藏青呢大衣我迟疑了一下。但再看看自己，笔挺的西装，新买的领带，发亮的皮鞋，哪点配不上她啊？于是就开口了："你选了中国文学史吧？"她抬起头来，斜睇微笑着答道："是的。""老师教得好不好？""不怎么好。""你今年是必修课。我去年也必修，因为时间冲突而没有选，今年想要加选，如果讲得不好，就不补选了。"静了一下，她低下头去。我想没有什么话好说了。忽然又想到：为什么不多说两句呢？于是又开口了："你选了欧洲文学史吧？""是的。"她又抬起头来。"还是抄 outlines（提纲）？""唔。""你觉得吴先生怎么样？""他倒教得还好。"真没有什么话好问了，想坐到她旁边去，又不大好意思，就在她后面一桌坐了下来，但眼睛却总是看一下书，看一下人，一直看到她起身走了。下午我去上 Shakespeare（莎士比亚），下课后回宿舍时，又碰到她下了英诗课去上欧洲文学史，相逢微睇，娇羞一笑，Belle（法文：真美）！

晚上同吴琼等到逸乐去看曹禺的话剧《蜕变》，由外文系助教姜桂依演女主角。我倒想看同端演主角戏，或者同她来看也好。

10 月 21 日　　　　　　　　　　　　　　　　　　　　**星期一**

　　上午上俄文课。下午上英文散文和作文课。莫泮芹先生说我们应该有要求完美的欲望（desire for perfection），应该为自己的名字感到自豪（proud of your own name），应该积极主动（be alan and active）。说得很有道理，不过这是长远的事。

10 月 22 日　　　　　　　　　　　　　　　　　　　　**星期二**

　　吴达元先生讲法文课，只用六个学时就讲完了国际音标，看见法文字就会读音了，以这点论，法文比英文容易学。下午上潘家洵先生的英语语音学。他讲的大一英文，是全校最受欢迎的课，现在讲语音学，却不容易引起兴趣。为什么不用人之长？不让潘先生讲西洋戏剧？是不是系主任不懂文学，还是对人有偏见？

10 月 23 日　　　　　　　　　　　　　　　　　　　　**星期三**

　　雨中居然响起空袭警报，出门时看见同端四姐妹站在门口，我本来想问她玩不玩扑克，但她不是低头，就是东张西望，似乎不想谈话。我就识趣点，没有开口，心里却想：我哪一点配不上她？身体、学业、经济、兴趣、年龄，哪一样也不在人下。莫先生说得不错，不但对自己的名字，就是对人也要有自豪感。

10月24日   **星期四**

今天上法文课时，我故意不坐前排，坐到中排去了。不料吴先生要我把英文译成法文时，却夸奖了我，可惜没有坐她旁边。晚上同林润堂去青年会打乒乓球。

10月25日   **星期五**

陈梅也在警报声中读完《水浒》。何国基没考取联大，写了一个剧本送给朱自清先生看，特准入中文系，后天去四川叙永分校报到。我同吴琼、陈梅和他在奎光话别。

10月26日   **星期六**

早晨七点半钟警报，七点三刻敌机就到昆明，我们刚出后门，走到田塍路上，敌机就扫射了。赶快扑倒地上，总算惊而无险。在山谷中打桥牌，碰到一个好手，据说是王力先生。晚上同吴琼、老万参加俄文学会全体会员大会，欢迎李宝堂教授到昆明。

10月27日   **星期日**

今天俄文学会成员同李宝堂先生去大普吉。天阴，但八点钟还是响起了警报，大家正好跑警报到大普吉乡下去。下午一点警报就解除了。

10 月 28 日   星期一

　　早晨七点，上课铃与警报齐鸣，于是赶快带着 Frazer and Square 的 *New Complete French Grammar*（《新法文文法全编》），边逃警报边读，充分利用时间。直到下午四点一刻才解除警报。不过我这一天总算没有浪费。晚上预备做 Hugo（雨果）的 *Russian Grammar Simplified*（《俄文文法简编》）的练习。

10 月 29 日   星期二

　　六点半钟先吃干饭。警报一响就穿过松林，登上山顶，看见滇池、铁峰庵、海源寺等一一在望。但是不见伊人在水一方。

10 月 30 日   星期三

All quiet whole day long.（整日没有警报。）莫泮芹先生上作文课时说：我们要 see old things with new eyes（用新眼光看旧事物），颇有见地。

　　晚餐后读王树椒给万兆凤的信，知道他的情人云忽然出走了。云是有了未婚夫的人，但是她爱树椒。最近预备从昆明到遵义浙江大学去找树椒商量办法，不知为何忽然出走到下关去了，是不是屈服于她未婚夫和她母亲的压力而结婚了呢？我们认为这多半是个悲剧。后来就谈到结婚的喜剧并不一定比恋爱的悲剧更幸福，以为曲折的生活才是美丽的人生。后来又谈到恋爱问题。老万说："不管一个多么美丽的女子，如果她不爱我，我决不去追求。"张如禧也说追求没有意思。因为真正精神上的朋友用不着追求，如果只是为了解决性欲问题，不是随时都可以找到人吗？

我却觉得老万的话太理想化，现实不可能那么顺利。男同学中杨振宁的条件算最好了，但他喜欢个女同学也没有如愿以偿。张如禧却把友情和恋情，婚姻和性欲混为一谈了。至于白雪公主的问题，我看不一定是爱情，很可能是虚荣心在作祟。是不是因为别人都有了女朋友，自己不甘示弱呢？或者是因为感情没有寄托就要找个女朋友呢？我的爱情是理智的，并不是感情上我了解她，她适合我，而是因为我需要爱情啊。但爱情是不能勉强的，先要了解对方，还要喜欢对方，少了她就不行，有了她就能使平凡变成非凡，否则恐怕还不能算是爱情。用这个理论来检查实际，距离还远着呢。

10 月 31 日   星期四

上法文课时，教室里没有扶手椅了，同端自己搬了一把，放在前排中间。我也搬了一把，故意放在和她隔开的位子上。不料后来的人再搬椅子，却把我挤到她旁边去了。吴先生讲课时，她的铅笔掉到地上，我太不懂礼貌，也太不会体贴，居然让她自己弯下腰去捡笔。她捡不到，我才帮她捡了起来，她只冷冷地点了一下头，表示谢意。这个例子就说明了我不讨人喜欢的原因，还有什么好说的呢？

·一九四〇年十一月·

11月1日　　　　　　　　　　　　　　　　　　　　　　　　星期五

　　经济系有个男同学新理了发，穿着新皮夹克，很神气地来听吴先生的法文课。他坐在第一排，大家不知道他是来用心听讲，还是别有用心，看中了哪个漂亮的女同学。果然，像所有只重外表不重内心的人一样，他的功课也和他的衣服一样出众。当吴先生发问的时候，所有穿得平常的同学都像平常一样回答，只有他的回答也像他的衣服一样特别："对不起，我没有准备好。"不料吴先生的脸板起来了："我不要听这些话。没有准备好就不要来上我的课。"吴先生就是这样不留情面。巫宁坤回答问题有点结巴都要挨批，这样没有准备的学生就只好退选了。话又要说回来，若不是吴先生这样严格要求，怕不容易一年学完法文文法，还能看简易读物呢。

读 Shakespeare（莎士比亚）的 *As You Like It*（《如愿》）。Hazlitt（哈兹利特）说得好：莎士比亚把亚登森林写成了一个乐园，剧中人在乐园里悠闲自在地度过了他们的黄金时代。这是莎士比亚戏剧中最理想化的一个。这出田园剧引人入胜的不是剧情和场景，而是人物和情感。有趣的不是剧中人做了什么，而是他们说了什么。空气中弥漫着哲学诗的气息，连传道说教也美化了。例如：

And this their life, exempt from public haunts,

他们的生活远离名利场，

Finds tongues in trees, books in the running brooks,

那里树有嘴，流水是文章，

Sermons in stones, and good in everything.

石头会说教，一切都很好。

至于人物性格的描写，真是又通俗又俏皮，例如 Phee 谈到她喜欢的男青年：

Think not I love him, tho' I ask for him;

我虽然找他，并不是爱他：

Tis but a peevish boy, yet he talks well;

他人很调皮，但很会说话；

But what care I for words! Yet words do well;

我并不在乎，说话总有用，

When he that speaks them pleases those that hear,

如果能把听话的人打动。

It is a pretty youth; not very pretty;

这个小伙子不算很漂亮；

But sure he's proud, and yet his pride becomes him;

他骄傲，配得上他的模样

…and faster than his tongue

……不等他口舌把人伤，

Did make offence, his eye did heal it up …

他的眼神已经做了补偿……

11月5日   星期二

上陈福田先生的西洋小说课。十八世纪英国小说的三大名著是 Defoe（狄福）的 *Robinson Crusoe*（《鲁滨逊漂流记》），小学时就读过故事，没有兴趣；Richardson（理查逊）的 *Pamela*（《帕美拉》），是模仿法国卢梭的书信体小说，读来觉得琐碎啰唆；Fielding（菲尔丁）的 *Tom Jones*（《汤姆琼斯》）故事中夹杂着议论，也不耐读。只有 Goldsmith（高尔思密斯）的 *The Vicar of Wakefield*（《威克菲牧师传》）传道说教融入了人物性格和故事之中，才不显得牵强。一直到 Scott（司各特）的 *Ivanhoe*（《艾凡赫》）和 Austen（奥斯汀）的 *Pride and Prejudice*（《傲慢与偏见》），议论才在小说中不露痕迹了。

11月7日 星期四

上吴宓先生的欧洲文学名著课。读 Plato（柏拉图）的 *Aplogy*（《辩解录》）。柏拉图的话有点像《论语》。"Don't appear to know anything of which you know nothing."（不要以不知为知。）这不像是孔子说的"知之为知之，不知为不知"吗？不过孔子后面还有一句："是知也。"那就更进一步，认为不知道就说不知道，那倒反而是知道。柏拉图说："Better to die rightly than to live wrongly."（苟且偷生不如死得其所。）这和"不义而富且贵，于我如浮云"，有相通之处，和俗话说的"好死不如歹活"，却又相反了。

11月10日 星期日

中午陶友槐从航校来。晚上读法国小说作家 Maupassant（莫泊桑）的 *Une Vie*（《一生》），写月写得真好，现在抄下两个例子：A flood of moonlight streamed（月光的洪流一泻千里），a lake of light（一湖的光明，或湖光山色）。女主角也写得好："as if to clasp her dream（仿佛要抓住她的梦），as if the breath of spring had given her a kiss of love（似乎春天的呼吸给了她一个温情脉脉的吻）"，把她对爱情的渴望都写活了。

11月11日 星期一

去南屏电影院看 *Snow White and the Seven Dwarfs*《白雪公主和七个

小矮人》，这部动画电影片轰动了昆明，轰动了联大，梅校长全家都来看了。我看后有点失望，更惋惜没有看到南开中学林同端演的白雪公主和罗宗明演的白马王子。动画片是给小学生看的，大学生对艺术的要求就得不到满足了。

11 月 12 日   **星期二**

　　读 Shakespeare（莎士比亚）的 *The Merchant of Venice*（《威尼斯商人》）。小学四年级就读过这个故事，当时喜欢的是年轻律师说的：割肉还债不许流血，因为契约上只说了还一磅肉，没有说欠他一滴血。那时觉得律师真正聪明，自己怎么也想不到。现在读了莎剧，才觉得犹太人对基督徒的报复不是没有道理的。犹太人夏洛克受到的伤害并不比他造成的伤害少，所以应该同情。他对奴隶制的批评也是义正词严：

What judgement shall I dread, doing no wrong?

没干坏事，我怕什么裁判？

You have among you many a purchased slave,

你们买了许许多多奴隶，

Which, like your asses, and your dogs, and mules,

把他们当驴马骡狗使唤，

You use in abject and in slavish part, ...

用他们干苦活，低声下气。

不过我喜欢的还是更美丽的诗句：

（1）Tell me, where is fancy bred,

告诉我幻想在哪里吸收营养？

Or in the heart, or in the head?

是在你脑子里，还是在你心上？

（2）You that choose not by the view,

选择不取外貌。

Chance as fair and choose as true.

选得对，机会好。

11 月 13 日 星期三

两个星期没有空袭警报，今天又响起来。上法文课迟到了。晚上读 Plato's *Crito*（柏拉图《对话录》），事过境迁，没有多大现实意义。

11 月 14 日 星期四

在昆中北院操场西边空地上听范长江讲《国际形势与中国抗战》。他人相当漂亮，穿灰色西装，裤子屁股上破了两个洞，但穿在他身上却觉得洒脱。他讲了三个多钟头，听众之多，打破了联大纪录。讲的东西也多得记不全。他说德国用闪电战、大坦克、高温炮打破法国防线之后，就想用空军征服英国海军，不料英国在加拿大制造飞机很多，德国得不到胜利，两国相持，德国想夺取殖民地的目的没有达到。于是德意联军攻打希腊，目的在打埃及，但是还打不下，仍在对峙之中。美国援助英国，目的在得到英国的殖民地，海军和黄金。美国对日本表面上禁运废铁汽油，其实运好铁，并从墨西哥运汽油。它一方面不愿失掉日本这个主顾，另一方面又不愿日本南进，如果日本南进，美国就会封锁。日本对华要战不能，要和不能，现正处在苦恼之中。苏联现在的国策是和平中立，善邻友好，辅助弱小。从前英国想利用德国攻苏，德国也以反苏为名，得到英国帮助。苏联受英国欺骗，想与英法结盟；不料英国又受德国欺骗，德国只打英国不打苏联，所以德苏也签订互不侵犯条约。上月重庆盛传日苏也要互不侵犯，这对中国抗战影响很大，现在没有签订，因为日本已经无力侵犯苏联，不必再订条约。苏联无条件援助中国，已借二万万（即二亿）五千万。美国只借一万万，还要钨砂抵押。所以中国应该自力更生，团结一致，抗战到底。

11 月 15 日   星期五

日本飞机在昆明上空盘旋一个小时，炸弹与高射炮轰隆隆，机关枪扫射哒哒哒。而我就躲在附近，真是危险！

11 月 16 日   星期六

阴雨天气开始。晚上同吴琼等在德记茶店打"不立志"（桥牌）。

11 月 17 日   星期日

学唱俄文歌《我们祖国多么辽阔广大》《夜莺曲》等。读完莎士比亚《威尼斯商人》，两小时读三十页。晚上同吴琼看 Shelley Temple（秀兰邓波儿）的《小木兰》。

11 月 19 日   星期二

西洋小说课小考。

11 月 23 日   星期六

读莱蒙托夫的俄文诗《帆》，高尔基的《母与子》，普希金的《佐罗西与布拉》。

11 月 24 日   星期日

下午开江西同学会，小万、赵曾都从工学院来了。匡南也来了。喝茶时，散点心时，做游戏耳语时，都有久别重逢的味道。晚上同他们打桥牌，我和老万赢了两盘。

　　西洋小说课月考得 90 分。分数虽高，并不觉得收获很大。英文作文写了一篇 *Troublous Pleasures of Travel*（《旅途中的苦与乐》）。"莎士比亚"月考，考《威尼斯商人》。

　　晚上同吴琼等打桥牌，我和吴琼赢了，三比一。吃糯米饭。

　　法文课两天不上了。中午同万兆凤、胡正谒（法律系助教）、邱振寰（外文系同班）打桥牌，我和老万又赢了两盘。胡正谒说他拿过一手好牌：四个 AKQ，他就开牌叫 2 No Trumps，这是 forcing bid（搭档非回答不可的叫牌），不料他的搭档却 pass（没有叫牌），损失了一个 grand slam（大满贯），没有赢得全部的牌。邱振寰却说有这样的好牌应该直接叫 7 No trump（七"无王"，就是没有王牌的大满贯），说得都有道理，引起了我对叫牌的兴趣。晚上又同吴琼等打桥牌，又是三比一取得了胜利，在小摊子上吃粉蒸牛肉和牛肉面，非常有味。晚上睡在床上，还在想叫牌的问题。

下雪。想出了一套叫牌的法子。Culbertson 把 4 No trump 用来问搭档有几个 Ace，一个没有就答 5 Club，有一个则答 5 Diamond，有两个答 5 Heart，有三个答 5 Spade。再用 5 No trump 问搭档有几个 King，一个没有答 6 Club，有个到三个答 6 Diamond, 6 Heart，或 6 Spade。这样对搭档的牌了解更清楚可以决定打大满贯或小满贯。我觉得这个问法很好，但是 4 No trump 起点太高。如果双方约好，有 3 honor tricks（稳赢的牌）就可开牌。搭档如果没有 honor trick，回答只高一格，有一个高两格，有两个高三格，依此类推。然后问方再高一格又问 Ace 数，答法同前；然后还高一格问 King 数，答法一样这样就比 Culbertson 更优越了。这是我的问牌法（Asking System），以后再和吴琼、老万研究，看看能否战胜对方。

· 一九四〇年十二月 ·

12月1日（星期日）至9日（星期一）

1日：晚上看电影《卿何薄命》（*Dark Victory*）。

2日：躲警报打桥牌。晚饭后听陈铨先生讲《从尼采的思想批评红楼梦》。

3日：同匡南躲警报打桥牌，谈到俄文歌不学也会唱。他说了一声："聪明嘛！"

4日：没有警报，同乒乓冠军林润堂打乒乓球，赢了几盘，又自鸣得意了。

5日：一弯眉月，两行树荫。不要以为你喜欢月下的树荫，别人也会喜欢。

6日：正要去上法文课，忽然空袭警报响了，赶快就跑。才走十几分钟，又响起了紧急警报。再过了几分钟，听见飞机声了，赶快躲到一个山谷里，听不到轰炸声，只听见山涧的流水，正是水流山更幽，我仿佛找到个世外桃源。

8日：晚上打桥牌时，小万、家珍从工学院来了，同去茶馆里谈了半天。

9日：同老万、匡南商量请工学院他们看《新水浒》的事。

12月11日（星期三）至19日（星期四）

11日：下午三堂课，又响警报了，立刻躲到山谷里去。晚上电灯炸坏了，只好去上茶馆。后来电灯修好了，才上图书馆去。

12日：下午要考法文，偏偏又响警报，只好去山谷中打桥牌。解除警报后同匡南、熊子、老万、有莘去打篮球，打了篮球才去考法文，我也真太不在乎考试了。

13日：法文小考得了99分。《莎士比亚》小考得100分，这是陈福田先生当堂宣布的。法文没有宣布，我就用法文向吴先生提问题，要在同端面前显示一下。大三之战告捷，这又增加了我的自信心。

14日：和同房的广东同学林秉成等打桥牌。

15日：晚饭后去工学院找张燮，问二堂兄工作的事。

16日：晚上在茶铺里准备西洋小说的考试。

17日：考西洋小说。看唐宝堃来联大赛篮球。晚上在德记茶店打桥牌。

19日：晚饭后同匡南、熊子、有莘散步。

21 日：同匡南、熊子、有莘打乒乓球。晚上在图书馆读 Shakespeare（莎士比亚）的 *Much Ado about Nothing*（《无事生非》）。

24 日：圣诞节前夕，人在宿舍里写信。

25 日：戴黑眼镜，骑自行车，回来后知道二堂兄在缅甸腊戌做会计。月薪七百元。

26 日：晚上吸烟斗，吐烟圈，喝酒醉了，呕吐睡觉，匡南买来水果。

27 日：晚上在德记茶铺同万兆凤、邱振寰等打桥牌，打得不好，非常失望。拿手好戏都不行了：乒乓打不过林润堂，昨天骑车不能放手，今天桥牌又败下来。灰心。

28 日：吴琼搬到昆中北院 14 号了。午饭后到他房里去打桥牌，因为在他们面前，我还算打得好的。自信心也要人支持。

30 日：贷金名单公布，我们榜上有名。只是熊子、家珍没有，小万也只得到半额，当晚同老万到工学院去告诉他们。

31 日：来昆明两年了。最后一个月的考试成绩应该说是不错，如果我把学习当作目的的话。但如不只是当目的，而且想要赢得感情，甚至得到爱情，那就要失望了，甚至感到孤独、痛苦，需要新的追求、新的快乐。让过去的失望永远成为过去罢，明年应该过新的生活了。灯明人静，为了寻找刺激，我又咬上烟斗，吐出烟圈，希望过去的失败和烟雾一样消逝得无影无踪。

本卷时事摘要

1940 年

3 月 30 日，汪精卫另立国民政府。

5 月 1 日，枣宜会战开始。

5 月 7 日，校务会议议决议：历史社会学系分为历史学、社会学两系。

6 月 22 日，联大毕业典礼举行。本学年联大毕业生 410 人。

8 月 19 日—23 日，清华留美公费生考试举行。清华研究院本年招生举行，本届研究院录取新生共计 24 名。

8 月 20 日，百团大战开始。

9 月 17 日，第二次长沙会战。

9 月，本学年联大招收本科生 538 人，专科生 51 人。

10 月 13 日，27 架日机重点轰炸西南联大和云南大学，师范学院与城内师生的住宅区全被炸毁。

11 月 13 日，常委会议决议：成立叙永分校，一年级学生及先修班学生应于 12 月 10 日前在叙永分校报到。

第四卷

· 一九四一年一月 ·

1 月 1 日   星期三

红红绿绿，满墙满壁，男男女女，挤满球场，真是胜利年的好现象。下午去学生公社打乒乓、玩弹子、下象棋、走五子棋，预支胜利年的乐趣。

（补记）1941 年就希望胜利，正是盲目乐观。不过 12 月 8 日日本飞机偷袭珍珠港，美国对德、意、日宣战，导致了二次世界大战 1945 年的胜利，也许可以说是有先见之明，是胜利的预兆了。

1 月 2 日   星期四

过新年玩得一点书也没有读。今天上法文课几乎当众出丑。西洋小说的考试和报告成绩意外的好，《莎士比亚》《无事生非》的报告又意中的差。警报声中读完法国作家 Mérimée（梅里美）的名著 Carmen《卡门》英译本。电灯又炸坏了，晚上在茶铺打桥牌，大败而归。

1 月 3 日　　　　　　　　　　　　　　　　　　　　　星期五

　　上午上法文课时，同端换了一件咖啡色的呢子外衣，似乎没有藏青色的那么庄严得使人不敢接近。下课之后，我坐在草场上晒太阳，她和同珠，还有同珠的一个男朋友也来了，他们两人坐在一起，同端却一个人独坐。这正是一个找她说话的好机会。她姐姐有男朋友陪着，难道她不见景生情，愿意孤独，不希望有个男朋友陪着她吗？我决定去找她说话，并且说些什么，怎样开始，怎样结束，都预先想好了。但是从同珠面前过时，忽然觉得难为情，怕她们两个人会注意我，于是低着头一声不响地走了过去。离开她们之后，心里又多么后悔！我为什么这样胆小？难道找她说话，她会不理我吗？难道同珠会笑我吗？同珠自己不是也有男朋友吗？我为什么没勇气呢？为什么坐失良机呢？于是借到茶炉房倒开水为名，又走到草场上了。惭愧！同珠和男朋友已经走了。心里一慌，以为她也走了，一下看见她还坐在那里，又高兴了一半。不料走到她面前时，不知如何又向后转了，真难为情啊！最后，一时的勇气使我懵懵懂懂地走了过去，并且对她说话了："我问你一句法文翻译好不好？ Pour voir jour des pieces（为了看演戏）应该翻译成 for seeing some plays playing 还是 for seeing the playing of the plars 呢？这两句都不大像英文啊。"她回答说："我想译为 for seeing plays，你以为怎样？"后来我就问她上次法文考得如何，她说："考得不好，其实我上次书倒读得挺熟的。我知道你法文挺好。"这句话使我高兴得上了天，我读法文似乎就是为了得到这个评价啊！但听到了反而不好意思地说："哪里！我不过暑假读了本 Hugo（雨果）的 *French Grammar Simplified*（《法文简易文法》）而已。"后来又谈到了俄文。最后我问了她吃饭的时间，就一个人走了，兴奋得只吃了一碗饭，饭后跑警报也不在乎了。

1月4日　　　　　　　　　　　　　　　　　星期六

晚上同匡南去工学院慰问他们受到轰炸的事。

1月9日　　　　　　　　　　　　　　　　　星期四

天天警报。今天发现有男同学陪着同端，不大高兴，就同匡南去南屏大戏院看电影 *Gunga Din*（《殖民地人》），没有趣味。归来时，月明如昼，翠湖如画，但只有两个人。

1月11日　　　　　　　　　　　　　　　　　星期六

考完法文，发现几个问题，到图书馆去找吴先生，没有找到，却看见同端和她姐姐坐在那里谈法文考试的事。这次一点迟疑都没有，就走上去问她们："Nous avons trouvé nos places（我们找到了我们的位子）主语后面应该不应该加个 y?" 于是就讨论起来了。发现有几个错，很不高兴。但和她们多谈了话，也就可以说得失相当了。下午看联大和南菁中学赛篮球，南菁有几个女同学很漂亮，天涯何处无芳草啊！

1月15日 星期三

写 Mérimée（梅里美）的 *Carmen*（《卡门》）读书报告。我不喜欢卡门这种女子。"When one forbids me to do a thing, it is soon done."（如果你禁止我做什么，我马上就做什么。）"I would rather follow you to death than to live with you."（我宁愿跟着你去死，也不愿意和你共同生活。）她越逃避你，你越喜欢她；你越喜欢她，她越逃避你。这就是生活的悲剧，或许这也是快乐的源泉，追求的希望永远是美丽的，如果追求到了，恐怕想象中的快乐就要索然无味了。

1月16日 星期四

读 Ely Culbertson（考尔伯逊）的 *Contract Bridge at a Glance*（《桥牌一瞥》），知道了 Culbertson system（考尔伯逊叫牌法），honor tricks（稳赢的大牌）等等。

《莎士比亚》考试 *As You Like It*（《如愿》），分析 Jacques（贾克斯）最著名的一段：

All the world's a stage,

整个世界是个舞台，

And all the men and women merely players,

男男女女都是演员。

They have their exits and their entrances,

有的上场，有的下台，

And one man in his time plays many parts,

一生扮演几个角色，

His acts being seven ages. At first, the infant,

可分七段：先是婴孩，

Then the whining schoolboy, creeping likes nail

后是赖着不肯上学

Unwillingly to school. And then the lover

的学童。然后是叹气

Sighing like furnace, …Then a soldier,

的情人。过后是争功

Jealous in honour, …And then the justice,

的军人。再后是胖胖

In fair round belly, …The sixth stage shifts

的法官。第六个阶段

Into the lean and slipper'd pantaloons, ...

是个蹒跚的瘦老头，

And whistles in his sound. Last scene of all,

说话像吹口哨。最后，

Sans teeth, sans eyes, sans taste, sans everything.

没牙没眼没味，完了。

1月21日 星期二

12号宿舍和32号赛乒乓，五战三胜。晚上准备考《欧洲文学名著·柏拉图》。

1月22日 星期三

正要考《柏拉图》，忽然响警报了，于是免考。晚上去工学院找张燮问二堂兄事。

1月25日 星期六

得二堂兄从缅甸来信。领檀香山奖学金一百元。

参加俄文学会去大普吉旅游。李宝堂老师也参加了。回来后觉得很寂寞，老万到邓衍林家过年去了，匡南到贺治亚家去了，陈梅和黄有莘看戏去了。只有熊子和我留在宿舍里等工学院他们来过除夕。等到小万、家珍、慕蠡来了，就到我的小厨房去做菜。不一会匡南也回来了，我们和熊子、家珍大闹小厨房，看家珍切肉，炒牛肉丝，烧青菜，做豆苗汤，蒸馒头，我们却只是赶热的吃，边吃边闹，真有意思。吃的时候看戏的人也回来了，一个人一碗红烧肉，一个卤蛋，五个馒头，家珍真是能干。吃完了我们要热闹一夜，不让他们回工学院，又不愿意通宵守岁。结果只好合床睡了，匡南把床让给他们，和我睡了一夜。比去年在张燮家过年热闹得多了！

上法文课才知道同端病了。一月份就在桥牌和乒乓声中度过。

· 一九四一年二月 ·

2月3日（星期一）至14日（星期五）

3日：晚上同匡南喝牛奶。吃破酥包子，定做皮鞋。

4日：下午同吴琼等看电影《锦绣山河》，没有趣味。

5日：晚上在德记茶楼接龙。

6日：上法文课时，同端病愈，来上课了。

7日：法文考试。上学期的考试完了。

8日：得二堂兄来信，说从缅甸带来了皮鞋和衬衫。

9日：同小万、家珍、慕蠡看电影 *Nothing Sacred*（《倩女还魂》）。

11日：傍晚一个人骑自行车去工学院。回来时走环城路，淡黄的月色和暗绿的田野画出了黄昏的图景，给心中带来了默默的黄昏感。

12日：读完法国小说 AbbéPrévost（普莱沃）的 *Manon lescaut*（《曼侬·勒斯戈》）。陈福田先生认为读书时谈恋爱，恋爱失败又再读书，这是对付失恋的好办法。

13 日：法文考试得 93 分，同珠、王浩都只得 90 分。同珠是她那班分数最高的同学，王浩更是全校闻名的高才生，我比他们高出三分，自然有点得意。

14 日：李宝堂先生讲俄文，不会分析文法，只是念一句俄文，翻译一句中文。知其然而不知其所以然，只好自己做 Hugo（雨果）的 *Russian Grammar Simplified*（《简易俄文文法》）的练习了。晚上同吴琼、卢福庠（外文系同班、青年作家）打牌。

2 月 15 日 星期六

傍晚时分，一个人在图书馆前的草坪上漫步，忽然看见同端和她姐姐来了，我立刻迎上去："法文分数出来了，你们知道吗？"她们问道："在哪里？我们就是看分数来的。"我把她们带到注册组前。"怎么没有我的分数？"同端问道。"这联 203 是哪一个？""就是他呀。"同珠指着我说，我不知道她怎么晓得我的学号，而同端却不晓得。"93 分，很不错嘛！"同端说。"不知道吴先生什么时候来？""我有几天早上在系办公室看见他"，我说。"不过分数可能是注册组遗漏了，你们明天来注册组问，好吗？"于是我又陪她们走回去。路上问她们还有考试没有？告诉她们英诗和散文课都考些什么。对面来的人都给我们让路。走到校门口时，本来想问她们对诗还是散文更有兴趣，一下忘了，于是就问："你们是回去吗？"我正要回宿舍，仿佛听见她们说："这边走走。"立刻觉得机会来了，就说："你们走走，我也陪你们走。"同端回过头来说："不，我们要回家去。"我觉得难为情，她似乎发觉了，又回过头来嫣然一笑，说了一声："再见。"这就是法文 93 分得到的奖励。

17 日：同工学院他们同看俄文电影《莲蕊佳人》。

21 日：同老万、匡南同看美国电影《万里寻师》（*Stanley Living stone*）。

23 日：王树椒的女朋友云来了。后来工学院他们也来了。七个人同去铁峰庵，发现林畔小湖，热天可以游泳。回来后在西南食堂聚餐，又同去工学院，在那里睡。

24 日：在工学院吃油香，在阳光下打桥牌，中午大吃焖鸡米线。

25 日：云请我们吃晚饭。她从来没有做过菜，今天特意为我们做了；她没有喝醉过，今天为我们喝醉了。她从前太烦恼，今天太快乐，她相信树椒，也相信我们，就在我们面前发泄了。

（补记）最后她抛弃了树椒，树椒因此二十几岁就去世了。

27 日：晚上到云南大学去理发，看见人太多了，又走回来，在转角处碰见同端，她嫣然一笑。我问："回家去？"她说："是的。"碰头只一句话就要交臂而过，觉得机会不可错过，于是又追上去问："你家在哪里？"她回过头来，停了一下说："青云街。"其实我上次跟踪她已经到过裴家巷了。不过为了这一笑啊，有什么不可以做呢！

28 日：预备明天去呈贡游桃园，今夜和老万去工学院，和小万合铺睡。

· 一九四一年三月 ·

3月1日（星期六）至9日（星期日）

1日：同老万、小万等去呈贡，看桃林，跑马，吃小馆子。

2日：叶公超先生做系主任时，我申请在系图书馆工作，今天中午开始整理图书。

3日：下学期开始上课。于丕哲也在系图书馆工作，晚上同打桥牌。

4日：夜里做了一个美梦，梦不是真的吗？醒哪里又是真的？真到底在哪里呢？

5日：上李宝堂先生俄文（二）。西洋小说和"莎士比亚"成绩得89分。系图书馆整理好了，开始学打字，学得相当快。

6日：中午云来，晚上大家同她去昆明大戏院看电影，吉卜林（Kipling）的《情圣殉国》（*The Light That Failed*）。

7日：在彭大妈豆浆店吃早点：两碗甜浆，四个鸡蛋。希望她们走过，请她们吃。

9 日：中午警报声中，同吴琼、胡正谒、施养成（政治系助教，二中老同学）打桥牌，我和吴琼大胜。后来在消费服务社喝牛奶，吃包子、稀饭，吃了还想再打，施养成有事要走。刚好张苏生在那里吃东西，就请她和我做搭档。她是联大总分最高的女学生，但打桥牌赢的分数可不如考试高。有一盘大满贯的牌，她只叫到成局就 pass 了，把我气得要命，又不好意思说，反觉得她要求不高，可见双方互相了解非常重要，否则技术再好也不能够发挥。打桥牌又误了晚饭，请张苏生在西南食堂吃了一餐。

10 日（星期一）至 19 日（星期三）

10 日：西洋小说考试因打桥牌没准备好，忽然放警报了，于是免考。

11 日：中午云来，轮到我请她吃 pie（冻果汁饼）。晚上她请我看电影《我儿我儿》（*My Son, My Son*），我就回请她看《十字军》（*Crusades*），不能欠她人情。

14 日：下了法文课，去喝豆浆，碰到左飘，他是和我、吴琼、张苏生同在江西考取联大外文系的，谈到他追大高（同端的未婚嫂）的事，真是知其不可为而为之。

17 日：星子小学同学周绪阳明天随同济大学离昆，今天欢送。

18 日：下午同吴琼和师范学院俞启忠、马国章打桥牌。晚上又同老万和他们打。

19 日：晚上同赵家珍看电影《银冰艳舞》（*Thin Ice*），觉得很美。

20 日：晚上发现同端一个人在图书馆看法文，故意去问她一个问题，她说还没看到，替我看了一下，提出她的意见。我问她为什么不去看电影，要不要我明天给她买票？她说明天有人请她看，我就算了。为什么不预约下一次呢？

21 日：一个人去看电影《女人》(Women)，Norma Shearer（瑙玛·希娜）演得不错。

22 日：同老万到公社和胡正谒等打桥牌。

23 日：一中同学邵明杰约老万、小万、家珍、慕蕤等去西山，我明天考《莎士比亚》，也同去。船上打桥牌，下水游泳，上山疲倦，茶后下山身轻如燕，十时回城。

24 日：二堂兄汇来一百元。晚上同外文系同班刘华民去昆明大戏院看 Anna bella（安娜·贝拉）的《火之恋》(Wings of the Morning)，在昌生园三楼看见同端她们也来看电影。电影中清溪同游泳，真是艳福不浅，不禁想起阳宗海了。

27 日：语音学下课后，同查富准去上体育课，因为不愿跑步，就去公社吃东西，碰到同端她们来了。我立刻买了一个 pie 请客。吃时她站起来说："我来介绍一下：这是许渊冲，这是虞佩曹，这是任以都，……"听到我的名字第一次从她口里说出来，真有一种说不出的愉快。她给我介绍她的女友，表示我是她的男朋友了。打算明天考法文后再约她看电影，后天又去同玩。幻想得太多了，明天哪有心考试啊！

28 日：法文考得太快，吴先生怕我们一小时做不完，我却半小时就交了头卷，不好意思在教室里等她，就一个人走了。昨天的幻想都化为烟云。

29日：下午同老万、吴琼、匡南在公社打桥牌。晚上上街洗澡理发，买了一条咖啡色灯笼裤，正好和皮夹克配套。

3月30日 星期日

明天考西洋小说，但今夜还是不想看书，也不想打桥牌，一心只想看到她啊。从图书馆过时，发现她还在里面，我是如何喜出望外，就站在窗外偷看了好几分钟，心里打算怎样和她谈话。如果我再像上次那样走到她那儿去，坐到她身边看书，万一她见我来就走怎么办呢？还是坐远一点，等她出来时再追上去吧。好不容易等了两个钟头，图书馆的铃响了两次，但是她还没有动身。怎么办呢？如果我老在里面等她，不怕难为情吗？于是我只好先走出来，在窗子外面等。等到图书馆只剩下她和两三个人时，我才发现还有一个穿蓝布长衫的男同学，故意坐在她对面，恐怕是想追她吧。她和她的同伴刘笑娟走出来时，那家伙也跟在后面，我这时真想放弃算了，哪里好意思说话啊？但是后来一想：此时不讲更待何时？明天下课时人多，更不好意思说了。现在说了又会怎么样呢？最多不过碰个钉子罢。再看自己：新理的头发，新买的裤子，新擦亮的皮鞋，哪一点配不上她？于是下定决心，加紧脚步，追了上去。我叫了两声"同端"，一声没有回应，第二声也没有回音，我惭愧了，立刻追上前去，看她怎样对我。不料她一见是我，立刻笑了起来，声音像银铃子一样。我问她为什么不回答，她说是没听见。于是我的心放下了，开始按照原来想好的说："May I have the honor? …"我话还没有说完她就答应了，多高兴啊！我本来预备她用什么理由推辞，我就用什么理由再要求。现在她的回答超过我的想象，反倒弄得我不晓得说什么好。我本来希望能和她两个人去，现在她满口答应，我怕冷落了她的同伴，就礼貌地请她同伴也去。刘笑娟（后来和我同在天祥中学教英文课）很懂事，自然推辞不去，我却一错再错，又问她要不要请她堂姐同珠？她怎么能说不呢？回答说是明天问她。我把她们一直送到南院门口，高兴得没有心看书，兴奋得一夜都失眠，这是头一个失眠之夜啊！

3月31日   星期一

中午天气很热。看见同端和她堂姐换了春装，翩然而来，告诉我她们两个都去。晚上同陈梅看电影《一身是胆》(*G Man*)。

（补记）现在事情已经过去六十多年，同端也已离世。回忆当年往事历历在目，尤其是那天晚上的心情，真是写得详详细细。没有日记，怎么能够记得起这些细节？三十年后旧地重游，还写了几句诗："夜来重温旧日梦，路灯迷离照并肩。春光已随春风去，空见杨柳垂池边。"就是追忆那夜的事。后来她的丈夫李耀滋从美国寄来了一本《有启发而自由》(*Freedom Enlightenment*)，补充了好多我不知道的往事。原来同端和航校十一期的学员刘铁树很熟，十一期毕业时还到航校去演出过《白雪公主》，很出风头，不料刘铁树开飞机失事了。李耀滋也和航校十一期同受训练，会开飞机，是空军派去美国麻省理工学院学飞机发动机的，回国后来昆明创办飞机发动机厂。厂给日本飞机炸了，再搬到乡下山洞中。他同十一期学员去过青云街裴家巷，就是我随同端去过的那里，但他没有见着同端。他们两家互有来往，同端去阳宗海时还到李家去过，但是没有见到耀滋。关于阳宗海的事，书中认为我的回忆录写得很生动，很有戏剧性。后来他们也并肩坐过，也一同跳舞，那是同端离开昆明到重庆北碚的事了。李耀滋在书中说："在舞场上我和同端相遇，因为我和她都跟她哥哥所请的朋友不熟，我们两人自然而然地坐在一起谈话，或是一同跳舞。同端的舞技很不错，尤其是那时新流行的摇摆舞，她随着音乐节奏摇摆，十分灵巧，我自愧跟不上；不过她很大方地给我指点，我也亦步亦趋地勉强跟随。"这一段和我五年前在阳宗海舞会上见到同端有同有异，不同的是：我不是自然而然，而是有意找她跳舞的；我们跳的是圆舞和方舞，而不是摇摆舞。时间地点都不相同，心情也不一样，我是如愿以偿，喜出望外；同端恐怕就只是大方了。不过我的高兴不会在李耀滋之下。书中又说："同端接受我的建议，和我一同从北碚坐船到重庆，在客船的船舷，我们比肩而坐，看着江水从我们的脚下迂回流逝，我和同端情投意合，两人心照不宣，都觉得我们的关系已经是终身相伴了。"这却使我想起阳宗海并肩下山坡的事，我还是喜出望外，他们却是乐在其中了。坐船的事又使我想起同照君游长江三峡了。同端见过照君，并且说她好年轻啊！这就是江水无情流逝，长江后浪推前浪了。

·一九四一年四月·

4月1日 星期二

　　昨天等待今天，上午等待下午，下午又等晚上，因为今晚约了同端去南屏看电影，没有心做功课，没有心吃午饭，甚至没有心打桥牌。到了晚上，又等张大鹏（在南屏电影院工作的化学系同学）送电影票来，票等到了，还要等人。当我站在南屏华丽的楼梯上，看到她们穿了新衣裳，出现在电影院华丽的大厅时，心里是多么高兴啊！这是我十九岁，不，是我有生以来第一次和女朋友约会，而应约的人是白雪公主，我居然成了白马王子，这对一个大学三年级学生的虚荣心，是多大的满足。至于电影《泰山之子》演些什么，和她们谈了些什么，后来在华丽的南屏咖啡厅又吃了些什么，这些都不重要。重要的是"Je viens, je vols, je vaincs."（"我来了，看到了，胜利了。"这是两千年前恺撒征服高卢的话。）更重要的是 Je deviens le vainqueur de la vainqueuse.（我战胜了战无不胜的白雪公主。这是改编了的两百年前 Dr. Johnson 的名言。）

4月2日   星期三

    晚上上图书馆，没有同端在身边，觉得格外寂寞。如果没有希望，也就没有失望。尝过乐趣，再失掉乐趣，就加倍痛苦了。得到莃生来信，他居然猜到了我现在的情况，真不愧为小学时代和中学时代的老同学，但是又有什么用呢？童年、少年是不能取代青年的。

4月3日   星期四

    上法文课时，吴先生问同端三个问题，她都没有答对，和看电影有没有关系？晚上上图书馆，看见她先来了，我就向她走去。虽然她附近坐了很多认识我的人，我还是视而不见，就在她身边坐下。我问她法文考得怎么样，她告诉我她得了 96 分；反问我呢，我说比她还高两分。这就太不体谅人了，应该说比她低两分才能讨人欢喜啊。不但如此，我还故意问她几个问题，知道她一定答不出，又假装忽然发现了答案似的告诉了她。后来她主动提了几个问题，我都毫不思索地回答了，真是太好表现自己。出图书馆时她要去找另外一个女同学同走，叫我不必送她，这是不是我爱表现的结果？我于是说要去喝茶，一直把她送到南院门口。怎么不考虑她是不是愿意呢？

晚饭后同匡南谈到这几天的事情。回宿舍后，预备先到图书馆去
等她，不料晚了一步，她已经先到了，我又坐到她身边去。今天法文
练习太容易了，几乎没有什么问题，我们也就没有交谈什么。不料有
个男同学故意坐到她对面来。我不高兴了，又没有办法摆脱他，只好
不等图书馆关门，就要她同走。她关上书，甚至没有和南院同来的女
同学打个招呼，就跟着我走了。我的好胜心得到了满足，简直有点得
意扬扬。一路上她告诉我：她最喜欢的两本英文小说都是德国作品，
我立刻猜到了是 *Immensee*（《茵梦湖》）和 *The Sorrows of Young Werther*
（《少年维特之烦恼》），都是爱情失败的故事。两个人在一起可以随便
交心，若是有第三者就不能这样畅所欲言了。

经济系同学易宗汉（江西赣州中学毕业生）告诉我说：从前有许
多人追求同端，都失败了，只有我得到了成功，所以应该请客。我就
请他在南院旁边，府甬道上的荷花舍吃过桥米线。他告诉我同端在航
校有个男朋友，是她在南开中学的同学，两个人同上过几次街（我这
才后悔没有两个人去看电影）。所以我要凭本领胜过他。我一听到这
个消息就不高兴，发现自己已有独占欲了，这是同端在阳宗海谈到过
的。其实本来只想做个朋友，最多情人，因为不知道结婚有什么趣味。
现在听说她有男朋友就想独占了，如果她没有，那胜利不是太容易了
吗？通过竞争得到胜利才是真正的胜利，即使失败，做个失败的维特

不也很美吗!

　　同老万、匡南到工学院去。路上谈到同端男朋友的问题，老万说最重要的是我和同端合得来，她的男朋友倒是次要的。因为他们未必到了情人的地步，现在不必去考虑竞争的问题。我本来也是这样想的，但听别人一说，就想到竞争了。其实不能够怪别人，自己没有这个想法，别人怎能强加于你？到工学院后，在张德基（南昌一中老同学，在昆明创办了天祥中学）房里开了很久玩笑，后来同去古幢公园，回来还打了一会儿桥牌，再在彼得（曾慕蠡的别号）房里闲谈，谈到他的"八十分"（他说他的妻子可以给八十分），我就谈起同端来，老万也谈他的初恋，家珍却谈他在南昌一中的女同学朱鹤明。大家推心置腹，谈得畅快淋漓，最后在福禄寿餐厅大吃一顿，回到新校舍已经很晚，图书馆关了门，没有见到同端，感到遗憾。

　　一天没有上课，准备下午考《莎士比亚》的 Macbeth（《马克白斯》）这是莎士比亚的四大悲剧之一。据 Hazlitt（赫兹利特）说：四大悲剧各有特点：《马克白斯》想象丰富，剧情发展迅速；King Lear（《李尔王》）情感强烈；Othello（《奥瑟罗》）人物性格变化，引人入胜；Hamlet（《哈姆雷特》）思想感情深刻细致。关于《马克白斯》的评论说得不错，以女巫两次会见马克白斯的预言为线索，看马克白斯如何从将军到爵士，如何谋杀国王，夺得王位，剧情发展迅速；第二次预言说马克白斯不会战败，除非树林移到山前。结果敌军砍伐树枝遮阴前进，看起来就像是树林移动，把马克白斯打败了，想象力很丰富，读来也很有趣。《李尔王》虽然情感强烈，但我却没有受到多少感染。李尔王把国土分给大女儿、二女儿，结果两个女儿对他不好，小女儿反倒以德报怨，使人觉得李尔太傻，并不感到父女情深；森林中风雨交加的场面也不容易赢得同情。奥瑟罗由爱而妒而恨，伊亚戈由恨而妒，挑拨离间，虽然步步深入，但总觉得时过境迁，不容易使人进入剧中。哈姆雷特是个思想的巨人，行动的矮子，和堂吉诃德恰恰相反，但他行动迟缓，思想犹豫，说服力也不强。莎士比亚是英国，甚至是全世界的文学巨人，但读后却多少有点同意萧伯纳的看法，对文学超越时空的永恒价值，在内心的深处打了折扣。

4月8日   星期二

敌机二十七架轰炸昆明市区，炸得武成路起了火，烈焰腾腾，到处断壁残垣，惨不忍睹。电灯也炸坏了，月色昏黄，看来也很凄惨。

4月11日   星期五

上法文课前问了同端几个问题。下课后告诉她有挂号信，她就同我去领。她没有带学生证，我又给她证明，这是我们的名字第一次签在一起。其实我早知道她有挂号信，但没有告诉她，因为怕是她的男朋友来的，一问才知道是她弟弟的信（她的弟弟同奇后来和我同在外国语学院几十年）。领了信我们又并肩在路上走，她穿了一件浅绿色的毛线衣，非常好看，我们同走时碰到认识的人，觉得能做白雪公主的白马王子，真是春风得意啊！一路上谈五子棋、谈桥牌，有说有笑，这是我们第一次大白天在众目注视之下并肩而行呢。在南院门口碰到经济系同学王庆文，他笑着说很好，希望我们能够成功，说得我心花怒放，就请他一起去吃豆浆鸡蛋。

晚上在图书馆读 France（法朗士）的小说 *Thais*（《泰绮丝》），写了一个条子给同端，要她等我同走。等到图书馆响铃时，我就坐到她身边去："走吧？"她点点头，旁边两个女同学笑我了，我也对她们笑笑。不料同端要她们同走。我不高兴，她就和我并肩而行，让她们两个走她们的。在月光下，我们谈到欧洲文学史，她说她喜欢天才，不喜欢学者，也不重视考试，只在考前一晚看看书；考时不愿多写，只想交个头卷；考后也不希望得好分数，只要及格就行。我说我也和她一样，只是考得又快又好，未免锋芒太外露了。我把她送到南院，她要我为她打一张 Italian Literature（意大利文学）的 Authors and Works（作家和作品表），我回去就为她开夜车打字了。

4 月 13 日   **星期日**

不和同端坐在一起，读俄文时既不分心，又觉得有趣味。何必一定要和她同坐呢？不花钱有书读。既有时间又有能力。为什么要花钱买东西吃，不享受精神食粮呢？

在外文系图书馆打字时，同端来了，要我替她借一本俄国作家 Dostoyevski 的小说 *Crime and Punishment*（《罪与罚》）。我问她："什么时候在什么地方给你？你今晚不来图书馆，我第七堂课在第八教室上《莎士比亚》，你到教室里来找我吧。"其实我是想在同班面前显示一下她和我的关系，但是我不了解她为什么要读沉闷的《罪与罚》。

晚上同吴琼上街去，在街上碰到张汝禧。他告诉我经济系二年级有个男同学在图书馆追同端，已经追了一年。我一听就急了，立刻去图书馆，看见她已来了，对面并没有男同学，心就放了一半。但她附近都坐满了女同学，只有她左边一个不亮的位子空着。我走到她身边时，她忽然抬起头来，一见是我，立刻嫣然一笑，我就不管位子亮不亮也坐下了，问她："法文翻译练习做好了没有？"她说："才做了一句。你看这里的代词应该用 vous（你）还是用 se（自己）？"于是一直谈话，直到她站起来，我也站起；她们要走了，我也跟着。"吃橘子吧。"她们都说不吃，大约以为只有一个。等我拿出两个橘子，请她两个同伴合吃一个，我和她分吃一个时，就像维特和夏绿蒂分吃橘子一样，反而觉得分外甜了。

4月18日   **星期五**

　　中午警报，忽然大雨，新皮鞋淋湿了，晚上只好穿旧皮鞋去找同端。在南院门口碰到刘缘子（法文同班，诗人刘大白的女儿），请她邀同端出来。同端出来后告诉我这几天很忙：明天要回家去新村，星期天要欢送任以都（任鸿隽的女儿）去美国，有一个音乐会要请她去唱歌，还有一个 tea party（茶会），差不多一个星期的晚上都占满了。

4月19日   **星期六**

　　上法文课时，看见左飘在追大高（同端的二哥林同炎工程师的未婚妻），大高走快，他也走快；大高走慢，他也亦步亦趋。大高忽然甩开他走了，真替他难为情。是不是为了爱情就应该卑躬屈节到这个地步？晚上同老万、小万、张德基去旅馆看南昌二中的余立诚老师，他要我们在高二时背诵三十篇英文，使我打下了英文的基础。

4月25日   **星期五**

　　上法文课时，同端迟到了。我问她为什么，她说是早来了又回去取练习的，谈到喜欢的电影，她说是没什么标准，就凭直觉。谈到音乐，她说 *Great Waltz*（《翠堤春晓》）中有很多好歌曲。我问她同去看这部电影好吗？她说已经有三个人约请她，只好算了。中午到罗宗明住的北仓坡五号花园平房去，他要我去同住，说可请同端来。

4 月 26 日　　　　　　　　　　　　　　　　　　　　　　**星期六**

　　宗明和同端是南开中学同学，同端演白雪公主时，他演白马王子。他很漂亮，英语说得很好，代表中国童子军去美国见过罗斯福总统。见我"莎士比亚"考了一百分，喜欢和我交往。我和他谈到同端的事。他告诉我他的经验都是女同学追求他，所以他很骄傲，他越骄傲，人越追他。我的经验相反，因为我是追求者啊。今天同宗明看电影《龙虎风云》，吃过桥米线加鸡腿，牛奶可可冰激凌，花了三十元，非常痛快。

4 月 29 日　　　　　　　　　　　　　　　　　　　　　　**星期二**

　　堂兄请人带来一百四十元，派克水笔一支，扑克两副。下午警报，同老万、匡南去铁峰庵湖游泳，景色很美，游得也美。明天搬宗明处。

· 一九四一年五月 ·

5月1日   星期四

　　昨天搬到北仓坡五号宗明住的花园平房里，打算今天下法文课后请同端来玩。不料下课后她同堂姐和梅祖彬三个人走了。我不好意思请她而不请同珠和祖彬，只好跟在她们后面。一直走到北院门口，才想到一个好办法，因为她答应过给我《翠堤春晓》的乐谱，我就追上去问："Great Waltz（华尔兹舞）的乐谱带来没有？"她说："忘了带来。"我说："你现在回去替我翻成简谱，我回头吃了早点来拿，好吗？"她说："乐谱太长了，一下怕翻不完。"我说："你那天不是说只要十几分钟就可以翻好吗？我等你翻完了再来拿好了。"然后我就去彭大妈豆浆店吃早点。吃完再去南院找她。不料她给锁在房里出不来，让我等了好几分钟，才穿着白衫短裙，唱着歌儿，姗姗而来。她说歌谱要等七号以后才能给我。其实我要歌谱只是个借口，一等到两个人单独在一起，我就邀她去北仓坡了。她说今晚没有工夫，因为明天要考英诗。

我说那就明天晚上吧，她沉默了一会，把背靠在墙上，点了点头。我说："那我明天晚上五点到五点半来接你。"一切都说好了，我就回新校舍去。走到北院，碰到宗明和同梅，我把高兴发泄到她身上，拍拍她的肩膀，说要请她来玩。她谢谢后就走了，我再告诉宗明，他也为我高兴。下午我去服务社问王庆文，同端来服务社喜欢吃什么点心。晚上上街去买，买得太少不像样，买得太多又怕她吃饱了吃不下饭，结果什么也没买成又跑回来。今夜太高兴了，明天法文课一点也没有准备，只好史无前例地旷一次课了。

5月2日   星期五

早上买了一斤番茄。中午同宗明商量，是请同端在家里吃，还是上馆子吃？是吃中餐还是西餐？饭后要不要看电影？反正主要目的是和她在一起的时间越长越好。下午忽然下起雨来。如果雨下得太大，她不肯来怎么办？幸亏两点半钟雨就停了，又到匡南宿舍借五子棋，送到北仓坡去。然后就到南院去，要校工去找她，找了几分钟才出来，没对我说什么就走开了。我一着急，又要一个女工友去找，女工友出来对我说，要我等一下同端正在梳妆打扮呢。我听了表面上不耐烦，其实心里暗喜，因为她是为我涂脂抹粉啊。碰到查富准也来找同梅，两个人等比一个人等好，一直等了十几分钟她才出来。一看见她，我就丢下查富准和她并肩走了。她要我陪她去新校舍走一趟，因为有人替她报名参加全校五四运动会，跑五十米。她好久没有练习了，怕跑不好，所以要去取消报名。我本来想在家里和她多玩些时间，但想到在家里只有两个人，现在能在大家面前亮相，不是更光彩吗？我立刻就说好，在路上碰到熟人多么得意啊！从新校舍到北仓坡去的时候，她告诉我她喜欢大家一起玩，做事全凭高兴。去年第一次阳宗海夏令营她玩得非常开心，她哥哥特别找人来叫她回昆明过生日（她和她的父亲是同一天生的），她都懒得回去，气得她哥哥拿她没办法，这就是她的脾气。这可糟了。是不是暗示她要人侍候她呢？有没有可能把她的兴趣从大家转移到两个人身上呢？我就说真正的发现是在单独的时候。但她却回答说：她并不想有什么新发现。我看，这是我们之间的大分歧了。

到了北仓坡，她问我这房子是不是邹德范（外文系同班，罗宗明的女朋友）住过的？我不清楚，只好去冲可可茶给她喝。不料开水不烫，冲了两杯凉可可茶，真是不好意思。幸亏宗明回来得快，他一到家，房子里立刻有了生气。他一张嘴多么会说，他一双手多么会做，我们两个人加上一个他，二加一就不只等于三，而是二加一大于三了。他说没有开水不要紧，我们就吃炼乳拌番茄吧。同端立刻说她也喜欢吃。我做可可茶时，她只坐着等茶。宗明做炼乳番茄时，她却问宗明要不要她帮忙了。早在南开中学时，她演白雪公主，宗明就演过白马王子，而我在南昌二中演洪深的《回春之曲》时，演的只不过是一个中学生啊。吃了炼乳番茄，我就拿出两副新扑克牌来，打了一盘桥牌，她说："还是玩简单一点的吧。"这又是我们之间的一个小分歧。玩牌时，同端唱起 *Indian Love Song*（印第安恋歌）"When I'm calling you, will you answer too?" 她唱女高音，我唱男高音，宗明唱男中音，非常和谐。

When I'm calling you,

听见我呼唤你，

Will you answer too?

你会不会答复？

That means I offer my love to you,

我把爱献给你，

To be your own.

向你推心置腹。

If you refuse me, I will be blue.

如果你拒绝我，我会多么难过。

I'm waiting all alone

我要独自等待，

But when you hear

等我内心的爱

My love call ringing clear,

把你的心唤醒，

And I hear your answering echo so dear,

等你吐出爱情，

Then I will know all love will come true.

才能梦想成真：

You belong to me, I belong to you.

你我难解难分。

　　这支歌是我在高二时听美国歌星麦唐娜在电影《凤凰于飞》中唱的，大一时在昆明又看了一次电影，现在和同端、宗明合唱，真是人在电影中了。玩牌唱歌之后，就谈到了吃饭问题。宗明建议我去买一只鸡，去馆子里要几个菜，打三盘饭，在家里吃，饭后去看电影。同端说要回去排练唱歌，宗明却说："练什么歌？一晚不唱有什么关系？

你就说是我 delay you（耽误了你）。明天是 holiday（假日），后天又是 holiday（节日），干吗不痛快玩一夜呢？晚了我们两个送你回去，还怕什么？"同端说她看电影没有眼镜不行，如果回去拿，又怕不能再出来。宗明说让我替她去取，想到我要去买菜，就由他陪同端去。看见他挽着她的手走了，觉得宗明真是能说会道，因为他女朋友多，所以左右逢源。他和同端又有历史关系，他说的话我想不到，也说不出来。我去买菜订饭回家，他们也回来了。但饭迟迟没有送来，宗明说他去催，就让同端和我单独在一起。她问我和宗明性格相同不相同，平常谈些什么。我问她喜欢理智强还是情感强的人，她说理智强的人往往情感也强，理智弱的人情感也弱，她自然喜欢强者。我却说理智弱是一种缺陷，但缺陷也有缺陷的美，如阴历十三十四的月亮缺而不圆，却有希望之美；十五的月亮圆了，但以后每夜的光辉却会减弱。同端说这不能算缺陷美。说到这里，宗明和馆子里送饭的人来了，于是我们吃饭。宗明把鸡切好，放在她面前。这本来应该是我做的事，但我却没想到，因为这是头一回啊。

饭后三个人去看电影 *The Golden Key*（金钥匙），一路上宗明说话比我多，他要我挽着她的手走，我觉得三个人同行，只两个人挽手不好，他就借口先去买电影票走了。但我还是不好意思挽她的手，因为对她了解还不如宗明深；说话也不自然，要谈就是谈书。到底我们只是同学，对她的生活爱好并不了解。看电影时，宗明要我挽着她坐，我却找不出什么话说。她想法子问我俄文的问题，我又答不出来。她的座位不够高，看电影费力气，我没想到把雨衣给她垫坐。我请她吃糖，她说不吃，宗明却用英文说 Take one（吃一块吧），她就拿了一块；宗明又用英文说：I say one, you may take two.（我说一块，其实你为什么不吃两块？）她就拿了两块。假如我是她，我也不好意思不拿两块的。

可见说话要有技巧，要投对方所好，要会体贴对方。我不知道她的所好，无法将心比心，好事都会办不好的。看完电影回来，她说疲倦得很，我又没有听宗明的话，挽着她的手臂回家。这是不是缺陷美，会不会带来圆满的后果呢？

5月3日   星期六

今天开全校运动会。那么多运动员，那么多观众，但我只看见同端的短裙。五十米她只跑第四，是不是昨天同我们玩得太累了？晚上开音乐会，那么多女高音，那么多男低音，但我听不出同端的歌声。是不是因为昨天晚上没有回来同大家排练演出？

5月4日   星期日

联大乐团今夜在南屏大戏院演出，同端还要参加。我昨夜已经听了，后天还要考法文，本来想不再听，但宗明要我和同端坐一辆车去南屏，我又不肯错过这个机会了。路上满地月光，满车歌声：Swing low, sweet chariot, coming forth to carry me home.（送我回家的车辆，请你轻轻地摇晃。）我又沉醉在摇晃的歌声中了。

5月8日   **星期四**

　　法文全考造句。晚上同匡南去电报局打电报，要二堂兄电汇二百元来。

5月9日   **星期五**

　　晚上看电影《翠堤春晓》（ *The Great Waltz*)，演 Strauss（斯特劳斯）妻子的 Louise Rainer（露意丝·兰纳）很 sweet（甜蜜），演歌星的 Korjus（柯嘉丝）很 charming（有魅力），圆舞曲的作者 Strauss 能够得到两个人的爱情，真是够幸福了。同端说这部电影可以给一百分，宗明说他更喜欢露意丝·兰纳。我看后得到的启发却是：The most important thing in love is not to love her but to make her love you.（爱情中最重要的不是爱她，而是要她爱你。）

5月14日   **星期三**

　　明天要交三个西洋小说课的读书报告。今天勉强写了一篇谈法朗士《泰伊斯》的。重读《少年维特之烦恼》，当年喜欢的书居然不感兴趣。是心情变了还是趣味提高了？

5月15日   **星期四**

　　法文只考 94 分，大失所望，觉得在同端眼里丢了面子，就用法语向吴先生提问，暗示他分数给低了。其实造句的标准很难说，争分数不过说明我虚荣心重而已。

5月18日   **星期日**

　　下午看理学院和工学院比赛小足球。晚上同宗明上街买衣服，买了件灰色人字呢的上装，一件藏青色哔叽的上衣。

5月23日   **星期五**

　　吴先生说法文要提前考，但找不到大家有空的时间。如果星期四上午考，同端他们要牺牲一堂中国文学史课，同端说了一句："不能为了个人使大家受损失。"我就对吴先生说：我可以少上一堂语音学，考试改在下午四点钟吧。吴先生宣布时，同端笑着瞧我一眼，似乎是领我的情了。晚上花二十元买了三斤重的棉被一床。

5月26日   **星期一**

　　《莎士比亚》考 *Hamlet*（《哈姆雷特》）。这是莎士比亚的杰作。

Hazlitt 说得好：Hamlet is a name:his speeches and sayings but the idle coinage of the poet's brain.（哈姆雷特是一个名字，他说的话是诗人脑海中浮想联翩的产物。）What then! Are they not real? They are as real as our own thoughts. Their reality is in the reader's mind.（什么！难道他说得不真实吗？和我们自己的思想一样真实，其真实性在读者心中。）It is we who are Hamlet. This play has a prophetic truth, which is above that of history.（我们自己就是哈姆雷特。这个剧本像先知的预言一样真实，其真实性高于历史。）其实在我身上就有哈姆雷特。我找同端不就犹豫不决：To be or not to be（去还是不去）吗？

5 月 27 日　　　　　　　　　　　　　　　　　　　星期二

　　晚上上街，碰到树椒的云，邀我到她家去。她买了十几个粽子，自己用油炸来吃。吃得有味，炸得好玩。

5 月 31 日　　　　　　　　　　　　　　　　　　　星期六

　　前天警报声中碰到同端，只是斜睇一笑。晚上马马虎虎写了一个 *King Lear*（《李尔王》）的读书报告。昨天是端午节，又在警报声中同宗明和何梅生（外文系同班女同学）打桥牌。今天法文上最后一课。去外文系办公室取回读书报告：西洋小说三篇，两篇得 80 分，一篇得 75；"莎士比亚"两篇，一篇 80，《李尔王》的报告只得 50。上学期小考得满分，下学期不及格。这就是 all for love（为了爱）的结果。

· 一九四一年六月 ·

六月是大学三年级最后一个月，也是莎士比亚在《如愿》中说的"情人月"：

…And then the lover,

…然后是情人，悲叹哀鸣，

Sighing like funace, with a woeful ballad

像火炉冒烟，又自作多情

Made to his mistress' eye brow.

写诗说意中人眉长鬓青。

我也写了一首英文情诗，虽然不是悲叹哀鸣，也流露了自己的失意：

I am in heaven when I'm with you,

和你在一起就神游天外，

And wish to say what's good and new.

想要与众不同讨你喜爱。

This ideal is too high and perfect,

这个妄想太高又太美好，

To come true when ever I expect.

是个空中楼阁不能达到。

I talk then worse than telling lie:

我说的话似乎不如说谎，

The weather's fine, the sun is high.

谁爱听天气好日出东方？

Which won't amuse a child of four,

四岁孩子听了也不高兴，

So you tell me to come no more.

怎么能够希望你会爱听？

Is it my fault, I cry,

我说难道这是我的错误？

Is it with in my power?

我没有讨人喜欢的天赋。

True love has not come to a butterfly,

采蜜的蝴蝶如果不痴呆

If it appears not silly before a flower.

怎知道她对香花的热爱？

这首诗把她和我都简单化了，说明我对她并不真正理解。还有一首《漩涡》也差不多：

Sailing a boat, alone I float

我驾着小舟，在湖上漫游，

On the dreaming sea.

湖水如梦如醉。

The moon shines bright at dead of night

夜深人又静，月色明如镜，

And makes me think of thee.

相思怎能入睡？

The stars beam in the sky as glances of thine eye,

星星在天上，闪烁着微光，

The sea's calm as thy face.

好像目光照耀。

The breeze gently blows and water flows,

微风轻轻吹，流水慢慢追，

I see thee smile with grace.

仿佛你在微笑。

The waves beat the shore. I hear thy voice soar

波浪拍湖岸，是我的呼唤，

Into the air above the cloud.

你会不会回答？

If thou wert with me, how happy I'd be!

假如陪着你，我多么欢喜，

This fancy makes me proud.

幻想使我自大。

O but who would know in the depth below

但是谁知道，湖水这么好，

There's a furious whirlpool?

下面却有漩涡？

And who could espy in a maiden so shy

谁能够猜想，羞涩的女郎。

A heart changeable and cool?

心里没有情火？

Changeable and cool, yet I would be a fool

没有火也罢，我愿做傻瓜

To drown myself in this pool.

沉湎在漩涡里。

Though I know you deceive, yet I will believe,

哪怕你说谎，我也愿上当，

For I am Fortune's tool.

只要使你欢喜。

O let me die and there let me lie

我宁愿躺下，以湖泊为家，

In the depth of the main!

留在湖水深处。

I would be content to weep and lament

我只有哭泣，或唉声叹气，

To alleviate my pain.

才能减轻痛苦。

这诗说明我傻，傻到西洋小说课由 89 分降到 79，"莎士比亚"由 100 降到 80，俄文只得 86，欧洲名著只得 65，除法文 93 外，还有什么好说？

· 一九四一年七月 暑假 ·

　　1 日下午，南昌一中、二中几个同学：外文系万兆凤，经济系熊中煜，数学系曾慕蠡，物理系黄有莘，气象系刘匡南，机械系赵家珍，航空系万绍祖，和我在英国花园聚会，曾慕蠡说：一年级时大家天天见面，二年级时三个人去了工学院，会面就少了。现在他由工学院电机系转来理学院数学系，希望大家能多见面，交流思想，交换心得，好使大家容易提高，看有什么法子。我就提议今年暑假大家同去阳宗海住一个月。其实我是忘不了去年阳宗海的乐趣。今年和宗明约了同端、同珠 3 日去南屏电影院看《绝代艳后》（法国大革命时与国王路易十六同上断头台的绝代美人玛丽·安东妮蒂王后 Marie Antoinette），她们不去海滨，我就想用友情来代替爱情。大家都说同意，由我去解决住宿问题。刚好莫泮芹先生（陈福田先生回夏威夷去了，由他代理外文系主任）告诉我社会系主任陈达先生要找一个学生打字，问我愿不愿暑假期间去做打字工作，挣点外快。我要去阳宗海而没有钱，打字正好一举两得，我就答应下来了。

　　4 日晚上，陈达先生通知我去呈贡全国人口普查研究所打字。

5日早晨五点半钟，我就起床，同罗宗明坐火车到呈贡去，先去桃园免费吃桃，找到一个小孩带路，宗明说要买下一个桃园，将来交给这个小孩照管，说得小孩心痒痒的，带我们走了三十里路，吃了几十个桃子。我觉得宗明说话华而不实，我们哪里有钱买下桃园？但他说的甜言蜜语，小孩居然相信。不但小孩，就是白雪公主不也听他这个白马王子的话吗？而这正是我缺少的。吃了桃子我和宗明分手，我去人口研究所找陈达先生。不料他的打字机还没修理好，要我在呈贡等两天，我就先去阳宗海订房子了。下午六点，我坐火车去可保村，八点才到，时间已晚，天色将黑，乌云满天，看不见星星和月亮。我去年是和夏令营集体来的，只跟着大家走，并不太认得路。要是白天，我还可以看到有古庙的两座小山；现在天一黑，什么也看不清，田间小路上又没有人，连问路都问不到。结果就像瞎子摸黑，一个钟头的路，摸了两个钟点，才算找到了温泉宾馆。订了两个房间之后，我累得要命，就倒头大睡了一觉。第二天一早回昆明去。

陈达先生通知我打字机修好了，我再到呈贡去取，然后去阳宗海。同时我要二万、曾、刘先去温泉，我们五个人在旅馆前楼订了两个房间，大一点的由我和小万、匡南三个人住，小一点的住老万和彼得两个。生活很有规律，上午我在旅馆打字，下午同大家去湖滨游泳，晚上读书或打桥牌。一日三餐，早点随意，我因为痔疮出血，早上吃一碗猪肝汤滋补。午饭和晚饭同在小馆子里吃，五个人轮流管伙食，荤菜主要是宫保肉、回锅肉、猪肝、腰花、仔鸡、鸡杂、番茄鸡蛋汤等。生活过得平平静静。我是半工半玩，每个星期要去一次呈贡，交上打好的稿子，同时取来要打的卡片，内容都是有关人口问题的文章，打目录并没有什么趣味，不过为了挣钱度假罢了。但是挣钱不多，加上每个星期要坐火车去呈贡，又从呈贡火车站骑马去人口研究所，所花路费，一点不能报销。我向陈先生提出意见，他要我住到呈贡的破庙里去，那样整天打字有什么趣味？真变成工作和金钱的奴隶了。而我挣钱是为了欢乐度假，并不是度假为了挣钱的。这就是两种人生观的矛盾。

这一个月除了打字游泳之外，没有什么事情可记。只记得教了匡南打字，同彼得和外文系助教曹鸿昭（大学丛书《英国文学史》的编者）赛了次桥牌，还和老万发生过矛盾。我因为上午要打字，希望大家下午再游泳。老万却说上午天气好，下午可能变天，要上午去游泳。结果是各行其是，可合可分。但当大家上午游泳去了。把我一个人留在旅馆里打字的时候，我真不太高兴，以为自己打字是为大家挣钱度假，大家却不照顾我而要上午去游泳，未免不太够朋友吧。其实这说明我一切以自己为中心，不考虑别人的心情。我为了欢乐度假不愿住在呈贡，为什么不让大家欢乐游泳，而要留在旅馆里陪我打字呢？这就不是将心比心，推己及人了。而这正是我的一大缺点。在温泉时还有一件大事，就是王树椒从浙大来昆明看他的云，也来阳宗海看望我们。但是他和云的情感犹如大家的友情一样，并不能填补我心情的空虚。

·一九四一年八月·

八月的日记不全，只记得前十天是在阳宗海度过的。回昆明后，二堂兄从滇西芒市（他成了芒市汽车修理厂厂长）来了，和云南纱厂刘婧华订婚，花了一万元在海棠春酒楼摆了几十桌酒席，请云南纱厂厂长金龙章证婚（金是清华留美校友，云南最大的资本家），请九姑父主婚（由张燮代）。男方客人只有一桌，几十桌都是女方客人。

第二件事是王树椒对浙大不满，来昆明要转学联大，浙大教授介绍他见吴宓先生，结果没有成功。树椒要去大理民族文化书院研究历史，8月26日离开昆明，28日又回来了，说是滇缅路上山崩土裂，车不能行，要等路修好了再走。

30日我在旧书摊上花一元五角钱买了一本《德语一月通》，打算像学法文一样自学德语。

30日晚上，南昌一、二中八个同学（万兆凤、万绍祖、赵家珍、曾慕蕤、熊中煜、黄有莘、刘匡南和我）在钱局街茶馆楼上聚会，商量组织"潮社"，砥砺学行，联络感情，但是不谈政治。当晚各人自我介绍，大家进行讨论。对我的结论是：性格外向，情感重于理智；自我中心，个人重于团体；好胜心强，胆大而不心细；观察力弱，决断力弱，不能临机应变；但若事先准备，又很精灵，还有记忆力强。这是几个老同学对我的评价。

（补记）其实，性格、情感、理智、好胜、胆大、心细、观察力、判断力、记忆力等都是相对的，不是一成不变的。现在看来，性格外向，随着年龄增长，越来越受到克制，虽然有时还会一触即发，有时却能隐忍退让，也有点内向了。情感问题越来越趋向淡薄。同端的事，在我读到她丈夫的书时，对他们在重庆的来往，在美国的婚姻，在林肯的游泳池，到尼亚加拉大瀑布的旅游，一点没有妒忌，而且没有羡慕，只是觉得理所当然。假如我是她，我也会同样选择的，这就是情感让位于理智了。甚至觉得能在她二十岁时和她同学、交游，已经是一种难得的缘分，应该为自己庆幸，更应该为她在国外的幸福感到高兴。后来她和我都翻译毛泽东诗词，互相交流心得，就像当年一同学习法文一样，真是由学友变成译友了。可以说是理智取代了感情。至于好胜，可能是觉得自己不如别人，所以总要找出一点自己站得住的东西，才可以和别人平起平坐，不料不找到也罢了，一找却总发现别人不过如此，甚至不如自己，于是就趾高气扬，目空一切了。这并不是胆大心不细，而是心虚求实。如果说是胆大，其实是有冲劲，有创造性，而这正是我成为人中人的主要原因。至于心细不细，那要看做什么。在做人察言观色方面，我的确粗心大意，不讨人喜欢；但在学习外文方面，有时却能滴水不漏，例如一年级俄文和法文，能考99或100分，就不能说心不细了。

老同学为什么会得出这个结论呢？其实老同学主要是万兆凤，他是江西全省小学会考第二名，初中会考第四名，高中会考又保送入联大，连中三元的好学生。后来我才知道，他比我大五岁，也就是说，到我小学毕业的年龄，他已经快要高中毕业了，他知人论事，观察世界，自然远比我成熟。所以我本来以为，像他这样全省名列前茅的尖子，到了大学，一定是出类拔萃的人才。不料我的判断太幼稚，到联大后，他竟然默默无闻；而我这个在中学微不足道的学生，到了大学，反而出人头地，真是出人意料。因此他对我的观察和评价，也像我对他的观察和评价一样不够全面。胆大而不心细就是一例。他说我的观察力弱，倒是不错，我对他的观察浅薄，也是一例。这两个例子也说明：我们的判断力都有问题。其实任何人的判断都不可能完全正确。我之能有今天，和我在关键时刻的判断很有关系，例如高中毕业时考大学，我不可能考理科，又不愿学古文，所以就考外文系了；而万兆凤是文理兼优的全才，既可以考文科，又可以考理科，但外文并不是他的强项，所以考外文系可能是个弃长取短的错误判断，结果就不如我了。大学毕业后，我没有去美国而去了欧洲，因为我当时认为欧洲文化高于美国，现在看来，这可能是个错误的判断，但我却因错得福，成了全世界有史以来能将中国诗词译成英法韵文的唯一人。至于记忆力的强弱，也是相对而言。例如柳无忌五岁就能背诵《诗经三百篇》和《唐诗三百首》，比我的记忆力不知道要强多少倍。他后来在美国培养了许多汉学家，出版了一本《中国古诗词六百首》，是当时全世界内容最丰富的诗词英译本，但是译文精确而不精彩，这就是个判断力和创造力的问题。他们的评价没有谈到创造性的问题，对我似乎不够公平。但在当时还是不错的意见。

·一九四一年九月·

　　九月上旬，二堂兄要回芒市去，我和万兆凤想坐他的便车到大理去玩玩。车子走了两天，到了下关。俗话说：下关风，上关花，苍山雪，洱海月。这里风花雪月都有。我们还去了诸葛亮七擒孟获处，这是小学时代就知道的名胜古迹，现在江边只有一块石碑，让我们去发思古之幽情了。

　　9月12日，我和万兆凤离开下关坐马车去大理，三十里路要走半天，路旁两边都是高可参天的尤加利树，风景不错，可惜路面不平，马车颠簸厉害，没有心情欣赏左边玉带云缭绕的苍山九溪十八涧，右边一平如镜，水波不兴，好像碧玉液化而成的洱海。到大理后，还要步行一个小时，才到洱海之滨的才村民族文化书院。

　　书院有几栋整整齐齐的房屋，在农村中显得特别高级，像是平民中的贵族。书院只有九位教授，九个研究生。研究生也有一间书房，一间卧室，比起联大师生来，正是天上地下，无怪乎树椒不留在昆明，而要来大理研究历史上的治世能臣，乱世奸雄曹孟德了。

在书院研究哲学的有章煜然。他是南昌一中高才生，考取清华大学公费，我们在联大见过。他现在研究庄子，认为庄子所说的"是"是"是非"的总称，是知识或真理的标准，很有自己的见解。他后来去昆明天祥中学做第二任教务主任，第二任校长。他做校长时我做教务主任，关系非常密切。他写了一本《新一哲学》，自己笔名新一，主张功利主义，认为功利就是为大多数人谋最大的福利，对学生影响很大，学生把他比作蜡烛，烧干了自己，照亮了别人。研究生中还有暨南大学外文系毕业的黄自强。他能言会道，知识广博。热心助人，在书院研究 Gibbons（吉朋斯）*The Decline and Fall of the Roman Empire*（《古罗马帝国衰亡史》），后来也在昆明天祥中学教英文。我在联大外文系兼任助教时，曾经请他代课。他们三人是我在才村朝夕相处的好朋友。

9月13日，民族文化书院院长张君劢先生接见了我和兆凤。他是一个民主政党的主席，著名的政治人物，他的妹妹是徐志摩的第一位妻子。他知道很多联大的名教授，问到叶公超先生的情况，我能对答如流，结果他说我可以做外交官，这在当时对我是个很高的评价，因为我和同端在一起时，正恨自己不能像罗宗明一样应对进退呢。张院长要书院为我们安排了住宿的房间，和研究生一同吃饭，午饭后在一间面对苍山，背临洱海，风景如画的休息室谈天说地，评古论今，度过愉快的假期；晚饭后则同树椒等一同散步湖滨，游历龙门、南湖等名胜，还有一次夜里坐船游洱海，别有风味。

我在书院图书馆借了几本英文书：冯友兰英译的《庄子》，林语堂《生活的艺术》（*The Importance of Living*），Homer（荷马）*The Iliad*（《伊利亚特》）和 *The Odyssey*（《奥德赛》）。于是上午读书，下午游泳，晚上闲谈，过得逍遥自在。还同兆凤去大理游了苍山，看了著名的三塔和无为寺。又同树椒进城买过大理石花瓶、盘子、图章，游了圣麓公园。

当时冯友兰的《新世训》出版了，在联大同学中广为传诵，影响不小。书中说道：各人的精神境界，大致可以分为四种：自然境界，功利境界，道德境界，天地境界。我了解的天地境界是"从心所欲，不逾道德之矩"。和万兆凤、王树椒、章煜然讨论，老万说：不自觉的爱情是自然境界，为个人幸福的爱情是功利境界，为双方幸福的爱情是道德境界，把感性爱情上升为理性爱情，就是天地境界。他的理性总结不错，我联系到《红楼梦》中的感性认识，说宝玉吃胭脂是自然境界，和袭人初试云雨情是功利境界，和宝钗的金玉因缘在贾府看来是道德境界，黛玉魂归离恨天后，宝玉还泪洒相思地，可以说是生死不忘，到了天地境界。正如英国诗人拜伦说的：

Oh what are thousand living loves

啊！对活人的爱情算什么？

To that which can not quit the dead?

对死者的眷恋才难超过。

王树椒联系《曹孟德传》说：人云亦云说曹操坏是自然境界，从魏的观点说他是治世能臣是功利境界，从汉的观点说他是乱世奸雄是道德境界，从历史观点看他的功过才是天地境界。章煜然说：《庄子·逍遥游》中"越人断发文身"是自然境界，孟子见梁惠王，惠王曰利，是功利境界；孟子曰仁义，是道德境界；《庄子·养生主》中庖丁解牛，可以说是天人合一，到了天地境界。正如李白在诗中说的："桃花流水窅然去，别有天地非人间。"我们也在"别有天地"中度过了一个愉快的暑假。

·一九四一年十月·

　　1940年10月，我从大理回来，美国志愿空军第一大队已经到了昆明。他们不远万里而来，援助中国对日作战，需要大批英文翻译。教育部号召各大学外文系高年级的男学生参军一年。不参军的要开除学籍，参军的一年期满后可以算大学毕业。联大同学纷纷报名参军。自然，各人的精神境界并不相同。有的同学（如徐某某）因为"好男不当兵，好铁不打钉"的观念太深，认为给美军当翻译有失身份，宁愿休学也不参军，这是自然境界。有的同学（如吴琼）因为生活艰苦，本来已经在图书馆半工半读，如果参军既有实践讲英语的机会，挣的工资又比大学教授还高，何乐而不为之？这是功利境界。有的同学（如罗宗明）本来已经在英国领事馆兼任英文秘书，待遇比军人还更优厚，但为了国家兴亡，匹夫有责，毅然决然放弃高薪，这就是道德境界了。至于我自己，因为高中一年级在西山受过集中军事训练，对军队生活深恶痛绝，也有"好男不当兵"的思想，所以犹疑不定。但一想到自己的同班同学陶友槐、黄文亮等在西山受过集中军训，早已参加了空军，有的已经为国捐躯，他们的精神可以说是进入了天地境界，而我自己却还在自然境界、功利境界、道德境界之间徘徊不前，怎么对得起已经壮烈牺牲的汪国镇老师和当年的同学？于是我就在10月22日同吴琼、万兆凤、罗宗明等三十几个同学一起报了名。

我虽然报了名，但对联大的自由生活还是有所留恋，总要尽情享受。参军之前，八个"潮社"同学又聚会了一次，畅谈暑假生活。我们有五个人去了阳宗海，我和老万还去了大理，黄有莘去了温泉，赵家珍却留在昆明办中学，和一些聪明能干的男学生、年轻漂亮的女学生打成一片，其乐不在旅游之下。行万里路，胜读万卷书，其实只说对了一半，说明理论没有实践，知识并不完备。但从另一方面来看，行路而不读书，恐怕又会学而不思则罔了。所以最好是既行万里路，又读万卷书。

在联大读了三年书，并不觉得读书可贵。现在要离开学校了，甚至觉得大一英文课中读过的林语堂的《生活的艺术》值得再读。林语堂说应该让情感和理智平分人的心灵，并且赞美"不爱江山爱美人"的罗马大将安东尼，这对我的影响很大。其实像我这样重情轻理的人，应该把颠倒了的情理关系，再颠倒过来才对，否则就要造成危害了。我还去听了吴宓先生给大四学生讲的英文散文和作文课，吴先生循规蹈矩，要我们先读一篇范文，如哈兹利特的《论哈姆雷特》，要求背熟，再模仿写一篇作文。这个方法很合我的口味，我就写了一篇《吉诃雷特》，说一个人开始像堂吉诃德一样鲁莽，后来又像哈姆雷特一样迟疑，把堂吉诃德这个行动的巨人和思想的矮子，和哈姆雷特这个思想的巨人和行动的矮子结合起来，写成一个虎头蛇尾的角色。吴先生读后给了80分。这说明读书作文也像健康一样，快要失去机会了，我才觉得可贵。

报名参军之后，我们全班三十几个男同学去昆华农校东楼二层翻译训练班报到，教务主任是社会系吴泽霖教授，训导主任就是陈福田先生。地方既是我大一时的教室，人又是联大的老师，觉得变化不大。不料接见我们的是一个军事委员会的副主任，他不把我们这些自命不凡，投笔从军的大学生放在眼里，说什么报到后就要遵守纪律，不能再像大学生那样自由散漫，听得很不顺耳。回来填表的时候，查富准同学说：莫泮芹先生（外文系代主任）和吴泽霖先生说好了，受训时还可以让我们回联大听课，听课就是受训，现在怎么忽然又不给我们自由了？这是不合理的。我们应该等外文系和训练班交涉之后，再交表和保证书，否则，我们岂不是把自由卖给他们了？我也表示同意，就要黄维同学收齐表格和保证书后，大家开会商量一下。25日下午开会，讨论如果训练班不同意回校听课怎办？查富准说：如不同意，愿意去训练班的就去，不愿去的就不上训练班了。于丕哲同学说：国家需要我们去做翻译，如果不让我们自由回校听课，难道我们就不去做翻译了？到底是听两个月的课重要，还是做一年的翻译重要？我一听又改变主意，决定放弃听课的自由了。我先听查富准的话，做了思想上的矮子；后来听于丕哲的话，又做了行动上的矮子。正是一个自己说的"吉诃雷特"。

10月30日晚上，外文系师生在昆华工校二楼大教室开欢送参军同学晚会。莫先生代系主任，谢文通先生代表教授们用英语讲了话，虽然说的都是形势需要的语言，并没有惊人的警句，但是身历其境，才能体会到他们的语重心长。尤其是最后，同珠作为学生代表，要大家一起合唱"The more we get together, the happier we'll be."（在一起越久，大家越快活。）这是一支聚会常唱的歌，唱时跟着大家唱，往往是口到心不到。今天欢送的是自己了，心身都投入到歌词中，才觉得平时大家在一起读书上课，并不感到快活；现在要分离了，平淡无奇的教室和图书馆，却显得分外亲切；图书馆前的大草坪，从新校舍经过北院到南院的林荫道，都留下了我们的身影，令人依依不舍。散会之前，陈福田先生按照美国大学的惯例，带领男同学唱起"Goodnight, ladies; sweet dreams, ladies!"（女同学们，祝你们晚安，愿你们做一个美丽的梦！）同珠也立刻和女同学合唱"Good night, gentlemen; sweet dreams, gentlemen!"（男同学们，祝你们晚安，愿你们做一个美丽的梦！）我这才感到同学四年，直到离别时才体会到潜藏心灵深处的友情。同端不知道为什么没有来参加欢送会，不来也好，来了可能会分散我对大家的注意力，那就是为了个人而损害集体了。

· 一九四一年十一月 ·

　　11月1日：学校宣布今天是联大成立四周年纪念日，同时宣布校歌如后："万里长征，辞却了五朝宫阙。暂驻足衡山湘水，又成离别。绝徼移栽桢干质，九州遍洒黎元血。尽笳吹弦诵在山城，情弥切。千秋耻，终当雪；中兴业，需人杰。便一成三户，壮怀难折。多难殷忧兴国运，动心忍性希前哲。待驱逐仇寇复神京，还燕碣。"这首《满江红》说出了大家心里的话，情至而词亦切，我们都喜欢唱。晚上还演出话剧《结婚之后》，既是校庆，又算是欢送参军同学罢。

　　2日：今天是离校的前夕。我一个人站在北门的城墙上，望着从云大到联大的林荫道，我们在这条路上骑过多少次自行车！又望着青山外铁峰庵下的湖水，我们在湖畔度过了多少个阴凉的夏天！忽然起了一个念头：为什么不租一辆自行车去旧地重游呢？说了就做，直到晚上才回新校舍，把行李搬到农校翻译训练班去。

　　3日：翻译训练班开始上课。上午听皮名举教授讲美国史地，他给我们每个人发了一张美国五十州的地图，要我们把英文的州名填上去，并且背熟，说一个州名，就要能够找到在什么地方。又讲到华盛顿的街道宽阔，有九条并行的车道；美国的教育实用，宋子文就是美国大学毕业，在中国执行货币政策，避免了日本兑换白银的危机。皮先生真是能说会道，枯燥无味的东西给他一讲，听来也津津有味了。下午上翻译课，由外文系袁家骅教授讲英译中，袁先生没有讲什么，只是让我们翻译一篇文章。老师都是联大教授，训练班和学校一样，没有什么离家之感。同学七十几个，联大占了一半，其他同学来自重庆中央大学、复旦大学、乐山武汉大学、贵州浙江大学等。下午还上体育，老师倒还客气，大家也不在乎。

4日：上午听一位朱博士用英语做报告。下午是英语会话课，由朱博士夫人指导，但朱夫人没有来，由陈嘉教授兼管两个组。课后军事训练。

5日：中午吃饭，天天菜都一样，没有变化，怎么这样单调！下午Winter（温德教授）来讲"English Idioms"（英文成语）。他要求我们先听一遍，然后再用英文把大意写出来。这样训练我们的听力，又培养我们集中精力的习惯，但是比起他在联大讲《莎士比亚》的《马克白斯》中的assassinate（谋杀）和法文assassiner来，又逊色了。

6日：下午本来是翻译课，由莫泮芹教授讲中译英，但是忽然放空袭警报了，于是跑警报。和于丕哲打桥牌，发生争论，我说他叫错了，他不承认。我未免太认真了。和吴琼打牌时，我说什么，他都同意，这养成了我好胜的习惯。哪能每个人都如此呢？晚上从第一宿舍搬到第二宿舍，和吴琼睡上下铺，他上我下。

7 日：上午美国志愿空军机要秘书林文奎少校来讲航空常识，他是清华大学毕业生，又是航校第一班第一名，曾去意大利学航空，真是文武双全。他讲话声音洪亮，给我的印象像一支歌曲："3555 哈哈哈"。下午朱博士夫人来上英语会话课，我像林秘书一样大声回答，却引起了大家的笑声。以后说话要看场合。

8 日：今天是星期六，应该是一个星期中最快活的日子，尤其是我们这些训练班的大学生，平常不能离开学校，只有周末才能外出，所以只要有女朋友的，都成对成双地度假去了。听说同端还在重庆哥哥家里，不知回来没有。只好上电影院去看《万里长空》算了。

9 日：上午美国志愿空军第一大队翻译组组长舒伯炎少校来讲《翻译须知》，没有什么不知道的。

12 日：今天是孙中山先生诞辰七十五周年纪念日。上午翻译训练班主任黄仁霖上校来做英文报告。他是和闻一多教授同时留美的大学生，在美国大学参加英语演说竞赛，得过第一，英语说得不错。晚上又用茶点招待外宾，奶油大蛋糕做得非常好。他用中文发表演说，要中央大学顾世淦译成英文。顾世淦是中央大学英文说得最好的同学，但当黄主任说到"三民主义"的时候，他不知道如何翻译。黄主任自己把"民族，民权，民生"译成"nationality, people's sovereignty, people's livelihood"，外宾听了也莫名其妙。我就举手译成"of the people, by the people, for the people"（民有，民治，民享），外宾们这才点头微笑。这是我第一次在口译上小试锋芒。会后陈福田先生说我翻译得不错，我就要和他打桥牌，因为联大桥牌名将是四陈：陈福田，陈岱孙，陈雪屏，陈省身。不料陈福田先生名高于实，叫牌只讲规矩，把 pass 叫 mo，把 three no trump 叫 three no，叫法远不如我和吴琼的 asking system（问牌法），以后还要找其他三位陈先生见个高下。

13 日：上午听联大政治系教授讲《中美政治机构之比较》。下午莫泮芹教授来讲中译英课，也讲不出什么理论。

15 日：今天第一次领薪水。按照美国规矩，每星期发周薪；但美国空军到了中国，改按中国新规矩，每半月发一次。我今年二十岁了，除伙食实物外，领了七十元整。

16 日：今天是放假日。同宗明到北仓坡 5 号去。经过南院时，远远看见同端的背影，觉得她个子太低了，也就没有上前去招呼她，就同宗明打羽毛球去了。

17 日：上午听中国空军总指挥毛邦初少将讲话。下午袁家骅教授来讲英译中，要我们翻译 Conrad（康拉德）的 *Under Western Eyes*（《在西方人眼里看来》）。我先把英文直译为中文，觉得没有什么意思。睡觉以前，再把译文改成通顺的中文，这样一来就有点兴趣了，甚至还认为译得不错呢。

18 日：夜里梦见同端，她把头靠着我的头，脸偎着我的脸，低声问我："你是不是觉得我不如从前好看了？"大约是日有所思，夜有所梦吧。

19 日：上午听云南纱厂厂长金龙章讲话，就是二堂兄订婚的证婚人。最初以为没有什么可听的，一听才知道他也是清华大学的毕业生，留学美国的资本家。不但英语说得不错，讲的内容也是我们应该知道，而其实并不知道的东西。所以，以后千万不要再有先入为主的偏见。

20 日：上午听了两个报告：一个是王信忠教授讲《日本现状》，使我们知己知彼；一个是傅毅教授讲《专家与通人》。下午莫先生讲中译英课，要我们一小时译一段。

22 日：我不认为物质欲望和精神需要是难解难分的。读到一本好书，写一篇好文章，这和吃得好玩得好有什么必然关系呢？所以大家玩的时候，我可以一个人读书。

23 日：吴陈二位先生说：没有特殊理由，不要与众不同。这是不是我的缺点呢？下午讨论学习的目的和方法。结论是：学习的目的是要过真善美的生活，学习的方法是读我们喜欢而又应该读的书。理论联系实际并不容易。大家玩的时候一个人要读书也难。今晚大家都看电影《巴黎蜜月》，我并没有特殊理由，也就不必与众不同了。

24 日：听《国际关系》报告，讨论时每人发言两分钟。

26 日：为了一点小事，我对军训教官发脾气了。其实他的脾气很好，我却说他像个木头人。结果陈先生罚我本星期禁足，就是周末禁止外出。这使我想起歌德在《维特》中说的话：误会和疏忽造成的后果往往比坏心或恶意还更严重。

29 日：领下半月薪水七十元。夜里十二时才回校。

30 日：处罚要公平。有错要处罚，无错不能罚。如果有错没受处分，没错反而受到处罚，那就太不公平了。我被禁足也有一点冤枉之感。

· 一九四一年十二月 ·

    上星期用英语讨论学习的目的和方法：目的是过真善美的生活，方法是做自己喜欢而应该做的事。读自己喜欢而应该读的书。Keats（济慈）说过：Beauty is truth, truth is beauty.（美就是真，真就是美。）其实这只是说希腊古瓮上画的男欢女爱，既真又美，而且流传千年，真可以说是不朽了。诗人把特殊的事物说成是普遍的真理，这是艺术的加工。德国哲学家叔本华说过：美是最高级的善，创造美是最高级的乐趣。为什么呢？我想，人人享受美的生活，那是世界上最好的事，所以创造美的事物，使人人过美好的生活，那自然是人生最大的乐趣了。因此还可以说：Beauty is a virtue, a kind of excellence.（美也是善，还是一种优化或者优势。）因为创造美的事物，就是使事物变得更美好，就是优化，具有创造美的能力或优化的能力，就是一种优势。具体到我身上，我能发挥什么优势，我能创造什么美呢？

    我们来翻译训练班，本来说是参军一年，就算毕业。现在又说要写毕业论文，但是论文可用翻译文学作品代替。那好，翻译正是我的优势，我就应该发挥优势，翻译出美好的文学作品来，使人能得到美好的享受，那不就是最高级的乐趣吗？但是翻译训练班没有图书馆，平时不能外出去联大外文系借书，周末可以外出，系图书馆又关门了。于是只好写封英文信给同端，请她代我借三本小说，托在训练班工作的女同学何梅生带来。书带来了：两本 Kipling（吉卜林）的小说，一本 Edgar Ellen Poe（爱伦·坡）的 *Tales*（《短篇小说集》）。爱伦·坡是同端为我选的。我想请袁家骅先生做指导教师，他也口头上答应了。这就是我开始准备创造的美。

不料 12 月 8 日，日本飞机偷袭珍珠港，炸毁了几十架美国飞机，炸沉了一艘美国军舰，并且占领了香港、新加坡、菲律宾、关岛、中途岛、威克岛等地，于是美、英、中向德、意、日三个轴心国家宣战。我们需要提前结束训练，早日投入翻译工作，毕业论文又不做了。我们得知这个消息都很意外，难道日本以为它能战胜欧美？另一方面我们又很高兴，觉得美、英正式参加对日作战，一定可以加速日本帝国主义的灭亡。本来只见日本占领中国领土，轰炸中国城市，中国只有招架之功，没有还手之力，持久抗战，不知哪年哪月才能赢得胜利？现在英、美参战，很快就可反守为攻，胜利曙光在望了。于是 10 日晚上，训练班全体同学都去游行，庆祝英、美参加反法西斯抗日战争。不料联大师生几千人，参加游行的却寥寥无几，我认识的只有一个在西山同受军训的彭国焘。这时才感到联大自由散漫的作风，不太合乎时代的潮流了。

翻译训练班的课程提前结束，只上了赵九章教授（后为"两弹一星"功勋科学家）的气象学，张德昌教授的英国概况，黄仁霖主任的社交礼节等课。黄主任在西安事变时曾陪同蒋夫人去西安，他教我们如何着装，如何用刀叉吃西餐，如何对外宾说话，倒很有用。我就提出建议，要求实习一次，黄主任倒真是实践社交礼节，答应毕业前招待大家吃一餐。15 日星期一考试美国史地、美国民族性；19 日星期五考英译中和中译英，我翻译成绩都是 A+，大约翻译真是我的优势，我应该做创造美的工作了。

22 日毕业，分配工作。联大同学多半分到美国志愿空军第一大队。有五个同学的级别是同空军上尉：中央大学的顾世淦，武汉大学的吴伯簑，联大的徐彰（北大化学系、联大外文系双学士，后为清华大学助教，四十年代自杀），查富准（后在香港），赵全章（赵九章先生之弟，后任北京大学助教，新华社翻译），其余的都同空军中尉。分到滇缅远征军的有黄维，级别是同陆军校官，后来不幸在怒江牺牲。其他大学的同学多分到美国空军招待所做口译工作，都在圣诞节前后离开翻译训练班。

我们分到美国志愿空军的三十几个同学，都到昆明东南三公里外的巫家坝航空军官学校去报到，就是我们前年去过的航校。汽车开到飞机场航校东正门，进门后一排平房，左手第一大间就是翻译组。翻译组后面有一个大草坪，草坪中央有一根旗杆，那是全校的中心。草坪后面有四栋小平房，翻译组对面那一栋是陈纳德大队长办公处。办公室在右手，进去不必敲门。一进门迎面就是大队长，通译长舒伯炎坐他的左边，办公处左手是作战室，墙上挂了一张大地图。我们三十几个新来的翻译住在一公里外的宿舍里，上班吃饭都要汽车接送，这就是我们的新生活。

· 一九四二年一月起 ·

1月10日，我被分配到机要秘书室工作。秘书室在第二招待所内，距离航校约二公里，离城内的拓东路魁星阁也约二公里。机要秘书林文奎少校是清华大学地质系毕业生，和我大二的体育老师黄中孚是同班。他毕业时，日本侵略军占领了我国东北三省，他就投笔从戎，报考空军，学习侦察，是杭州笕桥航空军官学校第一班第一名。毕业典礼时，蒋介石和宋美龄都来参加，他代表毕业生致辞，慷慨激昂，声泪俱下，爱国热忱，溢于言表，听众无不动容。宋美龄把自己手腕上的金表解下来赠送给他，以示奖励。蒋介石派他到意大利去学习飞行技术，他曾在第伯尔河上飞过桥洞，可见飞行技术之高。我在他的办公室内，见到他有英文、法文、俄文、意大利文辞典，可见他的语文知识广博。他的文才武略，都令人敬佩。我大学还没有毕业，第一次工作就碰到这样文武双全的领导，的确觉得幸运。

机要秘书室占一排平房，一共八间。第一间是会议室，每星期一上午开一次会，由林秘书布置一周工作，或做工作报告，有时也由参谋汇报工作。秘书室有四个空军参谋：一个是少校赵参谋，他是航校第三期毕业生，学轰炸的，只比林秘书晚一期，但他认为轰炸是空军主力，侦察是为轰炸服务的，所以有点瞧不起学侦察的林秘书。他的夫人游泳很快，他追求她时速度不如她，只好每天游三千米，在长度上超过她，她才答应和他结婚。第二个是上尉苏参谋，也是学侦察的，可能这是机要秘书室的主要任务，他的形势报告做得不错，林秘书要训练我做时事报告，我就曾请他帮助过。第三个是上尉刘参谋，是航校第五期毕业生，他喜欢读书，不大爱说话，后来做了空军处长。第四个是上尉李参谋，也是五期毕业生，开驱逐机。他每次作战，只攻击三次，如果三次还打不下敌机，他就不再攻击。他请过他的湖南同乡，第五期的同学来吃饭，同学的夫人就是和我同听钱钟书先生大一英文课的女同学周颜玉，想不到在联大没有机会同餐，来空军后却从天而降了。林秘书还要我做过两次读书报告。第一次讲艾思奇的《大众哲学》，在中美空军的会议室，居然可以公开讲马克思主义，可见林秘书的开明，也可以看出我当时在政治上是多么幼稚，多么无知。第二次讲朱光潜的《文艺心理学》，我用当时上演的美国歌曲来说明音韵节奏之美，如：

Somewhere over the rainbow way up high,

高高的彩虹上，

There's a land that I heard of once in a lullaby.

有神游的仙乡。

林秘书说：军人应该有广博的知识，才能提高素质。他这样知人善任，使我觉得真是得其所哉。后来秘书室还增补了两个陆军参谋，都是少校，林参谋是广东人，他有个同乡在翠湖南路开了一家饭馆，请林秘书夫人张敬和我们去吃过一餐。张敬是联大校歌歌曲作者张清常的姐姐，得到吴宓教授的高度评价，说林秘书夫妇是一对英雄才女。后来林秘书去台湾任空军司令，夫人就在台湾大学任教，教过哈佛大学博士，香港中文大学教授童元方，这是后来我去香港讲学时知道的。

机要秘书室第二间房子是办公室，王书记和史事务员在里面办公，级别都是同空军少尉。王书记毛笔字写得好，史事务员有个外甥夏宝忠，是我联大外文系同班，中学是教会学校念的，英文写得不错，也和我们同来做翻译了，级别比他舅舅还高一级。

第三间房子是翻译室，有四个翻译，两个英文秘书。一个翻译是成都金陵大学来的黄衡一，他什么都会做，会搞人事关系，会开汽车，后来离开了秘书室，我看到他出版了一本翻译的神话。第二个是联大航空系毕业的王树声，他主要负责绘飞机图。他的同班邓灼和我的同班金丽珠结婚，他参加了，说吴宓教授去讲了话，非常热闹。金丽珠和高训诠是我班上最漂亮的女同学，吴宓先生日记中常提到她，比提到周颜玉的时候还多，可见她的名声之大。王树声还把金丽珠的弟弟金圭庆请到秘书室来做绘图员。第三个翻译是李鸿鹏。他主要协助联大日文教授傅恩龄先生解决日文问题。英文秘书是黄祥麟，英文名字叫 David，是个华侨。他为秘书室起草书信，英文写得不错。有一次我把"以守为攻"译成 to attack so as to defend，他说译得很好，甚至胜过了官方译文 aggressive defence，但是王树声说他不懂英文文法。还有一位女秘书是张瑞基，金陵女子大学毕业，阅读写作都快，一夜读完了 *Gone With the Wind*（《飘》）。她能识人，说我 self-centred（自我中心）；她还认识同端，所以我们能谈得来。

我的工作是每天将昆明行营的军事情报译成英文，送给陈纳德大队长，他根据我的情报，还有美军自己的情报，分配三个中队 81 架 P-40

飞机的任务。P-40时速才400公里，已经是当时世界上速度最快的飞机。每次击落敌机一架，飞行员就在机身贴上一张插翅膀的五彩老虎，最多的击落了九架，所以美国志愿空军成了威名远扬的"飞虎队"，我也得了一枚镀金的"飞虎章"。记得有一次我翻译的情报说：日本军舰一艘到达海防，登陆士兵有多少人；日本飞机有多少架，进驻河内机场。林秘书得情报后，立刻召集四个参谋研究，认为很有可能会对昆明进行空袭，就要我把情报火速译成英文，并派专车送我去陈纳德大队长指挥室。大队长因为战功昭著，军衔已由上校提升为准将。我到指挥室时，他正和中国空军总指挥毛邦初少将在研究军事地图。看了我面呈的情报，就要参谋把地图上的军队、舰只、飞机数目做了调整，同时要我退出。第二天日本飞机果然袭击昆明，但飞虎队早有准备，不等敌机飞入市区上空投弹，就在滇池上空进行截击。我只听见飞机爬高的呜呜声，机枪扫射的啪啪声，只看到一架架画着一轮红日的日本飞机，尾巴冒出一团团浓烟，被击落在西山滇池上空，从此以后，敌机不敢再来侵犯昆明，但飞虎大队的第一中队长等人也英勇牺牲了。为了纪念这些美国勇士，我写了一首英文诗和一首中文诗，现在抄录如下：

The Flying Tigers sprinkled,

飞虎队乘长风，

Their blood on high.

血溅万里蓝天。

And smoke of Jap planes Wrinkled,

敌机一声轰隆，

The azure sky.

冒出滚滚浓烟。

The mountain loves the lake,

西山直立湖边，

Watching its image single.

怀念勇士英灵。

All day and night awake,

漫漫长夜难眠，

Till it and water mingle.

人影融入山影。

　　陈纳德将军写了一份英文战报，要机要秘书室译成中文，呈报蒋介石和夫人，因为宋美龄那时是航空委员会秘书长。林秘书要我加夜班译好战报，第二天派专机送去重庆。任务紧迫，他要我们加班加点；任务一完，他又补我们一天假，并派专车送我们去石林玩一天。这样劳逸结合，使人觉得再忙再累，也是心甘情愿的了。

　　林秘书不但劳逸结合得好，并且注意培养我们。他和英国领事馆联系，让我们去英领图书馆借书。我读英国 Thackeray（萨克雷）的 *Vanity Fair*（《浮华世界》）和 *Henry Esmond*（《亨利·艾斯芒德》），就是在那里借的。罗宗明本来在英领馆工作，因为参军，工作由他哥哥宗兴接任。珍珠港事变后，宗明的未婚妻俞维德从天津到昆明来，经过香港时刚好遇到香港被日本侵略军占领，宗明急得不得了，要冒险去香港救她出来，昆明的薪水由我代领，转交宗兴。林秘书说要搞好和领事馆的关系，我们去石林时，也请宗兴和他的未婚妻林堃同去，这样工作、学习、社交都结合起来了。

　　联大有学术报告，林秘书也派专车送我们去听，回来后再由我向秘书室做传达。如冯友兰教授讲的《哲学与诗》，报告的大意如下：

宇宙间的事物，有些是可以感觉的，有些是不能感觉而只能思议的，有些是既不能感觉，又不能思议的，如"宇宙"就是不能思议的。自然你可以去思议，但你所思议的宇宙，并不是真正存在的这个宇宙。不能感觉而能思议的如"理"，"性"等。诗就写可以感觉的东西，但却在里面显示出不可感觉的，甚至是不可思议的东西。诗的含蕴越多越好。满纸"美"呀，"爱"呀，叫人读了一点也不觉得美，也不可爱，这是"下乘"；写"美"写"爱"也使人觉得美，觉得可爱，那是"中乘"；不写"美"，"爱"，"愁"等字，却使人感到美，爱，愁，那才是"上乘"。诗的含义越丰富越好，如屈原的《离骚》，既可以说是写香草美人，也可以说是写忠君爱国，使人得到的意义越多越好。诗要模糊，可用"比"和"兴"。如"春蚕到死丝方尽，蜡炬成灰泪始干"。哲学则不同，一句话就是一个意思，而且要清楚，否则，哲学就失败了。

林秘书要我传达报告后，还要我谈谈自己的心得体会。在谈到"上乘"作品的时候，我就引用了张天翼《谈人物的描写》说："第一，写好故事不如写好人物。因为好故事只能读一遍，好人物才能百读不厌。第二，写人物不要写成神样的人，可以写成人样的神，如孙悟空。第三，写人物不要只写他的大处，还要写他的深处；不要只写冠冕堂皇的演说，还要写他的私生活。"谈到私生活时，我又引用了林语堂《生活的艺术》中的话："试想一个世界，如果夫妻都能白头到老，如果君主都能活到万岁千秋，那个幸福的世界有什么趣味？世上就没有文学了。正如一次赛马会，假如每个观众都预先知道哪一匹马能取得胜利，那还有谁来看赛马呢？如果一个妻子或者一个丈夫总是一本正经，无瑕可击，谁愿意和他或她过一辈子乏味的生活呢？因此，不能让理性单独统治世界，而要让情感来平分天下。"这段话说明我受林语堂的影响很深，但又没有生活经验来作印证，忘了冯友兰讲的"以理化情"的思想。林秘书听了说：我们要提高人的文化素质，但是首先要有是非的道德观念。说得不错。回想我和同端谈到理智和感情的时候，她也是喜欢理智感情都强的人，无怪乎我这个重情轻理的人不讨人喜欢，更糟糕的是，我还没有自知之明，把自己的缺点看成优点，所以非碰钉子不可。

3 月 29 日 星期日

我去南院找同端。从前我们见面，总是站在门口说话。这次好久不见，我居然脱口而出用英语说："Let's take a walk."（我们散个步好不好？）她一下就答应了，我要她同去看电影，她说以后再谈。我又用英语说："Why not enjoy the present?"（为什么不享受现在呢？）她就同意了，时间地点都由我定。我这才发现表达感情，用英语比用中文方便得多。因为英、美人谈情说爱是平常的事，用中文说就显得别扭了。于是我就考虑下次见面如何讨她欢喜，想要讲些她没听过的事，但又不知道哪些她没听过。由此可见互相了解非常重要，没有理解的基础，只有好心好意并不能得到好结果。晚上同匡南上街买了一套咖啡色方格西服，就是照片中骑自行车穿的那件上衣。

4 月 4 日 星期六

昨夜躺在床上，看着月光从芭蕉的影子里照到窗前。今天下午骑自行车进城，理发，擦鞋，去南屏电影院买了两张票，S7 和 S8。五点多钟到南院，碰到何梅生。请她找一下同端，等了半个小时她才出来，穿了那件第一次同看电影时穿的旗袍，套上一件灰色毛衣，一见我就嫣然一笑。我问她为什么让我等了这么久，她说她睡着了才起来呢，换换衣服，打扮打扮，就出来晚了。我们走到西仓坡时碰到吴琼，他说明天要出差到嵩明去，但我不好意思要同端站在路边等我，只说了几句话就告别了。走过翠湖，上青莲街叫车子，花了八元，一直来到金碧路冠生园。饭前先来两杯可可。玩小游戏，同端用四根火柴摆成一个十字，说是只许移动一根，却要摆出一个正方形来。这是她想出来的小玩意，我如果摆不出，岂不难为情？我就随便动了一根，她说这玩意很 delicate（细致），不能随便乱动。我立刻悟到了，四根火柴的末端相接成了一个十字，移动一根可使四根火柴的末端构成一个小正方形，这样才算没丢面子。菜比想象来得快，话比想象来得多。菜是一个鸡球，一个冬菇白菜，还有一个杂烩汤饭。我们都只吃了一碗，一问时间，茶房说是已经七点多了。赶快算账去看电影。*Hollywood cavalcade*（《好莱坞游行》）并不算怎么好，但赵参谋说过：看得不笑不要钱，同端也还满意。看完电影，我们上南屏咖啡厅，在门市部买点心给何梅生时，我问她累了吗？她点点头。我说我们叫车到青莲街，再走翠湖回去，好吗？她说好。在正义路北口，碰到汽车司机老张，他还追上前去看她，明天到办公室又要开玩笑了。到了青莲街口，她回过头来问我要不要停车，我说要车子一直拉到翠湖公园门口。她又先下车站着等我，然后再一同走进黑暗中，可惜没有月亮，否则就可以唱 *Moonlight and Shadow*（《月光和影子的情歌》）。她今晚这样美，在南屏，在街上，多少眼睛盯着她啊！和她同行都觉得骄傲了。在翠湖，我们又谈起电影来。她说这张片子可给 96 分，我问她为什么？她说开始她很失望，但是她的看法和别人的有点不同，只要听到几句有意思的话就觉得不错了。我说：这样看来，你一定喜欢《试情记》(*Man Proof*)和《浮生如梦》了。她说是的，你说的这几张片子我都喜欢，并且喜欢的片子都要看几遍。最好的是 *Great Waltz*（《翠堤春晓》），已经看了五遍，可以给 100 分。于是我认为她喜欢 wit（机智），而我更喜欢 beauty（美）。到了南院，我向她要照片，她说有好的会送我，我要她把蛋糕带给何梅生，因为欢度今宵，她也出了力啊。

4月5日　　　　　　　　　　　　　　　　　　　　　　　　星期日

今天骑自行车同小万游筇竹寺。回来时谈到昨夜和同端约会的事。不料他说：你们这样吃了一顿，看了电影，有什么意思呢？我听了真像冷水浇头一样，这才发现幸福是相对的。我觉得快乐的事，别人听了并无所谓。但是对我而言，只要和她在一起，不管做什么事，就有一种幸福感了。

4月6日　　　　　　　　　　　　　　　　　　　　　　　　星期一

和张瑞基小姐谈到同端，她们是汇文中学的同学。张小姐说：爱情有两种：First love is emotional and second love rational（初恋全凭感情，再恋就用理性了）。而我却像 Teasdale 说的："Only love proudly and gladly and well, /Be it heaven or hell!"（只要爱得兴高采烈，得意扬扬，/ 不管爱是地狱还是天堂！）

写了一封英文信给同端，说一部电影只要有几句你喜欢的话，你就要看几遍。那么，那天晚上我们同看电影，有没有什么使你喜欢的事，可以使我们再同乐一次呢？春天的太阳笑绿了草地，笑得小鸟也欢声歌唱，我们为什么要让青春深藏在院内而不出去发热发光？

同端没有回音。我就唱起 *In the gloaming*（《黄昏时》）和 *Long, Long Ago*（《很久以前》）来：

In the gloaming Oh my darling when the lights are dim and low,

黄昏时分光暗淡，

And the quiet shadows falling softly come and softly go.

阴影徘徊路漫漫。

When the winds are sobbing faintly with a gentle unknown woe,

晚风呜咽我心悲，

Will you think of me and love me as you did once long ago?

谁知昨是而今非？

Tell me the tales that to me were so dear, long, long ago, long ago,

往事如烟思悠悠，

Sing me the songs I delighted to hear, long, long ago, long ago…

歌声似梦留心头。

Let me believe that you love as you loved

但愿君心似我心,

Long, long ago, long ago.

岁月流逝情不尽。

歌词并不符合我的实际,只是心情有点相似,就借旧歌浇新愁了。

4 月 13 日 星期一

下午去昆明行营取情报,碰到西山受军训时的大队长黄维将军,他挂着两颗金星的中将领章,风度不减当年。然后我又去南院为秘书室请厨师。小厨房的四川厨子老童说:让他的弟弟明天来。走到南区,不料碰到同端,后面跟着一个穿长衫,戴眼镜,驼着背,走起路来摇摇晃晃,看起来七扭八歪,奇形怪状,很不顺眼的助教。难道他就是同端说的那种理智强的人?如果是为了他而没给我回音,那真要气死人了。回到秘书室后,晚上写了一首英文诗:

I see the moonrise and think of your eyes;

月出使我想到你的眼睛;

When the breeze blows, I hear your voice;

微风使我听到你的声音。

Why should everything be so loving

为什么风和月这样可爱,

And the earth look like a paradise.

使人间看起来有如天台，

If we don't take a ride as other boys

如果我们不和大家一样

And girls are merry in roving?

去享受自然的大好春光？

O that the moon no loner shine!

但愿月亮不要这样光明，

For she makes my heart sad,

她给我带来忧郁的心情，

Which tasted a drop of happy wine,

因为我尝过美酒的甜蜜。

Now love lorn and feels bad,

失去后怎能不感到凄戚？

And sadder than those who pain,

这使我觉得更加痛苦，

For happiness they never had.

还不如从来不知道幸福！

    联大常委梅贻琦校长来美国志愿空军大队，了解联大学生服役情况。林秘书就谈到我英译情报，汉译英文，提高军人文化水平的事，梅校长听了表示欣慰，但告诉我服役期满之后，要回联大学习一年，才算正式毕业。

· 一九四二年七月 ·

7月4日，美国志愿空军与中国空军合同期满，由美国十四航空队接防，林秘书调成都空军总司令部，我就按照梅校长的话，回联大复学了。

复学之前，先参加了一次联大的阳宗海夏令营。两年前同来跳过舞的林同端、李宗蕖、何申、施松卿都没有来，我认识的女同学只来了一个经济系的罗真颛。

7月23日早晨，太阳这样好，我不肯错过美丽的时刻，就带上新买的小小白朗尼照相机，一口气拍了六张照片：一张鹅塘小山古寺，三张海口，两张湖滨。上午，大家野餐去了，我又一个人去温暖平静的湖水中游泳。第一次游了一百米，上来躺在沙滩上晒太阳，热了再下去游一百五十米，第三次竟从芦苇游到鸡角，足有二百米了，真正开心。夜里，银色的月亮，几颗星星，几片白云，挂在蔚蓝的天空中，映衬着深绿的山色，深蓝的湖水，湖上弥漫着灰白的雾气。像是空旷无边，深不见底的海，令人沉醉。今天是这次夏令营过得最愉快的一天。

25日：早车回到昆明，在南城外二堂兄那里吃午饭。下午到西城根天祥中学找小万，碰到校长邓衍林，他是联大师范学院研究生，听说我要复学，就请我在天祥中学教高三英文，因为小万、家珍等都在天祥兼课，所以我答应了。晚上到新校舍，和小万、彼得、匡南谈到复学的事。我说做翻译挣钱多，回联大后怕吃不好、住不好，颇有以好生活为荣之慨，给小万讥讽了一番。我先有点恼火，后来扪心自问，为什么自己变得这样庸俗？为什么这样容易受环境的影响？我从前不也是瞧不起这样庸俗的吗？为什么自己前后矛盾？到底是现在对，还是以前对呢？考虑之后，为了惩罚自己，决定从新校舍走回第二招待所去。

26日：下午看电影《火的洗礼》。片子并不怎么好，但大众的抗日意识令人感动，使我惭愧。我虽然在为抗战出力，但除了工作以外，想到的还只是穿西服，吃馆子，住洋房，坐汽车，找女朋友，出国留学等等，多么自私！哪有一点国难当头的意识？看完电影，碰到宗明和海伦（俞维德），宗明也要回联大复学了。

27日：早上去航校，和吴琼谈复学的事，他说有两个人请假回校，都没有批准，看来事情并不这样简单。下午去冠龙照相馆取照片，居然张张都好，第一次照相成绩如此，就算不错。为了介绍何国基到阳宗海兵工厂去工作，把阳宗海的照片都托他带去送人，做见面礼。但愿他能成功。不下本钱，哪能有结果呢？

28 日：上午林秘书来办公室，我和他谈到要复学的事。他说他去空军总司令部之后，本来打算把我也调到总司令部去，然后到国外去做武官翻译。如果我要复学，那就尽早回联大去，不要等到将来知道了国家机密之后，那就不好离开了。吃午饭时，林秘书谈到国事，说是英、美不肯开辟第二战场，现在苏联情况紧急，可能是英、美阴谋，让德国消灭苏联，苏联一完，中国麻烦，英、美自己也麻烦了。谈得非常悲观。我这才想到，如果国家危急，还谈什么个人问题？于是晚上又到新校舍去找他们谈谈。

29 日：如果国家有事，我也只有尽我所能，为国出力。如果复学，那只能如校歌所说的，为"中兴业，需人杰"发光发热。如果去天祥中学教高三英文，那就应该编好一本讲义。我想可以从大一英文课本中选一篇教育论文（如林语堂《生活的艺术》）、大二英文课本中选点短篇小说，散文中可选 Dr. Johnson（约翰逊博士）的 *Letter to Lord Chesterfield*（《给切斯费尔德爵士的信》），英诗可选 Byron（拜伦）*To the Sea*（《给大海》），戏剧可选 *The Locked Chest*（《锁着的箱子》），演说可选 Shakespeare（莎士比亚）的 *Brutus' Speech*（《布鲁塔斯》"我爱恺撒，但我更爱罗马。"），讲课以前要学生查字典，一天至少要记十个生字，懂得用法，并会造句，能够翻译。然后背熟，并且模仿作文。作文第二天就发还，但不改正，只指出错误，要学生自己改，改好再交上来，这样也许可以帮助他们进步，但是不是做得到呢？除了上课以外，还可以教学生唱英文歌、跳方舞、圆舞、打桥牌、打字、演剧、演说、会话等。想用英语讲课，培养学生的听力，如果他们听不习惯，可以每星期讲几个钟头英语，几个钟头中文。总而言之，我自己是怎么学的，就怎么教他们。越想越有趣味，这是创造之乐啊。

30 日：买到 Ely Culbertson（艾利·考伯逊）的 *Nene Gold Book—Contract Bridge Complete 1941 Edition*（新版《桥牌金规》），原价 2.50 美元，只花国币 30 元，价廉物美。

31 日：决定复学，先要温习法文。读 Reclus（邵可侣）编的《法国文选》，选读 Romain Rolland（罗曼·罗兰）的 *Jean Christophe*（《约翰·克里斯托夫》）。

· 一九四二年八月 ·

1 日：昨晚在林秘书家晚餐，今天早上全秘书室去飞机场送林秘书飞成都。他一走，秘书室就只有结束工作，等待分配了。

2 日：宗明送我一本 Bernard Shaw（萧伯纳）的戏剧 *You Never Can Tell*（《你说不出》）。晚上修改英文诗 *I see the moon rise*（《月出》）。

5 日：下午领薪水一千六百元。买浴巾花九十，牙膏四十，肥皂盒三十五，加上吃托士就用了二百元，需要还赵家珍一百，罗宗明三百；寄符达一百，只剩下九百元。为洵兄的医药费还欠秘书室六百，伙食费三百五，一付清就没有钱了。回到联大，贷金怎么够用呢？所以非在天祥中学兼课不可了。

6 日：同李参谋夫妇、王树声、金圭庆免费同游呈贡，看赛马，没有什么好看，只是看看热闹，还花六十元照了一张马上雄姿，其实毫无英雄气概。

8日：昨夜很晚才睡，今天很早起床，中午又没有睡，反而走了一天，人真累了。晚饭后还要骑自行车去行营问情报的事，回来又去防空司令部。半夜里被叫起来接电话，还要把电话打成英文。清晨又被勤务兵和伙夫叫醒。说是结束工作，结果和以前一样忙。由此也可以看出以前每天的工作情况。

13日：今天秘书室租了一辆马车去游大观园，我在园外游了六百米，也不觉得累。又到园内游，碰到匡南同大学生夏令营来了，又和他同游了五十米，真是游泳日了。

14日：骑自行车到新校舍，听说今天陆军联合表演新火器。梅校长、冯友兰院长等都去参观，我就同宗明、海伦也去了。听见炮声隆隆，看见炮弹开花，山脚下红旗绿旗轮番招展，天空中信号弹红红绿绿。虽然从来没有看过，但是看时并不紧张，反而觉得不过如此，还不如电影惊险呢。事实总是比不上想象的。

20日：傍晚在圆通街和宗明、海伦谈天。海伦说同端常到她房里来，并说那个难看的助教常来南院找同端。宗明怪海伦不该谈这事，怕我听了会不高兴。我的确不高兴，但有什么办法呢？只好读女诗人Teasdale 的 *Love Songs*（《情诗》），并且摘抄一些：

When love grew too great to bear,
爱情不断地生长，
How could I ease me of its ache?
如何能免除悲伤？

For love more than bitterness

因为爱情比苦水

Would make the heart break.

更容易使人心碎。

I asked the heaven of stars

我问天上的星辰

What I should give my love

把什么送给情人。

It answered me with silence,

它回答一片茫茫，

Silence above.

高高地挂在天上。

I asked the darkened sea

我问黑暗的海洋。

Down where the fishers go

渔夫怎样寻宝藏。

It answered me with silence,

它回答一片沉默，

Silence below.

深深地把我折磨。

Oh, I could give her weeping,

我能够痛哭流涕，

Or give her song,

或唱得欢天喜地。

But how could I give her silence,

怎么能渺渺茫茫,

My whole life long?

沉默得地久天长?

At last I asked the old sun,

最后我问老太阳,

From east to west he did run.

他从东到西奔忙。

"Child, child, love while you may,

"年轻时能爱就爱

For life is short as a happy day.

生命消逝得很快。

Never fear though it breaks your heart,

不要怕爱会伤心,

Out of the wound new joy will start.

伤疤会除旧迎新。

Only love proudly and gladly and well,

爱情要得意扬扬,

Though love be heaven or hell."

下地狱再上天堂!"

说得真好。但下了地狱真能再上天堂吗?

21 日: 到新校舍找匡南, 他谈到潘光旦先生在夏令营的报告, 大学生一要有孤独的时刻, 二要读些中国的古书。匡南还说看见那个驴脸的助教和同端到昆华中学新校舍的夏令营来看她的大哥同济。这样看来，她真是不重外表重内才的了。不过我总不能忍受一朵鲜花插在牛粪上，就写了一首 *Love or Hate*（《爱或恨》）来发泄无可奈何之情。

The sun is smiling, spring

太阳微微笑，

In green is clad.

春天试绿装。

The brook and the birds sing,

快乐的小鸟，

All merry and glad.

跟着流水唱。

Under the trees by the side

水边大树下，

Of the brook, a young man

青年和女郎。

And a fair maiden take a ride.

双双骑着马。

He praises her as he can.

他不停夸奖。

"The face is bright as the sun,

苗条新绿柳

Thy figure graceful as a tree;

素面生春光。

The voice flows as waves run

声声如溪流，

Softly into the sea.

涓涓如海浪。

I love thee more than life.

在天比翼鸟

Dost thou love me the same?

在地连理枝。

And wilt thou be my wife?"

此情如未了，

"No, she says. I'm not your flame."

来日不可知。

"Didn't you tell me one day.

记得有一天，

When we climbed up a hill,

双双登山峰。

Where we could see the bay

遥遥望海边

And these a tranquil,

海静如天至。

That you would find a paradise

何时得乐园，

Where we could live alone.

逍遥在其中？

Your eyes are still your eyes.

双眼如清泉

How could you change so soon?"

眉黛似葱茏。

"The past won't reappear now."

往事难回首，

I might be foolish and wrong.

今日不堪想。

For sweet friends we were. how

从前是蜜友，

Could taste of honey last long?

甜蜜岂能长？

Is till remember the night

那时你年轻，

When first I met you by the lake,

相逢在湖边。

I was enraptured at your sight,

我一见钟情，

Nor slept nor ate for your sake.

辗转不能眠。

If your love I could win,

如能得你心，

I would not regret to die.

虽死也无憾。

Now long in love I have been,

相爱到如今，

My heart is hard to satisfy.

我心犹不甘。

Are you tired of what I do?

日久会生厌，

Or a better man did you find?

弃旧寻新伴。

If so, will you tell me who?

见异如思迁，

Abraham the genius mind.

应把好酒换。

Ah! He is old as a pine,

新伴如枯松，

And ugly as a donkey.

丑陋似驴叫。

If you would call him thine,

何能把情钟，

Why not marry a monkey?

不分人与猴？

He cannot ride on land,

他不会骑马。

Nor can he swim in the sea,

也不会游泳。

Nor play music with his hand,

既不能绘画，

Nor enjoy a verse free.

更不能歌咏。

Although to you he may show

虽然他对你，

What he is good in,

装出好模样。

It's like mud covered with snow,

但如雪下泥，

Pure without, dirty within.

外白而内脏。

His faults make me love him more.

你不见缺点，

This I cannot endure.

愿选他作伴。

I would rather die before

我死不愿见，

He'd win a maiden pure.

玉碎而瓦全。

I hate to see good men toyed

但恨好人哭，

And the wicked smile,

不愿恶人笑。

And beauty chaste destroyed

美人被玷污，

Especially by the vile.

恶人反荣耀。

You'd better marry the river,

不如嫁河神，

With sand as your bed

用黄沙作床，

And leaves as your cover,

用落叶遮身，

Than with an ass you'll wed.

胜似驴面郎。

Oh! Let us live together,

与其同他生，

Or together let us die.

不如同日死。

"Say me 'yes' or 'no' either."

问她能不能，

A shake of head is the reply.

摇头是表示。

To persuade he still proceeds,

他越想说服，

The more he beats his brain,

越是不成功。

The less he succeeds.

他心里痛苦，

He know all is in vain.

知道没有用。

"Look!"he cries."Where's our dream?"

他张开了嘴，

She turns her head to the sky.

她抬头一望，

He thrusts her into me stream,

他推她下水，

And he himself follows to die.

同走向死亡。

The sun has set, and spring

太阳不再笑，

In shroud is clad.

春天换丧服。

Nor brook nor birds will sing,

小溪闻啼鸟，

All silent and sad.

鸟啼如溪哭。

诗写得不好，虽然有韵有调，但是人物简单，情感不深，故事牵强，毫不动人。有点像《诗经》中的《氓》。但对我自己，却像歌德写《少年维特之烦恼》一样，维特自杀之后，歌德的失恋情绪却消失了。我写了英文诗，也就把自己的失望，付之一江春水向东流了。这诗只是一个二十岁的中国大学生的英文习作，抄下来也许可以看出一个人如何成长的吧。

22 日：想买一部汉英对照的《四书》，既可了解古代的著作，又可学习如何把中文译成英文，一举两得。回忆从南昌到赣州时，买到一本影印的《郑板桥全集》，那时多么高兴。到虔南的第一夜，月下在公路上散步，心中念念不忘的就是怕后面的汽车翻车，失掉这本书！后来在南迳墟买到《白香词谱》，冬日围炉，读得多快乐啊！

23日：如果复学的话，打算旁听闻一多讲唐诗，罗庸讲宋词，刘文典讲《庄子》，冯友兰讲中国哲学史，冯文潜讲西洋哲学史和美学等。

30日：晚上潮社在天祥中学聚会。我信口开河谈自己的弱点，不料大家都来批评，我就反为自己辩护，甚至强词夺理了，其实这只能反映自己的空虚。

·一九四二年九月·

9月1日至9月8日

八月几乎等于暑假。9月1日（星期二）同王树声去空军五路司令部翻译室报到。在书店翻翻书，站着读了林语堂的《英文学习法》，他说：听说读写应该并重，最要紧的是说，说要说一整句，读要读近代文。这些意见对教英文都有用处。

3日下午同王树声雇了一辆马车，搬去五路司令部。晚上去航校看话剧《花烛之夜》，本来说七点钟开演，等教育长等到八点多，真气人。夜里冒雨而归，感冒了。4日开始办公，晚上回机要秘书室吃饺子。李参谋太太怕我生病，把鸭绒被给我睡。5日才办半天公，秘书室来电话，说请林秘书夫人吃饭看电影，于是又请假去翠湖招待所，吃了冰激凌又喝热可可，回来下大雨，偏偏肚子痛，冒雨上厕所，结果又病了。病了没人管，只好6日又回秘书室，谢谢李太太为我煮麦片，秘书室就像是我的家。下午冒雨冒病去天祥中学参加潮社聚会，讨论求学宜博还是宜专的问题。忽然万兆凤从重庆飞机场回来了，他也打算复学，这更增加了我复学的决心。晚上和小万睡一床，他说大家如能在一起办学，各尽所能，多有意思。说我如能翻译一个作家（所有作品），那就很好。7日同熊子（中煜）坐马车回司令部，办公时忽然发冷，晒太阳也没用，回房间就钻进被窝。哎呀！原来是打摆子了。内冷外热，被子再多也不够。一杯开水也要不到，赶快打电话找熊子。最要命的是发烧，温度是一百零四（这里是华氏度，换算成摄氏度是四十度），怎么是好！夜里起来小便，头昏眼黑，连电灯也看不到。一手扶床，一头就栽倒，这一觉一直睡到第二天清早。

9月11日 星期五

林秘书夫人飞成都，秘书室晚上会餐，要我和王树声去。一去才知道：空军总司令部已来电，要调我去成都。这样一来，复学可能要成泡影，不知如何是好。

9月12日 星期六

如不复学，也就不能教书，我对教书反而留恋了，连林语堂的《开明英文法》也想读一读。一读觉得不错。他说：英文字在单音化，句子在单字化，如 stricken by famine（饥寒交迫）可以化成一个词 famine-stricken。又如 Strive to be simple when you write（写作时要尽量简洁），可用名词简化为 Strive for simplicity of style（争取文体简洁）。

Loose sentence（散句）表示 after thoughts（事后想到），是 familiar style（随笔），如 The dinner is at eight, if I am not mistaken（晚餐要等到八点，如果我没有记错的话）。

9 月 14 日　　　　　　　　　　　　　　　　　　　　星期一

　　航校翻译组来电话，要我去面谈复学的事。如果说我工作好，那就不能不去空军总司令部；如果说不安心，那就可以批准长假。我自然说不安心，这样才能复学。

9 月 15 日　　　　　　　　　　　　　　　　　　　　星期二

　　晚饭后到联大新校舍，听说选课表已经公布了，但天黑得看不清楚，只好明天再看。今夜就在 24 号宿舍王遵华（二中同班，后为清华大学电机系主任）床上睡一夜。

9 月 16 日　　　　　　　　　　　　　　　　　　　　星期三

　　今天看选课表。外文系四年级的必修课有袁家骅先生的大四英文（星期四上午第 1、2 堂）和翻译（星期五上午第 1、2 堂），赵诏熊先生的西洋戏剧（星期一、三上午第 4 堂）。选修课有莫泮芹先生的浪漫诗人（星期二、三下午第 3 堂），陈定民先生的二年法文（星期三下午第 2 堂）。三年俄文（星期四、五、六下午第 3 堂），补选的外系必修课有雷海宗先生的中国通史（星期四、五、六上午第 4 堂），萧蘧先生的经济学概论（星期一、二、三上午第 4 堂），还有体育（星期三、五第 5 堂）。旁听的有冯友兰先生的中国哲学史（星期四、五、六上午第 3 堂），这是联大通才教育的课表。在我看来，外系的课听个报告就可以了，下午同匡南去大观园外游泳，租了一只小船，我在杨柳树下游了一千米。

9 月 17 日   星期四

　　上午去图书馆注册选课，我坐在陈福田先生旁边，不料同端比我还来得晚，她站在我身边，一见是我就问："怎么你也来了？""我回学校复学了。""不工作了？""呃。我看看你选的课。怎么《翻译》是三个学分吗？""是的。"她站到那边去了。选课后我们同去注册组，我替她把选课单递了进去，站在汽油桶左边等，她就站到右边，告诉我她和同珠住在黄土坡哥哥家里，打算请我们去玩，还说同梅已经结婚了。后来她等得不耐烦，就自己找出选课单，并且替我找了出来，一同去课程组。等的时候，我问她："我送过你一点东西，收到了吗？""是一首诗吗？写得很好。你常常写吗？我常常写，但写得不好，只给姐姐看看，没有敢给别人。我本来要给你回信的，因为要到贵州去，所以没回信。对不起。"我问她读过 *Gone with the Wind*（《飘》）没有？她说读了，很像 *Jane Eyre*（《简·爱》），并说可以借给我看。她的毕业论文就是请陈福田先生指导写 Bronte Sisters 的，但想改选，我们一直谈到选完课才分手。

　　早上到航校领统一津贴，说是航空委员会周主任已来电令，调我去空军总指挥部秘书室。但是我要复学，就不去了。回到第二招待所，读完林语堂《开明英文法》，谈到 idioms and phrases（习惯用法）如 easy money（容易到手的钱），lazy time（懒散的时间）等。下午把 Asking System（问答叫牌法）打字，打完就别了第二招待所，到五路司令部收拾行李，离开了翻译室，雇了一辆马车，走上回联大的道路，住到新校舍 25 号何国基的上铺，晚饭后一个人踏上洒满月光的翠湖西路。以前走这条路时，总想到第二招待所还远着呢，现在却又在我的宿舍附近了。回到 25 室，已经快要熄灯，立刻打开铺盖，整理一下，又睡上这种上下铺的硬床了。

　　开始上大学四年级的课。上午第四堂赵诏熊先生讲西洋戏剧。他从四个方面分析戏剧：1. plot（剧情），2. character（人物），3. situation（场景），4. language（语言），条理分明。下午第二堂陈定民先生讲二年法文，他用中文和法文讲解，对于上一年法文时进行过英法对比的学生来说，不是讲得太多，就是太少，总不对劲。

第一次在天祥中学教书。讲 Newman（纽曼）的 *The Aim of a University Education*（大学教育的目的），因为高三学生明年就要毕业升学，所以先让他们明白升学的目的。第一堂课先用英文讲，他们多听不懂，所以又用中文解释，说明文章的平行结构和树枝型结构。第二堂课让学生翻译 It shows him how to accommodate himself to others（教学生如何适应别人）。觉得课文选得深了一点，因为自己是第一次讲课，总想表现自己，考虑学生不够，这恰恰说明了自己不会顺应别人。下课后赶回联大上西洋戏剧课。下午第三堂上浪漫诗人课，莫先生没有来。从前我不在乎，现在回校复学，却不愿缺课了。这又说明了我既不会适应学生，也不会适应老师。

旧历中秋，早晨到校门外吃早点，恰巧袁家骅先生来上课，就随着去教室上大四英文课，讲的是古英语。第三堂课旁听冯友兰先生的中国哲学史，讲到对象和内容的分别。对象不会错，内容却会错。科学的对象与内容易分，因为对象可以看见；哲学与历史的对象和内容不容易分，因为对象看不见。历史的对象是过去的事实，历史的内容是历史学家所讲的过去的事实。冯先生分析得清楚，听得很有兴趣。下午第三堂课旁听杨业治先生讲拉丁文，时间与三年俄文课冲突，只好不听了。晚上和老同学坐船去大观园，到处是人，月亮不明，但还是游了泳，回来路上玩"碰球"，高喊："我的甲球碰乙球！"乙球又碰丙球，这样碰来碰去，虽然简单，却很热闹。

9 月 25 日   星期五

　　早上第一二堂袁家骅先生讲翻译。他说学外国语应该丰富本国语，如果想写好外国文，无论如何比不上外国人。我却觉得写外国文可能比不上外国人，但是翻译却可能胜过他们，因为没有外国人能把外文译成中文，而中国人却能把中文译成外文，这就胜过外国人了。晚上读 Kyd（基德）*The Spanish Tragedy*（《西班牙悲剧》），是 Shakespeare（莎士比亚）*Hamlet*（《哈姆雷特》）的先声。后人既然可以超过前人，既古又新的中国人为什么不可以超越外国人呢？

9 月 28 日   星期一

　　西洋戏剧课后，邀同端去系图书馆借书。路上她问我：Trilogy 是什么意思？我说是三部曲。她说你什么都记下来吗？我说只记 keywords（关键词），你呢？她说也只记重要的。我说今天课讲得好。她说讲得像演戏。我说今天讲 Inaction（不用动作而用语言表示）举的三个例子都好，像讲故事一样。到了系图书馆，向顾元借了几本 *Best One-Act Plays*（《独幕剧精选》）。借到书后她说：我觉得袁先生讲的古英文挺难的。我问她指定阅读的古英文找到了吗？她说没有，西洋戏剧课指定的参考书也找不到。我告诉她系图书馆里有，但不能借出来。然后，我们就分手了。

下午第三堂莫泮芹先生讲浪漫诗人。他说 Romantic（浪漫）不是 loose（散漫）而是 sense of wonder（新奇感），浪漫诗人情感（heart）重于理智（reason）：

One impulse from the vernal wood

春天森林中的感情冲动

Can teach you more of man.

使你更了解人性的异同。

Of moral evil and of good

什么是道德，什么是罪过，

Than all the sages can. (Wordsworth)

比圣人告诉你的还要多。（华兹华斯）

又说浪漫诗人要 return to nature（回自然去），自然的意思是：1. sky and earth（天地），2. good or bad human nature（善或恶的人性），自然要回到善的本性。

· 一九四二年十月 ·

1日（星期四）：大四英文课堂上作文，题目是 *A Dream*（《梦》），我就写道：（大意）梦比现实更美，白日梦又比夜里的梦还要美。坐在小教室里，我开始建筑我的空中楼阁。不知怎么搞的，教室忽然一下变成了游艇，老师和学生却变成了小鸟，蝴蝶和鲜花，除了我梦里的情人和她可怜的追求者。说来也怪，陆地溶化成了湖海，太阳也斗换星移成了月亮。小鸟互相唱着动听的情歌，蝴蝶对鲜花流露出爱恋，教我如何能不对意中人倾吐衷情？无情的美人受了感染，对自作多情的我微微一笑，于是晚秋立刻成了早春，湖水中渗透了温泉，不会游泳的她也向鱼儿学会了自主沉浮。我跳入水中，她紧跟着我，我们一同游到龙宫，欣赏了水中天地，然后又浮出水面。我们心里洋溢着欢乐，恨不得这一片刻能够天长地久。月亮吻着湖水，蝴蝶吻着鲜花，我也受了感染，给了她一个吻，比月亮的更长久，比蝴蝶的更甜蜜，吻得她发出了银铃般的笑声。我奇怪她的笑声怎么会像银铃，仔细一听我才醒来，原来是下课铃响了。

2 日：昨天课后开国民月会，由冯友兰先生讲伦理学。

3 日：下午旁听罗庸先生讲杜诗。他先比较初唐、盛唐、晚唐，和宋诗的不同，言简意赅。然后讲《登兖州城楼》："东郊趋庭日，南楼纵目初。浮云连海岱，平野入青徐。孤嶂秦碑在，荒城鲁殿余。从来多古意，临眺独踟蹰。"读来没什么好，但罗先生分析说：第一二句以对联起，写远景；三句天上，四句地下；五六句写古迹；七句结五六句，八句结全诗，"独"字用得好。经他一说，欣赏力就提高了。

4 日：上午读法文：Anatole France（法朗士）的 *A travers champs*（《走过田野》）。下午潮社聚会宣读论文。晚上在宗明处借到 Jane Austen（奥斯汀）的 *Emma*（《爱玛》）。

5 日：下午在北院大教室听萧蘧先生（后为江西中正大学校长）讲经济学概论，讲得不错，但太啰唆，有同学说：上课时打了个瞌睡，醒来他还在讲原来的东西。

6 日：莫先生讲浪漫诗人，先讲 Rousseau（卢梭）的哲学，公式如下：

Human nature 人性（self-love 自爱 &sympathy 同情）—conflict 冲突 —conscience 良心 —reason 理性。

Reason（理性）说 because（因为），本来很好，如果 because（因为）后面加个 but（但），那就不好。又说 self-love（自爱）如果变成 pride（骄傲），那就坏了。不要比较。应该 only ask yourself if you have enough（只问自己是否够了）。Be meek and inherit the world（应该虚心，就可以得天下）。

晚上写 The Spanish Tragedy（《西班牙悲剧》）的读书报告。

7日：忽然肚子痛，大家把我送到校医室去，回来又轮流看护我，这时我才感到友情的温暖。晚上读 Goldsmith（高尔士密斯）的 The Vicar of Wake field（《威克斐牧师传》），威克菲牧师就是给人送温暖的好人。

8日：上大四英文课时，袁先生发还作文，并且在堂上念了我的《梦》。说是 very short, yet very romantic and very beautiful, though not very elaborate（很短，很浪漫，很美，但不讲究文采）。其实这篇短文既浪漫，又现实，因为意中人就是同端，她也在教室里，不知是否听出了这虚中有实的言外之意。不过我已经是只问耕耘，不问收获了。

9日：翻译课上译 Tennyson（丁尼逊）的诗，虽然形似，但是并不满意：

你的声音存在流动的空气中，
我听见你，只要那儿有水流动。
你伫立在升起的太阳上，
日落时你显得更加漂亮。
那么你是什么？我猜不透，
虽然我似乎在星星和花朵上，

感觉到你散布给它们的力量，

但我对你的爱并不因此减少。

我现在的爱包括我从前的爱，

我的爱现在是更广大的热忱。

虽然你已和上帝与自然同在，

但我似乎爱你更深，更深。

10 日：读 *The Vicar of Wake field*（《威克斐牧师传》）第十章：The Family endeavor to cope with their Betters. The Miseries of the Poor, when they attempt to appear above their Circumstances.（家里人总是眼睛向上看。穷人糟就糟在装阔。）书中接着就举例说："我开始发现，我长期以来吃力不讨好地讲的那一套简朴生活和知足的道理，现在没有人听了。和高级人物的来往，唤醒了沉睡在心中而没有根除的优越感。家里人出门怕晒太阳，在家里怕烤火会老化皮肤。我的老伴注意到了：起得太早会伤害女儿的眼睛，餐后劳动又会使鼻子通红，只有不做事，双手才会白嫩。"爱美之心没什么变化。晚上读张天翼的《论哈姆雷特》，修改西洋戏剧课的读书报告。

11 日：下午在青年公社开南昌二中校友会，1935 年西山集中军事训练的大队长胡显群将军看见壁报也来致辞，为校友会增色不少。晚上读完《威克斐牧师传》，又读《钱注杜诗》，整理罗庸先生讲杜诗的笔记。

12 日：早晨肚子又痛，睡上一个钟头就好了。起来时晨光遍照大地，宿舍中书声琅琅，教室里、图书馆前同学们忙忙碌碌，我真喜欢联大这种读书风气，从前是身在福中不知福，参军后才知道。在校门外吃鸡蛋饼包糯米饭，既好吃又当饱。下午旁听汤用彤先生讲魏晋玄学，晚上读奥斯汀的 *Emma*（《爱玛》），都不感兴趣。

13 日：莫先生讲浪漫诗人课时说：Return to nature does not mean to return to the original state, nor no control over desires. It means to conform to the majority, to be oneself, to grow from a savage to a modern man.（回自然去不是回到原始的状态，也不是不控制欲望，而是要和大多数人一样，要成为自我，从野蛮人成长为现代人。）我想这和庄子之道差不多，可写一篇作文。晚上读完西洋戏剧课指定的 Marlowe（马洛）的 *Dr. Faustus*（《浮士德博士》）。

14 日：下午莫先生浪漫诗人课讲由 primitive liberty（原始的自由）进步到 civil liberty（文明的自由）再进而为 moral liberty（道德的自由），颇有辩证法正反合的意味，也像冯友兰先生提出的自然境界、功利境界和道德境界，只是没有天地境界。

15 日：雷海宗先生讲中国通史，谈到"公侯伯子男"时说：我们以为当时就分五等，其实当时都称"诸侯"，后来在朝为官的称"公"，在外代表天子的称"伯"，又封蛮夷诸侯为"子"或"男"。以后就演化成"公侯伯子男"五等了。大凡一个制度在极盛时界限并不十分鲜明，后来才订清楚。例如各国都有宪法，英国只有不成文法，是累积经验而成的，但比世界各国的宪法都更完善。可见界限原不分明，是后来分清的。

16日：今年读书，必修课如西洋戏剧、通史、经济但求及格，浪漫诗人打算熟读，作文自由发挥，主力用于翻译。最好上研究院，译几本书。

17日：冯先生讲中国哲学史，讲到"忠恕"时说："忠者，所求乎子以事父，所求乎臣以事君，所求乎弟以事兄，所求乎朋者先施之。""恕者，所恶于前，无以先后；所恶于后，无以后前；所恶于下，无以事上；所恶于上，无以使下。"总而言之，"忠"就是"己之所欲亦施于人"；"恕"就是"己所不欲勿施于人"。罗先生讲《春日忆李白》说：诗人第一要感情真挚，第二要下功夫，二者缺一不可。我看就是需要才和情。

20日：在天祥中学讲 Masefield（曼殊斐尔）的 *The Locked Chest*（《锁着的箱子》）。晚上重读林语堂《大荒集》，他批评中国文化，对我影响不小；现在听了冯友兰先生讲中国哲学史，才知道今是而昨非。不过林语堂主张自由阅读，我看还是对的。

21日：重读 Marlowe（马洛）的 *Dr. Faustus*（《浮士德博士》），兴趣不大，但写起报告来，却吹了三、四页，而且觉得不无道理。恐怕学习四年，学会了"无中生有"罢。

22日：卖了大二英文课本，买了 Irving（欧文）的 *The Sketch Book*（《见闻录》）。

23日：重读冯友兰英译《庄子》和林语堂《生活的艺术》英文本。

林语堂说："脚能走就让它走，手能提就让它提。耳能听就听，眼能看就看。能知道就知道，能干什么就干什么，这就是顺其自然，就是有所为而有所不为。这样生活才能完美，生活完美就是幸福，别无他求。"这和《庄子》也有相通之处。庄子《逍遥游》讲绝对自由，《齐物论》讲绝对平等，自由平等的人才能养生，才能在人间生活，道德才能完善，才能为人师表，才应成为帝王。《庄子》七篇主要就讲顺其自然。

26 日：上午西洋戏剧课考试：Illustrate dramatic action with as many examples as possible from Greek and Roman drama（从希腊罗马戏剧中举例说明戏剧情节）。我举了十个例子，大约可以及格，就不再写，交了头卷。下午法文课读 La vérité est diverse（真理是多样的），不太好懂。查辞典，参考注解，居然懂了，颇欣赏自己的理解力。

27 日：晚上到大众电影院看 Gary Cooper（库柏）主演的 The Plainsman（《乱世英杰》）。回来时已经十二点，月光如水，大地如洗。连白天很脏的风翥街都显得很静很美。因此想到要写月光，不用写得太长，只要说月把丑的东西都美化了，美的东西更不消说，这样读者就可以想象到了。

28 日：读完 Austen（奥斯汀）的 Emma（《艾玛》），不怎么喜欢读。翻翻陈福田先生的西洋小说课讲义，也只说是写女性的 folly（胡思乱想），倒也有点启发。

29 日：晚上翻译 Thackeray（萨克雷）的 Vanity Fair（《名利场》）中

关于女主角 Becky Sharp（蓓姬·夏普）的一段，在茶馆里读给彼得和匡南听。彼得说译文应该力求简练，不用多余的字，像鲁迅的那样。我翻译时只求忠实，却不够通顺。我认为问题不在简练，鲁迅的译文精练，但也不够通顺。问题是如何解决忠实和通顺的矛盾。

30 日：冯友兰先生讲孟子时说："从其大体者为大人，从其小体者为小人。大体就是思想，小体只是欲望。谈到舍生取义，生是小体，义是大体。"说得真好，听了才知道怎样做人。要识大体，为大体牺牲小体。没有钱交饭费，在昆中北院路上碰到章煜然，他慨然借我一百元。重义轻利，就是识大体。

31 日：在正义路邓衍林夫人的小店里赊账 300 元，买了两双袜子，一管牙膏，一把牙刷，共 140 元，这是满足欲望。还有一沓稿纸，准备翻译时用，这是满足思想。

·一九四二年十一月·

　　1日（星期日）：联大五周年纪念会。梅校长在会上说：学校第一要紧的是读书，别的事最好到校外去做。这是不是识大体呢？我看是的。有的同学似乎认为政治活动才是大体，对不对呢？从全国看来，政治是个大体。这里有个分工问题：农民分工种田，工人分工做工，学生分工读书，老师分工教书教人。农民和工人不能因为政治活动而不种田或做工，所以老师和学生也不应该为了政治活动而不教书读书，如果农民工人都不种田做工，大家没有饭吃，还谈什么政治？如果师生都不读书教书，大家没有知识，国家能存在吗？所以种田做工是工农的大体；读书教书是师生的大体。即使敌人侵入我们国家，非抗战不可，抗战也是政治活动，那也不能人人参战，总要有人种田做工读书的呀。所以大体小体有时是相对的，我们参军时，政治（包括军事）是大体；现在复学了，读书就是大体。所以我认为梅校长说得对。

　　下午到社会服务处淋浴。晚上潮社在武成茶社聚会，讨论翻译名著是否可以当作研究论文。我说外文系是可以的，如果论文没有独特的见解，还不如有创见的翻译。

2 日：晚上开始读 George Eliot（乔治·艾略特）的 *The Millon the Floss*（《弗洛斯河上的磨坊》），写 Tom（汤姆）和 Maggi（玛琪）的幼年生活，不禁使我想起在星子县撕徐师母书上的图画，在蔡家坊乡下同洵兄和涵弟在池塘里钓鱼的幼年往事。

4 日：天祥中学高三英文月考。

5 日：大四英文课发还作文。我写的《庄子和卢梭》居然是全班最好的作品。在论文中，我说到庄子和卢梭都有自由和平等的思想。卢梭的自由平等主要指人，而庄子的自由平等却包括万物。如《骈拇》中举例说：鸭子的腿很短，但如把它的腿拉长，它就会痛苦，白鹤的腿很长，如果把它切短，它也会很痛苦。这就是说，使长短不同的东西一样长并不是平等。Thee quality of unequals is inequality（使不平等的东西平等，反而是不平等）。《逍遥游》中也有一个故事：大鹏鸟一飞九万里。麻雀只能飞几丈高，但小麻雀和大鹏鸟一样快乐。这就是说，大鸟小鸟各有各的自由。卢梭强调人的自由平等，庄子却认为大鹏高飞，麻雀低飞，各尽所能，各得其乐，既是自由，也是平等。至于回归自然，卢梭认为人在自然中能得到幸福，庄子却认为人与自然合二为一才是幸福。并在《大宗师》中举例说：把船藏山沟里，把渔网藏在湖里，都可能被偷走，只有把一切都藏在自然中才永远不会失掉。这就是回归自然，天人合一的思想。

晚上翻译 Bronte（布隆蒂）的 *Wuthering Heights*（《呼啸山庄》），不如卢静。

·一九四二年十二月·

　　旁听了冯友兰先生的中国哲学史后，觉得自己的精神状态已经脱离了不自觉的"自然境界"，但又觉得"功利境界"和"道德境界"也不能说明我的思想情况，就巧立名目，来上一个"兴趣境界"。我对冯先生的课感兴趣，他讲到儒家的"仁""义"时说：仁者人也，就是做人的道理；义者宜也，就是做适宜的事情。讲到庄子时总结说：庄子顺万物之性而达到与万物为一的"天地境界"。我结合《浪漫主义诗人》，写了一篇作文《庄子与卢梭》，又结合吴宓先生讲的文学与人生课，写了一篇《儒家和基督教对人生的态度》。这是我进行中西文化对比的试笔，现在摘要译成中文如下：

　　孔子说过："己所不欲，勿施于人。"耶稣也说过："己之所欲，亦施于人。"这两句话典型地概括了儒家和基督教对人生的态度。简单说来，儒家是消极的，基督教是积极的。孔子不谈"怪力乱神"，这是人本主义，没有神权思想。又说："不知生，焉知死？"这是重视今生的现实主义，不是重视来生的出世思想。但是儒家并不要求道教徒和佛教徒不相信鬼神，也不要求他们放弃出世的思想，所以儒道佛三教和平共处，历时千年。而基督教却要求人人信教，如不相信，就是异教徒，甚至要活活烧死；基督教内又分旧教新教，都自命正统，攻击对方是异端邪说。于是战争连年不断，使中世纪成了"黑暗世纪"。这是儒家或儒教和基督教的第一个区别。

儒家内向，注重修身养性；基督教外向，注重开拓发展。而伊斯兰教也外向，教主穆罕默德左手拿剑，右手拿《可兰经》。不信《可兰经》的，就要"吃我一剑"，两个外向的宗教都要求发展，自然容易发生冲突，所以中世纪基督教"十字军"十次东征。冲突的结果也带来了经济和文化交流，双方都得到了发展，但要根本解决这种冲突，恐怕需要采取儒家"己所不欲，勿施于人"的态度。你信你的宗教，我信我的，各有各的自由，大家互不干涉，和平共处。这是儒家和基督教的第二个区别，相对而言，儒家更重义，基督教更重利。孟子说过："舍生取义。"基督教也有殉教的圣徒，但殉教是为了灵魂得救，为了相信来世，为了上帝会惩恶赏善，广义地说，还是功利思想。而儒家取义，却是只求心安理得，只是为了今世，甚至成败生死，在所不计。简单说来，基督教重的是天（天堂），儒家重的是人（人世）。前者重理想，后者重现实。重理想就有进取心，重现实就有保守性。这是儒家和基督教的第三个区别。

一般说来，基督教重信仰，儒家重情理。基督教相信原罪，相信人是生而有罪的，因为人的祖先在天堂乐园违反了上帝的禁令，偷吃了智慧之果。而儒家却相信"人之初，性本善"，因为人生而有恻隐之心。既然基督教相信人生而有罪，所以应该忏悔，应该重视精神生活，超过物质生活。既然儒家相信性善，那就容易调和理想生活和现实生活的关系。所以孔子在实际生活中随遇而安。这是儒家和基督教同中之异。

（补记）这篇作文说明了我当时对中西文化的了解。五十年后，我为英译本《诗经》写了一篇前言，其中引用了冯友兰先生的话，现在摘抄一段，可见认识的发展：

儒家治国之道就是"礼乐"二字。"礼"模仿自然界外在的秩序，"乐"模仿自然界内在的和谐。"礼"可以养性，"乐"可以怡情。"礼"是"义"的外化，"乐"是"仁"的外化。做人要重"仁义"，治国要重"礼乐"。这是中国文化几千年来持久不衰的原因。在世界各国中，希腊罗马有古无今，英美德法俄有今无古。印度埃及都曾遭受亡国之痛，只有中国屹立在世界东方，几千年如一日，对世界文明做出了独一无二的贡献。

关于儒家做人之道，孟子也有一句名言："穷则独善其身，达则兼济天下。"这几乎成了中国知识分子的行为准则。但是自从打倒孔子以来，人几乎是穷则不利天下，达则独善自身了。自然，中国文化并不限于儒家，还有道家等诸子百家。据说孔子曾问道于老子，老子没有回答，只是张开没有牙齿的口，呆若木鸡。孔子看了半天，莫名其妙，回来之后，反复思索，恍然大悟。老子嘴里没有牙齿，只看得见舌头，这就是说，硬的早落掉了，只有软的还在。因此，老子的无声回答是：道是刚柔相济，以柔克刚的。儒家兼济天下重刚，独善其身则重柔。这是我当时对儒道文化的了解。

1942 年底，二堂兄得伤寒去世，我的经济来源少了，就在天祥中学多教一班高二英文，学生中有聂秀芳，后来成了联大同班，卫星回收总设计师王希季的夫人。

· 一九四三年 ·

　　下学期我在天祥中学教高三、高二英文，时间排在每天上午第一、二堂。星期四上午的大四英文不能上课，只能交上作文，就算完成学业。记得的作文只有一首长诗，就是 *Love or Hate*（《爱或恨》）。在 1 月 9 日修改后交上。袁先生的评语是：诗句流畅，韵律悦耳，但是内容不够深刻。说得很对。星期五上午的《翻译》也不能上，只好把作业和毕业论文合而为一，翻译一本英国十七世纪桂冠诗人 Dryden（德莱顿）的名剧 *All for love or the World Well Lost*（《一切为了爱情》，又名《江山殉情》）。十七世纪的英国贵族认为这个剧本胜过了 Shakespeare（莎士比亚）的 *Antony and Cleopatra*（《安东尼和克柳葩》），因为文字优雅，情节紧凑，动作少于语言，合乎贵族口味。

　　至于浪漫主义诗人课，莫先生上学期讲了把平凡写得不平凡的 Wordsworth（华兹华斯），把神奇写得合情合理，历历在目的 Coleridge（柯尔律治），但是下学期不讲热情洋溢的 Byron（拜伦），只讲静水深流的 Shelley（雪莱）和真美兼备，声色感人的 Keats（济慈）。我喜欢雪

莱的 *The Cloud*（《云》）和 *To a Skylark*（《云雀》），不但把诗背熟，并且模仿《云》的韵律写英文诗，如 *To a Whirlpool*（《漩涡》）。

上学期选了"三年俄文"，但是李宝堂先生没有来，下学期只好补选吴宓先生的"文学与人生"，吴先生要把自己一生的精华，读过的好书，见闻的好事，思考过及感觉到的问题，直接和间接的生活经验，都要献给学生，让学生无拘无束，心情愉快地讨论。他同意 Arnold（亚诺德）说的：Literature is the best that has been thought and said in the world（文学是最好的思想和言论）。他认为 Literature is the Essence of Life（文学是人生的精华），philosophy is life etherealized（哲学是气化的人生），Poetry is life distilled（诗是液化的人生），Fiction or Novel is life crystallized（小说是固体化的人生），Drama is life exploded（戏剧是爆炸的人生）。总之，Literature is the representation of Life（文学是人生的再现）。文学作品的价值不在于主题（材料），而在于处理（艺术）。他同意亚里士多德说的 Poetry is higher than History, because universal（诗高于历史，因为更有普遍意义）。这是他一生的精华，值得认真思考。

下学期最重要的是西洋戏剧课。赵先生除了讲英国十六世纪剧作家 Dekker（德克）的《鞋匠的节日》和十七世纪的诗人德莱顿的《江山殉情》等几个剧本之外，还指导我们用英语演出《鞋匠的节日》。这个喜剧写鞋店老板西蒙发财致富，当上了伦敦市长的故事，和抗日战争时期发国难财的暴发户对比，颇有现实意义。演鞋店老板是工学院的万淮，后来在昆明工学院任教；演国王的是经济系的陈羽纶，后来是销售量超过百万份的《英语世界》月刊的主编。剧中穿插了两个鞋店学徒的恋爱故事：一对情人由外文系的彭国焘和卢如莲扮演，彭国焘在抗日战争之前是南昌心远中学的学生，和我同在西山万寿宫受过抗日军事训练，来联大后参军，在美国第十四航空队做过英文翻译，是个奶油小生，形象很好，能讨女同学的喜欢。卢如莲是我同班，她的英语说得和彭国焘的脸孔一样漂亮，《吴宓日记》1941年2月27日说："女生卢如莲长身，淡妆素服，有朴真之美。"另外一对情人由外文系的金隄和梅祖彬扮演，而我则演一个破坏他们的第三者。金隄后来在天津外国语学院任教，身材不如梅祖彬高，祖彬不肯扮演他的情人，幸亏剧中没有他们两人谈情说爱的场面，只有我向她求爱并骗她和我结婚的两场戏。祖彬在联大女同学中鹤立鸡群，说我不自量力，要和我试比高，看我是否配得上她，我不免有点心虚胆怯，不料背靠背一比，我却比她高出一厘米，但如果她一穿高跟鞋，我这一厘米的优势立刻烟消云散，只好求她脚下留情。好在她亭亭玉立，根本不用穿高跟鞋，结果我们在杂货店求爱那一场，她俯身靠在柜台上，我拉着她的手，她用流利的美国英语，拒我于千里之外，赢得了满场的掌声。

祖彬和我，还有同珠、卢静，是外文系四年级的干事。除演戏外，我们还组织了两次郊游：一次骑自行车去西山，我和祖彬就是在西山之下比高的。另一次是坐马车去海源寺，还拍了一张照片，林同端和卢如莲还要我为她们单独拍照，这样，卢如莲和我就慢慢要好了。我们排演是在云南大学，有一次并肩同回联大的时候，我写了一首小诗，并且译成英文：

萝芝和我走在林荫道上，

Rose and I walked along the shady way,

谈到就要演出的英文剧。

Talking about Shoemakers' Holiday.

忽然天上落下一阵急雨,

Suddenly did a shower fall,

我忙躲到她的小阳伞下。

She opened her umbrella small.

雨啊，你为什么不下得更大?

I hastened to find shelter by her side.

伞啊，你为什么不缩得更小?

Umbrella, why should you open so wide

不要让距离分开我和她,

As if you'd keep us far apart for miles?

让天上的眼泪化为人间的欢笑?

Rain, would you turn Heaven's tears into smiles!

　　我和萝芝（卢如莲在剧中演萝芝）假戏真做，越做越热，但她却是落花有意，流水无情。为了摆脱相思之苦，毕业前我最后一次参加了联大去澄江抚仙湖的夏令营，并在日记中写了一封没有寄出的信：

　　坐上汽车，就想不去；才到澄江，又想回来。和你同在昆明并不觉得快乐，一离开你就觉得寂寞了。满车佳丽，于我有如无人。没有爱的女人就像没有蜜的花啊。其实，我们同在昆明也并不能天天见面，只不过有可能见面而已。但是为了这点可能，为了林中的这一只鸟，我宁愿放弃手中的一百只鸟啊！黄色的河水一流入抚仙湖，却变成了蓝色。随便什么闲言碎语，只要出自你的口中，听来都会赏心悦耳。我越看湖，就越想你。夜里看不见湖，我也想你。他们还嫌没有月亮，我却怕见星星。因为一想到要隔几万秒钟（几乎和我见到的星星一样多）才能再见到你，我就几乎不能忍受了。我要看疾风暴雨的天，怒涛澎湃的海。海上每一个汹涌的波浪都急白了头，我心里每一滴血都涨红了脸，为了争着向你吐露我的衷情。

我到抚仙湖来，带了德莱顿《一切为了爱情》的译稿，反复修改，琢磨推敲，只有钻进象牙塔里，才能忘了萝芝。我把译稿改了几遍，例如第一句话：

（一稿）凶兆异迹，接踵而来，人们都见惯了，并不觉得奇怪。

（二稿）不吉祥的兆头，稀奇古怪的事情，接二连三地发生，人们都司空见惯了，反而不以为奇。

（三稿）怪事年年有，不如今年多。但人们都见惯了，反而见怪不怪。

这是我翻译的第一本世界文学名著，译后借口萝芝的声音甜蜜悦耳，就在文林街一家小茶馆里，请她念埃及女王克柳葩的台词，由我自己念罗马大将安东尼的，妄想弄假成真。但我并不是"不爱江山爱美人"的罗马大将，她也不是"鼻子高了一分就会改变世界历史"的埃及女王，所以假戏没有成真。我把剧本当作毕业论文，因为参过军，论文免交，在外文系欢送毕业大会上，由同端致答词。讲稿是我写的，会后演《鞋匠的节日》，所以我在答词中说是"盛况空前"。就这样结束了我们四年的大学生活。

· 一九四四年 ·

1944 年秋，我和萝芝一同考入清华大学研究院外国文学研究所。她研究莎士比亚剧中的隐喻，我研究莎士比亚和德莱顿的戏剧艺术，同时考取的还有现在清华大学历史系的何兆武。

9 月 14 日下午，吴宓先生代表研究所召集我们在外文系办公室谈话。他要我第一学年选读 Winter（温德）先生的《莎士比亚的戏剧艺术》，算 6 学分，赵诏熊先生的《德莱顿全集》，算 8 学分，论文题可考虑为《莎士比亚和德莱顿戏剧艺术的比较研究》。

当时昆明物价飞涨，研究生一个月只有千元，不够维持生活，但又不准在外兼做工作，我就只好休学。论文写好后发表在桂林出版的《一切为了爱情》上，书名改用电影片名《埃及艳后》，现将论文摘要抄下，作为在联大八年留下的痕迹：

我比较了莎士比亚和德莱顿的剧本，觉得以剧本的结构而论，莎剧宏伟，德剧精炼；莎剧如名山大川，德剧如小园流水。以剧中的人物而论，莎剧忠于生活的现实，德剧合乎诗人的理想；莎剧写的是古代的英雄美女，德剧写的却是当代的才子佳人。以剧中的情节而论，莎剧顺理成章，德剧另辟蹊径；莎剧利用情节来展示人物的性格，德剧却改造人物的性格来发展剧情。以语言文字而论，莎剧形象生动，用字具体；德剧感情充沛，措辞自然。莎剧如崇山峻岭，处处令人惊心动魄；德剧如长江大河，往往一泻千里。但是莎剧有时平地异峰突起，不够和谐；德剧人力难夺天工，不耐咀嚼。总之，莎剧是现实主义的杰作，德剧是古典主义的名篇。

本卷时事摘要

1941 年

1 月 2 日，叙永分校新生开始注册，4 日开始选课，6 日上课。

1 月 5 日，皖南事变发生。

2 月 20 日，清华大学第五届留美公费生录取公布，共 17 人。

3 月 7 日，常委会议决议：规定以长沙临时大学开始上课之

1937 年 11 月 1 日为联大校庆日。

3 月 15 日，上高会战开始。

7 月，本年联大毕业生 313 人，其中有清华学籍者 91 人。

8 月 1 日，美军援华飞虎队成立。

8 月 14 日，大批日机再次以西南联大为重点轰炸目标。常

委办公室及事务组、出纳组、图书馆书库一部分，理学院

实验室数间均被炸平，学生宿舍亦有四分之一被毁。

8 月 27 日，联大召开常委会，决心克服困难，坚持按期

开学。

8 月 31 日，叙永分校结束。

9 月 7 日，第二次长沙会战开始。

9 月 23 日，新学期开始。本学年联大招收本科生 729 人，

专科生 25 人。

10 月 6 日，新学年始业礼按期举行。

12 月 8 日，太平洋战争爆发。

12 月 24 日，第三次长沙会战开始。

1942 年

1 月 1 日，盟军中国战区统帅部成立。

4 月 18 日，美军轰炸东京。

5 月 1 日，反扫荡作战。

5 月 15 日，浙赣会战开始。

7 月，本学年联大毕业生 446 人，其中有清华学籍者 31 人。

9 月，本学年联大招收本科生 856 人，专科生 14 人。

1943 年

5 月 5 日，鄂西会战开始。

7 月，本学年联大毕业生 561 人。

9 月，本学年联大招收本科生 617 人，专科生 20 人。

10 月底，滇西缅北会战爆发。

11 月 2 日，常德会战开始。

11 月 9 日—10 日，征调联大四年级身体合格之男生为在华
美军翻译员。

12 月 5 日，联大举行欢送参加通译工作学生大会。参加应征做译员的学生共 400 余人。

1944 年

4 月 18 日，豫中会战开始。

5 月 27 日，长衡会战开始。

6 月 16 日，清华大学留美生考试放榜，22 人被录取。

7 月，本年联大毕业生 222 人。

9 月，本年联大招收本科生 525 人，专科生 120 人。

10 月 28 日桂林保卫战打响。

1945 年

3 月 21 日，豫西鄂北会战开始。

4 月 9 日，湘西会战开始。

8 月 6 日，美国在日本广岛投掷原子弹。

8 月 9 日，美国在日本长崎投掷原子弹。

8 月 15 日，日本宣布投降。

抗战胜利后，组成联大的三校准备复校北返，然而校舍尚待接收、修缮，学校决定在昆明续办一年。

尾声

文学创作是创造美的东西，而文学翻译则是为全世界创造美。

这本回忆录记载了我求真、求善、求美的过程。

世界翻译大会于今年（2008年）八月第一次在中国召开，并且颁发世界翻译大奖，大奖候选人中有中国的翻译家。这是二十一世纪中国文化复兴的一个标志，也是中国在世界上和平崛起的一个象征。这个得到提名的翻译家是怎样成长起来，从人中走到人上的呢？把他平凡而又不平凡的一生记录下来，也许不是没有典型意义的。法国卢梭的《忏悔录》和普鲁斯特的《追忆似水年华》，在世界上流传了一两百年，为什么有五千年文化传统的中国不应该记下她文化传承发展的过程呢？

二十世纪英国诗人艾略特（T. S. Eliot）说过：The progress of an artist is a continual self-sacrifice to what is more valuable（一个艺术家的发展过程就是不断地为了更高的价值而作出自我牺牲）。中国物理学家李政道也说过：发现前人的弱点并超过他们，就是突破。这样看来，无论是文学家还是科学家的发展，都是不断超越自己，超越前人的。根据我自己的经验来看，我的成长先是不断超越自我，学习别人，提高自己，最后做到超越前人，攀登高峰。

莫非在《一切不能重返的"回忆"》（见《中国图书商报书评周刊》）一文中说："回忆是另一种生活。没有值得回忆的人生，是失败的人生。而美好的哪怕是痛苦的回忆，则保证了一个人照样活上两辈子。""如果'回忆'在作者那里碰巧成了一本书，像普鲁斯特那样，那么，这回忆就是永恒回忆，是千千万万读者'回忆'的一章、一节、一个句子、一个词，一个世界。"其实，回忆不只是简单地回忆过去，还可以有事后的补充理解，今昔对比，或者留恋往事，或者觉今是而昨非。那就是推陈出新了。

回忆过去，我是如何超越自己的呢？首先，我在小学时代并不喜欢英文，觉得英文发音别扭，字形没有意义，远远不如中文，做梦也没想到后来会有兴趣。到了初中，情况并没有好转；到了高中一年级，甚至英文有不及格的危险；不料到了高二，背熟三十篇短文并且模仿作文之后，忽然一下融会贯通，考试成绩从中等一跃而为全班第二，这就克服了自己甘居中游的思想，摆脱了不如人的心理，超越了不喜欢英文的自我。加上当时风行林语堂主编的《论语半月刊》和邹韬奋主编的《生活周刊》，而林语堂和邹韬奋都是教英文的。更重要的是，表叔熊式一用英文写的剧本《王宝钏》在英美上演，名利双收，成了我们家崇拜的人物。但我只是心向往之，至于自己能不能达到他们那样的水平，又是可望而不可即的事情。甚至考大学时，我想报考清华外文系，但当时报考的都是优秀生，我这个中流学生有可能吗？恐怕希望不大。

当时清华和北大、南开组成了西南联大，我考入了联大外文系，又一次克服了自己不如人的心理。但是联大人才济济，多是全国精英，我第一年的英文考试成绩，比同班物理系的杨振宁还少一分，比外文系第一名张苏生更是少了十分，于是一则以喜，一则以忧。喜的是除杨振宁外，我的成绩高于全组同学；忧的是比张苏生还差得远呢，不如人的思想又复活了。因为差距太大，甚至不敢妄想超越。哪里想到第二年和张苏生同班上欧洲文学史课时，成绩居然比她多了两分，成了全班第一。加上"一年俄文"考了100分，"一年法文"考了99分，这几乎可和杨振宁一年级物理和微积分的成绩比美了，心中暗暗得意。但杨振宁门门功课都好，我的英诗、散文、小说、戏剧成绩平平，所以不敢得意忘形。联大四年，我的心态还是喜忧参半。喜的是不见得不如人，忧的是未必能赶超前人。

我的欧洲文学史成绩怎么能超越张苏生呢？回想一下，我在中学时代和大一时期已经读了一些世界名著的译本，欧洲文学史课上讲的作品，不少是我读过，至少是知道的，我知识面比较广，所以成绩比别人好，这也不足为奇。但我那时退选了法文，要记法文人名书名都比别人困难，而考法国文学史我也是全班第一，这就说明我记忆力可能比别人强，如果再用点功，超越全班不是没有可能。当时翻译作品流行全国，鲁迅的直译论为很多进步作家所接受，对我起了很大的作用。但我读了直译的文学作品，基本上都不喜欢，这就是李政道说的：看出了前人的弱点。不过鲁迅的名气太大，我理论上不赞成，实践上却不敢反对，这是我当时在翻译问题上的矛盾。

我当时喜欢的翻译，美国的有赛珍珠的《大地》，法国的有高乃伊的《希德》；后来更喜欢的有朱生豪译的莎士比亚的戏剧，傅雷翻译的巴尔扎克和罗曼·罗兰的小说。如朱译的《罗密欧和朱丽叶》最后两句：For never was a story of more foe/Than this of Juliet and her Romeo. （古往今来多少离合悲欢，谁曾见这样的哀怨辛酸？）几乎可以说是胜过了原文。傅译的《约翰·克利斯朵夫》第一句：Le grondement du fleuve monte derriere la maison.（江声浩荡，自屋后升起。）影响之大，也可以说是不在原作之下。因此从前人的实践看来，我认为直译不如意译。而在理论上呢？

联大第一个开翻译课的是吴宓先生。1939 年暑假在联大租用的昆华工业学校大教室里，我听过吴先生讲翻译。大意是说，翻译要通过现象见本质，通过文字见意义。不能译词而不译意。我觉得吴先生的译论和鲁迅的不同，鲁迅主张直译，我看就是译词；吴宓主张译意，我看就是意译。而根据老子说的"道可道，非常道；名可名，非常名"看来，如果第一个"道"指翻译之道，那第二个"道"就是知道，"常道"却是指直译之道。这就是说：翻译之道是可以知道的，但并不是直译之道。"名可名，非常名"意思是实物是可以有名字的，但名字并不等于实物，因为名和实之间还有矛盾。同样的道理，可以说"译可译，非直译"，因为直译往往是译词而不是译意，而词和意有时统一，有时矛盾。统一时可以直译，矛盾时就不能直译了。我读过鲁迅直译的《死魂灵》，书名就是词不达意，因为俄文的"魂灵"有"农奴"的意思，不能译成《死魂灵》。如果译成《死农奴》那又有意无形，如果译成《农奴魂》，那就"形意兼备"了。这是我用老子的学说来说明吴先生的译论，是不是可以说推进了一步？

除了吴先生外，钱钟书先生提出翻译的"化境"，对我也有影响。他在《林抒的翻译》一文中说："译者运用'归宿语言'，超过作者运用'出发语言'的本领，或译本在文笔上优于原作，都有可能性。"上面说的朱译和傅译就说明了这种可能。但并不是说译者文笔优于作者，而是说"归宿语言"（译语）的历史比"出发语言"（源语）更悠久，内容更丰富，具有一种优势，而译者充分发挥了这种优势，就使译文胜过原文了。这可能是我对钱先生译论的补充说明。钱先生又在给我的英文信（见《诗书人生》96，97页）中说："你当然知道罗伯特·弗洛斯特不容分说地给诗下的定义：'诗是翻译中失掉的东西。'我倒倾向于同意他的看法，无色玻璃般的翻译会得罪诗，有色玻璃般的翻译又会得罪译。我进退两难，承认失败，只好把这看作是一个两害相权择其轻的问题。"在我看来，无色玻璃般的翻译重在求真，有色玻璃般的翻译重在求美。但是翻译不可能做到百分之百的真，如《死魂灵》，如果发挥了译语的优势，倒有可能或多或少地传达原作的美。如朱译和傅译，钱先生权衡之后，认为与其得罪译，宁可得罪诗。所以他为了求真，宁可牺牲美，他认为无色玻璃般的翻译比有色玻璃般的更忠实于原文。我却认为一般说来，文学作品是主观的作者所写的客观现实。无论作者怎么求真，主客观之间总有一定的距离；译者主观翻译的时候，和客观的原作又有一定的距离，但是这个距离不一定大于作者和现实之间的距离；由于译语和客观现实之间的距离，不一定比源语和现实之间的距离更大，这就使译文有可能比原文更忠实于客观现实，如朱译和傅译就是。其次，一般说来，文学作品是既真又美的。译文如只求真而不求美，也不能算是忠于原文，例如鲁译。这是我对钱先生译论的补充和发展。

至于真善美的关系，英国诗人济慈说过："Beauty is truth, truth is beauty."（美就是真，真就是美。）这是他在 *Ode to a Grecian Urn*（《希腊古瓮颂》）中的诗句，因为古瓮上画了古代青年男女你追我爱的真实形象，两千年后看来依然栩栩如生，又真又美。其实，诗人的诗句和所写的现实之间是有一定距离的，他说的似乎是美等于真，真等于美。而他所写的现实却是有些美的也是真的，有些真的也是美的，这就说明原作和现实之间的距离。译文忠于原文，和现实也有距离，所以原文、译文和现实都有矛盾。我要补充的是：美也是善，还是一种优势（Beauty is a virtue, a kind of excellence）。因为文学创作是创造美的东西，而文学翻译则是为全世界创造美，所以都是好事，都是善。创造文学美需要用最好的译语表达方式，就是发挥译语优势，所以美也是优势。就翻译来说：求真是低标准，求善是中标准，求美是高标准。因为真是科学的要求，是客观的；善是道德的要求，是半主观半客观的；美是艺术的要求，是主观的。

孔子说过："知之者不如好之者，好之者不如乐之者。"知之就是求真，这是客观需要；好之就是求善，善既是客观需要，又是主观需求；乐之就是求美。美却只是主观需求，不是客观需要。客观需要不但是人的需要，而且是动物的需要，违反了客观规律，人和动物都会受到损失或者伤害，所以求真或知之是人和动物的最低要求，无知甚至会造成人和动物的死亡。求善与其说是客观需要，不如说是主观需求，因为对人而言，客观上并不一定是善有善报，恶有恶报的；违反了道德规律，不一定会受到惩罚或伤害，即使受到惩罚，也不像违反自然规律那样必然而直接，所以世界上某些地方道德败坏，贪污盛行。对动物而言，更没有求善的客观需要，只是顺从以强凌弱，弱肉强食的自然规律。只有求美，几乎没有客观需要，而是人的主观精神的高级需求。不求美并不会受到惩罚或伤害，但进入了美的境界，无论是科学上、道德上还是艺术上，人都可以享受到一种精神上的乐趣。如《论语》中说的"发愤忘忧，不知老之将至"的孔子，或"一箪食，一瓢饮，在陋巷，人不堪其忧，回也不改其乐"的颜回，或"暮春者，春服既成，冠者五六人，童子六七人，浴乎沂，风乎舞雩，咏而归"的曾皙，都是自得其乐的例子。既然求真可以使人知之，求善可以使人好之，求美可以使人乐之，所以说求真是低标准，求善是中标准，求美是高标准。

这本回忆录记载了我求真，求善，求美的过程。求真主要表现在读书上课方面。梁启超在讲到《情圣杜甫》时说："艺术是情感的表现，情感是不受进化论法则支配的；不能说现代人的情感一定比古人优美。所以不能说现代人的艺术一定比古人进步。"讲到杜诗时说："这类诗的好处在真，事愈写得详，真情愈发得透。我们熟读他，可以理会得'真即是美'的道理。"因此，日记中关于读书上课的详细情节，尽量保留，希望能体现一点当时的真情。至于求善，主要表现在做事交友上，只保留了那些和我的成长发展有关的段落。谈到求美，主要表现在自然景色和谈情说爱上。虽然梁启超说，现代人的情感不一定比古人优美，但现代的爱情观比我们当时的却是大不相同了。美国哲学家 Santayana（山塔亚那）说：爱情百分之九十在有情人的心上，只有百分之十在情人的身上。这就是说，爱情是主观成分多于客观成分的。自然这也因人而异，有人是现实主义的肉体之爱，那是客观的；有人是浪漫主义的想象之爱，这是主观的。但主观的爱情对美的享受可能不少于客观的爱情。例如我和林同端在阳宗海月下携手散步那一段，我写了一首《阳宗海之恋》。后来读到她的夫君李耀滋院士送我的《有启发而自由》，书中写道："散步时，她（同端）的手自然而然地挽着我的手臂，给我一种分外亲切的感受。""自然我和同端交谈之际，双方年纪都已成熟……自叹相识过晚。"而我和同端在阳宗海时，还是不到二十岁的大学生，情感和想象自然都更丰富，所以我觉得我感到的美不在他们夫妇携手散步之下。我的这种感情并不是我一个人的，而是我们那一代人所共有。杨振宁也知道同端演白雪公主的事，他在联大时喜欢过数学系一个女同学张景昭，因为他父亲杨武之先生是数学系主任，张景昭来过文化巷十一号他家。但后来她和经济系王传纶结婚了，振宁也在美国和杜致礼结了婚。当张景昭在"文化大革命"中冤死时，振宁知道了也不免感情冲动，可见旧情难忘。所以说我们那一代人爱美之心，不在前人之下，也不落在现代人之后。

我们对前人的理论有所继承，有所发展。继承是时势造我，发展就是我造时势了。不但是在理论上，在实践上也是一样。例如毛泽东的《昆仑》一词，下半阕是："而今我谓昆仑：不要这高，不要这多雪。安得倚天抽宝剑，把汝裁为三截：一截遗欧，一截赠美，一截还东国。太平世界，环球同此凉热。"

美国诗人 Paul Engle（保尔·恩格尔）和他的夫人聂华苓把有"一截"的三句译成英文："Give one piece to Europe, send one piece to America, return one piece to Asia."三个"一截"译成三个"piece"，既译了词，又译了意。如果翻译只是求真，这个译文已经行了。如要求美，则可改成：

I'd give to Europe your crest,

（颈部，山峰）

And to American your breast,

（胸部，山腰）

And leave in the Orient the rest.

（余部，山脚）

新译和旧译在理论上的分别是中西方两个翻译学派的分别。简单说来，西方求真的翻译理论是对等论（theory of equivalence），因为西方翻译家翻译的多是英、法、德、意、西、俄等西方国家的作品，而西方各国语言文字中的对等词很多，据统计约有百分之九十可以对等，因此西方提出了对等的翻译理论。但中国的语言文字和西方的大不相同，据统计只有百分之四十几可对等，因此翻译时，尤其是翻译文学作品，不能只用对等原则。英国诗人 Coleridge（柯尔律治）说过：Prose is words in the best order; poetry is the best words in the best order.（散文是编排得最好的文字，诗是编排得最好的绝妙好词。）而中国学派的文学翻译理论和柯尔律治的说法有相通之处，那就是：中西互译不能只用对等的词汇，而要选择最好的译语表达方式，或者说，要发挥译语的优势，这就是文学翻译的"优势论"（theory of excellence）因为译语最好的表达方式就是它的优势。新译把三个"一截"译成山峰、山腰、山脚，使人如见巍峨的昆仑山，还押了韵。使人不但如见其形，还如闻其声，使译文具有意美，音美和形美，这就是求美的译文，发挥了译语优势的译文。而美国诗人夫妇的旧译却是求真的对等译文。这两个译例还可以说明中国学派的翻译理论和实践都高于西方。因为中国理论可以包括西方的对等论，如果对等词就是最好的译语表达方式，那选用对等词也是符合"优势"原则的。但美国诗人选择的三个"一截"远不如中国译者选用的"山峰，山腰，山脚"，虽然合乎西方的对等原则，但对等的并不是最好的表达方式，这时就要舍"对等"而取"最好"了。这是说明中国译论高于西方译论的第一个理由。

孔子在《论语》第二章中说过："从心所欲，不逾矩。"朱光潜认为这是一切艺术的成熟境界。应用到文学翻译上来，"从心所欲"就是可以自由选择最好的表达方式，"不逾矩"就是不违反客观规律。前者是积极的，后者是消极的，前者高于后者。中国译论主张只要不违反客观规律，可以自由选择自己认为是最好的表达方式，所以是积极的。西方对等论主张不能违反对等的原则，不能自由选择最好的译语表达方式，只能选择对等的表达方式。例如法国名著《红与黑》中市长用高傲的口气说了一句话：J'aimee'ombre。对等论者译成：我喜欢树荫；优势论者译成：大树底下好乘凉。前者批评后者不忠实，不符合对等原则，因为原文并没有"好乘凉"的字样。后者批评前者只忠实于原文的词，而不忠实于原文的句。因为市长是用高傲口气说这句话的，对等的译文有什么高傲的口气呢？而"大树底下好乘凉"则是市长把自己比作大树，可以庇护大家，这才可以显出市长的高傲。对等论者受到微观对等原则的限制，不敢选择宏观上忠实于全句的译文，反而批评优势论者，简直是颠倒黑白，混淆是非。因为他们认为"对等"是必须遵守的规律，他们还在必然王国中挣扎，摆脱不了清规戒律的限制，而优势论者已经摆脱了，并且跃进了自由王国。贝多芬说得好：为了更美，没有什么清规戒律是不可以打破的。这是中国译论高于西方译论的第二个理由。

过去的八十八年，如果按照但丁《神曲》的分法，可以分为《青春》（1921—1950）、《炼狱》（1951—1980）和《新生》（1981—）三部曲。概括起来，大约可以说：五十年代教英法，八十年代译唐宋，九十年代传风骚，二十一世纪攀顶峰。这就是说，1950年以前基本上是学习继承时期，同时注意前人的弱点，准备超越。1980年以前是改造时期，浪费了我生命中的黄金时代。1980年以后才开始了我的超越时期，外译中超越了中国翻译家，中译外则成了"诗译英法唯一人"，译论也是一样。过去的八十八年，如果按照地区来划分，又可以写成《浮生九歌》。1. 南昌之歌（1921—1938），歌唱："落霞与孤鹜齐飞，秋水共长天一色。"2. 昆明之歌（1938—1947）："滇池金波荡漾，西山白云苍苍。"3 南京之歌（1947—1948）："三山半落青天外，二水中分白鹭洲。"4. 巴黎之歌（1948—1950）："香榭丽舍林荫道，莱茵河上云影流。"5. 北京一歌（1950—1960）："千里冰封，万里雪飘。"6. 塞外之歌（1960—1971）："天苍苍，野茫茫，风吹草低见牛羊。"7. 洛阳之歌（1972—1983）："惆怅阶前红牡丹，夜惜衰红把火看。"8. 北京二歌（1983—）："山重水复疑无路，柳暗花明又一村。"9. 纽约之歌（2006）："愿借诗词双飞翼，吹绿万里纽约城。"这本日记只是"昆明之歌"的一半。其他八歌能不能弹唱得出来，就要看"锦瑟无端（在林同端去世后）五十弦"还能不能演奏了。

2008 年 4 月 8 日

西南联大日记

作者 _ 许渊冲

编辑 _ 马宁　　装帧设计 _ 张一一　　主管 _ 李佳婕
技术编辑 _ 白咏明　　责任印制 _ 杨景依　　出品人 _ 许文婷

鸣谢 (排名不分先后)

孙莹　刘朋

图书在版编目（CIP）数据

西南联大日记 / 许渊冲著. -- 昆明：云南人民出

版社, 2025.5. -- ISBN 978-7-222-23551-9

Ⅰ. K825.5

中国国家版本馆CIP数据核字第20259A2N94号

责任编辑：李　爽　张益珲
责任校对：刘　娟
封面设计：张一一
特约编辑：马　宁

西南联大日记
XINAN LIANDA RIJI

许渊冲　著

出版	云南人民出版社
发行	云南人民出版社
社址	昆明市环城西路609号
邮编	650034
网址	www.ynpph.com.cn
E-mail	ynrms@sina.com
开本	875mm×1240mm　1/32
印张	16.5
印数	1-13 000
字数	396千
版次	2025年5月第1版第1次印刷
印刷	北京世纪恒宇印刷有限公司
	（北京大兴亦庄经济开发区科创三街经海三路15号）
书号	ISBN 978-7-222-23551-9
定价	69.80元

西南联大日记

阅读指南

An Enchiridion of

Xu Yuanchong's Diary

at

NATIONAL
SOUTHWESTERN
ASSOCIATED
UNIVERSITY

大眹

许渊冲与杨振宁合照

高等林教授请
转寄北大 清华教授
　　许渊冲先生

Institute for Theoretical Physics
State University of New York
Stony Brook, New York 11794-3840
Telephone:　　(516) 632-7980
Fax Number:　 (516) 632-7954
CNYang@sbccmail.sunysb.edu

STONY BROOK　　　　CHEN NING YANG

渊冲兄：

　　多年不见。近来偶然看到你写的〈追忆似水年华〉中的两段，和你的〈回忆录〉稿之一段，很希望看到全文。今年六月初我会去清华大学访问数日，如果那时你在北京望能见面。联系可经清华王竹溪教授转（她的电话是6278-5909）

　　我将托香港中文大学我的秘书黄小姐给你寄上两本书和一篇文章。她的Fax号码是 852-2603-5616

　　我在五月七以前在此。五月十九日到香港。匆祝

近好

　　　　　　　　　　　　　　　　　振宁
　　　　　　　　　　　　　　　　　97年3月6日

杨振宁为许渊冲自传所作序言

    1997 年 5 月，我和许渊冲久别重逢，这真是一件乐事。我发现他对什么事情都像从前一样冲劲十足，甚至可能更足。六十年前我们在一起读大学一年级，后来一度失去了联系，直到最近，我偶然在《清华校友通讯》上读到他的一篇短文，我就追踪寻找，最后发现他在北京大学。1938—1939 年，我们在昆明西南联合大学读一年级时一同上过叶公超教授的英文课。联大绝对是一流的大学，我们两人后来的工作都得益于联大给我们的教育。但是叶教授的英文课却极糟糕，他对学生不感兴趣，有时甚至还会作弄我们。我不记得从叶教授那里学到了什么，许渊冲恐怕也和我差不多。那个学期以后，许渊冲就和我分道扬镳了，因为我们所在的学院不同——他在文学院，我在理学院。我后来旁听过"英国诗歌"这门课程，但不记得是不是在同一班上过课。

    许渊冲是一个硕果累累的作家。他在许多书中作出了巨大的努力，把悠久的中国文学史上的许多名诗译成英文。他力图使译出的诗句富有音韵美和节奏美。从本质上说，这几乎是一件不可能做好的事，但渊冲并没有打退堂鼓。这需要付出多么艰巨的劳动！每当他取得了一次成功，他又会多么兴高采烈！比如说他炼字造句，翻译张若虚的名诗《春江花月夜》的前几句：

春江潮水连海平，
海上明月共潮生。
滟滟随波千万里，
何处春江无月明？

In spring the river rises as high as the sea,
And with the river's tide uprises the moon bright.
She follows the rolling waves for ten thousand li,
Where're the river flows, there overflows her light.

张若虚原诗中洋洋大观、错综复杂的抑扬顿挫、节奏韵律都巧妙地摄入译文中了！

本书是许渊冲的自传，这是一个精通中、英、法三种文字的诗人写下的回忆录。我读后再一次体会到诗人的生活和科学家的是多么不同。许多年前，艾略特来参观普林斯顿高等学术研究所。有一天在所长奥本海默家举行的招待会上，奥本海默对他说："在物理方面，我们设法解释以前大家不理解的现象。在诗歌方面，你们设法描述大家早就理解的东西。"渊冲在这本回忆录中写道："科学研究的是一加一等于二，艺术研究的是一加一等于三。"不知道他的意思和奥本海默有无相通之处。

杨振宁

《许渊冲西南联大求学日记》旧版序言

    中国第一个荣获诺贝尔奖的科学家杨振宁在香港《今日东方》创刊号上说:"我那时在西南联大本科所学到的东西及后来两年硕士所学到的东西,比起同时美国最好的大学,可以说是有过之而无不及。"这就是说,抗日战争时期由清华、北大、南开在昆明组成的西南联合大学,已经可以算是世界一流大学了。

    我在《联大与哈佛》一文中引用《纽约时报》网站 2007 年 6 月 10 日的报道说:"为了听课来哈佛太傻了,想和地球上最聪明的人在一起,你就来哈佛。"我补充说:联大可以说是超过哈佛,因为它不仅拥有当时地球上最聪明的头脑,还有全世界讲课最好的教授。如联大闻一多讲《诗经》,比哈佛大学吉特勒基讲《莎士比亚》更有创见;而联大卞之琳讲《莎士比亚》,也比吉特勒基更有新意。至于《诗经》,哈佛根本无人能讲,更无人能译成英文。还是联大柳无忌去美后,为美国培养了许多汉学家,包括哈佛的海涛乐(Hightower)和欧文(Owen),但比起联大人来,相差甚远。即使以《诗经》第一篇《关雎》而论,联大人译为 Cooing and Wooing(叫春和求爱),英文水平之高,不在哈佛人之下;用词巧妙,则远在英美翻译家之上。如果要把《诗经》和同时代的荷马史诗相比，则朱自清认为《诗经》用"比兴"的方法来歌颂和平生活，比起荷马用"比而不兴"的方法来歌颂战争暴力和英雄主义，也不可同日而语。而沈从文在平凡中见伟大的《边城》，比荷马在暴力中见英雄的阿基力士，可说是各有千秋。

联大为什么可以和哈佛一样，造就这么些世界上最聪明的头脑呢？哈佛的格言是"来为求知，去为服务"。联大常委梅贻琦校长的名言却是："大学贵在大师而不在大楼。"联大校歌更说明："中兴业须人杰。"由此可见哈佛要培养的是能服务挣钱的知识分子，联大要造就的却是能振兴中华的国家精英。

培养精英需要大师。联大的大师首先有清华四大院长：那就是提出四种境界的文学院院长冯友兰（自然境界如"日出而作，日入而息"的人民，功利境界如《孟子见梁惠王》中"言利"的惠王，道德境界如"言仁义"的孟子，天地境界如"从心所欲不逾矩"的孔子），发挥"边际效用"经济原则到了上课分秒不差地步的法学院院长陈岱孙（只有一次下课时没响铃，原因是铃响晚了），做 X 射线试验帮助康普顿教授获得 1927 年诺贝尔物理学奖的理学院院长吴有训（他讲课生动有趣，用不倒翁来说明力学问题），中国第一个科学博士，对世界第一台电子计算机做出贡献的工学院院长顾毓琇（他还是世界少有的文理大师，1976年当选世界桂冠诗人）。这四位院长起了带头作用，于是联大大师就风起云涌了。

中国文学系的诗人兼研究《诗经》《楚辞》的大师闻一多，散文大师朱自清，小说大师沈从文，前面已经讲到。外国语言文学系的名师则有二十岁在美国出版英文诗集，得到美国桂冠诗人弗洛斯特（Robert Frost）赞赏，并与英国诺贝尔奖诗人艾略特（T.S. Eliot）交流的叶公超，他以问为答的名士作风得到的毁誉不一。全世界第一个研究中西比较文学的大师吴宓，他最爱中国小说《红楼梦》和英国雪莱的诗，认为雪莱说的爱情如灯光，不会因为照两个人而减少光辉，可以应用于宝玉对黛玉和宝钗的爱情，他并身体力行，也得到不同的毁誉。但他认为文学高于生活，因为文学是浓缩的生活，哲学是汽化的生活，诗是液化的生活，小说是生活的固体化，戏剧是生活的爆炸化。而使文学通俗化，散文政治化的则有陈福田，他喜欢的《傲慢与偏见》说明他的功利主义思想，《愤怒的葡萄》则说明了他的人民大众观点，他主编的《大一英文》宣扬了美国自由民主的观念。不过美国"自由"中国化，成了做好事的自由，美国"民主"中国化，成了智者和能者的统治。而对中西文化交流做出重大贡献的是钱钟书，他讲的课能化科学为艺术，使散文有诗意，是年轻一代的学术大师。

文学院历史系的大师首先是陈寅恪，他提出独立的精神和自由的思想，代表了联大一代大师的品格。当蒋介石要求中央研究院选教育部长为院士时，陈寅恪不同意，说研究院选院士不是为蒋先生选秘书，表现了他的独立精神。他是第一个通读德文马克思《资本论》的中国学者，却反对机械照搬马克思主义，可见他的自由思想。他研究历史，提出以诗证史的方法，他在诗中说："玉颜自古关兴废。"说明帝王的宠幸往往关系到朝代的兴衰，因此研究杨贵妃的问题是唐代盛衰的关键。他写了一本《柳如是传》，也是从"玉颜"的侧面来分析明清之交的文化精神的。研究西方历史的皮名举教授讲到两千年前罗马大将安东尼不爱江山爱美人的史实，说：假如埃及女王克柳芭的鼻子长了一寸，古罗马的历史就要改写。可见"玉颜兴废"之说，不但是在中国，而且在西方也有例证。不过与罗马大将同时的汉武帝虽然也爱"倾国倾城"的李夫人，却为了江山而牺牲了美人，他写了一首《落叶哀蝉曲》，也只是"以诗证史"了。诗词可为历史作证，历史又可为哲学作证，哲学是历史的总结。如《三国演义》开始所说的：天下大势合久必分，分久必合，就是小说家对历史的哲学观。而联大能用简单明了的文字说明错综复杂的哲学的大师是冯友兰。如冯先生把孔子的政治哲学总结为"礼乐之治"，又把"礼"概括为对自然界外在秩序的模仿，而"乐"则是模仿自然界内在的和谐，这简单地说明了人与自然的关系，就是"天人合一"的和谐思想。而西方哲学却研究人与自然的矛盾斗争，就是人征服自然的"人定胜天"哲学。在联大研究西方哲学的有能把简单问题深入复杂化的金岳霖。由此可见联大兼容并包的学术精神。

总之，从文史哲三方面看来，联大都有可和哈佛相提并论的聪明头脑。而学生呢？长江后浪推前浪，一代新人追旧人。以中文系而论，汪曾祺师从闻一多、朱自清、沈从文，但又有所突破。如朱自清开《宋诗》课，汪曾祺却提出晚唐李商隐诗和温庭筠词，是"沉湎于无限晚景"，有用山间晚霞"作脸上胭脂"的特色，这是运用朱自清的"比兴"说而有所超越的表现。闻一多批评汪曾祺不问政治，汪曾祺却批评闻先生参加政治活动太多；闻先生说汪曾祺向他开了高射炮，汪却说是闻先生先向他俯冲轰炸的。师生二人已经把《诗经》的"比兴"从学术上应用到生活中了。沈从文批评汪曾祺把对话写成两个聪明脑壳打架，但却认为他的神来之笔写得比自己还好，并且破格给了他120分。由此可见在有些方面，汪曾祺可以说是后来居上了。

至于外文系呢，英国教授白英和谢文通、袁家骅、卞之琳等教授合作，20世纪40年代在英美出版了一本《白驹集》（*The White Poney*），按照西方译法把中国诗词译成分行散文，如杜甫《登高》中的名句："无边落木萧萧下，不尽长江滚滚来。"英译文是：

Everywhere falling leaves fall rustling to,

The waves of the Long River on rushing without bound.

译文虽然可以算是忠实，但原诗音韵之美，对仗之工，叠字之力，都没有传达出来。而后来联大人在前人基础上，重新翻译如下：

The boundless forest sheds its leaves shower by shower,
The endless River rolls its waves hour after hour.

读者可以听到无边无际的森林撒下一大片，一大片的落叶，这象征着昔日的光荣已成过去；但又可以看到无穷无尽的长江波涛滚滚而来，这象征着未来的前浪和后浪汹涌澎湃，一波未平，一波又起，无休无止。也象征着中国的文化传统将传之千秋万代。

历史系的何炳棣（也是哈佛教授）从七千年前的地下化石中发现物证，驳斥西方所谓中华文化源自非洲的谬论。历史系的学生何兆武师从陈寅恪和钱穆等大师，但却指出钱先生的论点"缺乏一番必要的逻辑洗练。他发挥民主的精义，更重要的是在于其精神，而不在于其形式"。对于陈先生，他总觉得"从其中所引证的材料，往往得不出来他那些重要的理论观点来，即是说，历史研究事实上并非是'论从史出，而是'史从论出'。"何兆武指出钱先生缺乏逻辑，陈先生"史从论出"，这就使中国的历史研究向前推进了一步。

哲学系的殷福生在联大时思想右倾，受到蒋介石的接见，到台湾后却急剧转变，成为反对蒋介石的自由主义战士，并且培养出了李敖这样自由主义的学生。

还有向金岳霖学习数理逻辑的王浩，后来得了数学里程碑奖（相当于诺贝尔数学奖），由此可以看出联大文学院的学生是如何超越前人，超越自己，争取世界一流的。

联大理工学院的精英更是文理兼通的人才，成就之大，远远超过了文法学院的同学。如 1957 年荣获诺贝尔物理学奖的杨振宁、李政道；"两弹一星"功勋科学家朱光亚、王希季等。杨振宁不但是理论物理学家，而且对文化很有研究。他在美国读到我写的联大回忆录，要我寄他一本，我就请他为回忆录的英文本写一篇序言。他在序言中用科学家的语言来说明用艺术的语言解释科学有所不当。可见他不但科学水平高，艺术水平也高。1997 年他来北京，我们久别重逢，谈到这个问题。但一见面他先问我翻译了晏几道的《鹧鸪天》没有？我听成严几道了，不知道是哪一首，他就背给我听："从别后，忆相逢。"这首词在久别重逢时念，正是再恰当不过了，他小时候背的诗词还没有忘记，可见他的记忆力多么强，对文学作品多么熟悉。我一听他背诗，立刻说是译了，并且翻开我的译本给他看。他读到"舞低杨柳楼心月，歌尽桃花扇影风"，又提出问题说，他记得是"桃花扇底风"。我就问他：你不是说过中文精练（concise），英文精确（precise）吗？你还说过英文适用于写法律，中文适用于写诗，因为诗的含义丰富，不能尽言，如果写得太精确，反而没有诗味了。那么，"扇底"和"扇影"哪个含义更丰富呢？"扇底"只有一个意思，就是扇子底下；"桃花扇"也只有一个意思，就是画着桃花的扇子，全句的意思就是歌女唱得太久，连扇子都扇不动，扇子底下都没有风了。"桃花扇影"则可能有两个意思，一个是画着桃花的扇子，一个是月亮把桃花的影子投在扇子上。哪种解释好呢？这要联系上句"舞低杨柳楼心月"来看。杨柳是楼名还是实物？如果认为桃花是画，那杨柳应该是楼名；如果桃花是实物，那杨柳就是楼周围的树木。哪种解释好呢？我觉得画和楼名远不如实物有诗意。因为画是景语，实物却是情语。王国维说过：诗中一切景语都是情语。景语只是写景写实，情语却要传情达意，景语如果不能传情，有时甚至不能达意。如把杨柳理解为楼名，那并不能理解到楼在杨柳的中心，也不能够理解到歌舞开始的时候，月亮还正照在楼心，歌舞通宵达旦，月亮也从楼心转到杨柳梢头；更不能够理解诗人欣赏歌舞之乐，通宵不眠了。再进一步，还可以理解为月亮也爱看歌舞，低头在杨柳梢上徘徊，不忍离去，那诗人热爱歌舞之情，又深一层了。由此可见，杨柳和桃花，如果理解为楼名和扇名，那只是景语，不但没有传情，甚至可以说是没有达意；只有理解为实物，那才是情语，不但可以显出诗词之美，还可以看出诗人爱美之情。一切景语都是情语，正是中国诗词的优势，也是艺术比科学更占优势之处。我在回忆录中说的"科学研究一加一等于二"，就是说科学研究的是景语，说一是一，说二是二。而艺术或诗词研究一加一大于二，就是说艺术研究的是情语，可有言外之意，说一可以指二，举一可以反三。如说杨柳桃花，可指名称，可指实物，可指诗人爱美之情，甚至可以爱屋及乌，移情风月。连"扇影风"和"楼心月"都可以有爱美之心，歌舞达旦之情，那就不但是一加一等于二，而是等于三四五了。这和物理学有无相通之处呢？奥本海默说诗人描述大家早就理解的东西，那指的是景语。他说科学家设法解释以前大家不理解的现象，那可以指中国诗词中的情语。情语不但是科学家，就是文学家也未必能完全理解，即使理解，也未必是诗人原来的情意。因为老子早就说过："道可道，非常道。"也可以说：情可语，非景语。领会之妙，在于一心了。西方有一句名言：The heart has the reason which the mind knows not（心中之理并非头脑所知之理）。这等于说：艺术之理并非科学之理。和中国的景语情语，也有相通之处。发现相通之处也是一种成就。

　　联大人的成就是如何取得的？中兴业的人杰是如何培养出来的？一粒沙中见世界。本书就想沙里淘金，从平凡的现实中找出不平凡的成就来。梁启超讲杜甫《石壕吏》时说：诗写得越真就越美，说明真即是美的道理。真或现实是平凡的，美却并不平凡。真加真如能等于美，那就是一加一大于二了。

许渊冲

2008 年 3 月 15 日

西南联大教师小传

白英　（Robert Payne，1911—1983），美籍英裔诗人、作家、翻译家。1941 年底，应《泰晤士报》邀请来华，旅居中国期间，留下了大量关于中国题材的诗歌、小说、传记，如《觉醒的中国》《永恒的中国》等。自 1943 年 9 月担任西南联大的教授，主讲英国文学、英语诗歌与英语写作，还为工学院学生讲授造船技术，直至 1946 年离开中国，移居美国。

卞之琳　（1910—2000），江苏海门人，祖籍江苏溧水。诗人、文学评论家、翻译家，中共党员。1929 年考入北京大学英文系。抗日战争爆发后，应聘任四川大学外文系讲师。1938 年利用暑假和军训期间前往延安和太行山区抗日民主根据地访问，并在鲁迅艺术学院文学系教课。1939 年夏，卞之琳离开延安返回川大，但川大校方因其在延安的经历在学年结束后不予续聘。于是卞之琳辗转前往昆明，在西南联大任教。1946 年在南开任教。1949 年回到北京后任北京大学西语系教授，后任中国社会科学院文学研究所研究员、中国莎士比亚研究会副会长、中国作家协会理事、顾问等职。

曹鸿昭 （1908—?），河南新野人。毕业于南开大学英文系，曾执教于南开大学、西南联大，重庆中央大学。1946 年获美国哥伦比亚大学文学硕士，主修英国文学。1947 – 1969 年任联合国中文翻译处高级翻译员，退休后旅居美国。

陈定民 （1910—1985），浙江绍兴人。语言学家、教育家、翻译家。早年毕业于中法大学，1934 年留学法国，先在里昂大学学习历史，后进入巴黎大学语音学院学习，获巴黎大学文科博士学位。1939 年回国，历任云南大学、西南联大、清华大学外文系教授。1952 年起，任北京大学教授。1954 年至 1955 年，随新中国代表团参加日内瓦会议、万隆会议，并参加毛泽东等领袖著作的法译本翻译工作。主要著述有《法文读本》《法语语音学》等。

陈福田 （1895—1956），美籍华人，祖籍中国广东，出生于美国夏威夷檀香山。美国夏威夷大学学士，哈佛大学硕士。曾任清华大学外文系主任、教授，西南联大外文系主任。1948 年离开中国回到夏威夷。

陈嘉 （1907—1986），浙江杭州人。中共党员、全国政协委员、九三学社成员，英美文学的著名研究专家。1929 年毕业于清华大学，同年赴美留学，1934 年获耶鲁大学文学博士学位。回国后历任武汉大学、浙江大学教授兼外文系主任。抗日战争时期，任教于西南联大外文系。抗战胜利后赴中央大学执教。1949 年后，任南京大学外文系教授、系主任、外国文学研究所所长等职。著有《英国文学史》（英文版），并主编有《英国文学作品选》《英语常用短语词典》等。

陈梦家 （1911—1966），浙江绍兴上虞人。著名古文字学家、考古学家和诗人。是新月社的重要成员，与闻一多、徐志摩、朱湘一起被誉为"新月诗派的四大诗人"。1931 年毕业于中央大学法律系，曾入燕京大学宗教学院学习。1934 年入燕京大学研究院攻读古文字学。1936 年毕业，留校任助教。抗战开始后，历任西南联大中文系教员、副教授、教授。1947 年任清华大学教授。除了诗歌创作，陈梦家还是一位杰出的考古学者和古文字研究者。1952 年任中国科学院考古研究所研究员，主持考古书刊的编辑出版工作，并在考古学方面进行了广泛的探索和发掘工作。著述有《殷墟卜辞综述》《尚书通论》《西周年代考》《六国纪年》等，尤其是《殷墟卜辞综述》被视为古文字领域的经典之作。

陈序经 （1903—1967），字怀民，海南文昌人。著名历史学家、社会学家、民族学家和教育家。早年先后就读于上海沪江大学、复旦大学，1925 年留学美国，入伊利诺伊大学研究院主修政治学，兼修社会学。1927 年获政治学博士学位。回国后，先后在岭南大学、南开大学任教授。1933 年，在《中国文化之出路》一文中提出了"全盘西化"的主张，引发了全国性的文化大论战。西南联大成立后，陈序经任商学院院长，为当时联大最年轻的院长。抗战胜利后，身兼南开大学教务长、政治经济学院院长、经济研究所所长等职。还在岭南大学、中山大学、暨南大学等校担任过校长或副校长等重要职务。陈序经的学术研究涉及历史学、政治学、社会学、经济学、教育学、法学、民族学等多个领域，尤其重视文化研究，曾提倡在中国创立"文化学"。主要著作包括《中国文化史略》《南洋与中国》《暹罗与中国》《乡村建设运动》《社会学的起源》《越南问题》《大学教育论文集》《中国南北文化观》《东西文化观》《匈奴史稿》《文化学概观》《中国文化的出路》等。

陈寅恪 （1890—1969），字鹤寿，江西义宁人。著名历史学家、语言学家、诗人。早年赴欧洲留学，先后在德国柏林大学、瑞士苏黎世大学、法国巴黎高等政治学校、美国哈佛大学等学校学习各种语言文字学。1925 年受聘为清华国学研究院导师，后历任清华大学、西南联合大学、燕京大学、中山大学等校教授。陈寅恪长期致力于史学研究工作，在很多研究领域都取得了巨大成就，在宗教史、西域民族史、蒙元史、魏晋南北朝史、隋唐史等方面的贡献尤为突出。

冯友兰 （1895—1990），字芝生，河南唐河人。著名哲学家、教育家和哲学史家。早年毕业于北京大学哲学系，后于 1924 年获得美国哥伦比亚大学哲学博士学位。回国后，历任清华大学教授、哲学系主任、文学院院长，西南联合大学教授、文学院院长等职。冯友兰在学术上的贡献主要体现在中国哲学史的研究上，他的著作《中国哲学史》《中国哲学简史》《中国哲学史新编》等，成为 20 世纪中国学术的重要经典，对中国现当代学界乃至国外学界影响深远，被誉为"现代新儒家"。

贺麟　（1902—1992），字子诏，四川金堂人。哲学家、翻译家和教育家。1919 年，考入清华学校学习，1926 年赴美国留学，先后在奥柏林大学、芝加哥大学和哈佛大学学习，攻读西方哲学，获得奥柏林大学学士学位和哈佛大学硕士学位。1930 年，到德国柏林大学学习德国古典哲学。1931 年回国后，到北京大学任教，并在 1955 年调至中国科学院哲学研究所（今中国社会科学院哲学研究所）任研究员。贺麟先生被誉为"东方黑格尔之父"，翻译出版了黑格尔、斯宾诺莎等学者的经典专著，包括《小逻辑》《精神现象学》《哲学史讲演录》《黑格尔早期神学著作》《伦理学》等。

黄中孚　（1909—2005），广东梅县人。1934 年，在清华大学地质系毕业后留校任体育助教。次年前往美国麻州春田大学专攻体育学，获得体育学士学位。回国后，曾在南开中学、西南联大等校担任体育主任讲师。抗日战争后期，曾任军委会战地服务团主办的翻译人员训练班体育教师及该团美军驻华招待所主任。抗战胜利后，黄中孚复员往广州任广东省文理学院体育系教授。1947 年迁居香港从商，在泛美航空公司任空运部经理，后与友人创办均辉货运公司直至退休。在香港期间，曾任清华大学留美同学会会长，男青年会会长。1965 年移民美国纽约市定居，并担任清华大学同学会会长，负责海外同学联络。

1973 年退休后仍居纽约市颐养天年。

雷海宗（1902—1962），字伯伦，河北永清人。著名历史学家。1919
年转入清华学校高等科，插班就读二年级。1922 年公费赴美
留学。1924 年，进入芝加哥大学研究院历史研究所深造，撰
写博士学位论文《杜尔阁的政治思想》。1927 年，获哲学博士
学位。回国后，先后执教于南京中央大学、武汉大学、清华大
学和西南联大。1952 年任南开大学历史系世界史教研室主任。
代表性著述有《中国文化与中国的兵》《西洋文化史纲要》等。

刘文典（1889—1958），字叔雅，原名文聪，曾用名刘天民、刘平子
等，安徽合肥人。现代杰出的文史大师、校勘学大师，同时也
是研究庄子的专家。青年时期曾师从陈独秀、刘师培，1908
年赴日留学，师从章太炎。辛亥革命后回国。由于反对袁世
凯，再次流亡日本。1916 年回国，任北京大学教授。"五四运
动"前后，担任《新青年》杂志英文编辑，翻译、介绍叔本华
等人的哲学著作。历任安徽大学校长、北京大学教授、清华大
学国文系主任、云南大学教授等职。在学术研究上，刘文典成
就卓著，尤其在古籍校勘学方面，以《淮南鸿烈集解》和《庄
子补正》二书为代表。

刘泽荣（1892—1970），原名刘绍周，广东高要人。父亲刘峻周是一名
茶叶技师，清朝时期曾受俄国邀请前往俄国高加索地区指导种
茶、制茶工作。刘泽荣 5 岁时随父母旅俄，在俄国完成小学
和中学教育后，1909 年考入俄国首都彼得堡综合大学物理系。

1914 年毕业后，曾担任一段时间的中学数学教员。1916 年秋，又入彼得堡工业大学建筑工程系深造。1930 年，参加中苏谈判。"九一八"事变后，前往北平，1933 年至 1937 年担任北京大学法商学院俄语教授。1937 年，成为西南联大俄语教授。1940 年 6 月，刘随驻苏大使邵力子赴苏担任使馆参赞。1945 年初，从苏联调往新疆，任国民党政府外交部驻新疆特派员。1949 年 9 月，刘泽荣支持陶峙岳将军起义，为新疆和平解放作出了贡献。中华人民共和国成立后，被周恩来总理聘请，担任外交部条约委员会的法律顾问，历任第二、三、四届全国政协委员，并主编了《俄汉大辞典》。1956 年由陈毅做介绍人，加入中国共产党。1970 年 7 月 18 日病逝于北京。

柳无忌 （1907—2002），原名柳锡祍，江苏吴江人。著名的诗人、翻译家、散文家，同时也是近代著名诗人柳亚子的哲嗣。1927 年在清华毕业后赴美国深造，获劳伦斯大学学士学位和耶鲁大学博士学位。曾任南开大学英语系主任。1941 年赴重庆中央大学任教。抗战胜利后赴美国，历任耶鲁大学、匹兹堡大学、印第安纳大学教授。著有《孔子的生平及时代》《苏曼殊评传》及《中国戏剧史》（均为英文本），散文集《古稀话旧集》等。

马约翰 （1882—1966），生于福建厦门。中国著名的体育教育家和体育理论家，被誉为"体坛宗师""中国体育界的一面旗帜"。于 1914 年到清华学校任教，其间两度赴美深造，并发出了"强国必先强种"的时代强音。1920 年起，担任清华学校体育部主任，是中国第一位体育教授。

莫泮芹　广东台山人。美国哥伦比亚大学哲学博士。曾任北平师范大学、北京大学、西南联大等校英文教授。1943—1944 学年曾代理西南联大外文系主任，1944 年 10 月赴美国，任洛杉矶西方学院（Occidental College）中文教授。

潘家洵　（1896—1989），字介泉，江苏吴县人，1920 年毕业于北京大学。曾在英国牛津大学从事研究工作。1929 年任北京大学副教授。抗战爆发后，先在西南联大外文系任教授，1942 年到贵州大学任文学院院长。1946 年回北京大学任教授。1954 年调到中国社会科学院外国文学研究所任研究员。译有易卜生、萧伯纳戏剧多种。

彭光钦　（1906—1991），四川长寿人。美国约翰斯·霍普金斯大学哲学博士，曾任德国皇家生物学研究所研究员。曾在意大利赖浦斯动物研究所访问，回国后历任清华大学专任讲师、教授。抗战时任西南联大教授。1940 年离校。以后转入重庆工业部门。1952 年起在海南岛从事橡胶种植业，是华南热带作物学院（今海南大学热带作物学院）创始人之一。

皮名举　（1908—1959），湖南善化人，晚清经学大师皮锡瑞之孙。毕业于清华大学，曾在哈佛大学深造。回国后，曾任北京大学教授，教西洋史。抗战开始后在长沙临大、西南联大任教。讲课很有计划性，对学生要求甚严。1942 年离昆，赴国立师范学院（湖南师范大学前身）任教。

浦江清 （1904—1957），上海松江人。1926 年毕业于东南大学外语系，经吴宓推荐至清华大学国学研究院任助教，1929 年研究院停办后在中文系讲授大一国文、中国文学史。1933 年休假期间，赴欧洲游学，在伦敦图书馆手抄敦煌写本多种。回国后仍在清华中文系任专任讲师。抗战开始后，随学校南迁，任长沙临大、西南联大教授，讲授中国文学史概要、词选、曲选等课，授课风格细腻入微。朱自清去世后，代理清华大学中文系主任一职，主持《朱自清文集》编辑工作。1952 年后在北京大学中文系任教直至去世。

浦薛凤 （1900—1997），江苏常熟人。早年毕业于清华，获美国翰墨林大学学士、哈佛大学硕士学位。先后在云南东陆大学（云南大学前身）、浙江大学、清华大学、西南联大等校任教授。

钱钟书 （1910—1998），字默存，江苏无锡人。著名学者、作家。1933 年毕业于清华大学外文系。1935 年考取英庚款留学，赴英国牛津大学英文系留学，获硕士学位，随后转入法国巴黎大学进修。1938 年回国，任教于西南联大外文系。1939 年秋赴湖南蓝田师范学院任英文系主任。后在上海暨南大学任教授。1949 年起，任清华大学外文系教授，兼管外文系研究生事务。1952 年院系调整后，调任中国社会科学院文学研究所中国古典文学组研究员，后兼任中国社会科学院副院长。钱钟书学识渊博，通晓欧洲多种语言。著有《谈艺录》《管锥编》《宋诗选注》《七缀集》，小说《围城》等。

唐兰　　（1901—1979），字立庵，浙江嘉兴人。古文字学家、历史学家、金石学家。1920年至1923年就读于无锡国学专修馆。曾直接受教于罗振玉、王国维。1931年入东北大学任讲师。"九一八"事变后只身回到北平，先后在北平师范大学、辅仁大学、中国大学等校任教。1935年任北京大学教授。1939年任西南联大中文系副教授，1940年任教授、北大文科研究所导师。三校复员后，任北京大学中文系教授。1952年调入故宫博物院，先后担任研究员、副院长等职。唐兰终生从事教学及学术研究，论著甚丰，对金文、甲骨文等古文字学、音韵学、训诂学、古代史学等诸多领域都有很深的造诣。

王宪钧　（1910—1993），山东福山人。逻辑学家。1933年毕业于清华大学哲学系，1935年毕业于清华大学文科研究所。1936年赴欧洲，在奥地利维也纳大学、德国敏士特大学从事研究工作。1938年回国，在西南联合大学哲学系任讲师、教授。后任清华大学哲学系教授、代理系主任，1952年起任北京大学哲学系教授、逻辑教研室主任、逻辑专业博士生导师。著有《数理逻辑引论》《论蕴涵》等。

魏建功　（1901—1980），字天行，江苏海安人。语言文字学家、音韵学家和教育家。1925年毕业于北京大学中国文学系，留校任文科研究所国学门助教。1929年任中文系助教，后升为副教授、教授。1938年任西南联大中文系教授，讲授音韵学、汉字形体变迁史等课程。1935年出版的《古音系研究》，是当年出版的少数优秀著作之一。1942年离开西南联大赴四川白沙女子师范学院任教。1948 年底回北京大学任教。1955 年当选为中国科学院哲学社会科学部学部委员。

温德　（Robert Winter，1887—1987），美国人。美国瓦巴世学院（Wabash College）学士，芝加哥大学硕士。曾留学法国，后任教于芝加哥大学。1923 年，由闻一多推荐，来华任南京东南大学外文系教授。1925 年到清华大学任外文系教授，讲授法国文学、英国文学和西方艺术史。1941 年任西南联大外文系教授，授英诗、莎士比亚等课，深受学生爱戴和敬仰。他主持正义，支持爱国民主运动，掩护进步学生和教师。院系调整后，任北京大学西语系教授，直至去世。

闻家驷　（1905—1997），湖北浠水人。法国文学专家、翻译家，同时也是著名诗人、学者、民主斗士闻一多先生的胞弟。中学时代曾入汉口法文学校学习二年，后就读于上海复旦大学。1928 年赴法国留学，入巴黎大学、格林诺布大学攻读法国文学。1934 年回国，相继任教于北京大学和北京艺专。1938 年在西南联大任教授。抗战胜利后，回北京大学任西语系教授。译有《雨果诗选》《雨果诗抄》《红与黑》等。主编外国名诗珍藏丛书中的《雨果诗歌精选》。

闻一多　（1899—1946），湖北浠水人。著名诗人、学者、民主斗士。1912 年考入清华学校，1922 年赴美国学习美术，同时进修西洋文学，进一步研究中国古典诗歌和近代英国诗歌。1923 年 9 月，新诗集《红烛》问世，其中很多诗篇蕴含着强烈的爱国主义思想。1925 年 5 月回国，任北京艺专教务长。1927 年 9 月，被聘为南京第四中山大学文学院外国文学系主任。1928 年 3 月起，担任《新月》杂志编辑。同年出版诗集《死水》。以后，任教于武汉大学、青岛大学，在青岛大学任文学院院长、中文系教授兼系主任等职。1932 年应母校清华大学聘请，任中文系教授，致力于《诗经》《楚辞》的研究。抗战开始，闻一多随学校南迁，从华北一路迁至长沙，再到昆明，任西南联合大学教授，开设楚辞、唐诗和古代神话等十几门课程，尤以诗经、唐诗最受学生欢迎。1940 年起，兼任清华大学中文系主任，直到抗战结束。在当时民主思潮的影响下，闻一多参加了中国民主同盟，任《民主周刊》编辑。他为民主运动奔走呼号，在学生中有很高威望。1946 年 7 月 15 日，在悼念李公朴的大会上，闻一多痛斥国民党暗杀李公朴的罪行，当日下午闻一多也惨遭特务杀害，时年 47 岁。

吴达元 （1905—1976），广东中山人，出生于上海。1929 年清华大学外文系毕业后，留校读研究院。1930 年赴法国留学，获里昂大学硕士学位。1934 年回清华大学外文系任教。抗战期间在西南联大外文系任教授。1939 年开始编写《法国文学史》（中法教育基金委员会丛书，上、下册，20 世纪 40 年代由商务印书馆出版）。抗战胜利后，任清华大学外文系教授、系主任。院系调整后，任北京大学西语系教授、法语教研室主任、系副主任。与杨周翰、赵萝蕤共同主编《欧洲文学史》。译有博马舍的剧本《费加罗的婚礼》《塞维勒的理发师》等。

吴宓 （1894—1978），字雨僧，陕西泾阳人。著名学者、诗人、批评家。美国哈佛大学学士、硕士。曾在英国牛津大学、爱丁堡大学和法国巴黎大学进行研究，学贯中西。曾任南京东南大学外文系教授、清华大学国学研究院主任、外文系教授，代理系主任。著有《吴宓诗集》。曾主编《学衡》杂志、天津《大公报》文学副刊。

吴征镒 （1916—2013），江苏扬州人。中共党员，植物学家。1937 年于清华大学毕业后留校任助教。西南联大时任助教、教员。主要从事植物分类学和植物地理学的研究。1946 年加入中国共产党。1955 年当选为中国科学院学部委员，论文《中国植物区系的热带亲缘》1964 年获中国科学院科技成果一等奖。1980 年当选为美国植物学会终身外籍会员。1981 年当选为瑞典皇家植物地理学会名誉会员。曾任中国科学院昆明植物研究所名誉所长。

萧蘧 （1897—1948），字叔玉，江西泰和人。美国密苏里大学学士、康奈尔大学硕士。回国后在清华大学经济系任教授。抗战初，先在云南大学任教，不久回西南联大任经济系教授。1944 年被任命为中正大学校长。后赴联合国任职。1948 年病逝于美国。

谢文通 （1909—1995），广东南海人，英语语言学家。1930 年获燕京大学政治学学士学位，1933 年获美国加利福尼亚大学文学硕士学位。归国后，先后在西北联合大学外国语言文学系、西南联合大学外国语言文学系、浙江大学外国语言文学系、北京大学外国语言文学系以及中山大学外语系工作。主要研究方向为英诗、英国小说、莎士比亚戏剧、现代英语戏剧，著有《英语文学文选》《杜诗选译》等。

杨业治　（1908—2003），字禹功，生于上海，原籍浦东杜行镇。1929年毕业于清华大学外文系，同年考取美国庚款留学，在哈佛大学研究生院德语系学习，获文学硕士学位。1931年在德国海德堡日耳曼语文系进修，兼修音乐。1935年回国，历任清华大学、西南联大教授。后兼任清华大学外文系代理主任。院系调整后，调任北京大学西语系教授兼德语教研室主任，后任德语文学研究会理事和德语教学研究会顾问。精通德语，兼通英语、拉丁语、希腊语等。曾主编《德汉词典》，著述有《荷尔德林的古典格律诗》《荷尔德林和陶渊明的自然观比较》，译有汉斯立克的《论音乐的美》。

叶桯　（？—2004），字石帆，浙江温州人。1938年毕业于北京大学外文系。曾在西南联大担任叶公超教授的助教，1942年后任重庆中央大学英文教师，后定居美国，任联合国中文翻译组副组长。

叶公超　（1904—1981），名崇智，广东番禺人。1917年入天津南开中学。1919年"五四运动"时期加入南开救国十人团，到各地向群众演讲。1920年赴美国留学。1921年毕业于伊利诺斯州厄尔巴纳中学（Urbana High School）。1925年毕业于麻省阿默斯特学院（Amherst College），获学士学位。1926 年获英国剑桥大学文学硕士学位。在英国结识诗人和批评家艾略特（T. S. Eliot），为我国最早介绍艾氏诗与诗论的人。1927 年任上海暨南大学外国文学系主任，参与创办新月书店。1928 年与徐志摩、胡适、梁实秋、闻一多、潘光旦、余上沅等创办《新月》月刊。1929 年任清华大学外国文学系教授。1937 年继梁实秋后任北京大学外文系主任，兼长沙临时大学、西南联大外文系教授会主席、系主任。1941 年赴重庆外交部任职，历任国民政府外交部部长、驻美大使等职。1961 年被免职，软禁于台湾，1981 年卒于台北。

袁家骅 （1903—1980），江苏沙洲人。著名语言学家。1930 年毕业于北京大学英文系。1937 年考取英庚款留学，赴英国牛津大学攻读古英语和日耳曼语言学。1940 年回国，任教于西南联大外文系，同时致力于西南少数民族语言的调查和汉语方言的研究。1947 年再度赴英留学，获牛津大学硕士学位。1948 年回国。1949 年初，投身于我国西南少数民族语言调查工作，1950 年完成，参与确定壮族标准语，为壮族人民创造了文字。后回到北京大学任教于中文系。讲课严谨、朴素。合译有布龙菲尔德《语言论》一书，著有《阿细民歌及其语言》。

张佛泉 （1908—1994），学名张葆桓，天津宝坻人。中学毕业后保送北平燕京大学哲学系。大学毕业后任天津《大公报》编辑。1934 年秋，应胡适邀请，任北京大学政治学系讲师。历任北京大学政治学系副教授、西南联大政治学系教授。抗战胜利后随北大迁回北京。1949 年离开大陆赴台。1961 年至 1963 年在哈佛大学东亚研究所任研究员。1965 年起在加拿大英属哥伦比亚大学担任亚洲系教授，直到 1977 年退休。1994 年逝世于加拿大。

张振先 （1912—1968），北京人。1935 年毕业于北平师范大学。历任西南联大、白沙女子师范学院、西北师范学院教员，北京师范学院副教授。后留学英国，获伯明翰大学硕士学位。1951 年回国，任北京师范大学、北京外国语学院教授。

赵诏熊 （1905—1998），江苏武进人。清华学校毕业后赴美国留学，获麻省理工学院理学学士学位，后改学文学，获哈佛大学英文系文学硕士学位。曾任南开大学、北京大学、云南大学、西南联合大学、清华大学教授。抗战期间，他还兼任战地服务团译员训练班的教员，为培养与盟军联络的翻译人才作出过贡献。后任北京大学教授。1952 年，主动报名前往朝鲜战场，在开城为志愿军训练英语人才，并承担停战谈判的译员工作，受到通令嘉奖。1954 年至 1956 年，被借调到解放军外语学院任教，培养军中英语人才，因工作成绩显著荣立二等功。论文有《莎士比亚及其艺术》《萧伯纳》等。

郑昕 （1905—1974），字汝珍，安徽庐江人。南开大学肄业，后留学德国、美国。回国后，1933 年被聘为北京大学文学院哲学系专任讲师，是当时北大哲学系最年轻的教员。后跟随北大南迁长沙、昆明等地，任西南联大哲学系教授，讲授逻辑、哲学概论、柏拉图哲学、康德品鉴论衡等课程，其中逻辑为必修课。

中华人民共和国成立后，任北京大学教授、哲学系主任并担任国务院科学规划委员、哲学专业组副组长，中国哲学会副主席、中国科学院哲学研究所学部委员。

朱自清 （1898—1948），字佩弦，江苏扬州人。著名诗人、散文家。1920 年毕业于北京大学，曾任中学国文教员。1925 年应聘为清华大学国文系教授。1932 年休假期间，赴欧洲游历，回国后任清华大学中国文学系主任。长沙临大时任中文系教授会主席，仍是清华中文系主任。1939 年寒假后，因健康关系辞去系主任职务。在西南联大任教期间，朱自清主要讲授宋诗、文辞研究等课。

西南联大师友轶事索引

许渊冲青年时期阅读书单

1. 《绣像全图三国演义》罗贯中
2. 《绣像全图金玉缘》（红楼梦）曹雪芹
3. 《水浒传》施耐庵
4. 《夜行飞侠传》江喋喋
5. 《天方夜谭》
6. 《少年》（杂志）
7. 《鲁宾逊漂流记》[英]丹尼尔·笛福
8. 《威克菲牧师传》[英]奥利弗·哥德史密斯
9. 《欧文见闻录》[美]华盛顿·欧文
10. 《莎乐美》[爱尔兰]奥斯卡·王尔德
11. 《少年维特之烦恼》[德]歌德
12. 《说唐》
13. 《封神演义》
14. 《芝兰与茉莉》顾一樵
15. 《薛仁贵征东》
16. 《杨戬出世》（连环画）
17. 《东方杂志》（杂志）
18. 《秦汉演义》
19. 《儿童世界》（杂志）
20. 《呐喊》鲁迅
21. 《狂人日记》鲁迅

22. 《孔乙己》《药》《阿Q正传》《风波》鲁迅

23. 《谈兴趣》朱光潜

24. 《论持久战》毛泽东

25. 《我的话》林语堂

26. 《给青年的十二封信》朱光潜

27. 《家》巴金

28. 《伊利亚特》《奥德赛》（荷马史诗）

29. 《死魂灵》[俄]果戈理著，鲁迅译

30. 《进步周刊》（英文杂志）

31. 《福尔摩斯探案集》[英]阿瑟·柯南道尔

32. 《茵梦湖》（英文）[德]施托姆

33. 《莎乐美》（英文）[爱尔兰]奥斯卡·王尔德

34. 《温德美夫人的扇子》（英文）[爱尔兰]奥斯卡·王尔德

35. 《钦差大臣》[俄]果戈理

36. 《娜拉》[挪威]易卜生

37. 《父与子》[俄]屠格涅夫

38. 《包法利夫人》[法]福楼拜

39. 《巡按使》[俄]果戈理

40. 《子夜》茅盾

41. 《踪迹》朱自清

42. 《圣经旧约》（英文）

43. 《家》《春》《秋》巴金

44. 《大地》[美]赛珍珠

45. 《鲁迅全集》鲁迅

46. 《简明牛津辞典》

47. 《西洋通史》

48. 《世界史》（英文插图本）

49. 《毁灭》[俄]法捷耶夫著，鲁迅译

50. 《春天里的秋天》巴金

51. 《集外集》鲁迅

52. 《诗与真》梁宗岱

53. 《鲁迅选集》鲁迅

54. 《论语》

55. 《诗经》

56. 《小评论》《大荒集》林语堂

57. 《今日评论》（杂志）

58. 《希德》[法] 高乃依

59. 《中国新文学大系》（戏剧卷）赵家璧

60. 《日出》曹禺

61. 《回家之后》欧阳予倩

62. 《一个女人和一条狗》袁牧之

63. 《西风》（杂志）

64. 《沉沦》郁达夫

65. 《将军》巴金

66. 《沈从文选集》沈从文

67. 《人与超人》[爱尔兰] 萧伯纳

68. 《英雄与美人》[爱尔兰] 萧伯纳

69. 《〈雾〉〈雨〉〈电〉——爱情三部曲》巴金

70. 《回忆·书简·杂记》别伦·别尔生等著，茅盾译

71. 《藏晖室札记》胡适

72. 《刻意集》《王子猷》何其芳

73. 《梦之谷》萧乾

74. 《谈美》朱光潜

75. 《世界文学名著讲话》茅盾

76. 《哲学的故事》杜朗特

77. 《俄罗斯的童话》[俄] 高尔基著，鲁迅译

78. 《孟实文钞》朱光潜

79. 《废邮存底》沈从文

80. 《从哲学观点看艺术》冯友兰

81. 《月亮》徐

82. 《文艺心理学》朱光潜

83. 《初恋》[俄] 屠格涅夫

84. 《丹东之死》[苏联] 阿列克谢·尼古拉耶维奇·托尔斯泰著，巴金译

85. 《司汤达小说集》[法] 司汤达

86. 《法尼娜·法尼尼》[法] 司汤达

87. 《十日谈》[意] 乔万尼·薄伽丘著，伍光建译

88. 《战争与和平》[俄] 列夫·托尔斯泰著，郭沫若译

89. 《恋爱与牺牲》[法] 莫里哀著，傅雷译

90. 《世界语入门》索非

91. 《近代实验美学》朱光潜

92. 《易卜生集》[挪威]易卜生著，潘家洵译

93. 《贵族之家》[俄]屠格涅夫

94. 《前夜》[俄]屠格涅夫

95. 《父与子》[俄]屠格涅夫，陈西滢译

96. 《新时代》[俄]屠格涅夫著，郭沫若译

97. 《外套》[俄]果戈理著，韦素园译

98. 《结婚》[俄]果戈理

99. 《马加尔周达》《筏上》[苏联]高尔基

100. 《杜布罗夫斯基》[俄]普希金

101. 《老残游记》刘铁云

102. 《工人绥惠略夫》[俄]阿尔志跋绥夫著，鲁迅译

103. 《哈姆雷特》[英]莎士比亚著，梁实秋译

104. 《浮士德》[德]歌德著，郭沫若译

105. 《安娜·卡列尼娜》[俄]列夫·托尔斯泰著，周扬译

106. 《大雷雨》[苏联]奥斯特洛夫斯基

107. 《李尔王》[英]莎士比亚著，梁实秋译

108. 《马克白》[英]莎士比亚著，梁实秋译

109. 《如愿》[英]莎士比亚著，梁实秋译

110. 《三姐妹》[俄]契诃夫著，曹靖华译

111. 《红笑》[俄]安德烈耶夫

112. 《堂吉诃德》[西]塞万提斯

113. 《莫泊桑全集》[法]莫泊桑著，李青崖译

114. 《当代英雄》[俄]莱蒙托夫著，杨晦译

115. 《不走正路的安德伦》[俄]涅维洛夫著，曹靖华译

116. 《华伦斯坦》[德]席勒著，郭沫若译

117. 《苦闷的象征》[日]厨川白村著，鲁迅译

118. 《幻灭》《动摇》《追求》茅盾

119. 《莫里哀全集》[法]莫里哀著，王了一译

120. 《娜娜》[法]爱弥尔·左拉著，王了一译

121. 《香槟酒》[俄]柴霍甫著，赵景深译

122. 《林房雄集》[日]林房雄著，适夷选译

123. 《大众哲学》艾思奇

124. 《马丹波娃利》[法]弗罗贝尔著，李劼人译

125. 《谈真理》《谈报复》[英]培根

126. 《死水微澜》《大波》李劼人

127. 《八月的乡村》萧军

128. 《百万富翁的悲哀》[爱尔兰] 萧伯纳

129. 《柏拉图对话录》(英文) [古希腊] 柏拉图

130. 《理想国》(中文) [古希腊] 柏拉图

131. 《死亡与不朽》[英] 托马斯·布朗

132. 《格列佛游记》[英] 乔纳森·斯威夫特

133. 《我所知道的康桥》徐志摩

134. 《母亲》[苏联] 高尔基著，夏衍译

135. 《死敌》《牧童》[苏联] 邵洛霍夫等

136. 《康穆纳尔的烟袋》[苏联] 伊利亚·爱伦堡

137. 《星花》[苏联] 拉甫列涅夫

138. 《女贼》[苏联] 左祝梨

139. 《苏联作家七人集》曹靖华译

140. 《第四十一》《平常东西的故事》[苏联] 拉甫列涅夫

141. 《三人》[苏联] 高尔基

142. 《贵族之家的大门》[英] 罗伯特·斯蒂文生

143. 《财神与爱神》[美] 欧·亨利

144. 《羊脂球》[法] 莫泊桑

145. 《春潮》[俄] 屠格涅夫

146. 《葛莱齐拉》[法] 阿尔封斯·德·拉马丁

147. 《果戈理怎样写作的》[苏联] 万垒赛耶夫著，孟十还译

148. 《文学大纲》郑振铎

149. 《铁流》[苏联] 法捷耶夫

150. 《自然》[美] 爱默生

151. 《复活》[俄] 列夫·托尔斯泰

152. 《明天》鲁迅

153. 《缘缘堂随笔》《缘缘堂再笔》丰子恺

154. 《战争与和平》[俄] 列夫·托尔斯泰

155. 《宝岛》[英] 罗伯特·斯蒂文生

156. 《边城》沈从文

157. 《贵族之家》[俄] 屠格涅夫

158. 《傲慢与偏见》[英] 简·奥斯汀

159. 《水浒》金圣叹批，贯华堂本

160. 《罗密欧与朱丽叶》[英] 莎士比亚

161. 《如愿》[英] 莎士比亚

162. 《一生》[法] 莫泊桑

163. 《威尼斯商人》[英] 莎士比亚

164. 《对话录》[古希腊] 柏拉图

165. 《帆》(俄文诗)[俄] 莱蒙托夫

166. 《母与子》[苏联] 高尔基

167. 《佐罗西与布拉》[俄] 普希金

168. 《无事生非》[英] 莎士比亚

169. 《卡门》(英译本)[法] 普罗斯佩·梅里美

170. 《泰绮斯》[法] 阿纳托尔·法朗士

171. 《德语一月通》

172. 《飘》[美] 玛格丽特·米切尔

173. 《浮华世界》《亨利·艾斯芒德》[英] 威廉·梅克比斯·萨克雷

174. 《桥牌金规》[英] 艾利·考伯逊

175. 《近代法国文选》邵可侣编

176. 《约翰·克里斯托夫》[法] 罗曼·罗兰

177. 《白香词谱》[清] 舒梦兰

178. 《郑板桥全集》

179. 《走过田野》(法文)[法] 阿纳托尔·法朗士

180. 《爱玛》[英] 简·奥斯汀

181. 《浮士德博士》[德] 托马斯·曼

182. 《大荒集》林语堂

183. 《弗洛斯河上的磨坊》[英] 乔治·艾略特

184. 《呼啸山庄》[英] 艾米莉·勃朗特

185. 《一切为了爱情》[英] 约翰·德莱顿

许渊冲少年时期照　　　　　　许渊冲青年时期照

中学毕业合影（左一为许渊冲）

位于昆明西北郊外的西南联大校园（美国国家档案馆图片）

许渊冲在桂林认识的第一个西南联大同学邓汉英

许渊冲与西南联大同学合影

联大女生

联大女生，前排为林同端

从阳宗海回来在昆明火车站留影

许渊冲在阳宗海游泳

联大时期的闻一多

钱基博、钱钟书父子

中文系五位大师：朱自清、罗庸、罗常培、闻一多、王力（自左起）

联大俄文学会合影

昆明城鸟瞰（美国国家档案馆图片）

20世纪40年代的昆明大观楼和西山远眺
（美国国家档案馆图片）

1941 年联大校舍被炸

遭到轰炸后的云南大学

西南联大报名参军的学生　　　　　　西南联大报名参军的学生

在大观楼与参军同学合影

参军期间在昆明席子营留影

许渊冲翻译的"三民主义"
印在了当年的纸币上

飞虎队
陈纳德
将军

中国远征
军司令
陈诚

林文奎
陈纳德
机要秘书
兼情报

许渊冲从军期间曾担任林文奎的翻译

天祥中学师生合影

天祥中学师生合影

1946 年许渊冲在清华大学（昆明）外国语文学研究所阅读莎士比亚时摄

手中为美国哈佛大学吉特列基（Kittredge）教授所编《莎士比亚全集》

1956 年许渊冲与父亲、继母、弟弟、弟媳在南昌豫章公园合影

右二起熊式一、表妹德兰、周珏良

新东方董事长俞敏洪拜访老师许渊冲

李兆星为许渊冲颁发翻译文化终身成就奖

左起朱光亚、许渊冲、杨振宁

许渊冲八十多岁重返昆明

与小学、中学、大学、留学同学合影

2014 年 8 月 2 日，在德国柏林召开的第二十届世界翻译大会上，国际翻译家联盟 2014 "北极光" 杰出文学翻译奖授予了许渊冲

2014 年 8 月 22 日，中国翻译协会代国际翻译家联盟授予许渊冲 2014 "北极光" 文学翻译奖现场，左起王希季、杨振宁、许渊冲

中国翻译学会副主席唐闻生代国际翻译家联盟授予许渊冲北极光奖

清华大学设宴庆祝许渊冲九十岁生日

许渊冲